Vaters

‚Kalikukafranz'

Autobiografische Bilder

von

Günter Berger

Berger, Günter
Vaters
‚Kalikukafranz'
Autobiografische Bilder
Titelgrafik von Günter Berger
Geest-Verlag 2013

Geest, Vechta
Lange Straße 41 a
49377 Vechta-Langförden
Tel. 04447/856580
Geest-Verlag@t-online.de
www.Geest-Verlag.de

Druck: Geest-Verlag

ISBN 978-3-86685-424-6
Printed in Germany

Inhalt

Prolog

Ob ich das Vorwort nun als Musiker und Komponist, der ich bin, Präludium oder Introduktion nenne, oder auch Prolog, Einführung oder Vorausschickung, fest steht, ich sitze am Strand der türkischen Riviera in der Nähe von Kemer-Camyuva im strahlenden Sonnenschein, trotz des Wintermonats Dezember. Der Blick auf das Meer ist trügerisch. Es ist, wie so oft das Leben, ein Betrüger, treulos. Die Wellen, jetzt noch ruhig, wenn auch bereits beeindruckend, fangen meine Gedanken auf, ungeordnet. Autografische Bilder will ich zusammentragen. Es geht mir dabei um mehr als nur um eine Chronik von Flucht, Vertreibung, Heimatlosigkeit und Herbergssuche, auch nicht um eine verklärende Beschäftigung mit den deutschen Leiden. Vielmehr sei hier ein Sinn geweckt für Unverfügbares, für das unheimliche Gefühl, dass Dunkles wie auch Helles, Auflösbares und Unauflösbares in der Welt bestehen bleibt, das sich unserer Kontrolle und Sinngebung entzieht. „Schicksal", das war oder ist eines der tiefen deutschen Wörter, voller verdächtiger Schwere und Dunkelheit. Bei meinem Rückblick geht es nicht um Aufrechnung, nicht um Schuldzuweisungen gegenüber Russland, Polen oder anderen Nationen. Es geht um das Zurechtkommen mit Unsicherheit, Not und Gefahr.

Die Vergangenheit, die ich mit mir herumtrage, oft mit magischer Eindringlichkeit und emotionaler Intensität, soll ich schriftlich festhalten, sagt meine Lebensgefährtin und „Beste aller Ehefrauen", wie ich sie nenne nach einem geflügelten Wort von Ephraim Kishon.

Nun muss ja diese Chronik eine Überschrift erhalten. Viel Passendes geht mir durch den Kopf: „*Wunder, Schicksal oder Zufall*", auch Bachsche Kantatentitel wie „*Die Zeit, die Tag und Jahre macht*", „*Wär Gott nicht mit uns diese Zeit*" oder „*Ich steh mit einem Fuß im Grabe*". Passend wäre auch „*Media vita in morte sumus*", das mittelalterliche „*Mitten in dem Leben sind wir vom Tod umfangen.*". Den Titel „*Spuren vielfarbiger Lebendigkeit*", den ich in Kompositionen verwendete, musste ich wieder verwerfen, da mir hier zu viel vom Gegenteil einer Lebendigkeit an Spuren zurückblieb. „*Immer wieder Glück im Unglück*" würde sehr zutreffen, wäre aber zu platt formuliert. „*Gleichzeitigkeit des Gestrigen im Heutigen*" wäre ein Kontinuum für Zeitgeschichte, aber trifft direkt nicht ins Autobiografische.

Nach 60 Jahren besteht meine Rolle darin, die Ereignisse, vor allem das geistige Klima der Nazizeit, wie ich es als ein Junge von 9 bis 16 Jahren erlebte, noch einmal lebendig werden zu lassen. Besonderheiten, Kostbarkeiten und auch Merkwürdigkeiten sind zusammenzutragen. Es ist dies gleichzeitig ein Memorial gegenüber all den namenlosen Menschen, die mir hilfreich begegneten. Hätte man das alles in Sehergabe vorher gewusst, würde man es dann durchgestanden haben? Ich sage ja, weil der Wille zum Leben wie ein Stahlseil gewirkt ist, weil Kräfte entfacht werden, von denen man nicht ahnt, dass man sie besitzt. Mein Zeitzeugenbericht ist fast zu einer unendlichen Geschichte angewachsen, jedenfall zu einer mit mehreren Strängen.

In der Wochenzeitung „Die Zeit" vom 21. 04. 2005 wird von Harald Martenstein behauptet, dass 60 % der Zeitzeugenberichte ganz oder teilweise erfunden seien. Es handle sich um mündlich tradierte Volksliteratur. Dem muss entschieden widersprochen werden. Nur wer all dies nicht erlebt hat, kann behaupten, dass sich Wahrheit und Dichtung zur Unkenntlichkeit vermischen. Wahrheit gilt als die Übereinstimmung der Aussage mit der Sache. Damit solch eine Übereinstimmung möglich wird, muss die Voraussetzung gegeben sein, dass der Mensch offen ist für das ihm Begegnende. Und das ihm Begegnende muss zugänglich sein, also auch im Offenen sein. Heidegger nennt das die Offenständigkeit. Alles, was ich bisher an Erlebnissen aus dieser Zeit zu lesen bekam, und es war nicht wenig, habe ich als ungeschminkt authentisch empfunden, weil selbst in ähnlicher Art erlebt. In meinen öffentlichen Lesungen wurden mir ähnliche Erlebnisse bestätigt.

Zugegeben, es ist ein Buch mit Abschweifungen und Gedankenflügen geworden. Dann und wann wurden Autoren der Vergangenheit zitiert und auch Honoratioren eigener Zeit, vorzugsweise in Versen. Schließlich habe ich die eigene Vergangenheit enträtselt, die Gegenwart entblößt.

Dötlingen, Dezember 2004

Vom geheimnisvollen Werden

An den Anfang seines Seins, ganz an den Anfang, kommt man wohl nie. Ich selbst, sooft ich es auch versuche, kann mich nicht an das erste, auch nicht an das zweite oder dritte Licht dieser Welt erinnern. Ich weiß auch nichts von meiner Saugerei an der Brust, nichts von der Krabbelei und den ersten Wortversuchen.
Mein Vater durfte offenbar seine Angebetete lange nicht küssen, erstehen konnte er nur Torten- oder Kuchenstückchen aus jenem kleinen Bäckerladen, wo sie als Verkäuferin waltete. Denn diese meine Mutter glaubte, Kinder bekommt man durch einen männlichen Kuss, so gestand sie mir später und sprach mir immer gleichzeitig von „Küsschen in Ehren“, was immer das sein mochte oder sein sollte. Erklärt hatte sie es ihrem Sohn nie. Später ahnte ich, was ein Küsschen in Ehren oder ohne Ehren sein könnte oder sein sollte.
Irgendwann mit zwanzig konnte meine jungfräuliche Mutter dem schmucken Felix in Polizeiuniform, vielleicht sogar mit Tschako, nicht mehr widerstehen und prompt war ich nach weiteren 9 Monaten das Ergebnis der Knutscherei. Natürlich hatten sie vorher geheiratet, kirchlich und katholisch. Wenn ich mir überlege, dass erst nach drei weiteren Jahren meine Schwester Hannchen geboren wurde, haben die beiden sich aber lange nicht geküsst. Das müsste eigentlich ins Guinness-Buch der Rekorde eingetragen werden. Um es aber vorweg zu sagen und meine Mutter, das engelhafte Wesen, zu rehabilitieren, entdeckte ich, vierzehnjährig, eine gewisse Zeit lang „Nuppel“ in der Toilette. Wenn ich meine Mutter darauf ansprach, sagte sie vorwurfsvoll zu meinem Vater: „Kannst

du die nicht besser wegspülen!" Ich wurde hellhörig, ging auf Spurensuche und wurde fündig in der Nachttischschublade meines Vaters. Es muss wohl in der Natur der Sache liegen, dass ich keine Schwierigkeiten hatte, das Ding überzuziehen, vorsichtig wieder abzustreifen und an den Ort meiner Entdeckung zurückzulegen. Es war unnötig, dass meine Mutter mit Erklärungen von Bienen und Schmetterlingen ihre Zeit verplemperte. Desgleichen war das geheimnisvolle Tun meiner Tanten überflüssig, wenn sie Ziegen zum Bock brachten. Jener Vorgang wäre ja für einen Aufklärungsunterricht am anschaulichsten gewesen. Ich musste mir aber von meiner Mutter anhören, dass sie wieder ein Kindchen unter ihrem Herzen trage. Verwunderlich war nur, dass ihr Herz nicht mehr an der Stelle gewesen sein soll, wo alle Menschen ihre Herzen haben. Warum sprach man nicht vom Bauch, ließ die Geschwister nicht horchen und staunen über das Pulsieren des heranwachsenden Lebens? Es wurde ein Umstandskleid getragen! Warum nicht ohne Umstände ein Schwangerschaftskleid? Bei der Heimlichtuerei dringt keine innere Wärme nach außen. Ja nicht auf den Zustand aufmerksam machen, das war damals die Devise! Das ist heute vorbei. Stolz kann heute eine Frau ihre Wölbung zeigen, muss den Umstand nicht verbergen und muss dem schon vorhandenen Sprössling nichts vom Storch erzählen.

Schäferhund Tell und sein Umfeld

O Stunden in der Kindheit,
da hinter den Figuren mehr
als nur Vergangenes war.
Rainer Maria Rilke aus 4. Elegie, 1915

Die Aufregung war groß auf dem Schurgaster Gehöft Berger. Wo war das Enkelkind geblieben? Die Entdeckung brachte keine Erleichterung. Die Hundehütte war nicht nur vom scharfen Kettenhund Tell besetzt. Auch der Dreijährige fühlte sich wohl in dem kleinen Häuschen und schaute da munter heraus. Was ich damals unwissend als Humorerscheinung vollbrachte, war für die verantwortlichen Tanten ein Schock, ließ sie nicht an Komik denken und brachte ein mögliches Lachen zum Erfrieren, denn mit dem scharfen Hund war nicht zu spaßen. Und der hatte längst seinen Beschützerinstinkt entdeckt, fletschte eindrucksvoll die Zähne, zeigte seine Reiß- und Fangmöglichkeiten und verriet durch tiefes, unmissverständliches Grollen, dass er bei minimalem Abstand zum Enkel als seine neue Aufgabe betrachtete, mich Dreikäsehoch zu beschützen und zu bewachen. Schließlich war sein Gebiss zum Ergreifen, Festhalten und Abwürgen von Beutetieren ebenso geeignet wie zum Abreißen und Abschneiden von Fleischteilen, desgleichen zum Zermalmen von Knochen. Es war ein Drama, mich aus der Hundehütte herauszubekommen. Tell wollte mich nicht freigeben. Das war aus seiner Sicht richtig gehandelt. Schließlich war er ja ein Wachhund mit entsprechend charakterlicher Eigenschaft. Dieser Dreijährige, in dem ich mich wie-

dererkenne, wurde bei späteren anderen Gelegenheiten von seinem Vater öfter „Kalikukafranz“ genannt, eine seiner Wortschöpfungen, die ich durch meine ungewollten, eher unbewussten humoristischen Episoden erhielt. Resultate dieser Art weiß ich leider nicht mehr.
Vom Erlebnis in der Hundehütte habe ich einzig und allein die Aufforderung in Erinnerung: „Bleib still da drin, rühre dich nicht!“ So schmiegte ich mich an meinen Freund. Vom Ausgang dieser Situation weiß ich nichts mehr, auch nicht, wie der Dreijährige aus der Hundeobhut gelangte. Das Ende dieses kleinen Dramas bleibt im Dunkeln.
Warum beginne ich meine ganz reale Biografie erst hier? Nicht, weil Geschichten nun mal irgendwo anfangen müssen oder weil ich mich trotz meines Alters nur in wenigen Einzelheiten an jene Hundehütte erinnere. Nein, weil die Episode unausweichlich zu meiner persönlichen Geschichte gehört und, wie so vieles später, Teil meiner verdunkelten Unschuld ist, zu der Freundschaft und Friede mit allen Kreaturen aufzuzählen sind und in meinem Herzen und in meinem Kopf der Gesang von Liebe und Zuversicht wohnt. Noch über zehn Jahre lang nach diesem Ereignis hielt die Eintracht und Freundschaft mit Tell.

Später wurde er Opfer seines ausgeprägten Freiheitsdrangs. Er war eben auf seine Art ein sagenhafter schweizerischer Freiheitskämpfer. Dem nächtlichen Ausreißer wurde das Überqueren der Dorfstraße zum Verhängnis und mir zur ersten bitteren Erfahrung von Trennung. Brauchte er mehr Freiheit oder war es der Drang zum Weibe? Eine läufige Hündin hatte vermutlich seinen Naturtrieb geweckt. Es war wieder mal das Weibliche schuld, wie schon die Bibel behauptet. Und der Koran sagt uns auch nichts Besseres. Der Sinn der Erschaffung des Weibes sind die sexuelle Befriedigung des Mannes (Sure 7,189) und die Hervorbringung vieler (männlicher) Nachkommen (Sure 16,72). Mein Hund und ich, wir hatten die Welt ziemlich durchschaut. Und was die Welt meinte, war ja auch nicht immer das Wahre, obwohl ich da noch nichts wusste von Konservativen, Monarchisten, Anarchisten, Christen, Islamisten, Radikalisten, Kapitalisten, Revisionisten, Philosophisten, Neofaschisten, Militaristen und weiteren zahllosen „isten“.

Als wir später wieder einmal zu Besuch beim Großvater erschienen, gab es die gemütliche hölzerne Hundehütte nicht mehr. Stattdessen lag der Hund an einer im Mauerwerk des Schweiestalls fest verankerten langen Kette und verbellte die Besucher wütend. Ansonsten gab es jahraus, jahrein keine Veränderungen in diesem meinem heimlichen Zuhause, meinem über alles geliebten Feriendomizil. Doch halt! Die Hand-Hofpumpe, im Winter frostsicher in Strohverpackung, bekam eine nach innen, in die Waschküche verlegte zusätzliche kleinere Handpumpe. Dafür mussten Eingangsbereich und Flur für die frostsichere Rohrverlegung aufgerissen werden. Eine Elektropumpe hätte man als Luxus empfunden.

Eine andere Erinnerung geht gleichfalls auf den Dreijährigen zurück. Selbstverständlich fühlte ich mich damals nicht mehr als Baby, wollte mich folglich nicht an den Anfang meines Seins zurückführen lassen. Widerwillig und heulend stieg ich in den Kinderwagen, der mich ins Krankenhaus bringen sollte. Ich vergrub mich tief unter der Zudecke, damit mich keiner sehen sollte. Die Scham, als Baby durch die Gegend gefahren zu werden, habe ich bis heute nicht vergessen. Der Krankenhaussaal war voller Kinderbetten. Leise war es da nicht. Und dann kamen Männer, die sangen noch lauter und machten mir Angst. Meine Mutter meinte, das kann nur die SA gewesen sein, die am Sonntag die Kirchenlieder ersetzen sollte. Ich weiß noch, dass die braune Hemden trugen und eine Binde am Arm. Also wird meine Mutter recht gehabt haben. Das war also meine erste Begegnung mit Nazis. Irgendwie merkte ich, dass deren Musik in den Füßen steckt. Stiefel trugen sie auch. Urteilsfähig war ich noch nicht. Trotzdem dachte ich mir, dass der liebe Gott diese Musik bestimmt nicht mag. Das muss also schon ein leiser Hinweis auf mein Faible für Kirchenmusik gewesen sein. Dass gute Kirchenmusik, wie alle Musik, auch etwas mit Rhythmus zu tun hat, konnte ich damals noch nicht wissen. Trotzdem marschierte ich einmal als Vier- oder Fünfjähriger mit einer Militärkapelle mit, gleich neben den Trommlern, ohne zu wissen, wohin der Marsch ging. Jeder vollzieht seine Endlichkeit anders. Und dann merkte ich offenbar, wie sich Unschuld langsam oder auch plötzlich in Schuld verwandelte, wie der Kummer wuchs, wie das frohe Kind immer schüchterner wurde, in die Welt guckte, die plötzlich ganz fremd war. Ich weiß nicht, ob mich meine Mutter suchte oder suchen ließ, weiß auch nicht mehr, wie ich nach Hause kam. Offenbar galt und gilt für ein Defizit: Einzig Musik hält mit der Trauer Schritt.

Berliner Jahre

Drei Berliner Jahre sind einzuschieben, weil mein Vater die dortige Kriminalschule besuchte. Ein einfaches Polizistenleben wollte er nicht weiterführen. Er hatte sich ja schon vom Gärtnerjungen zum Grubenarbeiter, danach zum Chauffeur beim Mannschaftswagen eines polizeilichen Überfallkommandos hochgearbeitet. Der Verzicht auf *Schurgast* hatte mich Fünfjährigen bei diesem Wohnwechsel noch nicht geschmerzt. Neue, andersartige Eindrücke, auch Beinahekatastrophen habe ich in Erinnerung, ebenso kindliche Niederträchtigkeiten. Nie werde ich vergessen, dass mich eine Gruppe von Kindern in einen Kaufmannsladen schickte, um Stecknadelsamen zu kaufen. Naiv, wie ich war, hat man mich öfter hereingelegt, so auch hier. Der Kaufmann fing meine Gedankenverdunkelung auf, sagte: *„Was sind das doch für gottlose Buben, die müssten doch wissen, dass es so etwas nur im Märchen geben kann. Und du brauchst dich nicht zu schämen. Du gehst ja noch nicht in die erste Klasse. Später wirst du lernen, was möglich und was unmöglich ist. Nur für dich ganz allein habe ich Bonbons."* Den draußen Wartenden war der Spaß vergangen, als ich mit meiner Bonbontüte auftauchte. Und der Kaufmann erschien auch in der Tür. Das wirkte offenbar wie eine Feige hinter die Ohren, eine sogenannte Ohrfeige. Da verzog sich der Haufen ganz schnell, und ich ging zufrieden nach Haus.

So im Rückblick bewahrte ich eine präzise und lebhafte Erinnerung an Einzelheiten von damals. Da lassen sich Zeit und Ort genau bestimmen, wie zum Beispiel der Nachhauseweg aus dem Kindergarten mit meiner um drei Jahre jüngeren Schwester Hannchen. Mich interessierte nicht der unscheinbare Schlitz zwischen ihren Beinen, sondern das, was mir wegen ihrer Inkontinenz dann ständig zum Vorwurf gemacht wurde. Immer auf dem Heimweg ging es los: *„Ich muss, ich muss, ich muss!"* Warum wurde ich verantwortlich gemacht für ihr Unvermögen, das Wasser zurückzuhalten? Für die vollgepissten Schlüpfer wurden mir die Leviten verlesen. Als ungerecht empfand ich auch, die mühsam vollgeschriebene Schiefertafel nochmal in Schönschrift bemalen zu müssen, wenn meine Ergebnisse der ersten Schulklasse von meiner Schwester Hannchen mit dem Schwamm gelöscht wurden. Zorn und Schmerz konnten da keine Geschwisterliebe entstehen lassen. Geärgert hatte mich auch, wenn diese Schwester meine Fibel nahm, ganz gleich, wie herum, und so tat, als würde sie lesen: „Tut, tut, ein Auto! Ah, ah, da ist ein Apfel!" Was ich mir mühsam zusammengesucht hatte, „las" sie frisch und hemmungslos. Das Zusammenleben mit einer solchen Schwester war damals nicht nach meinem Geschmack. Getröstet war ich durch ein blendendes erstes Zeugnis. In den sogenannten damaligen Kopfzensuren stand für Betragen, Aufmerksamkeit und Pünktlichkeit eine „Eins", auch für Schrift und Lesen. Aber mit dem Betragen war das so eine eigene Sache. Unbeirrt offen zu sein für die Einfälle Gottes oder der Eltern, ist nicht immer süß und angenehm, und so gab es oft genug ein Widersetzen.

Was ist das für ein Phänomen, dem man immer wieder begegnet? Nur weil einer anders spricht, ein anderes Gesicht hat und, zugegeben, vielleicht nicht ganz sauber ist, kommt die Anweisung: „*Mit dem da spielst du nicht.*“ Das scheint ein alter Menschenbrauch zu sein, der aber gar nicht zu meinem Elternhaus passte, wie später noch festzustellen sein wird, trotzdem aber hier passierte. Das brave Kind Günter ignorierte den erhobenen Zeigefinger, wusste seinen Gang zur Schrebergartenlaube zu verheimlichen. Dort stand eine Schaukel. Die allein wirkte aber nicht magnetisch. Ich fand den Typen und seine Mutter eigenartig anziehend. Ob der Freund von mir aus der ersten Klasse oder auf der Straße entdeckt worden war, egal, ich sollte mich nicht in „schlechter Gesellschaft“ bewegen. Das war als Charakterisierung angezeigt. Damals wusste ich mich noch nicht für ein Dafür oder Dagegen zu artikulieren. Mir war es – wie auch heute noch – egal, ob „Zigeuner“ oder Türkenkind, ob Schwarz, Gelb oder Weiß, ob Asylant oder letzter Mist vom Menschenrest. Damals war jedenfalls eine eigene Atmosphäre in jener Gartenlaube, wo das Zuhause des Geächteten war. Vielleicht lockte mich das Primitive, das Einfache. Ganz sicher war es wohl auch das Körperliche, eine erste frühe erotische Regung. Dieser Freund lief in seinem Garten mit zerrissener Hose herum, sodass sich eine Hälfte der Arschbacke ungeniert zeigte. Vielleicht war es für meinen schon damals unmuskulösen Körper eine Augenweide. Aber eine noch größere Augenweide war dessen Mutter, wobei ich da schon ein Faible für Volumen, für schwere Brüste entwickelt haben muss. Deren geringe Bekleidung an heißen Sommertagen besetzten mein Herz ebenso wie ihr ofenwarmes Gemüt, das wie ein Netz über mich geworfen wurde.

Im Laufe des Lebens lernt man vielerlei Netze kennen, Bauschutz- und Seitenschutznetze, Staub- und Lastentransportnetze, Fang- und Auffangnetze. Aber wer redet von Beschützernetzen unsichtbarer Wesen, die man Engel nennen kann? Was war denn das sonst für ein Wesen, das mich aus der Tiefe holte, als ich am Rand des Schwimmerbeckens einen Stoß bekam und in die Tiefe sank! Ich weiß noch heut, dass ich die Augen geöffnet hielt und Blasen sah, die, wie in einer sprudelnden Flasche, den Weg nach oben suchten. Panik hatte mich noch nicht ergriffen, denn ich merkte, dass ich nach oben trieb. Aber da fasste mich jemand und brachte mich an die Wasseroberfläche. Dort sagte ein größerer Junge: „*Ich dachte, du könntest schwimmen.*“ Das Ereignis behielt ich für mich.

Was in dem Jungen wohl steckt?

Als Auffangengel wurde ich einmal gelobt. Es war Nacht, trotzdem nicht dunkel, weil die Straßenlaterne ihr Licht ins Schlafzimmer warf. Öfter huschten gespenstisch Schatten vorbei. Ich wartete bereits unruhig auf die Heimkehr der Eltern. Längst malte ich mir Schreckensbilder aus, weil die Standuhr, deren Zeiten ich schon lesen konnte, bereits zwei Uhr schlug. Vielleicht waren sie von einer Straßenbahn überfahren worden? Ich wurde ja immer vor diesem Vehikel gewarnt. Da würgte plötzlich meine dreijährige Schwester, sie würgte und rang nach Luft in ihrem Bettchen. Ich sprang hoch und klopfte energisch auf ihren Rücken, ein Ringlein kam zum Vorschein. Der rettende Engel Günter wurde gelobt und geherzt. Da fingen meine Eltern an zu überlegen, was in dem Jungen wohl stecke, was man entsprechend fördern müsse, was jetzt schon ganz augenfällig sei und was ganz abwegig. Sie ahnten noch nicht, dass ich später völlig aus der Art schlagen würde. Vorläufig spielte ich ja mit Bauklötzchen und Ritterburgen. Dass sie, zurückgekehrt nach Oberschlesien, das förderten, was sie nicht wollten, weil es brotlose Kunst sei, das nenne ich ein Fünkchen Ironie. Nun, sie hatten, da im Haushalt ein Klavier stand, mich zum Klavierunterricht angemeldet und damit eine Mutation in die Welt gesetzt, und bei Mutationen muss man mit allem rechnen. Der erste Klavierunterricht war bei einer alten Klaviertante, die mich nicht überzeugte. „Sie lobt mich, wo's nichts zu loben gibt. Ich möchte eine andere Lehrerin!" So kam ich zu einer strengen Nonne, die mich auch in Musiktheorie förderte, zumindest das Tonika-Dominant-Verhältnis in verschiedenen Tonarten, auch den Dominantseptakkord mit seinen Auflösungen in verschiedenen Lagen sogar schriftlich fixieren ließ. In den oberschlesischen katholischen Kirchen wurden ja bei Vorspielen, die den Volksgesang einleiteten, die Septdominanten benutzt, eine – wie ich später erfuhr – durch und durch dilettantische Methode. Oberschlesische Kirchenmusik war ohnehin zur Deformierung verurteilt, was schon allein an der Tatsache abzulesen war, dass Johann Sebastian Bachs Musik als evangelisch-protestantisch dort auf keinen Fall hingehörte.

Aus Berlin zugezogen, musste ich den Reim *Herr Berliner, ham' se Hühner, ham' se Ochsen, könn se boxen?* über mich ergehen lassen. Schnell bekamen muskulöse Volksschüler heraus, dass Boxen nicht meine Sache war. Mobbing, anpöbeln, bedrängen, über jemanden herfallen, das war damals schon üblich und musste ich reichlich erfahren. Schikanieren, quälen und verletzen erfuhr ich als Psychoterror. Schlimm, dass ich damit zu Hause kein Gehör fand. Ich sollte mich entsprechend wehren. Da fand sich ein Beschützer, der als Gegenleistung für seine Bodyguard-Funktion mein Wurstbrot bekam. So blieb mein Selbstwertgefühl erhalten. Es gab aber Situationen, in denen es immer wieder erneuert werden musste, sodass letztendlich keine psychischen Schäden hängen blieben.

Erlebnisse rund um hundertjährige Birnbäume

Wer kann schon von einem hundertjährigen Birnbaum träumen? Nein, nicht von dem des Herrn Ribbeck auf Ribbeck im Havelland, sondern von dem des Großvaters Berger im oberschlesischen Schurgast, heute Skorogoszcz. Aber was sage ich! Dort standen zwei der gleichen Sorte von so gewaltigen Ausmaßen, dass drei Männer sie nicht hätten umfassen können. So standen sie auf einer großen Wildblumen- und Kleewiese am Rande der schnell dahinfließenden Glatzer Neiße. Rings um diese Riesenbäume wuchs das von Bienen umsummte Gras schon fast kniehoch und durfte nicht zertrampelt werden, weder vom Enkel, wenn er zum nahen Fluss wollte, noch von der Dorfjugend, wenn die reifen Birnen lockten. Dort wachte der Schäferhund Tell mit dem Enkel Günter, dem Autor dieser Lebenserzählung. Für die Dorfjugend waren wir zwei ein unüberwindbares Hindernis, genauer genommen mein zähnefletschender Freund. Sonst lag ich im Gras, ein Lateinbuch in der Hand, kaum daraus lernend, nur in der Hand, um träumend die Sommerwolken zu betrachten, wie sie sich verknoteten, auseinanderzogen, ein blaues Loch erlaubten oder sich gar zu einem Gewitter auftürmten. Es gab nichts Eindrucksvolleres als die aufzuckenden Blitze, diese apokalyptischen Ankündigungen, diese Nervenkitzel, auf die ich geradezu wartete. Da zündeten die Tanten geweihte Kerzen an und schickten Stoßgebete zum Himmel, um die Zornesfluten Gottes zu besänftigen. Offenbar hatten sowohl das „Herz Jesu“ als auch die „Mutter Gottes“ stets ein Einsehen. Bei einem Blitzeinschlag hätten Haus und Scheune sofort nahrhafte Beute gefunden. Im Dachboden des Wohnhauses stand zur einen Hälfte ein Sarglager mit Zubehör, was für mich schauerlich genug war, und zur anderen Hälfte waren Heuballen gestapelt, die das Dachgebälk voller Spinnwebennetze ausfüllten. Zwei Scheunen waren auch noch für eine Feuersbrunst geeignet, die eine mit sehr alten, in vielen Jahren getrockneten Eichenbohlen als Vorrat für die Tischlerei, die andere prall angefüllt mit Strohpuppen, die noch gedroschen werden mussten, damals tatsächlich noch mit Dreschflegeln. Mit diesem Werkzeug wurden die Körner vom Stroh getrennt. Das geschah auf der Tenne, dem betonierten Fußboden der Scheune.

Wenn Gott zum Zeichen seiner Gutmütigkeit wieder das Friedenszeichen des Regenbogens über das Land schickte, es also zu keiner feuersbrünstigen Katastrophe gekommen war, somit auch schnell ängstliche Gedanken verschwanden, hellte sich nicht nur der Himmel auf, dann war auch hellbläulich schimmernd das Altvater-Gebirge als Silhouette zu sehen. So konnte ich die meckernden Ziegen und meinen Freund Tell wieder auf die saftige Wiese führen, vorbei an gackernden Hühnern und an einem Garten, wie er heute wohl selten geworden sein dürfte. Hier duftete es paradiesisch. Der Blumengarten, angelegt für den Schmuck auf dem Elisabeth-Altar der katholischen Dorfkirche, war von einer unübersehbaren Üppigkeit, mit Löwenmäulchen, Lilien, Wicken, Astern, Sonnenblumen und vielen anderen für mich namenlosen Blumen voller Farbenpracht inmitten einer Anhäufung wuchernder, schlingender, fast erdrückender Vegetation, sodass man keinen Weg mehr sehen konnte. Darin tummelten sich die Bienen. Mehrere Zentner Honig brachten die 30 Bienenvölker des Großvaters aus dem Wildblütenmeer dieser großen Wiese, aber auch von weiter her. Und daran ging ich mit den mir anvertrauten Ziegen vorbei wie ein Hirte, um sie in einem eng umgrenzten Terrain anzupflocken. Schließlich durfte die Saftwiese nicht wahllos angeknabbert werden, denn sie wurde zweimal im Jahr mit der Sense von einem schrotigen Sechziger aus der Nachbarschaft geschnitten. Die Frische des geschnittenen Grüns und später der Duft des Heus sog sich tief ein in die Lungen des Enkels von Großvater Berger.

Das alles ist über 60 Jahre her. Herr von Ribbeck auf Ribbeck im Havelland hatte dafür gesorgt, dass auch nach seinem Tod ein Birnbaumssprössling die Kinder erfreuen konnte. Großvater Berger hatte nicht die Möglichkeit, segnend seine Hand darüberzuhalten. Ein leerer Platz, ein eigenartiger Trauerplatz ist dort entstanden, jedenfalls für mich. Wenn du trauerst, dann trauerst du so, wie nur *du* trauern kannst, denn die Trauer vereint die ganz persönlichen Erlebnisse zwischen dir und diesen einst lebendigen Wesen. Nicht mehr, wie einst bei dem Herrn von Ribbeck auf Ribbeck im Havelland, flüstert's im Baume: „Wiste ne Beer?" Und zu all dem führt eine große Pipeline zerstörerisch durch das Gelände und wischt die letzte gute Erinnerung weg. Wer kann nun erraten, warum die von mir geliebten sagenumwobenen Baumriesen da nicht mehr stehen? – Ihr ahnt es vielleicht. Es ist ein Beitrag, wenn auch nur ein kleiner, der von der Weltfinanzordnung kündet: Weil keine Rendite zu erzielen war, mussten die Bäume weg. Wenn die große Wiese maschinell gemäht werden sollte und später die Heuwender einzusetzen waren, war die „Solidarität" für solche Hindernisse nicht gegeben. Hat sich nun dieses Wegrationalisieren gelohnt? Keine Sehnsucht treibt mich mehr zu einem so verschandelten Ort.

Was war das noch für ein Herbst, als zur Zeit der Reife die kleinen Birnen wie Hagelkörner herunterfielen! Große Körbe voll der süßen Früchte hatte ich in den oft stürmischen Herbstferien aufgesammelt und in den 100 m weiter östlich etwas höher liegenden Hof gebracht. Diese Erinnerung malt Freude in mein heute 77-jähriges Gesicht. Aber was ist sonst aus der vor 30 Jahren besuchten Landschaft meiner Kinderjahre geworden? Sie ist zwar kein Schlachtfeld gewesen, hat aber auf mich die Wirkung eines traurigen, vernachlässigten Niemandslandes ausgeübt, hat Spuren einst vielfarbiger Lebendigkeit verwischt. Eine damals verheimlichte, weil offenbar „sündige Lebendigkeit“ war das Führen der Ziegen zum Bock. Da durfte ich nicht mit. Ich wusste also nicht, was da so geheimnisvoll passierte. *Ginterle, mer hon an neua Ziechabook, dos is a reinrassiches Viech vom Koppe bis zom Schwanzla*, hieß es eines Tages. Also ging ich in den Ziegenstall, um das Tier zu bewundern. Aber es gab damals nichts Besonderes zu bestaunen. Also gab es auch keinen „lasterhaften Reiz“ zu entdecken. Reize gab es ganz andere für mich, etwa die mit Gerümpel angefüllte, modrig riechende Laube, in die ich mich bei Regen zurückzog. Es war, als fiele der Regen warm auf mein Herz, und dann dachte ich, Gott hat es gern, wenn man ihn anruft. Ich hatte Übung im Alleinsein und Heimweh kam in Schurgast nie auf. Wenn mein Gemüt nach Musik verlangte, konnte ich die einzige Schallplatte mit der Ouvertüre *Dichter und Bauer* von Franz von Suppé auflegen. Erst aber musste ich mit einer Kurbel dem Grammofonkasten den nötigen Schwung geben.

Früher erfahrene dörfliche Geborgenheit war nun unwiederholbar geworden, obwohl, und das muss hier deutlich gesagt werden, die heutigen Bewohner meine Frau und mich sehr liebevoll aufnahmen. Heimisch wurde ich dadurch nicht. Das Fluidum von einst war weg. Zu viel war verändert. Einzig die Störche mit ihrem Geklapper ließen Freudentränen aufkommen. Nach einigen Tagen Aufenthalt ließen uns die jetzigen Bewohner reich beschenkt weiterfahren. Gekochte Eier, Himbeeren und Johannisbeeren „von Großvater", wie sie einfühlsam sagten, gaben sie uns mit auf den Weg. Herzlich also war der Abschied von denen, die selbst Vertriebene aus ihrer ostpolnischen Scholle waren, da, wo sich das Sowjetimperium weiteres Land einverleibte im Einverständnis mit den damaligen Hitlerschen Plänen. Sie hatten fruchtbareres Ackerland zurücklassen müssen fü dasjenige, das ihnen jetzt zugewiesen worden war.

Von jungfräulichen Tanten

Aber noch ist uns das Dasein verzaubert;
an hundert Stellen ist es noch Ursprung.
Ein Spielen von reinen Kräften,
die keiner berührt, der nicht kniet und bewundert.
Rainer Maria Rilke aus seinem X. Sonett, 2.Teil

Tante Liesel hatte einst das Fallobst für 10 Reichspfennige das Pfund verkauft, den Honig für eine Reichsmark das Pfund. In einem kleinen Büchlein hielt sie sorgfältig den jeweiligen Betrag fest. Der wuchs langsam, aber stetig zu Mark- und Zehnmarkstücken an. Dafür sorgte die ledige, jungfräuliche Tante, die keinen Mann „mitbekommen" hatte. Zugegeben, ihr Gesicht war auch nicht das schönste. Meine Lieblingstante hieß, wie meine Mutter, Anni. Die Güte, die sie mir zuteil werden ließ, bewirkte, dass ich sie mehr liebte als meine Mutter. Die ungeschminkten Gesichter der Tanten, diese Frauen ohne Sinnlichkeit diesseits und jenseits des familiären Standes, waren kraft ihrer regelmäßigen Anrufung von Herz Jesu, von Maria als Gottes Mutter und aller Heiligen, in der Lage, Ruhe, Sicherheit und Geborgenheit auszustrahlen. Für sie gab es zu jener Zeit nur dieses systeminterne Glaubensgebäude, das religiös-mythische Bewusstsein, das alle Lebensbereiche umfasste. Dass eine Frau ein geheimnisvolles Wesen sein könnte – außer natürlich der „Gottesmutter Maria" –, darauf wäre man hier nicht gekommen. Es gab darum auch keinen Raum für das Liedchen: *Keiner weiß genau, wohin schwebt die Frau, wohin schweift ihr Sinn.* Und mit jedem eigenen Älterwerden wuchs mein Respekt vor solchen Frauen, die mit ihren

Herzen, ihren Gefühlen, ihrer Liebe in schwerer bäuerlicher Arbeit aufgingen. Und dabei durfte auch nie das *Tüchla* über dem Kopf fehlen. Es konnte nicht zum „Kopftuchstreit" werden, denn es war kein Symbol für eine bestimmte Religionsausübung. Sehr wahrscheinlich wusste man dort noch nicht einmal etwas von einem Islam. „An schinn Hutt" wurde nur am Sonntag getragen zur Frühmesse um 7 Uhr, und dann – man liest es richtig – nochmal zum Hochamt um 10 Uhr, zur Andacht um 15 Uhr und beim üblichen Gang zum Friedhof. Anders war ein Sonntag nicht denkbar. Dies alte propagierte Gottesbild einer überholten Weltsicht trug die Menschen, half bei alltäglicher Lebensbewältigung, war ihre Weltordnung, über die das Ferienkind Günter nicht nachdachte, als gegeben hinnahm, sich der Daseinsform unterordnete, jedenfalls nicht nörgelte und meckerte. Keinesfalls wollte ich es mir mit den Tanten verderben und machte alle skurril-geheiligten Rituale mit.

Von Dingen, die oben reingehen und hinten rauskommen

Schurgast mit seinen rumpelnden Katzenaugenpflastersteinen war mein zweites, wenn nicht gar mein erstes Zuhause, denn Tante Anni wusste jedes Wehwehchen, jeden Bienenstich, jede Wunde mit einem Pflaster oder einer Binde zu beantworten, sodass man nicht mehr *flenna musste*, sondern wieder *lacha kunnte*. Es war eine Zärtlichkeit, die aus der Handfläche strömte, die Süßigkeit brachte und das Gemüt besänftigte, während meine Mutter solchen Beulen und Kratzern keine Beachtung schenkte. Schon allein deshalb war Schurgast der Ort der Sehnsucht, des Verlangens und einer riesigen Vorfreude, wenn die Schulferien in Sicht kamen. Wir Stadtkinder sollten hier vor allem *asse, trinke, schloofa*. Es war eine Sprache, die ich lustig fand und die mich irgendwie tröstete. Hier musste ich mir auch nicht gelegentlich anhören, *plotschig* (ungeschickt) oder *krewatschlich* (unordentlich) zu sein. Und fürs *asse* gab es auch noch die kulinarischen Besonderheiten. *Tunke* (Soße) bekam ich reichlich zu den *Kließla* (Klößen) und die Backbleche mit dem *Streslakucha*, den großen Streuseln, von denen ich einige immer vorzeitig verschwinden ließ, erfreuten meine Geschmacksnerven ganz besonders. Diesen Mundraub erlaubte ich mir, war doch das Blech so angefüllt mit großen Streuseln, dass das Fehlen von einigen Stücken gar nicht auffiel. Zum *Streslakucha* gab es sonntags, aber erst nach der kirchlichen Sakramentsandacht, *Muckefuck* zu trinken. Das war der klassische Landkaffee aus geröstetem Roggen mit Gerste und Zichorie. Bohnenkaffee leistete man sich nicht. Nie wären die Tanten auf die Idee gekommen, beim Bäcker eine Torte zu kaufen, sodass auch nie der Ausspruch fallen konnte: *Mir asse ganne e Stickla gutte Totte*. Besonders schmeckten mir auch die *Kließla*, während ich meiner Mutter vorwarf, ihre Klöße wären Kanonenkugeln, die man nach Moskau schießen könne. War der Altgeselle Paul aus der Tischlerei auf dem Grundstück, um Bohlenbretter für die Tischlerei aus dem Holzlager auszusuchen, dann bekam er zum zweiten Frühstück dicke Leberwurstbrote, und ich wunschgemäß auch diese *Paulschnitten*. Tante Anni besaß die Fähigkeit, die großen runden, selbst gebackenen Laibbrote aus Roggenmehl mit der Hand so zu schneiden, als hätte es eine Maschine getan. Und jene begehrenswerte, selbst hergestellte Buttermilch der vier Schurgaster Ziegen gibt es heute auch nicht mehr. Zarte Flocken von Butter schwammen im Tippla. Die machten mich damals noch nicht dicker, zu der Zeit brauchte ich keinen gewölbten Bauch zu fürchten. Ich durfte mich zuweilen sogar unter ein Euter legen, und die warme gemolkene Milch spritzte geradewegs in meine weit geöffnete *Gusche*.

Die Frage nach Hygiene, eine Maßnahme zur Vorbeugung von Infektionskrankheiten, stellte sich erst gar nicht. Toiletten-Hygiene stand auch nicht zur Debatte, denn im Schurgaster Bauernhof gab es außerhalb des Hauses zwei Plumpsklos getrennt nebeneinander, nicht wie in uralten norwegischen Häusern, wo zwei Plumpsklos, offenbar zwecks Unterhaltung, direkt beieinander standen. Eine Sitzung auf der hölzernen Öffnung, die man wahrlich nicht als Klobrille bezeichnen konnte, war für mich durchaus ein kleines Abenteuer. Im Winter, wenn ich mit *Potschen* (Hausschuhen) dorthin ging, wehte der Wind gar eisig um den *Kascher*

(Hosenschlitz) und den Allerwertesten. Das Toilettenpapier bestand aus DIN A5-Zeitungsresten, Schätze mit gelblichem Geruch, die mir die fünf oder zehn Jahre zurückliegende Welt erklärten. Freilich wusste ich damals noch nichts über den provokativen Symbolgehalt, wenn ich NS-Berichte und Hakenkreuze meinem Hintern anvertraute. Wenn ich durch das große hölzerne Rundloch guckte, konnte ich immer zufrieden feststellen, dass die Hinterlassenschaft noch lange nicht meinen Popo berühren würde. Ich kann mich auch nicht erinnern, dass die Grube jemals geleert worden wäre. In negativer Erinnerung habe ich sie nicht, später dann jedoch jene stillen Orte öffentlicher Hocktoiletten in Frankreich, Polen, Südosteuropa oder Vorderasien, bei denen der Benutzer zur Verrichtung seines Geschäfts hocken muss. Da kam ich oft in arge Verlegenheit, denn ich bin kein Akrobat, der sich mit den Füßen auf die dafür vorgesehenen Tritte stellt, in Richtung des Eingangs der Toilette blickt und dabei nicht auf seine Hose scheißt. Schließlich bin ich kein *Kackfrosch, Stoascheißer, Schafflscheißa*, auch kein *Zaunsoacha*.

Da mir das ganze Unternehmen keine Ruhe ließ, fragte ich nach den Vorteilen der Hockklos: Es gibt keinen Kontakt zwischen der Haut des Benutzers und potenziell schmutzigen Oberflächen, etwa der Klobrille. Somit wird die Gefahr der Ansteckung mit Krankheiten vermindert. Hockklos sind leichter zu reinigen, auch sind sie seltener das Ziel von Vandalismus. Sie laden weniger zum Verweilen ein, etwa zum Zeitunglesen, und können deshalb im Vergleich zu Sitzklos von mehr Leuten in der gleichen Zeit besucht werden, ein Argument, das mir nicht gefällt. Des Weiteren sind Hockklos wesentlich billiger in der Anschaffung. Einigen Studien zufolge lindert und verhindert die hockende Haltung Darmerkrankungen wie Obstipation, Morbus Crohn, Colitis ulcerosa etc. und entspricht im Wesentlichen der natürlichen Haltung beim Stuhlgang. Das kann ich nun wirklich nicht finden und möchte mich darum wieder oberschlesischen Bräuchen zuwenden.

Von einer Herzenssprache

Sechen (Wasser lassen) konnte ich *ocke* (auch) irgendwo im Gelände, nur bitte nicht gerade auf die *Merriebe* (Mohrrübe, Karotte). So ein *nerrscher* (närrischer) *Jingla* (Junge) war ich grad nicht, wenngleich ich gern ohne *batki* (Badehose) in der Glatzer Neiße badete. Wenn man mich dabei erwischt hätte, hätte ich gewiss die *Nudelkulle* (Nudelholz) zu spüren bekommen. Im Übrigen kamen manchmal mehrere Dorfjungen in einer Ausbuchtung der Glatzer Neiße zusammen. Hier war das Wasser wärmer, weil es nicht fließend war. Und hier konnte man unbeobachtet nackt baden. Der Wunsch aller Jungen, auch Mädchen an diese Stelle zu locken, erfüllte sich nicht. Erfahrungen mit dem anderen Geschlecht konnten also nicht gesammelt werden. *Kokkeln* (mit Feuer spielen) war im Herbst auf dem Kartoffelfeld angesagt. Da brauchte man keinen *Fierhorken* (Feuerhaken). Der war nur brauchbar im Küchenherd, wenn mit Spänen und Sägemehl gefeuert wurde und Verpuffungsgefahr bestand.

Meinen besonderen Spaß hatte ich nicht nur am Kulinarischen, auch an schlesischer Mundart, wie man eben feststellen konnte. Schließlich sind Mundarten eine Herzenssprache, wie überall. Klingt das nicht herzlich, wenn *su a junger Pursche ieber sei Madla* spricht: *„Annla, reck amoll dei Guscha* (Mund) *rim, ich will dir a Guschla* (Kuß) *gahn."* Die schlesische Mutter kost ihr *Kindla*, ganz gleich, ob des nun *a Richla* (Richard), *a Kolia* (Karl), *a Bertla*, *Heedia* (Hedwig) oder gar ein *Hugokeria* (Hugo) ist. Wenn jemand nach der schlesischen Sprache gefragt hatte, dann wurde geantwortet: „*Schlesisch? Doas ies ganz eefach, Schlesisch gieht asu: Ala Nala haie nä, noia Nala haie a nä!*" Da hat auch mancher westlich des Landes den Kopf geschüttelt, das ist ihm spanisch vorgekommen, bis die Übersetzung nachfolgte: „Alte Nägel halten nicht, neue Nägel halten auch nicht." Dass die Schlesier sehr gesprächig sein sollen, konnte ich von mir nie sagen. Darum konnte mich auch niemand zurechtweisen: „*Loaber nich, jitz räd iech!*" Auch von meinen Tanten ließ sich nicht sagen: „*Sie mehren halt druf lus, ganz eim konträren Geegenteele*" in ihrer rückhaltlosen Unschuld, Ausgeglichenheit, Pflichterfüllung und ausgesprochenem Respekt gegenüber ihrem Vater *derrheeme*, meinem *Grußvoaterla*. Eine *Grußmutterla* habe ich nicht mehr erlebt, sodass ich nicht sagen konnte: „*Sie kimmt glei, ich hoa sie gesahn!*"

Ich bekam zu Hause nie *Ginterla* zu hören, auch nicht *mai Läusla, mai Mäusla, mai Herzepinkerla*, obwohl *mei Voaterla* aus Schurgast kam. Wenn ich bei ihm gut dastand, wurde ich mit einem langgezogenen *Guuunt* gerufen. Wenn meine Schwester nichts Gutes zu erwarten hatte, wurde sie von unserer Mutter mit Hannelies angesprochen. In Erinnerung habe ich Varianten wie Hannelore oder Hanna, das aus dem Hebräischen kommt und die *Anmutige* bedeutet. Von dieser Eigenschaft hatte ich damals nichts wahrgenommen. In der Schule oder auf dem Spielplatz wurde sie gehänselt: *Hanne – Kaffeekanne.*

Im Elternhaus wurde Hochdeutsch gesprochen, bis auf einige französische Einsprenksel wie *entrée* oder *trottoir*. Und dann gab es noch wenige Vokabeln, die man als Was-

serpolnisch bezeichnete. *Posprzatac* musste ich öfter hören, wenn ich meine Sachen in Ordnung bringen sollte. Schurgast lag im Verbreitungsgebiet der Mundart des Brieg-Grottkauer Landes, und da war kein Wasserpolnisch zu hören. Ansonsten gab es Sprachinseln, vor allem weiter östlich, wo vorwiegend Wasserpolnisch gesprochen wurde, das meine Mutter offenbar sehr gut beherrschte und das von Sprachwissenschaftlern teils als eine der vier großen Dialektgruppen des Polnischen und teils als eigene Sprachgruppe betrachtet wird.
Meine Mutter kam aus jenem Dorf im Regierungsbezirk Oppeln, in dem vorwiegend Polnisch gesprochen wurde. Aber ausgerechnet dieses Dorf hatte einen typisch deutschen Namen: Neudorf. Doch zur dortigen Verwandtschaft zog es mich überhaupt nicht, trotz Kühen und Fliegerhorst.

Hosenschissers heimliche Abenteuer

Immer an den Birnbäumen führte der Weg vorbei, für die Bauern mit ihren Leiterwagen, für den Jungen, wenn er zum Baden wollte oder wenn der ferne Wald lockte. Ja, der im Dunst verschwindende Wald! Er schien mit dem Universum verbunden und ein Teil der Unendlichkeit zu sein. Er war für den Zehn- bis Zwölfjährigen ein geheimnisvoll begehrenswerter, magnetischer Anziehungspunkt. Und eines Tages konnte ich diesem Magneten nicht mehr widerstehen. Heimlich, immer am Fluss entlang, der dem entfernten Habelschwerdter Gebirge entsprungen war und zwischen Reichensteiner und Eulengebirge sich den Weg zur Oder bahnte, an den Strudeln und kleinen Stromschnellen vorbei, dort, wohin die Störche zogen, dort wollte ich ausspionieren, wie die Welt weitergeht. Immer schneller trugen mich die Beine dahin. Schließlich, genau betrachtet, war es wohl gar nicht so weit bis zu diesem geheimnisumwitterten Wald. *Druckten een o underwags die Stieweln, do zug ma sich die Kloarscha hurtig oam Groabarande aus.* Am Waldesrand traf ich auf einen Adlerhorst und auf viele Storchennester hoch in den Baumkronen, betrat sumpfige Böden voller Frösche und Tümpel, in denen sich Kaulquappen regten, traf auf totes Wasser und flechtenschweres welkes Laub vom Vorjahr, stolperte über Baumwurzeln und traf vor allem auf eine neue, andersartige Stille als die bekannte vom Heuboden oder der strohgefüllten Scheune. Die Bäume wuchsen höher und höher, spannten Blätterkuppeln, die sich alle voneinander unterschieden und dennoch ähnelten wie Variationen über das Thema Astwerk. Faulende

Bäume, mit Blätterbüscheln verbunden, bewiesen, dass sich da das Leben fortsetzte, lagen auch kreuz und quer und versperrten den Weg, der schon längst keiner mehr war. Fremdland war es. Der Boden wurde immer feuchter, gab immer mehr nach. Plötzlich war auch das Unterholz, das die Sicht versperrte, weg.

Da stand ich plötzlich vor der Oder. Oder war sie es nicht? Doch es gab keinen Zweifel. Wasser in aufeinander folgenden Wellen, wie vom Wind herbeigetragen, vereinigte sich hier. Hier war nicht mehr Fremdland, hier war nun Fremdwasser. Ich kannte noch kein Meer und sollte noch lange keines kennenlernen. So aber kam mir aber die Fülle von Wassermassen hier vor. Ein Strudel aus Licht und Wasser trug mich in einem Taumel zwischen Getöse und Gemurmel davon. Nie hatte mir bis dahin ein Wasser so imponiert, nie hatte ich Stimme und Gleichnis des Wassers so stark vernommen. Mir schien, als habe der Fluss mir etwas Besonderes zu sagen, etwas, das ich noch nicht wusste. War es etwa die Gewalt, die Wasser mit sich tragen kann? Und ich befand mich dazwischen. Jedenfalls schien es mir so, prägte sich so ein. Angst einflößend war plötzlich diese Verschmelzung der Massen von Wasser. Da gab es kein Entweder-oder! Da hinein also floss die Glatzer Neiße, floss in diese Oder, die ich von Oppeln her kannte und die mir hier viel größer, darum unheimlich vorkam.

Diese belebte Oder war es also, mit ihren vielen Kähnen, angefüllt mit Kohle aus dem oberschlesischen Kohlegebiet, die alle westwärts zogen, mehrere lange Kähne hintereinander, von einem Dampfer gezogen. Nach dieser Entdeckung, dieser Feststellung zog ich mich schnell zurück. Niemand erfuhr von meinem Abenteuer, das von Neugier und Freiheitssuche gespeist war. Niemandem verriet ich das Spiel zwischen Leichtsinn und Schwermut. Bei diesen Gedankengängen musste ich zusehen, dass ich mit meinen Füßen nicht in ein Grundwasserloch geriet. Schwermut und Leichtsinn, ein Wechselbad. Sollte ich jubeln über diese heimliche Freiheit ohne Lateinbuch und noch viel mehr über die Freiheit ohne Jungvolk-Dienst? Das war keine Frage für mich, der Antipimpf, der *Lulatsch* konnte triumphieren über gewonnenes Selbstwertgefühl. Es blieb nicht die einzige Triumph-Episode. Jedenfalls konnte der Wald-Eindringling überglücklich sein ob der Freude, in eine zauberische Welt eingetaucht zu sein, in eine Wirklichkeit ohne Befehle. Kann man sich vorstellen, was sich da in den verborgenen Schichten des eigenen Wesens abspielte?

Ein Tabernakelwunder

Einmal glaubte ich, eine Reise durch den Tunnel der Zeit gemacht, die Grenze zum Jenseits durchbrochen zu haben. Es geschah bei einer sonntäglichen Andacht auf der Orgelempore, mit Blick auf den silbern glänzenden Tabernakel im Altarraum. Zuweilen wurde dieser Tabernakel, von dem ich glaubte, dort drin säße Jesus, erhellt. Da spürte ich, wie mein Körper leicht wurde und in „gesetzestreuer" Naivität eine Gänsehaut über mich kam. Jesus ging also ein und aus in diesem Bau. Seine souveräne Existenz war so zu erklären. Ich war fasziniert von dem Vorgang und war erstaunt, wie oft er in dem kleinen Häuschen ein- und ausging. Es war ihm wohl zu eng da drinnen. War das Fantasie, Wahnsinn oder ein Wunder, womöglich nur für mich sichtbar? Denn die anderen Leute reagierten überhaupt nicht auf den Vorgang, sahen ihn womöglich gar nicht. O mein Gott! Ganz geheuer war mir die Sache nicht. Ich erwachte aus meinem Erlebnis, als mich die Realität zurückholte. Immer, wenn die Kirchentür aufging und die nachmittäglichen Sonnenstrahlen genau auf den Tabernakel trafen, erhellte sich tröpfchenweise die Erkenntnis ...

In mir brach ein Bild zusammen. Kennst du das, wenn du dir ein Bild von jemandem gemacht hast und plötzlich bricht es in sich zusammen, weil du erkennst, dass die Person ganz anders ist? Ich hatte komplexe Inhalte auf ein Bild reduziert und undifferenziert in das Bewusstsein aufgenommen. Viel später weiß man: Bilder haben einen wesentlich stärkeren Einfluss auf unser Gehirn als etwa Wörter. Sie bleiben leichter im Gedächtnis, sie vermitteln vor allem emotionale Botschaften intensiv. Die primitive Bildzeitung ist der Beweis. Immer wieder erfahre ich es in meinem Metier: Heut werden vor allem Bilder gesehen, die Texte nur oberflächlich gelesen. Wenn heut, durch Bildmaterial unterstützt, meine Konzerte angekündigt werden, bringt das mehr Publikum.

Zurück zu meinem Bild vom sich erhellenden Tabernakel. Ich war also sehr enttäuscht, ernüchtert und kuriert. Wie gut, dass ich den natürlichen Vorgang früh genug entdeckt hatte und niemandem von meinem vermeintlich geheimnisvollen Wunder erzählt hatte. Ich war einem Gelächter als *Dämlack* entgangen. Aber offenbar konnte ich nur so der Logik entgegenwachsen. Nach und nach wurde Logik zum Maßstab, mit dem ich meine Pluspunkte abschätzen konnte. Es war ein kleiner Anfang in der Frage, wie die Welt funktioniert. Ein völliger Analphabet in Sachen Religion war ich nun nicht mehr, wenngleich die Entwicklung danach nur langsam voranschritt. Der Gott im Himmel, zu dem wir als Kinder beteten, zerbrach. Galt nun das Lied von Claudia Mitscha-Eibel?

Im Himmel ist es still geworden,
durch das Schweigen dringt kein Wort.
Der dort war, ist er gestorben
oder ging er heimlich fort?
Irgendwann war er verschwunden,
alle Räume stehen leer.

Gott war nicht in mir zerbrochen, aber ein bestimmtes Gottesbild. Aber es war noch ein weiter, ein sehr weiter Weg bis zum Gottesbild des Fünfundsiebzigjährigen und erst recht noch später dem des Fünfundachtzigjährigen.

Jungvolk und Hitlerjugend

Das Leben ist hier,
und in den Zwischenräumen ist der Tod;
Schmerzen sind da von allen Größen
und ein bisschen Freudesamen irgendwo in einer Lade.
Es ist alles vollzählig, kann ich dir versichern,
auch das Zerbrochene, auch die Asche im Herd,
auch die Kartoffelschalen.
Und das Krachen im Holz und
die Finsternis unter der Treppe
und alles, was nur hereingeht.
Rainer Maria Rilke, 2. 7. 1914, Paris

Ich erinnere mich an das Jahr 1939, als ich 10 Jahre alt geworden war und ‚Pimpf' wurde. Als Pimpfe galten die 10- bis 14-jährigen Jungen des ‚Deutschen Jungvolkes (DJ)', die danach, 14- bis 18-jährig, der ‚Hitlerjugend (HJ)' beitraten, vielmehr ‚beigetreten wurden'. Es lag nicht in der Beliebigkeit des Einzelnen, in die HJ einzutreten oder nicht.
Nach Ausschalten aller anderen Jugendverbände zugunsten der HJ, bereits im Jahre 1936, wurde im Frühjahr 1940 die Jugenddienstpflicht zum ersten Mal praktisch wirksam. Grundlage dafür war das ‚Gesetz über die Hitler-Jugend vom 1. Dezember 1936', in dem für die gesamte ‚körperliche, geistige und sittliche Erziehung' der Jugend in Deutschland außerhalb von Schule und Elternhaus allein die HJ als zuständig erklärt wurde. Mit der Durchführungsverordnung zu diesem Gesetz vom 25. März 1939 konnte man sich nicht mehr dem ‚Staatsjugenddienst mit Jugenddienstpflicht' entziehen. So sah ich mich als Zehnjähriger in der Uniform des

‚Deutschen Jungvolkes' mit Schulterriemen und Halstuch, allerdings stolz mit einem Fahrtenmesser. Der Spaß verging mir jedoch sehr schnell, als wir nach der Devise des „Führers" und somit dem Grundsatz der NS-Jugendorganisation ‚flink wie Windhunde, zäh wie Leder, hart wie Krupp-Stahl' gedrillt wurden.

Die brachiale Gewalt der Geländespiele, das Raufen und Boxen „Mann gegen Mann", bis zum Nasenbluten, diese fragwürdigen und martialischen Inhalte verabscheute ich. Durch die Straßen von Oppeln marschierten wir brüllend mit ‚Es zittern die morschen Knochen', ‚Bomben auf Engeland' oder ‚Ein junges Volk steht auf zum Sturm bereit'. Oft genug bekam ich dabei „Fersengeld", weil ich mich dem Marschrhythmus nicht unterordnen konnte, beim erbarmungslosen Ausbildungsdrill schmerzvolle Blasen an den Füßen bekam. Mit dem Befehl „Ein deutscher Junge weint nicht" wurde manche heimliche Träne unterdrückt oder voller Scham schnell weggewischt. Gar nicht lustig fand ich ‚Ein Hut, ein Stock, ein Schirm und Himmel, Arsch und Zwirn!' Bei dieser Brüllerei schämte ich mich immer ob solcher frivolen Worte. Ich war zu sensibel für diese Sentenzen.

Im Jungvolk und in der Hitlerjugend musste ich noch andere Lieder beim Aufmarsch durch das Oppelner Straßenpflaster mitbrüllen. Da wabberte es wellengleich durch den Ort:

Die Fahne hoch!
Die Reihen fest (dicht/sind) geschlossen!
SA marschiert

Mit ruhig (mutig) festem Schritt,
Kameraden, die Rotfront und Reaktion erschossen,
Marschier'n im Geist
In unser'n Reihen mit.
Die Straße frei den braunen Bataillonen,
Die Straße frei dem Sturmabteilungsmann!
Es schau'n aufs Hakenkreuz
Voll Hoffnung schon Millionen,
Der Tag für Freiheit
Und für Brot bricht an!

Den tieferen Sinn dieses Textes hatte ich damals nicht erfasst. Nach über 60 Jahren brennt jedoch die darin verbreitete Verlogenheit, der Zynismus auf meinen Lippen. Da immer weniger Menschen die Texte und die damalige Wirklichkeit kennen, auch meine Lebensgefährtin nicht, muss ich den Zeitkrater öffnen:
Der Liedtext ist ohne eine relativ detaillierte Kenntnis der politischen Verhältnisse in Deutschland um 1930, auf die Wessel sich bezieht, nur schwer verständlich. Dies liegt an den Passagen, die sich in Wortwahl oder Intention auf Gegebenheiten beziehen, wie sie für die späten Jahre der Weimarer Republik typisch waren.

Die Rotfrontkämpfer grüßten mit erhobener Faust und dem Ausruf „Rotfront". Rotfront war die Kampforganisation der KPD (Kommunistische Partei Deutschlands), der schärfste Gegner der Nationalsozialisten, vor allem der SA, bei den Straßenkämpfen. Der Text Wessels glorifiziert die paramilitärische Unterorganisation der NSDAP, die SA (Sturmabteilung), dieses Ungeheuer. Die SA und der von ihr ausgeübte Terror spielten eine bedeutende Rolle bei der Errichtung der nationalsozialistischen Diktatur. Das belegt der Text, der unausgesprochen die Wertvorstellungen anderer missachtet und moralische wie menschliche Werte grundsätzlich infrage stellt im angeblichen Kampf für Freiheit und soziale Gerechtigkeit, während der aggressive Charakter der Organisation und ihr ausgeprägter Antisemitismus hier nicht thematisiert werden.

Die Formulierung „braune Bataillone" suggeriert, dass die SA in ihren braunen Uniformen grundsätzlich in großer zahlenmäßiger Stärke und mit militärischem Drill vorgegangen sei. Tatsächlich drangen ihre Mitglieder ebenso oft mit kleinen, getarnten Schlägertrupps als Provokateure in Versammlungen politischer Gegner ein – eine Praxis, die in der polarisierten Lage während der Weltwirtschaftskrise von vielen radikalen Gruppierungen geübt wurde.

Die Bezugnahme auf den „Tag der Freiheit" beziehungsweise das „Ende der Knechtschaft" drückt ein in der Weimarer Republik weit verbreitetes diffuses Gefühl aus, Opfer ungerechter Verhältnisse zu sein, obwohl die Republik ja die freiheitlichste Verfassung vorzuweisen hatte, die es in Deutschland bis dahin nicht gegeben hatte. Die enormen sozialen, wirtschaftlichen und außenpolitischen Probleme, die sich vor allem infolge der Niederlage Deutschlands im Ersten Weltkrieg und des Versailler Vertrags ergeben hatten (Reparationen, Inflation, Rheinlandbesetzung u. a.), führten zu Verschwörungstheorien aller Art und einer von breiten Bevölkerungsschichten geteilten Wahrnehmung einer Unterdrückung Deutschlands durch das Ausland, den Kapitalismus und das Judentum.

Als Musiker interessiert mich heut der melodische Aspekt, die musikalische Analyse. Wie auch in anderen Bereichen, werden heut Musikwissenschaftler mit ihren Vorkriegspublikationen konfrontiert. Von einer Würdigung völkischer Elemente in der Horst-Wessel-Musik, von einer Nordischen oder Germanischen Musik will man triefäugig nichts mehr wissen. Auch hier das Vergangene nicht tot. Nach 1945 wurde das Lied in der Musik- und Literaturwissenschaft jahrelang kaum erwähnt. Auch in Neuauflagen von Liederbüchern war es nicht mehr enthalten. In Paul Fechters 1960 erschienener Geschichte der deutschen Literatur wird Wessel nicht mehr erwähnt, obwohl der Autor noch 1941 geschrieben hatte, dass „*Horst Wessel das bestimmende Lied der neuen Zeit*" geschaffen habe. Auch Friedrich Blume, der 1938 einen Aufsatz *Musik und Rasse* veröffentlicht hatte, wies alle Verantwortung zehn Jahre später von sich. Blume stellte die Behauptung auf, dass *die ernsthaften Wissenschaftler von Besseler über Blume, Fellerer, Osthoff, Vetter bis Zenk nicht ihrem Führer treu ergeben, sondern ihren Überzeugungen treu geblieben waren.*
Man kann es drehen, wie man will: Diese Musik wurde nicht als Selbstzweck, sondern im Dienste eines politischen Bekenntnisses vollzogen.

Eng ist die weite Welt geworden. Einst Erforschtes ist neu erforschbar, muss neu erforscht werden. Und das ist gut so. Man kann nicht einfach nur so übersiedeln. Aber es geht zu weit, wenn eine Fata Morgana zur Wirklichkeit erhoben wird, um Grass, Walser und Lenz zu diffamieren.

Nur in den Ferien waren Schule und Jungvolk, die Vorstufe zur Hitlerjugend, weit entfernt, waren die Mittwoch- und Sonnabenddrillnachmittage vergessen. Im Übrigen blieb das Deutsche Jungvolk (DJ) für mich stets so weit weg, dass ich weder die Namen anderer Pimpfe noch die von Jungzugführern, Fähnleinführern, Stamm- und Jungbannführern bewusst gewusst oder jemals behalten habe. Dass ich sie gefürchtet hatte, das blieb haften. Ich kann mich auch nicht an den Akt der Übernahme zur Hitlerjugend (HJ) im 14. Lebensjahr erinnern. Was habe ich mir wohl gedacht bei dem Marschlied des Baldur von Schirach?

Vorwärts! Vorwärts! Schmettern die hellen Fanfaren.
Vorwärts! Vorwärts! Jugend kennt keine Gefahren.
Deutschland, du wirst leuchtend stehn,
mögen wir auch untergehn.
Ist das Ziel auch noch so hoch, Jugend zwingt es doch.
Unsre Fahne flattert uns voran,
in die Zukunft ziehn wir Mann für Mann.
Wir marschieren für Hitler durch Nacht und durch Not
mit der Fahne der Jugend für Freiheit und Brot.
Unsre Fahne flattert uns voran. Unsre Fahne ist die neue Zeit.
Und die Fahne führt uns in die Ewigkeit.
Ja, die Fahne ist mehr als der Tod.

Daraus wurde am 1. September 1939 die konsequente natürliche Fortsetzung. Heut noch kann ich mich beim Frühstück an die brutale Stimme des „Führers“ im Volksempfänger erinnern:

„Seit 5.45 Uhr wird zurückgeschossen ...“

Von nun an wird Bombe mit Bombe vergolten ... Meine Eltern glaubten nicht an die Provokationen der Polen, an den Überfall auf den Gleiwitzer Sender durch polnische Freischärler und, weniger spektakulär, auf das Zollhaus in Hohenlinden und das Forsthaus Pitschen.

Da ahnte ich, dass das normale Leben vorbei sein würde, dass der Sinn des Daseins darin bestand, irgendwie durchzuhalten. Ab sofort, aber auch schon vorher, galten bestimmte Verhaltensregeln: den Mund geschlossen halten, schweigen und verschwiegen sein, kein Wort über die Lippen lassen, kein Laut darf sich entflüchten. Sonst verrate ich häusliches Denken. Ich weiß nicht mehr genau, welche Wirkung solche Ermahnungen auf mich ausübten. Da war noch nicht zu realisieren, dass wir tatsächlich einem Untergang, einem ungeahnten, schrecklichen entgegenmarschierten. Hatte ich nachgedacht über *Wir marschieren für Hitler durch Nacht und durch Not*, auf diesen Wahnsinnstext genauer gehört? Für eine Textanalyse war ich vielleicht nicht zu jung, jedoch zu naiv, von kindlicher Unvoreingenommenheit und Unverfälschtheit. Ich galt ja zu Hause immer wieder als ein „*Kalikukafranz*“, eine Wortschöpfung meines Vaters. Womit ich mir ein solches Attribut verdient hatte, weiß ich nicht mehr. In Kinderjahren muss ich wohl zuweilen ein abenteuerlicher Simplicissimus, ein Schelm gewesen sein. Ableiten kann ich mein kindliches Schelmenwesen nur noch von meinen späteren „erwachsenen“ humorvollen Streichen, Gags oder Scherzen, vor allem am ersten April.

Längst faszinierten mich nicht mehr Fanfaren und Trommeln, wenn sie denn bei großen Aufmärschen zum Einsatz kamen. Oft genug war ich während all dieser Aktionen in meiner eigenen Traumwelt, bei Mozart, Mendelssohn und Schubert, längst nicht mehr bei *Schenkt man sich Rosen in Tirol*, auch nicht bei der *Petersburger Schlittenfahrt* und bei *Heinzelmännchens Wachtparade*. Erste erfolgreiche Vorspiele im Gymnasium feuerten mich beim Klavierüben an. So hatte ich meinen entschädigenden Ausgleich zum Rummel der Kriegsspiele, der verhassten Geländespiele, hielt mich, wenn möglich, im Hintergrund der dröhnend stolzen Raufereien beim Jungvolkdienst. Wurden wir endlich nach Hause entlassen, so kam dies einer Erlösung gleich. Am Sonnabend zum Abendbrot gab es immer Wiener Würstchen. So verdrängte ich diese Stunden der Prügeleien, des irritierenden Schreiens, des Hartmachens, der sogenannten Tapferkeit und konsumierte schon im träumerischen Voraus das Würstchen samt Kartoffelsalat. Ich war und blieb ein Hosenschisser, ein Junge ohne diese Art von Widerstandskraft, ohne diese Art von Prahlerei. War ich deshalb ein Junge mit fragwürdiger, schwankender Identität, auch da, wo ich beim Jungvolk einmal ein Klavier tragen helfen musste, weil ich mich arglos als Klavierspieler gemeldet hatte? Wozu war dort mein Klavierspiel gut? Damit sich diese Meute über mich, den Andersartigen, lustig machen konnte?

Schurgast, ein besonderer Ort!

Während der Ferien im Dorf Schurgast war ich mehr als nur ein Gast. Hier wurde ich nicht von Mitschülern *verschnickt*. Hier brauchte ich auch nicht den schweren Teppich aus der *guten Stube* an der *Kloppstange* ausklopfen. Hier musste ich nicht den *Kohlenkasten* mit Kohle oder Briketts auffüllen und aus dem dunklen Keller hochholen, wo aus jedem Winkel heraus ein Geist mich hätte fassen können. Zur Geistervertreibung sang oder sprach ich mir bei dieser Arbeit mit Texten, die ich sang oder brüllte, Mut zu. Das muss offenbar geholfen haben, den Geistern und vor allem mir! Die Begegnung mit der Dunkelheit gehört sicher zum Heranwachsen. In Schurgast gab es keinen angstmachenden Keller, denn hier wurde mit Spänen aus der Tischlerei geheizt, die ebenerdig gehortet wurden. Allerdings gab es hier auf dem Dachboden das bereits erwähnte Sarglager mit entsprechendem Zubehör, gruselig genug, aber bei Tageslicht gerade noch erträglich.

Gehen wir doch einmal dem Namen und seiner eventuellen Quelle nach. Ein „wasserpolnisches“ Dorf konnte es nicht sein. Diese Dörfer zeichneten sich durch die Endung „witz“ aus, wie etwa Budkowitz, Krappitz, Schelitz, Tillowitz, Kranowitz, Korkwitz, Kottlischowitz, Bielitz, Markowitz, Plawniowitz, Rudzinitz, alles slawische Namen, endlos aufzureihen. Schurgast fiel da völlig aus dem Rahmen, setzte sich womöglich aus „Schur“ als Begrüßungsformel auf Siegerländer Platt und aus „Gast“ zusammen. Zugewandert ist man aus vielen Ländern, vielleicht auch aus dem Siegerland. Jedenfalls konnte der Feriengast Günter hier in Frieden mit sich selbst sein, so wie es Rainer Maria Rilke in einem frühen Gedicht formte:

Ich will ein Garten sein, an dessen Bronnen
die vielen Träume neue Blumen brächen,
die einen abgesondert und versonnen,
und die geeint in schweigsamen Gesprächen.

Und wo sie schreiten, über ihren Häupten
will ich mit Worten wie mit Wipfeln rauschen,
und wo sie ruhen, will ich den Betäubten
mit meinem Schweigen in den Schlummer lauschen.
Rainer Maria Rilke, 31.12.1897, Berlin-Wilmersdorf

Wie gut, dass es Orte voller Geheimnisse gibt. Damals konnte ich nicht ahnen, wie viele neue Abenteuer auf mich zukommen würden, plötzlich und unerwartet, wie es in diesem Leben immer wieder sein sollte ...

Oh, dieses Explodieren eines Vulkans von Erinnerungen! Im Rückblick fühle ich mich bestürmt von Wörtern, brauche nicht schnell nach Papier und Bleistift zu suchen, schalte vielmehr den Computer ein und bemühe mich, die rätselhaften Stimmen der Gärten, der Wälder, der Vögel und Insekten festzuhalten, das Rascheln des Dickichts, das Atmen der Blüten und das Sprießen der Zweige. Vor allem auch das Weiß der Birken und deren eigenartig intensive Rinde. Oft habe ich Birken gezeichnet, auch mit Kohlestift. Dieser Baum gehört schon immer zu meinen Lieblingsgewächsen. Hoch oben, im Gipfel einer leicht erkletterbaren Birke, hatte ich auf einem quer gelegten Brett in vielen Stunden meiner Schurgaster Herbstferien die kleine überschaubare Welt betrachtet und ließ mich vom zuweilen heftigen Herbstwind in ihrer beweglichen Krone schaukeln. Die Birkenzweige waren elastisch, anders als die starren, zerbrechlichen Zweige von Lärchen. Hier war ich ganz lauschend und empfangsbereit. Vergessen waren Jungvolk und Geländespiele mit den mir verhassten Raufereien, diesen sinnlosen Prügeleien, den Leibesübungen zur Ertüchtigung der deutschen Jugend und zur Hebung der Wehrfähigkeit. Vergessen waren Hitlers Erziehungsziele, wonach die deutsche Jugend *flink wie Windhunde, zäh wie Leder, hart wie Kruppstahl* sein sollte. Für eine kurze Ferienzeit dem entronnen, konnte ich zu mir selbst kommen, frei sein. Im Schweigen wurde mein Ich still. Geräusche vom Glucksen des Wassers, Gerüche und Düfte konnte ich hier festhalten, so sehr, dass sie heut noch in mir leben für ein schriftliches Formulieren.

Nach 65 Jahren auf einem Hügel im Oderbruch

Wer hat uns also umgedreht, dass wir, was wir auch tun,
in jener Haltung sind von einem, welcher fortgeht?
Wie er auf dem letzten Hügel,
der ihm ganz sein Tal noch einmal zeigt,
sich wendet, anhält, weilt ,
so leben wir und nehmen immer Abschied.
Rainer Maria Rilke, aus Duineser Elegien, VIII.

Was gibt es da im Rückblick? Eine Reise in den Oderbruch hilft weiter. Diesen still und träge dahinfließenden Fluss, diesen einstigen Heimatfluss wiederzusehen, ist das nun Traum oder Wirklichkeit? Hier stehe ich wie zwischen zwei Lagern, wie zwischen zwei Sprachen. Das jenseitige Schlesien ist nun Polenland. Wenn die Seele wund wird, kann der Körper nicht mehr lügen. Soll ich mich der Tränen schämen, nur weil ich ein Mann bin?

Mein Blick schweift über die sanften Hügel zum Gewässer hin. Wo ist seine Lebendigkeit? Wo sind seine Kähne, seine Dampfer mit ihren Schloten, die noch 1944 33 Millionen Tonnen Kohle und Koks nach Mittel- und Norddeutschland brachten? Müssen hier Tatsachen zurechtgerückt werden? Da blickt man in ein Land, als wäre es immer ereignislos gewesen, als wäre es nie von der Geschichte gebeutelt worden. Die Natur hat daraus ein Geheimnis gewoben. Nichts mehr zu sehen von der sinnlosen Schlacht, die im Winter und frühen Lenz des Jahres 1945 hier tobte. Heut liegt so etwas wie Unschuld über dem Land. So still, so verlassen wirkt das Bild vom Oderbruch, als sähen wir eine niederländische Landschaftsmalerei, die glückliches Ermatten gewährt. Ich spüre unter meinen Füßen, dass ein Teil von mir Wurzeln schlägt, dass ich aus dem Land stamme, woher der Fluss kommt. Die Oder, eine nackte Stimme ohne Wörter, ohne Sätze, nur mit der Wärme eines Murmelns.

Da fällt es leicht, sich wieder zurückzuträumen, fast 70 Jahre zurückzuträumen. Wer kann schon träumen von solchen Kähnen, die im Sommer, verbotenerweise, gezielt schwimmend angesteuert wurden, auch von mir? Natürlich waren nur deren kleine Beiboote zu erobern. Sie fuhren sehr schnell dahin, gemessen an den eigenen Schwimmkünsten. Gelang es, sich hinaufzuschwingen, dann konnte man flussaufwärts eine Strecke bis zur nächsten Staustufe mitfahren, um sich anschließend wieder flussabwärts treiben zu lassen. Die Zeit ist obendrein ein tiefer und unbeständiger Fluss, ebenso wie Neiße und Oder, diese Schicksalsgewässer. Nicht immer sind und waren sie so friedlich. Ich kenne ihre anderen Bilder aus Kinder- und Jugendzeiten, die sich in meinem Gedächtnis verklemmten und mich zuweilen noch heute nicht in Ruhe lassen.

Ich blicke in die damalige Zeit zurück, wo sich Schaum über Schaum am Oppelner Wehr, neben der Schleuse, bildete. Wer hat schon gewusst oder geahnt, dass die vielen Schaumkronen von nahen Portland-Zementwerken herrühren könnten und Gift bedeuteten? Eine Woge des Unglücks floss da heran. Aber keiner achtete darauf, man erkannte die Zeichen nicht. Wie auch die vielen anderen Zeichen keiner erkannte, erkennen wollte, oder doch?

Mein Vater, der als Chauffeur eines polizeilichen Überfallkommandos durch die Oppelner Straßen raste, war zielstrebig. Und so führte ihn sein Weg zur Kriminalschule nach Berlin. Schließlich wurde er Kriminalbeamter in Oppeln, zum Innen- und Außendienst verpflichtet. Und da wurde für ihn, den Felix, das Glück mehr und mehr wankend.

Von der „Kristallnacht“

„Stille Nacht, heilige Nacht“ hätte man singen können. Vater, Mutter und Kinder lagen in Betten, nichts Schlimmes ahnend. Da schrillte die Hausklingel, nicht das Telefon, weil wir uns damals noch keins leisten konnten. Die ganze Familie zuckte zusammen, weil dieses akustische Ereignis ein Ausnahmefall war und per se eine sicherlich nicht gute Botschaft ankündigte. Es konnte sich nur um eine dramatische Ausnahmesituation handeln. Mein Vater zog seine Dienstwaffe, eine Pistole, aus der Nachttischschublade, entsicherte sie und ging zur Wohnungstür. Da erfuhr er: ... eine dienstliche Sache für ihn, den Kriminalbeamten. Er musste sofort mit. Als er am Morgen von der Aktion zurückkam, war er deprimiert und sprach wiederholt: *„Das wird sich rächen, das wird sich rächen!“* Diese Nacht war also keine *Stille Nacht* gewesen, auch für uns nicht, da wir auf Vaters Rückkehr lange warten mussten. Und erst recht war es keine *Heilige Nacht* gewesen. Vater war geholt worden, um das Umfeld der Oppelner Synagoge zu „sichern“, wie es hieß.

Am Morgen nach dieser gar nicht stillen Nacht sollte ich mir, der Sohn des Kriminalbeamten, am anderen Ende der von uns bewohnten Sedanstraße ansehen, was mit den Bewohnern und der Villa unseres Kinderarztes geschehen war. Da lag im Vorgarten das Spielzeug, lagen verstreut die Eisenbahn, Puppen und Bauklötzchen. Die Fenster waren weit geöffnet, Fensterscheiben zerschlagen. Ich suchte an den Wänden des Hauses Antworten auf die Fragen, die mir durch den Kopf schwirrten.

Was Jizchak Katzenelson in seinem 3. Gesang, 6/7. Vers, im Jahre 1943 im Sonder-KZ Vittel, am Rande der Vogesen, schrieb, sollte ich jetzt erst zu lesen bekommen. Es wurde dem arglos Empfänglichen zur lebendigen Erinnerung:

Sie reißen jede jüdische Wohnung auf,
reißen sie auf und treten herrisch auf,
man soll's nicht sehn, nicht hören, viel ärger noch läuft's ab:
man verschleppt, ja, man verschleppt Menschen,
pfercht sie in volle, enge Wagen.

Menschen waren im Umfeld der Villa nicht zu sehen. Es war merkwürdig still dort. Keine heilige Stille, eine geradezu beängstigende. Da stand ich als Neunjähriger, stumm und passiv, versteinert. Was hätte ich tun können? Ich wusste, hier wohnte noch gestern mein Lebensretter. Denn als ich als Vierjähriger an Diphtherie schwer erkrankt und in Atemnot geraten war, hatte dieser jüdische Doktor durch schnelle Einführung eines Atemrohrs mein Leben gerettet. Nun hätte ich eine Stimme haben wollen wie geschaffen zum Brüllen, zum Schreien, zum Schimpfen und Toben. Welch ein Zusammenstoß mit der Ungerechtigkeit der Welt! Hier zeigte sich mehr als nur das Gespenst des Vergänglichen. So wurde auch ich Zeuge eines Dramas, das sich zu jener Stunde in ganz Deutschland abspielte, nein, nicht abspielte, austobte, von Goebbels als spontaner Akt der Volksentrüstung gegenüber Juden bezeichnet.

War da etwas, um dem Anblick ein wenig Menschlichkeit zu verleihen, etwas umzuwandeln? War da etwas, was als Signal galt zum Durchatmen? Nun war wohl der reinste innere Frieden dahin, nun war ich nicht mehr von Politik frei, wenngleich ich mit meinem geringen Alter noch keine genaue Vorstellung vom Sinn des Lebens und von der Politik im Besonderen haben konnte. „Kristallnacht“ nannten die Nazis in zynischer Wortfindung ihre Aktionen gegen jüdische Mitbürger.

Ich lief zur Synagoge. Auf dem Weg dorthin zerbrochene Fensterscheiben von Geschäften. Die schöne, imposante Oppelner Synagoge mit ihrer runden Kuppel war ausgebrannt. Noch rauchten ihre verkohlten Balken. Neugierige stumme Zeugen des Geschehens standen da herum. Keiner sprach, niemand empörte sich, alles wirkte merkwürdig steif. Kein Dialogvermögen, keine Definitionskraft, oder doch welche? In hammerharter Grammatik eine Syntax ohne Spielraum:

für Mitbürger, für Nachbarn. Die Kürze des Lebens für den, der aufmuckte. Wie hatte es doch Martin Niemöller artikuliert:

Als die Nazis die Kommunisten holten,
habe ich geschwiegen;
ich war ja kein Kommunist.
Als sie die Sozialdemokraten einsperrten,
habe ich geschwiegen;
ich war ja kein Sozialdemokrat.
Als sie die Katholiken holten,
habe ich nicht protestiert;
ich war ja kein Katholik.
Als sie mich holten,
gab es keinen mehr,
der protestieren konnte.

Martin Niemöller, ehem. Kirchenpräsident von
Hessen und Nassau, 1938-1945 in KZ-Haft

Jahr um Jahr zur Winterszeit ging ich an der Ruine vorbei, deren goldene Kuppel einst hell in der Sonne glänzte, die einmal das geheimnisvolle Bethaus der Juden gewesen war, ging vorbei, dann nämlich, wenn ich dem Vergnügen des Schlittschuhlaufens nachgehen wollte. Mich brauchte Jizchak Katzenelson nicht zu ermahnen, nicht zu erinnern, wie er es in der 4. Strophe seines 11. Gesangs formuliert hatte:

Gedenke des Grausamsten, des Schauderlichsten, des Unbarmherzigsten, das es je auf dieser Welt gab.

In seiner jiddischen Sprache hieß es: *gedenkst dos grojsamste, dos schojderlichste, dos umberachmonesdike ojf der welt?* In diesem Sprachklang muss ich es mir immer wieder vorsagen, um im Geiste wieder dort an der Synagoge vorbeizugehen, vorbeizuschleichen. Muss ich mich dann meiner Tränen schämen?

Je größer und farbiger eine Stadt ist, desto mehr Winkel hat sie zum Verbergen. Das, was da übrig blieb, war nicht zu verbergen, war der Benennung ledig, des Zwecks entfremdet, behielt trotzdem eine Sprache, die Sprache schreiender Wirklichkeit, wurde damit Mahnmal, auch für mich.

Später, viel später, weil ich es nie vergessen sollte, hatte ich in einer Unterrichtsstunde des Hindenburg-Gymnasiums zu einem Klassennachbarn geflüstert: *„Das über die Juden ist nicht wahr."* Ein junger fanatischer Lehrer, der vor uns dozierte, hatte nämlich „alles Unheil der Welt" den Juden zugeschrieben. Aber mein Flüstern war dem Lehrer aufgefallen. Prompt fragte er mich, was ich dazu zu sagen hätte. Ich wusste, wenn mir jetzt keine Lüge einfällt, bin nicht nur ich, ist meine ganze Familie geliefert. Nicht der im Augenblick gefundene geniale Einfall zählte, vielmehr die Trefferquote. Wenn Rhetorik Schlagfertigkeit heißt, dann ist der sichere Griff ins Archiv allgemeiner Ideen gefragt. Und so hatte ich zum ersten, aber auch zum letzten Mal in meinem Leben sofort eine ganz simple, aber offenbar auch einleuchtende Antwort parat. Ich hätte meinem Nachbarn zur Linken einen Spielvorschlag für die nächste Pause zu machen gehabt. Das nahm der Lehrer für bare Münze. In der Pause sagte dann mein Mitschüler zu mir: „*Da hast du aber Glück gehabt, dass ich dich nicht verpfiffen hab!*" Danach schlotterten mir noch stundenlang die Knie. Von dem Vorfall habe ich nie zu Hause erzählt. Warum sollte ich auch eine Beichte ablegen, eigenes Schlottern zu Hause vervielfältigen, warum weitergeben, was an Weisheit in der Luft lag? Dass ich nichts sagte, war eher ein entlastendes Dokument für mein gespaltenes Ich. Heut, aus sicherer Deckung, lässt sich über ein längst verflossenes Geschehen salopp berichten, nein, doch nicht, denn in Wachträumen überlege ich, was ich gemacht hätte. Da hatte ich die Idee, schnell nach Hause zu laufen, einige Sachen zu packen, mich auf das Rad zu schwingen und nach Schurgast zu fliehen, um mich dort auf dem großelterlichen Dachboden zu verstecken. Aber wie lange hätte ich durchgehalten, ohne entdeckt zu werden?

Vorbilder

Musste ich sie suchen? Keineswegs, mein häusliches Umfeld war frei von Trugbildern, voll von positivem Verhalten gegenüber Gedemütigten, Geschundenen, Gefangenen. Mein Vater hatte in bestimmten Fällen die Möglichkeit, Gefangene zur Gartenarbeit aus Gefängnissen herauszuholen. So saßen öfter bei uns solche Menschen beim Mittagstisch, was übrigens streng verboten war. Ein äußerst riskantes Unternehmen, doch wurde von diesen Menschen nie der Versuch einer Flucht begangen. Meine Mutter versorgte ukrainische Ostarbeiterinnen mit Kartoffeln und wurde deshalb von Nachbarn angezeigt. Mein Vater wurde zur Gestapo zitiert. Mit einer Rüge kam er davon. Meine Mutter bat er, es in Zukunft heimlich zu tun. Sie tat es fortan bei Mondlicht. Gelassen hat sie es nicht. So lernte ich kennen, was menschlichen Werten innewohnt.

Da unsere Familie mit drei Kindern einen Anspruch auf eine Haushaltshilfe hatte, bekamen wir 1941 eine Ostarbeiterin aus der Ukraine zugeteilt. Es war Raja, eine auch Deutsch sprechende, stattliche Studentin aus Kiew. Ich will es nicht verschweigen: Die fremdartige Schönheit gefiel mir, dem Pubertierenden, allein wegen ihrer flotten Figur mit stattlich auffallendem Busen, ihrer hochgewachsenen, blühenden Gestalt, ihrem hübschen Gesicht mit ausgeprägten Backenknochen und ihrer schmucken Haarpracht, dieser ostischen Gretelfrisur. In ihren großen Augen vermischten sich Traurigkeit und Selbstbewusstsein. Obwohl ausdrücklich engere Kontakte, wie z. B. ein Essen am gemeinsamen

Tisch, verboten waren, wurde Raja wie eine eigene Tochter behandelt und war auch bei allen Familienfesten selbstverständlich dabei, war mehr als nur ein Gast. Wir erfuhren einiges aus ihrem Leben und ihrer Heimat. Für sie war Stalin genauso ein Tyrann wie Hitler. Als nach der Verkündigung des totalen Krieges durch Goebbels die Rüstungsindustrie auf Hochtouren angekurbelt wurde, musste auch unsere Raja als Arbeitskraft in einen solchen Betrieb. Unter allseitigen Tränen und Umarmungen wurde sie verabschiedet. Wir hörten niemals mehr von ihr. Leider hatte damals keiner von uns daran gedacht, nach ihrer Heimatadresse zu fragen. Meine ziemlich im Dunklen tappenden umfangreichen späteren Bemühungen um Kontaktaufnahme, auch mithilfe der Botschaften, liefen ins Leere.

Eines Tages kam mein Vater noch bedrückter, als er ohnehin schon war, nach Hause und erklärte, dass die Kripo dem sogenannten SD, dem Sicherheitsdienst eingegliedert worden sei, ohne dass die Kripo-Leute dazu befragt worden waren. Himmler war seit 1936 der gefürchtete Polizeichef für ganz Deutschland. Die streng aufgebaute Polizeibehörde war dem Hauptamt Sicherheitspolizei unterstellt worden. Immer mehr drang die politische Polizei in die normale Polizei-Behörde ein.

Am 27.09.1939, also nach Kriegsbeginn, wurde das Reichssicherheitshauptamt (RSHA) gebildet, dem die Staatsbehörde „Sicherheitspolizei" und die SS-Behörde „Sicherheitsdienst" (SD) unterstanden, was zu einer Verschmelzung von SS und Polizei führte. So hatte mein Vater plötzlich mit Leuten zu tun, die nicht seine Welt waren. Noch schlimmer, er musste einzelne Gefangene nach Auschwitz begleiten. Dann ließ er sich immer von meiner Mutter seine Aktentasche mit kleinen Päckchen von Butterbrot vollpacken.

Wenn ich heut ein Gedicht von Stanislaw Wyspianski zur Hand nehme, dann wird darin das ausgesagt, was meinen Vater damals bedrückte:

Wohin nun gehn? Wo alles düster,
wo alles Nichts und Nacht und Dürre.
Ich sehne einsam mich und irre
beklagenswert durch diese Wüste.
Was soll ich, arm, nach Hause tragen,
Gefangener eines Gedankens?
Er war mein Sieg und mein Versagen.
Jetzt ist er tot und ich muss wanken.

Nach einer solchen Dienstfahrt nahm mich eines Tages mein Vater mit auf eine lange Radtour. Tapfer strampelte ich mit auf einer schier endlosen Strecke durch oberschlesische menschenleere Kiefernwälder rechts der Oder. Ich ahnte, dass meinen Vater Unsagbares bedrückte. Aber seine Sprache verwandelte sich in Schweigen. Diesem Schweigen lauschte ich und dachte: Die Bäume mögen für dich rauschend trauern. Vater musste um ausweglose, aussichtslose Trostlosigkeit, um hilfloses Mitansehen des Unerträglichen, um vollkommene Heimatlosigkeit wissen. Das sagt mir mein späteres Wissen. Und Felix, der inzwischen gänzlich Glücklose, dessen Stimme auf dieser Radtour ausgelöscht war, strampelte, mich im Gefolge, bis zum späten

Abend, strampelte, so sehe ich es heut, um ein Vergessen. Aber es war sicher ein vergeblicher Versuch. André Malraux formulierte eine solche Situation sicher richtig mit den Worten: „*Man vergißt das nicht, was man vergessen möchte.*“

Holocaust

Ein Ort unvorstellbarer Gewalt, grenzenloser Mordorgien, der Ausmerzung minderwertigen Lebens, wie die Naziideologen sagten, ist im Gefüge des Globus auf ewige Zeit fixiert – 19 Grad 12 Minuten östlicher Länge, 50 Grad 03 Minuten nördlicher Breite. Hier, auf diesem Schnittpunkt im Süden Polens, gab es die über 800 Jahre alte Kleinstadt namens Oswiecim. Sie war zu Zeiten der Habsburger Monarchie ein Zentrum jüdischer Religion und jüdischer Intelligenz.

Auschwitz, der deutsche Name für diesen Ort, lag etwa 100 km von Oppeln in südöstlicher Richtung entfernt. In *Auschwitz* war es „ *aus*“ mit jeglichem „*Witz*“. Bei Winden aus dieser Himmelsrichtung wehte ein eigenartig scheußlich-süßlicher Geruch über Oppeln hinweg. Wind, der durch die Weizenfelder streift, säuselt anders, riecht anders, duftet geradezu. Wir jedenfalls wussten um Herkunft und Wesen des Auschwitzer Windes und den damit verbundenen „Offenbarungsgerüchen“. In sarkastischer Abwandlung eines Märchentextes hätte die Antwort heißen können: *Der Wind, der Wind, das himmlische Kind*. Über 60 Jahre danach lese ich in einem Gedicht aus dem Jahre 1943 von Czeslaw Milosz:

Und Paare flogen nach oben
Hinauf in den heiteren Himmel.

Wie oft werde ich noch feststellen, dass das Vergangene nicht tot ist? Immer wieder stoße ich auf Zeitzeugen. Wer war denn dieser Milosz? Während der deutschen Besatzung war er im Zweiten Weltkrieg im Untergrund tätig. Er wurde dafür von der israelischen Gedenkstätte Yad Vashem mit dem Titel „Gerechter unter den Völkern“ ausgezeichnet. Dieser Titel und seine Thematik wurden im Jahr 2008 für meine Frau und mich Anlass zu einer eigenen Konzertlesung in Würdigung zweier Rechtschaffener, der Polin Irena Sendler, der Mutter der „Holocaust-Kinder“, und des jüdischen Dramatikers Jizchak Katzenelson. Im siebenten Gesang seines Poems *dos lied vunem ojsgehargetn jidischn volk* bestätigt er, dass nicht nur wir, auch sogar die Juden Wissende waren: *weh mir, ich hob gewusst* ... Ich übersetze die Botschaft, die noch heut gefrieren lässt:

Weh mir, ich habe es gewußt und meine Nachbarn auch
und auch ein jeder Jude, alle, groß und klein, alt und jung, –
wir haben es gewußt, aber nicht ausgesprochen, leider,
jeder behielt es für sich,
verschlossen in eigener Gedankenwelt,
versteckt in eigener Brust.

Was damals geschah, trägt seit einiger Zeit zu Recht eine Begrifflichkeit, die nicht der deutschen Sprache entstammen konnte: „Holocaust“, eine Zusammensetzung aus den griechischen Wörtern „*holos*“ = vollständig und „*cautos*“ = verbrannt. Im Hebräischen ist ein anderes Wort gebräuchlich: „*Schoa*“. Es steht für Vernichtung, Verderben.

Felix, mein Vater, konnte sich nun nicht mehr *der Glückliche* nennen. Er versuchte, sich bei Gartenarbeit zu entspannen, um alles Geschehen der Welt zu vergessen. Während für mich alles ein ungestörtes Weitergehen des Lebens war, die Meerestiefe des wirklichen Lebens mich noch unberührt ließ, musste mein Vater wissen um das fälschliche Weiterfunktionieren der Justiz, von der zitternden Spannung der politischen Oberfläche, musste erfasst gewesen sein von dem Stets-und-ständig-an-Politik-denken-müssen. Sicher um sich abzulenken, schweifte seine Fantasie zu Möglichkeiten nach dem Krieg. Dann wollte er Imker werden, die Bienenvölker Großvaters übernehmen und dort ein gegen Feuchtigkeit isoliertes Haus aus dem bestehenden Gebäude machen. Viele Träume, Wachträume, denn er sprach davon. Auf unserer langen gemeinsamen Radtour durch die Kiefernwälder gab es vielleicht für Stunden ein Vergessen um Erlebnisse, von denen ich nichts ahnte.

Rund um Musikanfänge

Er, der in seiner Jugendzeit das Geigenspiel, das er erlernen sollte, ignoriert hatte, öffnete in Sommertagen die Fenster, wenn sein Sohn Klavier spielte. Die Nachbarn sollten hören: Mozart und Schubert und anderes, jedenfalls Musik, die so fern von all dem war, was Deutschland zugrunde richtete. Doch Vorsicht, diese Musik war nicht nur ein Weggenommensein hin zu friedlichen Gegenden, war nicht nur ein Wandeln auf fremder Erde, auf weichem, angenehm zu betretendem Boden in feiner, träumerischer Würze. Schuberts Andantino aus Sechs Moments musicaux op. 94, 2, hört man es intensiv, ist von unendlicher Traurigkeit, einer Traurigkeit, die die Zeit dehnt.

Kompositionen, die ich besonders gern spielte, waren nach einer schweren mehrwöchigen Erkrankung zu meinem Erstaunen solche mit drei b-Vorzeichen. Plötzlich hatte ich keine Bedenken mehr, Stücke mit mehreren Akzidentien zu spielen. Wie dies kam, verwunderte mich so sehr, dass ich es bis heute nicht vergessen habe. Es waren Stücke von Arthur Benjamin und von Felix Mendelssohn-Bartholdy, die ich eigentlich nicht spielen sollte, jedenfalls nicht bei geöffnetem Fenster. „*Um Himmels willen, Junge, das darf kein Nachbar hören!*" Aber heut frage ich mich, welcher Nachbar hätte denn schon Klavierwerke dieses jung vollendeten jüdischen Komponisten gekannt und erkannt ? Allerdings war „*Romance sans paroles*" op. 19 Nr. 4 ein Ohrwurm. Wer aber konnte dergleichen als jüdisch und damit als „versaut" empfinden?

Als Sohn eines Hausbesitzers mit 14 Mietern musste ich schon sehr früh Unterscheidungen lernen. Am sogenannten „Eintopfsonntag", einmal im Monat, sollte auf Geheiß der Nazis „Volksgemeinschaft" demonstriert werden. Dann musste ich mit einer Liste und einer Sammelbüchse von Haustür zu Haustür gehen und für diese Aktion Geld sammeln. Dabei hatte ich auf Anweisung meiner Eltern gewisse Regeln zu beachten. Einen fanatischen Parteigenossen musste ich mit „Heil Hitler" begrüßen, diesen oder jenen mit „Guten Morgen" und die drei älteren Jungfrauen eine Etage tiefer mit „Grüß Gott".

In der Oberschule für Jungen begann der Morgen mit „Heil Hitler". Es war ein herzloser, monotoner Schulbetrieb. Nur dem Musikunterricht konnte ich ein Vergnügen abgewinnen. Im Gymnasium gab es mehrere gute Klavierspieler. Eines Tages fragte ich einen solchen Mitschüler, was er denn gerade für ein Lied spielen würde. Ich bekam in natürlicher, beiläufiger Souveränität die hochnäsige Antwort: *„Ich spiele Stücke, keine Lieder!"* Nach dieser Belehrung wusste ich fortan, dass auch ich „Stücke" spielte. Mein erster schulischer Auftritt geschah mit einem Scherzo in B-Dur von Franz Schubert. Sagte doch der Kunstlehrer danach: *„Die Gestaltung hatte ich dir nicht zugetraut."* Einer Nonne als strenge, aber gute Klavierlehrerin war das Ergebnis zuzuschreiben.
Eines Tages stand ich vor verschlossenen Türen des Klosters, dessen großer Gebäudekomplex neben der Bergelkirche lag. Die Nonnen waren von den Nazis verjagt worden. Und nichts regte sich. Die Nazis hatten wieder einmal, wie schon so oft, Vereinbarungen gebrochen. In Artikel 31 aus

dem Konkordat zwischen dem Vatikan und dem Deutschen Reich stand: *Diejenigen katholischen Organisationen und Verbände, die ausschließlich religiösen, rein kulturellen und karitativen Zwecken dienen und als solche der kirchlichen Behörde unterstellt sind, werden in ihren Einrichtungen und in ihrer Tätigkeit geschützt.*

Die Erinnerung an alles Schreckliche hakte sich nicht so fest wie – gottlob! – die Erinnerung an Positives, an die Wärme empfangener Gefühle, an die Sanftheit einer Geste, den Klang einer zärtlichen Stimme von Mensch und Tier, den von mir entlockten Harmonien der Schurgaster zweimanualigen, mit einer Crescendowalze ausgestatteten Dorforgel der Firma Rieger. Hier begann meine Organistenlaufbahn. Hier durfte ich die ersten Versuche starten, Andachten musikalisch zu begleiten. „*Das klingt ja schon recht gut, wenn auch die tiefen Bässe fehlen*", hörte ich den Pfarrer sagen. Fortan wusste ich mir zu helfen, indem ich 16' Register zog, um einen Tiefklang auch in den Manualen zu erzeugen. Freilich, das Kombinationskunststück, Hände und Füße unabhängig voneinander einzusetzen, hatte ich noch nicht versucht. Außerdem, meine Beine reichten noch nicht über die ganze Pedalklaviatur. Ich weiß nicht, ob ich damals schon fähig gewesen wäre, eine Hand über dem Bauch kreisen zu lassen und mit der anderen Hand über dem Kopf Kreise zu ziehen, gleichzeitig noch einen Rhythmus mit den Beinen zu stampfen. Damals reichte mir der berauschende Tuttiklang. Und die Tanten waren natürlich stolz auf mein Orgelspiel in der nicht gerade kleinen katholischen Dorfkirche. Hier hatten schließlich die Tanten die kitschüberladene Ausschmückung eines Seitenaltars als besonderes Privileg, als eine besondere Ehre empfunden. Je üppiger Blumen den Altar auf jedem freien Plätzchen umrankten, umso seliger fühlten sie sich. Tante Liesel konnte der heiligen Elisabeth nicht genug Blumen aus dem eigenen Garten mitbringen, vor allem Löwenmäulchen, Astern und Lilien. Und dann ging sie, glaube ich, nachzählen, wieviele Blumensträuße die Konkurrenz auf dem gegenüberliegenden Seitenaltar hingestellt hatte.

Für mich waren die Störche auf der großväterlichen Scheune wichtiger und interessanter. Denen schlich ich nach, robbte mich auf den feuchten Wiesen heran, um zu sehen, wie sie erfolgreich den einen oder anderen Frosch schnappten, entweder selbst verschlangen oder dem Nachwuchs ins Nest auf der Scheune brachten. Ihr lustiges Klappern klingt mir noch heute in den Ohren, ebenso das Gackern der Hühner, die auf diese Weise an sommerlichen Vormittagen frisch gelegte Eier, aber nicht ihre Ablegeplätze verrieten. Dann begann meine Suchaktion in der Scheune, außerhalb des Hühnerstalls. Meine kleinen Hilfsarbeiten aber waren nichts gegen das, was an jedem Wochenende eine angeheuerte Magd an Schufterei leistete, wenn sie den Ziegen- und Schweinestall ausmistete. Mit ihrer dicken Kurzsichtigenbrille gab Grete, wahrhaft ein Arbeitstier, deftige Sprüche von sich: *„Von dem fettigen Zeug kriegste Gicht in den Knochen"* oder *„Ich mach' das nich' wegen des Geldes, sondern damit ich nicht auf die schiefe Bahn komme."* Oder sie fragte mich: *„Willst de nich' die Rosinen von den Ziegen?"* Sie meinte die kleinen, schwarzen Hinterlassenschaften, die tatsächlich Rosinen ähneln können. Wenn die Schweine aus dem Stall gelassen wurden, musste ich mich in Sicherheit bringen, da die zentnerschweren Kolosse mich in ihrem losgelassenen Temperament glatt umgelegt hätten. Und dann sah ich zu, wie sie mit Vergnügen die Hinterlassenschaften der Legehennen, die Hühnerkacke, grunzend verschlangen. Das waren offenbar deren Vitamine. All diese Erlebnisse sind unwiederbringlich vorbei. In der heutigen Landwirtschaft ist der Hühnerkot Düngemittel. Aber was für eine Zeitreise liegt zwischen jenem und diesem Kot ...

Panzerfallen

's ist Krieg! 's ist Krieg! O Gottes Engel wehre,
Und rede du darein!
's ist leider Krieg – und ich begehre
Nicht schuld daran zu sein!
Was sollt ich machen, wenn im Schlaf mit Grämen
Und blutig, bleich und blaß,
Die Geister der Erschlagnen zu mir kämen,
Und vor mir weinten, was?
Wenn wackre Männer, die sich Ehre suchten,
Verstümmelt und halb tot
Im Staub sich vor mir wälzten, und mir fluchten
In ihrer Todesnot?
Wenn tausend tausend Väter, Mütter, Bräute,
So glücklich vor dem Krieg,
Nun alle elend, alle arme Leute,
Wehklagten über mich?
Wenn Hunger, böse Seuch' und ihre Nöten
Freund, Freund und Feind ins Grab
Versammelten, und mir zu Ehren krähten
Von einer Leich herab.
Matthias Claudius 1778

Da hilft kein Zögern, der Gedankenflug wird mir erleichtert, wenn ich Kot zu Kotzen erweitere. Und da habe ich jene freudlose Zeit, die sich mehr und mehr zur Schreckenszeit weitet, vor mir. Eine von Juni bis August 1944 andauernde sowjetische Offensive im Mittelabschnitt der Ostfront stieß erfolgreich bis zur Weichsel vor und machte vor Warschau Halt. Da wurde auch Oppelner Jungvolk und Hitlerjugend mobilisiert, um bei Groß-Strehlitz, etwa 30 km östlich von

Oppeln, Panzergräben auszuheben. Wir wurden eingeschworen auf eine Reichsverteidigung, auf eine, wie sich im Januar 1945 herausstellte, lächerliche Abwehrmaßnahme. Es ging hart her bei diesen Ausgrabungen. Fünf und mehr Meter breit, vier Meter tief sollten die Gräben werden, auf der Anfahrtseite leicht angehoben und dann steil abfallend. Mit Schaufeln und Spaten schufteten Hunderte von Jungen bei sengender Sonne, unerträglicher Hitze, während ein oberer Charge hoch zu Ross als selbstverliebter Pfau auf und ab patroullierte und so ständig unsere Arbeit kontrollierte. Geschlafen wurde in Scheunen der nahegelegenen Bauernhöfe. Ja, wäre es nur das Weggenommensein in eine andere Gegend, zu anderen Menschen, ein Atmen in fremder Luft gewesen, das wäre noch erträglich gewesen. Aber hier hatte man, wie auch schon bei der Oppelner Hitlerjugend, schnell ein Opfer zum Quälen gefunden. Das Opfer war natürlich der Klavierspieler. In nächtlicher Finsternis stürzte man sich auf mich, um mein Gesicht mit schwarzer Schuhcreme zu verhunzen. In weiteren Nächten war ich immer auf der Hut, konnte die Würze des Strohs und die Ruhe der Nacht nicht wahrnehmen, lag böse Stunden wach da und wartete auf weitere Angriffe. Die Eltern, die es mit einem Fresspaket gut meinten, verschlimmerten nur die Situation. Der Inhalt wurde aufgeteilt, und ich beschwor meine Mutter, ja nichts mehr zu schicken. Schon bei den Märschen – eins, zwei, drei, vier – hin zu den auszuhebenden Panzerfallen wusste man mich zu schinden. Das nannte man Fersengeld.

Heut lese ich, was Einstein in einem berühmten Satz von 1930 so ausdrückte: „*Wenn einer mit Vergnügen in Reih und*

Glied zu einer Musik marschieren kann, dann verachte ich ihn schon; er hat sein großes Gehirn nur aus Irrtum bekommen, da für ihn das Rückenmark schon völlig genügen würde.“ Ich aber musste *eins, zwei, drei, vier, eins, zwei, drei, vier, eins, zwei, drei, vier, ...* marschieren und mein Gehirn verlangte nach anderem. Mich quälte das Verlangen, den ungewohnten Spaten wegzuwerfen, zu rasten, auszuschlafen, auszuweinen, auszuträumen und nach all der Quälerei einmal in Ruhe gelassen zu werden und auch wieder am Klavier sitzen zu dürfen.

Spielperspektiven

Tahar Ben Jelloun, der marokkanische Dichter, schreibt: *Spielen heißt nicht täuschen, sondern die Kräfte der Dunkelheit enthüllen.* Das haben Oppelner Jungen hinreichend versucht und Warnungen und Blicken getrotzt. Die gefährlichen Spiele auf den Dächern, ganze Häuserzeilen entlang, oder die Spiele in und auf der Oder gab es nicht nur zur Sommerzeit. Der Winter, der damals noch – polarmäßig orientiert – ein richtiger war, mit Frost bis 25° C minus, manchmal noch mehr, ließ die Eisschollen der Oder krachend und berstend sich auftürmen. Nicht nur der Schurgaster Wald war ein Magnet, es waren auch diese Eisschollen. Ich ließ mich darauf tragen, als wäre es ein sicheres Floß. Der Leichtsinn war ohnegleichen. Da gab es einfachste und gröbste Versuchungen. Waren es Mutproben? Waren es Illusionen der Überlegenheit?

Heut ist mir klar, dass zwischen Leben und Tod nur eine sehr dünne Schicht aus Nebel oder Finsternis stehen kann. Gab es da über den gefährlich treibenden Eisschollen Schutzengel, die mir erlaubten, wie auf einem Blatt davonzuschweben? Jedenfalls blieb der Lebenszeiger nicht festgeklemmt, wenn auch manchmal die römischen Ziffern der Uhr arg blass geworden sein müssen.

Freunde! Es klingt wie eine Märchenerzählung, ist aber trotzdem wahr. Alles passierte. Es fing in den Dreißigerjahren an, fing an als Normalität. Die Nacht hat sich hinter meinen Lidern in die Länge gezogen. Da reicht kein Tag und noch ein Tag und noch eine Nacht, um die ganze Geschichte, die Wahrheitsgeschichte zu erzählen, zu schreiben und nicht abzuschreiben von wem auch immer. Oh, dass ich angefangen habe! Nun wird es wahrscheinlich ein Buch werden müssen. Denn es ist nicht wenig, was über glückbringende und unglückbringende Tage zu sagen ist, wo sich zwischen den Steinen Kristalle bildeten, wo fast jedes Sandkorn, jede Kiefernnadel ein Gedanke wurde, vielleicht sogar eine Orgel- oder Klaviernote, als Vermächtnis ein Saitenspiel auf Großvaters Geige, die, einem hölzernen Kasten entnommen, zum Leben erweckt werden wollte. Wie war dieser Anfang mühselig! Mehr Erfolg gab das Akkordeon von sich, das fast zu große Weihnachtsgeschenk aus dem Jahre 1942. Als ich es stolz zur Schule schleppte, teilte der Musiklehrer der Oberschule keineswegs meine Begeisterung. Für ihn war es kein klassisches, kein ernst zu nehmendes Instrument, was meine Eltern, musikalisch nicht sonderlich gebildet, nicht verstehen konnten. Jedenfalls sollte ich nun meine privaten Unterrichtsstunden aufteilen zwischen Klavier, Geige und Akkordeon. Es wundert mich heute noch, dass die Eltern die monatliche Belastung auf sich nahmen, denn preisgünstige Musikschulen gab es damals noch nicht. Den Unterricht erteilten immer Privatpersonen.

Da der Mensch so beschaffen ist, dass ihn nur das erfreut, was er gestaltet, fiel wohl sehr früh meine Entscheidung für das Tasteninstrument, das später zur Orgel führte. Schon in Schurgast gab es, wie erwähnt, eine heimliche Bindung an die Orgel. Ich weiß heut nicht, ob da schon der Gedanke an eine echte Bindung zur Kirchenmusik und zur

„Königin der Instrumente“ war. Ohnehin fand im Januar 1945 all dies ein jähes Ende. Und so rücken ganz andere Perspektiven in den Vordergrund.

Eine schreckliche Geschichte bahnt sich Wege

Erkennst du mich, Luft, du, voll noch einst meiniger Orte?
Du, einmal glatte Rinde, Rundung und Blatt meiner Worte.
Rainer Maria Rilke aus I. Sonett, 2. Teil

Wer mag noch träumen von Hochwassern, wie ich sie erlebte? Selten als Bedrohung, eher als jugendliches Abenteuer, um am Rande der wild gewordenen Glatzer Neiße aus selbst gezimmerten Brettern Floßfahrten zu wagen. Später, ja später, da sollte ein künstliches Hochwasser den russischen Vormarsch aufhalten. Die Entleerung der Stauseen von Ottmachau und Turawa brachte aber nur die Flüchtlingstrecks in Bedrängnis, nicht die offensiv vorwärts eilende Sowjetarmee. Denn die Wassermassen schoben die Eisschollen von Oder und Neiße vor sich her, türmten sie auf zu eiskalten Mordgelüsten, zu Fallen für die noch zögernd Wartenden, die Haus und Hof nicht, noch nicht verlassen wollten. Aber das Zögern, für meine Mutter mit dem Säugling Gisela, ihrem jüngsten Kind, verhinderte eine tragödienreiche Flucht.

Wir hatten ein friedliches Weihnachten hinter uns. Aber es war ein Scheinfrieden, ein trügerischer, der uns umgab. Meiner Mutter fehlte am Heiligen Abend nur der traditionelle Karpfen mit der von mir geliebten Rosinensauce, was sie traurig stimmte. Mir fehlte der unnachahmliche Geschmack, jener eben, der sich für mich seit Kindertagen mit Weihnachten verbindet. Vom Bombenkrieg des übrigen Deutschland hatten wir aber bis dahin nur Sirenengeheul hinnehmen müssen, das uns aus dem Mitternachtsschlaf riss. Da saßen wir lautlos im Gang unter dem Kellergewölbe, rechts der Obstkeller mit Regalen von Eingemachtem, Gläser voll mit Stachelbeeren, Erdbeeren, Pflaumen, Birnen und Kürbisstückchen, alles Ergebnisse der fleißigen Hausfrau und Mutter. Da lagen die sorgsam gepflückten Winteräpfel, die Goldrenetten mit hohem Vitamin C-Gehalt. Die in feuchten Sand eingebuddelten Mohrrüben konnten nicht schrumpeln. Daneben stand die Tonne mit Sauerkraut. Es gab größere und kleinere Fässer mit Gurken, sauren, süßsauren und süßen. Der Kohlenkeller gegenüber barg den geschrumpften Vorrat an Kohlen, Briketts, Brennholz und Kartoffeln.

Dort, im Gewölbe, harrten wir verschlafen der Dinge, die andernorts eintrafen. Einzelne sowjetische Störflugzeuge waren nur auf „Durchreise“, verschonten uns vor einstürzenden Mauern, vor Verschüttungen, vor Feuersbrünsten. Das Unheil nahte nicht vom nächtlichen Himmel. Es kam zwar vom Ostland, aber erdgebunden, da, wo es 1941 so siegreich begonnen hatte. Inzwischen war alles ins Gegenteil verkehrt worden. Ständig gab es sogenannte Frontverkürzungen, und Sondermeldungen blieben aus. Jetzt war nichts mehr zu verheimlichen. Wir spürten es, auch ich. Die Gewaltmaschinerie des Krieges rollte ihrem Höhepunkt entgegen. Die große Winteroffensive der Sowjets hatte begonnen. Die deutsche Verteidigungsfront war aufgebrochen. Vater gab sich nicht Illusionen hin. Katastrophales schon früher ahnend, ließ er seine Kinder Hannchen und mich, seinen Erstgeborenen, Adressen von westdeutschen Verwandten auswendig lernen. Doch gerade jetzt musste der Weitsichtige seine Familie wegen einer Dienstreise zurücklassen. Selbstironisch sprach er von einer „Winterreise“, die womöglich nicht so enden könnte, wie wir es erhofften.

In Vaters Abwesenheit rannten die Zeit davon und die Sowjetarmee vor. Väterlicher Rat konnte nicht eingeholt werden. Schon leerte sich die Stadt. Die Parteibonzen hatten längst ihre winterliche Fluchtreise ganz heimlich angetreten. Aufbruchsignale hatten sie nicht gegeben. Da traf Mutter eine folgenschwere Entscheidung. Sie schickte ihre beiden Ältesten zur väterlichen Verwandtschaft in den 20 km weiter westlich gelegenen Ort, jenseits der Oder, in den von mir überaus geliebten Ferienort Schurgast.

Unterwegs mit einer alten Mähre

Sollte die Oder die Sowjetarmee aufhalten? Wo doch schon die Weichsel und all die anderen Flüsse davor kein unüberwindbares Hindernis gewesen waren! Da der Zielort keinen Bahnhof hatte und ein Postbus aus Benzinmangel schon lange nicht mehr fuhr, blieb als letzter Ausweg ein Pferdefuhrwerk unseres Kohlenhändlers. Wir stiegen in das offene Gefährt, nahmen Platz neben dem Kutscher auf dem Kutschbock, wurden in viele Decken gehüllt und sollten so in westliche Sicherheit rollen. In welche Sicherheit eigentlich? Vor uns hatten wir kein Schlachtross, aber als Zugpferd konnte es auch nicht gelten. Die alte Schindmähre, ein Karrengaul, schleppte sich jämmerlich in dichtem Schneetreiben und eisigem Wind durch die Oppelner Straßen über die „Hermann-Göring-Brücke", unter uns die zugefrorene Oder, aus der Stadt hinaus, während wir unsere Herzen einrichteten für einen noch unbekannten neuen Zustand. Ging es hügelaufwärts, schien es mir, als würde der Gaul, kaum noch eine Pferdestärke, nicht mehr weiterwollen. Auch ein Peitschlein hätte das Tier nicht ermuntert. Ich beobachtete, wie es auf glatter, vereister Landstraße etwas ausrutschte, wohl auch Angst bekam, denn seine Nüstern waren aufgebläht und verströmten Dampf, wie aus einem überheizten Kessel. Dessen Jämmerlichkeit übertrug sich auf uns. 20 km können bei so langsamem Vorwärtskommen unendlich scheinen, zumal dann, wenn die Eiseskälte unerbittlich ins Gesicht brennt und langsam am Körper hochkriecht. Da dämmert die Erkenntnis, dass der Zustand möglicher Glückseligkeit mit jedem weiteren Schritt verloren geht. Was war jetzt noch für ein Glück zu erwarten? Das der Bäume rechts und links, denn längst gab es keine andere Orientierung mehr, nur unübersehbare Mengen von Gespenstern, gezeichnet vom Schneeflocken und festgehalten in meinem einbildungsreichen Gehirn. Es entstanden Bilder von fiebernder Intensität. In Flockenwirbeln trippelten artistisch verbogene Kreaturen, schwebten bizarr verschnürt durch die Luft. Gab es da nicht einen hoffnungsvollen Weg ins Freie? Nein, es waren nur unterbrochene, nachlassende Wirbel von Schnee. Oder war ich etwa schon in einem Delirium?

Der Schnie, der tutt a Weg versperrn,
war nitfoahrn weil, muss warta lern.
Wam groade ne vorm Woarta graut,
der koan ja sitza blein, bis's taut.

Gottlob war das Schneetreiben so dicht, dass Tiefflieger keine Chancen hatten. Gleichzeitig nahmen aber die Schneeverwehungen zu und ein Durchkommen ohne Schlitten, der nicht aufzutreiben war, schien bald aussichtslos. Zur Überraschung tauchte irgendwann ein optisches Zeichen der Wiedererkennung auf, nicht am fernen Horizont, in ein Nebelbild gehüllt, nein, plötzlich, ohne die zarteste Vorankündigung: der Schurgaster Turm jener Kirche, in der ich mich oft an der Orgel versucht hatte.
Bald danach wurden wir selbst zur Überraschung, als wir uns in die Obhut der Tanten begeben konnten. Kein Hund bellte und wedelte uns freudig entgegen, kein Hahn krähte, um die Mittagszeit anzukündigen, kein Huhn gackerte und verriet ein gelegtes Ei. Alle hatten sich wegen der ex-

tremen Kälte verkrochen, auch die überraschten Tanten. *„Joa, Kinderla! Mei Gott! Hannele, Ginterle! Wo kimmt ihr denn her, on wie seht ihr aus! Jesses, Maria und Joseph! O, wärd halt bluß a schiener Traam gewaast. Aber ne! Jesses, Jesses ne! Und wo is euer Mutterla? Is euer Vaterla fott? Joa, joa, on über Nacht hot 's noch tichtig geschneit. Wenn ich bluß die rechta Worte fände! Nei, so on Unglück! Klopf der a Schnie vo a Schua ob."*

Das taten wir natürlich eifrig und viel zu gern. Und schon waren wir im vertrauten großväterlichen Haus, wurden aufgewärmt, waren aufgehoben, scheinbar sicher aufgehoben zwischen Tannenduft, Krippenidylle und Weihnachtsgebäck. Es schien alles so friedlich und roch so verführerisch. Da saßen wir auf der *Scheslong* in der Küche, dem Zentrum des Wohnens und Angelpunkt des Lebens. Hier gab der *Kanonek* wohlige Wärme von sich und der eingebaute Heißwasserbehälter zischte ruhig vor sich hin. Und bald waren eifrige Köchinnenhände dabei, *Schweinebroota on Kließlan, Sauerkraut on Äppelmus* vorzubereiten und *mer soaßa olle hibsch beisomma*. Aus jahrelanger Erfahrung wussten die Tanten, wonach ich begehrte, was mein spezieller Wunsch war. *„Kließla, meine liebste Koost, heiße Kließla, weiß on lichte, war kennt noch wos Bessersch soost. Gellocke, Ginterle"!*

Das Feuer wurde, wie schon immer, durch Späne aus der Tischlerei genährt. Der Schreinerhaushalt hatte keine Designermöbel, oben allerdings, im Gruselraum des Dachgeschosses, waren die Vorratssärge mit Zubehör aufgestapelt. Pfeifen konnte ich nie richtig, also beschränkte ich mich auf lautes Singen, um die Gewissheit zu haben, hier heil herauszukommen. An Gott dachte ich dabei weniger, eher an sich hebende Sargdeckel. Ich hätte ja auf diesen Besuch verzichten können, es zwang mich keiner dazu. Doch immer wieder zog es mich da oben hin. Unten war ich wieder im sicheren Diesseits. Im sicheren? In der „guten“ Stube stand Großvaters verschnörkelter Schreibtisch mit vielen Schublädchen und Fächern. In diesem kaum geheizten Raum zeichneten wunderbare Eisblumen Gemälde in die Fenster. Die bewunderte ich. Da war aber auch noch ein Blech mit *Sträselkucha*, dem ich früher immer einige Streusel vorzeitig entnahm. *Mer woarn mit oller Welt zufriede, mer wussta, wuu mer hiegehäärn. Doo wacht' ich uuf – on olles, olles ist anders.* Und darum stieg ein unwohles Gefühl vom Bauch aus immer höher und ließ nicht zu, auf die Gunst des Schicksals zu hoffen. Wenn ich die schlesische Mundart beherrscht hätte, wäre ein Stoßgebet zum Himmel gegangen:

Du liewes Mutterla, ich war dich ne vergassa,
du gobst mersch s Lawa on mei Hazzeblutt,
met denner Liewe koon sich nischt ne massa –
dremm blei ich, Mutterla, dir bis zum Tode gutt!

Ansonsten war mir nicht zu einer religiösen Erhebung. *Was Gott verspricht, das muss das Leben halten.* Hatte Gott etwas versprochen? Die Tanten jedenfalls wollten die Glaubensmächte nicht unterschätzen. Ich kann mich zwar nicht erinnern, aber sie werden viele Rosenkränze gebetet haben vor dem Hausaltar in ihrem Schlafzimmer. Ich hatte ihre Gebetspraxis in all den vorausgegangenen Ferienaufenthalten kennengelernt. Es waren lange Abendgebete, von denen ich nicht weiß, ob es spirituelle Wege auf und zu einem Gipfel waren.

Anstatt vor dem lieblichen Altärchen zu knien, begab ich mich lieber in den warmen Ziegenstall. Der Frieden, den dort die Wiederkäuer sonst immer ausgestrahlt hatten, teilte sich mir jedoch nicht mit. Die Ruhe der geordneten Dinge fehlte, familiäre Geborgenheit zumal, denn die Familie war nun auseinandergerissen, somit waren Voraussetzungen geschaffen für eine Seelentragödie. Unruhig, wie ich war, nahm ich das einzige Buch, außer den vielen Gebetbüchern und den bunt bebilderten „*Stadt Gottes*"-Heften der Steyler Missionare, nahm die große, abgegriffene Bibel zur Hand. Sonst gab es ja nichts zu tun. Oft genug hatte ich zu Hause darin gelesen und Bilder bestaunt, vor allem, wenn ich krank im Bett lag. Jetzt war ich bei Jeremias Klage angelangt:

Ein Glutwind von den Höhen ist losgebrochen ...
Kein Wind zum Worfeln und Reinigen;
Seht, wie Wettergewölk zieht er herauf,
seine Wagen gleichen dem Sturm,
seine Rosse sind schneller als Adler,
Weh uns, wir sind verloren.

Da packte mich ein Grauen. Draußen, in der Ferne, ganz leise, war ein Grollen, ein Donnern zu hören und am östlichen Horizont blitzte es wie beim Wetterleuchten auf. Es konnte aber kein Gewitter sein. Ich machte mir nichts vor. Ich stand vor einer Einübung in viele spätere erzwungene Abschiede. Der Kontakt zum Elternhaus war unterbrochen, ja abgebrochen. Den Luxus eines privaten Telefons gab es nicht, Handys noch lange nicht.

Die Geschichte wird, was ich zu dem Zeitpunkt noch nicht wusste, nahezu eine unendliche Geschichte, hat bald mehrere Stränge, geradezu Labyrinthe. Oppeln, die Hauptstadt der ehemaligen preußischen Provinz Oberschlesien, einst Residenz der Piastenherzöge, wird für meine Schwester und mich zu einem Ort der Ferne, der Abwesenheit, des Nichtvergessenkönnens, zu einer Stätte der Nacht unserer Leiden und vor allem der Ungewissheit der zurückgebliebenen Mutter und ihrem Kleinkind Gisela.

Wenn ich abends wiederholt vor die Tür trat, sah ich wieder und wieder das Unheil verkündende Wetterleuchten, zuweilen einen länger anhaltenden roten Horizont. Das Unabwendbare hatte ich mit eigenen Augen gesehen: eine flackernde Untergangsvision. Schon grollte es dumpf und bedrohlich aus 80 km östlicher Entfernung. Im „Volksempfänger" hatte ich den „Feindsender" BBC nach langem Suchen eingefangen. Schon das dunkle „bum, bum, bum, – bum, bum, bum", Beethovensches Schicksalsmotiv, klang dramatisch genug. Die Wahrheit, hier wurde sie ausgesprochen: Bis nach Tschenstochau, dem Pilgerort mit der schwarzen Madonna, dem polnischen Czestochowa, war die Rote Armee bereits vorgedrungen. Das war trotz Störversuchen herauszuhören.

Auf Entscheidungssuche

Da wurde ich ins Dorf geschickt, um Erkundigungen einzuziehen. Aber Bürgermeister und Ortsgruppenleiter hatten längst ihren heimlichen Abgang genommen, ohne die bäuerliche Bevölkerung zu informieren. Die ließ man im Dunkel, überließ sie ihrem Schicksal. Das begriffliche und mythische Dunkel, das man Schicksal nennen kann, hatte das Dorf erfasst. Das hier war nicht ewige Ratlosigkeit des Menschen auf der Suche nach Gott oder dem Glück. Das hier war konkrete Ratlosigkeit, die keine Bedenkzeit zuließ.

Am abendlichen dunklen Marktplatz stand zu meiner Verwunderung ein einzelner einsamer Panzerwagen, einer von denen, die lange die Kriegsszene siegreich beherrschten. Dieser mächtige Koloss stand wie machtlos da. Trotzdem protzte ein „Panzermann" und mutierte zum Großkotz: „Wir machen dem Iwan den Garaus!" Da hätte ich laut loslachen mögen! Hatte der wirklich noch aus Überzeugung gesprochen oder hatte eine gewissenlose Figur in Uniform angeben wollen? Glaubte der wirklich, mich irreführen zu können? Längst wusste ich, dass solche Sprüche zum Propagandamüll gehörten. Der Typ war für mich ein Angeber, ein „Fatzke". Wie konnte man jetzt noch einen solchen Unsinn, so ein „Palaber" verbreiten? Gut, dass ich instinktiv nicht sagte, was ich dachte, und ihm nicht die Zunge „rauspleckte". Vielleicht hätte mich der großsprecherische Kerl als Wehrkraftzersetzer und Siegeszweifler an die Wand stellen lassen und nicht nur als kleinen Dorfjungen, als „Schlawiner" oder als „Heuochse" abgetan.

Nach über 60 Jahren des Geschehens lese ich über die „Wehrmachtjustiz“, wie diese gewütet und gegen rechtsstaatliche Grundsätze verstoßen hatte. Demnach wäre auch für mich die Chance naheliegend gewesen, gehängt zu werden.

Zurück in Haus und Hof, blieben Entscheidungen offen, noch offen, denn meine Nachrichten aus der Mitte des Dorfes waren in keinster Weise informativ und erhellend. Welche Entscheidungen sollte man treffen? Die Uhr an der Wand tickte immer weiter und schrie förmlich danach. Aber alle im Haus waren wie gelähmt. Wen sollte man um Rat fragen? Ebenso wenig wie eine Wasserleitung oder eine Haustoilette gab es ja in jenen Tagen ein Telefon. Wo hätte man sich also Rat holen können? Gewiss, das Dorf existierte noch. Aber es hatte sich ohne unser Wissen geleert, in geheimnisvoller Stille aufgelöst. Selbst das nachbarliche Bauerngehöft war bereits geräumt. Dabei hätten die uns doch aus nachbarlicher Freundschaft auf ihren Pferdegespannen mitnehmen können. Aber offenbar dachte jeder nur an sich. Die hier noch wohnten, waren da, weil sie nicht anders konnten. Das Alter und irgendein Gebrechen hielten sie dort fest. Ich ahnte eine schreckliche Geschichte heraufziehen, eine Geschichte, die Löcher in Kopf und Herz bohrt. Ich fühlte meinen Puls. Warum hatte Gott, der Herr, dem Puls geheißen, in den Adern zu schlagen, ja, zu hämmern? Wenn ich doch lernen könnte, diese Situation für immer zu vergraben! Die Mauer des Vergessens ist zerstört. Das Gedächtnis quillt über, ein See von Blut und Qualen.

Schon Tage davor hatte ich Vorstellungen des Untertauchens entwickelt: In einer unterirdischen Hütte als Versteck mit viel schützendem Schnee außerhalb des Dorfes oder in der Scheune hinten im Stroh einen Zufluchtsort schaffen, oder auf dem Heuboden am äußersten Ende, wo man der Kälte hätte trotzen können. Aber was, wenn Stroh oder Heu angezündet worden wäre, wenn man mit Bajonetten hineingestochen hätte oder mit Maschinengewehrsalven das Stroh durchlöchert hätte?

Da war kein Großvater mehr, der vielleicht einen Ausweg gewusst hätte. Denn Großvater, einst ein geachteter Landtagsabgeordneter des Zentrums, ein Naziverachter par excellence, einer, der Hitler als zielbewussten Kriegstreiber erkannt hatte, war nicht mehr am Leben. Hätte er die Bienenstöcke verlassen, die Tischlerei mit 14 Hobelbänken, den neuen Maschinenraum, erspart mit Geld von Fallobst und Honig? Hätte er Ziegen, Schweine, Hühner, Gänse, Enten und Schäferhund Tell zurückgelassen, dazu den Vorrat an mehrjährig getrockneten Eichenbrettern für den Tischlereibetrieb?

Gnädig war der Tod dem Großvater

Denn Bleiben ist nirgends ...
Aber das Wehende höre,
die ununterbrochene Nachricht,
die aus Stille sich bildet.
Es rauscht jetzt von jenen jungen Toten zu dir.
Rainer Maria Rilke, aus 1. Elegie, 1912

Es war der eisig-kalte Winter von 1942, als die Meldung vom sogenannten Heldentod seines jüngsten Sohnes, dem jun. Tischlermeister Alois, aus der Ostfront eintraf. War es ein zartes Taktgefühl, dass Großvater davon nicht mehr erfuhr? Die Grippe hatte ihn zuvor hinweggerafft, ihn, der mit über 70 Jahren immer noch ein erfolgreicher Tischlermeister war, ein ebensolcher Imker, aber auch ein hochgeachteter Bürger, der in seinen *Pootschen*, laatsch, laatsch, liebevoll immer ein Betthupferl dem Jungen und seiner Schwester Hannchen ans Ferienbett brachte.

Es waren jene Tage, als die Stalingrad-Tragödie begann, Hitler uneinsichtig kein Ersatzheer zur Rettung der eingeschlossenen Armee zuließ, jene Tage, als die Frauen aufgerufen wurden, Handschuhe und Ohrschützer für die Kämpfer im Osten zu stricken, als die Berliner Verwandtschaft hier im sogenannten Luftschutzkeller Deutschlands nach grauenvollen Bombenereignissen Zuflucht fand, als im Feriensommer 1944 ein Gerücht von einem Attentat auf Göring, später korrigiert auf Hitler, dann die Meldung eines misslungenen Staatsstreichs durch das Dorf eilte. Und das alles unter einem strahlend blauen Himmel, einem sommerlichen oberschlesischem Bilderbuchwetter, wo aber sehr hoch oben, unerreichbar für die Flak, silbern glänzend kleine Flugkörper zu sehen waren, die nun auch von Italien aus den „unerreichbaren Luftschutzkeller“ Deutschlands, nämlich das oberschlesische Kohlerevier überflogen. Ohnmächtig schauten wir gen Himmel zu den fliegenden Festungen. Hier im Dorf ging keiner in einen Keller. Etwa in einen Kartoffel- oder Rübenkeller, diesem muffigen, dunklen Ort?

Hier blieb eigentlich nur der Schritt ins Freie, das Vertrauen, unter einem Baldachin aus Himmelsblau Schutz zu suchen. Und wer besonders fromm war, und das waren hier alle, jedenfalls taten sie so, begab sich unter den Schutz der „Mutter Gottes“, der „Schutzmantelmadonna“. Da wurden am Hausaltar Kerzen angezündet und der Rosenkranz wurde gebetet. Jedenfalls bei meinen Tanten. Die Madonna hatte ihren Mantel offenbar ausgebreitet über die Neißebrücken, die keine hundert Meter vom Haus entfernt ein mögliches Angriffsziel hätten sein können. Die Madonna mag ihren Mantel ausgebreitet haben, die Bomber hatten aber auch ihre Fracht über Beuthen, Gleiwitz und Kattowitz abgeladen. Sie konnten jetzt unbehelligt heim fliegen. Es gab keine Abfangjäger und es gab in Schurgast keine Flak. Deshalb machten sie vielleicht eine so große Schleife und wählten den Rückflug über das Altvater-Gebirge. Und so war wieder einmal Verschonung angesagt, wurde nichts *„zertäppert“*. War ich es, der aus ängstlichem Herzen ein leises Lied sang, leise nur und ganz für mich, weil die Sonne noch immer bedenkenlos schien?

Und nun hatte das Schicksal gesprochen.

Die Familie war zerrissen: Meine Mutter mit der Jüngsten in Oppeln, mein Vater in Richtung Berlin auf Dienstreise und wir ratlos in einem fast toten Dorf. Wie ich schon feststellte, geschah das Flüchten einzelner Dorfbewohner heimlich, auch das der Nachbarn. Das Verhängnis konnte zuschlagen, denn mit brachial niederwalzender Macht rollten in atemberaubendem Tempo die sowjetischen T-34 gen Westen.

Mit Ferien-Jugendglück war es vorbei. Plötzlich kam Hektik auf. Es blieb keine Zeit für ein geordnetes Nachdenken, nicht einmal für ein Gebet. Koffer wurden gepackt. Papiere jeglicher Art, Sparbücher und Ausweise wurden eingesteckt. Was aber sollte mit den Tieren geschehen? Sie lagen friedlich wiederkäuend im Stall, die Ziegen an Ketten. Sollte man sie davon befreien? Sie hatten sicher keine Lust, die warmen, mit Stroh ausgepolsterten Ställe zu verlassen. Wohin auch im knirschenden Schnee einer vollmondhellen Nacht bei 24° Kälte? Im Geist sah ich schon die von mir so geliebten Ziegen als Kadaver, prall aufgedunsen, alle viere von sich gestreckt. Wenn wir all die Tiere zurücklassen – und es bleibt keine Wahl –, sind wir, obwohl keine Mörder, Vollstrecker im Dienste des Todes.

Noch einmal viel Heu in die Futterkrippen! Futter den Hühnern, Enten, dem Hund, dem treuen ... Das Haus verschließen? ... Wozu? ... Es würde aufgebrochen werden.

Nichts an dieser Erzählung ist so, wie man es sich vorstellt, alles zwangsläufig furchtbarer. Es ist in der Tat Selbsterfahrungsliteratur. Und damit kann ich gleich den Verdacht ausschalten, dass es sich hier um aufgemöbelte Romanliteratur handelt. Das Paket mit Erinnerungen jener Abschiedsstunde ist – eigenartigerweise – jedoch inzwischen klein geworden, reicht trotzdem zum Heulen.

Wie verließen wir den Hof? Mit einem mir vertrauten Holzwägelchen, einst mein Kinderspielzeug, wenn ich etwas von einer Milch- und Käsetante aus der Dorfmitte abholen sollte. Dann hatte ich, darauf sitzend, mit den Beinen die Deichsel lenkend, einige Hügel abwärts genutzt. Nun war es voll bepackt mit Habseligkeiten, hoffentlich den wichtigen und richtigen. Den Wagen zog ich, meinen Hitlerjungenausweis in der Tasche. Den etwas leichteren Schlitten zog vermutlich meine Schwester. Aber eine Erinnerung daran ist verschüttet. Nur das weiß ich gewiss, der Mond schien so hell, dass er Schatten warf. Der klirrend eisige Schnee reflektierte dessen Helligkeit und knirschte unter unseren Füßen. Der Weg führte ins 4 km westlich gelegene Löwen, links der Glatzer Neiße. Hier machten wir Rast, vermutlich in einem Gutshof. Ein Soldat hatte keine Hemmungen, einen Raum für uns zu okupieren, warf sich gegen eine verschlossene Tür, die sofort nachgab. Ob es gerechtfertigt war, danach wurde vor lauter Erschöpfung nicht gefragt. Wir fielen müde auf fremde Betten. Ich weiß nicht, wie es weiterging. In meinem Kopf muss alles durcheinander geraten gewesen sein. Die Erinnerung an jene Stunden ist in einen verschwommenen Nebel getaucht. Einiges, wenn auch weniges, konnte viele Jahre später geklärt werden, sogar anhand einer sowjetischen Militärkarte: Zum Beispiel dass es den Sowjetischen Truppen bereits am 4. Februar 1945, etwa drei Wochen nach Verlassen von Schurgast, gelang, den dortigen Oderbrückenkopf, am westlichen Rand von Alt-Schalkendorf, zu verbinden. Welch einer möglichen Katastrophe waren wir da rechtzeitig entkommen!

Die Suche nach dem Vater

In einem Güterzug nach Neiße gelangt, ging ich zu einer Polizeistation, um etwas über den Aufenthalt der Kripo Oppeln und speziell über meinen Vater, den Kriminalbeamten, zu erfahren. Die Ausweichstelle sollte in Ziegenhals sein. Eine Telefonverbindung war nicht herzustellen. Auf einem geborgten Fahrrad begab ich mich über die spiegelglatte, verschneite Straße in das 20 km entfernte Ziegenhals, heute Glucholazy. Dort erfuhr ich, die Kripo Oppeln wäre in einer Glatzer Schule einquartiert. Mit diesem Hoffnungsschimmer ausgestattet, radelte ich denselben Weg zurück. Wie ich, der völlig Unsportliche, das geschafft habe, ist mir im Nachhinein schier unglaublich. Nach über 65 Jahren hole ich eine Landkarte von Oberschlesien hervor, um zu überprüfen, ob 20 km der Wirklichkeit entsprachen. Ich bin erstaunt, welche Leistung ich vollbracht habe. Aber es war nicht nur das Physische, auch das Psychische, das ich ohne *asse, trinke, schloofa*, aber auch ohne *lacha, flenna, sitza* schaffte. Den Weg waren inzwischen russische Gefangene gegangen, offenbar brutal behandelt. Am Straßenrand lag ein Körper, verlor Blut, das sich mit dem Schnee vermischte. Ein intensives Rot im Sonnenschein. Der Mensch war tot. Ich zögerte, doch dann fuhr ich weiter. Hier ein strahlender Sonnentag – dort die Blutlache, nichts als Gegensätze, die ausgehalten werden mussten. Da war keine Zeit für einen Schmerzensschrei. Der wurde viel, viel später nachgeholt. Denn dieses Blut am Straßenrand ließ mich nicht los, verdichtete sich fast 60 Jahre später zu einer Komposition mit den intensiven litaneihaften Texten des Lyrik-Freundes Reinhard Rakow:

Das Blut, das die Spur der zu Tode
Geschleiften nachzeichnete, ...
Das Blut, das die Nachbarvölker verloren,
millionenfach überfallen, heimgesucht vom Tod ...
das die Juden verloren in den Konzentrationslagern ...
Vergossen aus Mißachtung des Lebens ...

Warum ich so etwas und Ähnliches immer wieder komponiere? Wie oft wurde ich das schon gefragt! Auch hier kann ich mich an die Antwort des Freundes halten:

Du sagst, was ich schreibe, erschreckt dich.
Du sagst, ich solle mir nicht so dunkle Gedanken machen.
Was weißt du, wie dunkel es aussieht in mir.

Ich wurde vorwärtsgetrieben in der einzig großen Hoffnung, den Vater namens Felix – den einst Glücklichen – in der alten Festungsstadt Glatz tatsächlich wiederzufinden. Meine Tanten waren froh, die Verantwortung für uns losgeworden zu sein. Ein Güterzug, diesmal nicht vollgepfercht mit Juden, sondern mit deutschen Flüchtlingen, brachte uns in den vom Bombenkrieg verschonten Ort. Dieser Zug fuhr in entgegengesetzter Richtung, nicht nach Osten, sondern nach Süd-Westen, war bestückt mit einer kostenlosen Eintrittskarte „ins Ungewisse“. Statt einen Blick für diese Winterreise, für schneebeladene Tannen, für weiß gepuderte zarte Zweiglein zu haben, fuhr ich blicklos in Grauzonen, ließ vorbeigleiten eine friedliche Glatzer Berglandschaft, eine real existierende Traum- und Trostlandschaft. Der bittere Geschmack auf der Zunge wollte nicht weichen. Was, wenn dort nicht die ersehnte Gabe Gottes zu finden sein wird? Wusste ich erst jetzt, was ein Vater, mein Vater mir bedeuten konnte, mit seinen menschlichen Eigentümlichkeiten, ohne ihn zu verkleinern, ohne ihn zu vergrößern?

Ich weiß nur noch, dass ich den Zusammengesunkenen in einer Schulbank sofort erkannte. Ich muss auf ihn wie eine Geistererscheinung gewirkt haben. Doch er stand der Wirklichkeit gegenüber, allerdings einer Teilwirklichkeit. Die Frage nach Mutter und Kleinkind konnte ich nur mit einem Achselzucken beantworten. Für mich jedenfalls war die Gegenwart erträglicher geworden. Ich hatte ein Seil, wenn es auch im Wind schaukelte. Ich hatte das Gefühl, den ersten Teil einer Winterreise überwunden zu haben, etwas wiedergefunden zu haben, das ich schon für immer verloren glaubte. Der Tod ließ also mit sich handeln. Ein Gesicht war mit Liebe erfüllt. Ich hatte Unglück gegen Gold in Form von Liebe eingetauscht.

Ordo Missae

Vater besorgte für uns eine Unterkunft. Es war eine katholische Einrichtung. Dort kaschten mich bald die Nonnen für Ministrantendienste. Ich lernte die genaue Ordnung der Römischen Messfeier, was mir viel später beim Studium der Kirchenmusik von Nutzen werden sollte. Natürlich waren Messdienerantworten nach damaligem römischem Ritus in lateinischer Sprache. Als Lateinschüler fiel mir das gar nicht so schwer. Dennoch rasselte ich damals sinnlos *Ad Deum qui laetificat iuventutem meam* zu Gott, der mich erfreut von Jugend auf. Ich dachte nicht nach über den Sinn dieses Satzes, stimmte er ja durchaus mit meiner Vergangenheit überein. Es hätte schon Sinn gemacht, über die Worte des Priesters am Ende des Confiteors nachzudenken: *Deus, tu conversus vivificabis in te, Gott, wende dich zu uns und gib uns neues Leben.* Aber der Priester brabbelte sein Confiteor gewohnheitsmäßig, wie jeden Morgen, herunter und ich brabbelte zurück. Ich lernte, das „Heilige Buch" von der Epistelseite zur Evangelienseite zu tragen, musste dabei Obacht geben, dass ich beim Besteigen der Altarstufen nicht über den Ministrantenrock stolperte. Ich brachte Wasser, Wein und Hostien, auf dass es Blut und Leib Christi werden konnte, wie es im katholischen Glauben verankert ist. Die Rituale hatte ich wohl voller Ernst und Würde vollbracht, sodass zum Schluss der Aktion die Nonnen immer entzückt von meiner frommen Haltung, von diesem unschuldigen Jungengesicht waren. Die Visage war mir nun mal angeboren. Die keuschen Nonnen hätten mich am liebsten geknutscht. Ich wäre doch wahrhaft zum Priester geeignet ... Ob ich nach diesen täglichen frommen Morgenaktionen immer ein opulentes Frühstück bekam, weiß ich nicht mehr, ist aber ganz sicher anzunehmen. Der schmächtige Junge, dieses Flüchtlingskind musste doch etwas auf die Rippen kriegen! Aber wie gut, dass ich nichts auf den Rippen hatte. Warum?

Von der Feldgendamerie wurde ich eines Tages unterwegs festgehalten, vermutlich von sogenannten Feldjägern, und wurde von einem Stabsarzt auf meine Wehrtüchtigkeit überprüft. Die fehlenden Muskelstränge, die flache Brust, mein Körperbau insgesamt reichte offenbar zum Ergebnis: untauglich. Das wurde mir in einem Ausweis bescheinigt. Dem einsichtigen Arzt zolle ich heut noch Dank, unaussprechlichen Dank. Vielleicht war er ein Menschenfreund und wollte mich vor einem sinnlosen letzten Wahnsinnseinsatz bewahren. Jedenfalls fortan hatte ich nicht nur den Hitlerjugendausweis, sondern auch dieses wichtige Dokument, welches noch äußerst nützlich werden sollte. Irgendwie, bei allem Unglück, begleitete mich doch immer wieder Glück, vielleicht ein Glück, das ich mir selbst zuzuschreiben hatte. Der griechische Philosoph Demokritos begründet es so: *„Mut steht am Anfang des Handelns, Glück am Ende.“*

Auf nach West-Tschechien

Es muss wohl Ende März, Anfang April 1945 gewesen sein, als wir von meinem Vater die Aufforderung erhielten, in die damalige West-Tschechei nach Kladno, einem Ort westlich von Prag, nachzukommen. Die Züge fuhren noch, offenbar weil die Alliierten die Tschechoslowakei verschonten. So kamen wir tatsächlich wieder in die Obhut meines Vaters. In dem von ihm ausgesuchten Quartier hatte ich wieder die Möglichkeit, BBC zu hören. Demnach konnte der Krieg nur noch wenige Tage dauern. Im Radio hörte ich auch von Hitlers „Heldentod". Hitler hatte in seinem Berliner Bunker der Reichskanzlei Selbstmord begangen, war am 30. April „gefallen" für Volk und Vaterland, wie Goebbels lauthals verkündete. Dem kriegsmüden Volk gaukelte Goebbels bei der Gelegenheit aufs Neue vor, bald werde sich alles zum Guten wenden: *„Die dunkelste Stunde ist immer vor Sonnenaufgang!"* Hatte er vergessen, dass davor die Morgendämmerung kommt? War für ihn nicht längst der Vorhang der Götterdämmerung gefallen? In einem hellen Feuerschein am Himmel – nicht nur am Dresdner Himmel – stand längst das brennende Walhall.

Nun bedrängte ich meinen Vater, mit einem Dienstwagen heimlich in den Westen, in das nahe Erzgebirge, zu fliehen. Aber er konnte sich nicht entschließen. Es war mehr als nur ein Zaudern. Stand er auf heillose Weise sich selbst in einem Meer der Möglichkeiten im Wege? Damals habe ich mit ihm keine theoretischen Analogien durchdiskutiert. Im Nachhinein würde ich heut gern den „Zauderrhythmus des Lebens", wie es der Seelentheoretiker Sigmund Freud nennt, mit ihm besprechen: Mein Vorwärtsstürmen und sein Zurückweichen. Sein Argument, das ich nicht widerlegen konnte, war, dass das Unternehmen zu risikoreich wäre. Ich wurde nervös und unruhig. Schließlich, so viel verstand ich von den geschichtlichen Vorgängen, musste sich das Unrecht der tschechischen Seelen bemächtigen, wurden Reserven an Stolz, Gesinnung, Selbstgewissheit und Würde mobilisiert, lange ausgetrocknet, ausgehöhlt, musste eine scharfe Klinge aus ihnen werden. Der berechtigte Hass der Menschen musste sie zu willigen Werkzeugen des Mordens werden lassen. Das habe ich geahnt, gar nicht so viel später auch erlebt.

Als sich die Kripo in Kladno mit ihren Familienangehörigen nach langwierigen Verhandlungen schließlich entschloss, den Ort zu verlassen, war längst die Falle vorbereitet. Der Konvoi mit Bus, Personenkraftwagen und einem gepanzerten Fahrzeug setzte sich in Richtung Erzgebirge in Bewegung. Als das zweite oder dritte Dorf passiert war, gab es auf offener Strecke die ersten Schüsse von rechts, von links. Mein Vater, ein geschickter Fahrer, drückte aufs Gaspedal, überholte den gesamten Konvoi, um aus der Schusslinie zu geraten. Naiv und unerfahren, wie ich war, sagte ich, dass die ja nur mit Platzpatronen schießen würden. Das war mein Eindruck. Später, als es nicht mehr weiterging, weil bäuerliche Leiterwagen die Straße versperrten, wir also aussteigen mussten, sah ich meinen Koffer, auf dem ich gesessen hatte, durchlöchert. Die möglichen Bauch- und Beckeneinschüsse hätte ich nicht überlebt.

In einer Waldlichtung stoppte der Konvoi. An ein Weiterkommen war nicht mehr zu denken. Ein SD-Mann drückte mir eine Stielhandgranate in die Hand. Ich hatte noch nie eine Waffe in den Händen gehalten, und so ein Ding schon gar nicht. Ich hatte genug mit meinem Koffer zu tun. Schon bald ließ ich das Mordinstrument im Wald fallen, später, außer Atem, auch den Koffer. Wir standen vor einer Mauer, die wir überklettern mussten. Bald verloren wir das Gros der Konvoi-Leute aus den Augen. Wir hatten eine andere Richtung genommen. Das war gut so. Schließlich waren mein Vater, meine Schwester Hannchen und ich allein im tiefen Wald. Die Nacht brach herein und mit ihr ein drückendes, unruhiges Schweigen. In der Ferne hörten wir Hundegebell und Schüsse. Es klang wie ein Jagen. Aber ich wusste, dass es keine Jagd auf Wild war. Zu unserer Beruhigung klang das Ganze ferner, immer ferner, bis es erlosch.
Ich habe keine Erinnerung an das Verhalten meiner Schwester, weder in jenen Stunden noch in all den vorausgegangenen Tagen. Sie trug offenbar alles tapfer mit. Noch am gleichen Tag wird die Erinnerung an meine drei Jahre jüngere Schwester umso tiefer eingeritzt werden.

Im Wald wurde mir bewusst, dass ich einen großen Fehler begangen hatte. Um meine wenigen guten Kleidungsstücke zu schonen, hatte ich ausgerechnet die Hitlerjungenkluft angezogen. Warum hatte ich die überhaupt mitgenommen, wo ich doch so ungern die erzwungenen Zusammenkünfte mitgemacht hatte? Was für Juden der Judenstern, war für mich nun diese Uniform. Ich, ausgerechnet ich, der die Hitlerjugend hasste, trug nun dieses Mal, dieses Kainsmal. Anderes hatte ich nicht anzuziehen. Den Koffer hatte ich ja im Wald fallen lassen. In der Morgendämmerung versuchte ich, den bisherigen Weg zu rekonstruieren. Vergeblich. Den Koffer fand ich nicht.

Mein Vater zeigte ein eigenartig auffälliges Verhalten, seine Pistole in der Hand haltend. Ich tat, als würde ich schlafen. Meinem Vater erschien offenbar alles ausweglos. In der belastenden Gegenwart sah er keine Zukunft. Ich erkannte vage, dass er uns und sich erschießen wollte. Rasch sprang ich auf und verhinderte sein Vorhaben. Noch wollte ich mein Leben nicht aufgeben. In der Morgendämmerung gingen wir durch den menschenleeren Wald, liebliches frühlingshaftes Vogelgezwitscher begleitete uns, und kamen an einem Forsthaus vorbei. Dort wollte ich einbrechen und nach für mich passenden Kleidungsstücken suchen, denn in der Hitlerjugenduniform fühlte ich mich mehr und mehr unwohl. Ich hätte nicht gezaudert und keine Skrupel gehabt, da einzusteigen. Schließlich hatte mein Vater noch seine Schusswaffe. Die betrachtete ich als Deckung für mich. Außerdem hätte ich ein Frühstück im Forsthaus gut gefunden.

Das Ganze klingt, als hätte ich das Ganze als ein jugendliches Abenteuer angesehen. Dem war aber nicht so. Wäre es passiert, wäre dann später von Schuld zu reden gewesen? Ein moralisches Argument zog ich gar nicht in Erwägung. Hier war Hoffnung in Sicht. Das war mehr als eine Erwähnung wert. Was ich als Zaudern meines Vaters ansah, hatte für ihn eine andere Dimension. Dieser Kriminalbeamte war kein Gewaltmensch. Sein Zaudern, so sehe ich es heut, zeigte außerdem einen Sinn für manifeste oder eingebildete Gefahren. Ich habe ihm sein Nichthandeln später nie zum Vorwurf gemacht.

Schließlich traten wir aus dem Wald heraus und sahen vor uns einen Bahndamm. Darauf patrouillierte ein Zivilist mit einem geschulterten Gewehr. Da warf mein Vater seine Schusswaffe, seine Dienstmarke und seinen Dienstausweis weg. Der tschechische Posten brachte uns wortlos zum Bahnhof Rakonitz, dem heutigen Rakovnik. Dort hofften wir, in den Westen abgeschoben zu werden. Es kam ein Zug, aber nicht für uns. Ihm entstiegen in Sträflingskleidung ausgemergelte Menschen, befreite KZ-Häftlinge, nur noch Haut und Knochen, Männer, die sich kaum noch auf den Beinen halten konnten, Frauen, nur mehr Gerippe, Menschen, denen die Befreiung, die Erlösung nicht anzusehen war, Menschen, in denen der reine Schrecken wohnte. Unsere Augen sahen Nahaufnahmen von menschlichen Gesichtern, die mit dem Tode rangen. Diese Menschen, die eigentlich keine mehr waren, wurden aufgefordert, sich an Kleidung das bei uns zu holen, was sie sich wünschten. Wir dagegen sollten ihre gestreifte Kleidung anziehen.

Ich erschrak, als würde Gift in mein Blut fließen. Dann begann ich, unsere katastrophale Lage zu begreifen. Es war ein herrlicher Maientag. Du hebst den Kopf und verstehst nicht, was die Sonne in dieser Hölle zu suchen hat. Du erwartest die Glut des Hasses, einen berechtigten wütenden Vulkan, den kein Himmel löschen kann. Aber es passiert nichts. Keiner von denen da drüben rührt sich, keiner will sich an uns vergreifen. Das Bild bleibt stehen. Auf dem

Bahnsteig großes Schweigen. Niemand spricht, als wären Nacht und Nebel. An jenem Tag bist du nicht mehr sechzehn, sondern tausend Jahre alt.

Auf einmal werden Befehle gebrüllt.

Auf unserem Bahnsteig fangen tschechische Zivilisten an, Männer von Frauen und Kindern zu trennen. Meine Schwester sieht meinen Vater an, sieht mich an. Verstörte Blicke werden gewechselt. „So helft mir doch!" Dann geht ein Brüllen los, das mir noch heut in den Ohren klingt. Nichts habe ich aus diesen Augenblicken so in Erinnerung wie jene helle Stimme, die über den gesamten Bahnhof schrillte. Eine auf Lebenszeit verletzte Frauenstimme? Nie mehr, auch nicht in meinen späteren Kompositionen, trotz Cluster und Posaunenglissandi, war dergleichen zu hören. Das hat sich eingegraben in die Eingeweide meiner Seele. Dies hier, lieber Leser, ist ein Erzählfragment. Hier ist nicht nachträglich ein Effekt perfektioniert. Hier schlägt auch kein Autor tüchtig ein Pfauenrad. Hier wird nichts überspitzt. Es ist, wie es ist und wie es Georg Büchner in Woyzeck formulierte:

Es war einmal ein arm Kind
und hat kein Vater und keine Mutter
war alles tot und
war niemand mehr auf der Welt
Alles tot
und es ist hingegangen
und hat geweint Tag und Nacht ...

Meine Tränen glitzern. Die Tschechen trennen Menschen wie Material. Nun sind auch wir Menschenmaterial. Der Tausch hat begonnen. Begonnen hat das, was mein Vater vor Jahren schon sagte: „*Dies alles wird sich einmal rächen!*“ Wäre es nun besser gewesen, erschossen zu sein?

Und über allem noch immer der Maihimmel. Der Himmel ist gleichgültig, jedenfalls tut er so ... Die Männer, und dazu werde auch ich gerechnet, werden abgeführt. Immer mehr werden es, Soldaten, die einmal zu einer stolzen Siegesarmee gehörten und jetzt mehr schleichen als gehen, Männer, die mit dem Tod auf Du und Du stehen. Jetzt heißt es für mich: Da musst du durch, nur nicht aufgeben, immer weiter mitmarschieren. Am Straßenrand bleiben einige vor Erschöpfung liegen, scheißen sich im Straßengraben aus. Es ist alles gleichgültig. In der Situation fragt keiner nach Toilettenpapier oder nach einer alten Zeitung, nicht mal nach Grasbüscheln. Es ist alles völlig gleichgültig. Es haben alle die gleichen Ärscher. Marschiert wird Tag und Nacht, nur noch mechanisch, manchmal mit geschlossenen Augen. Bei einer nächtlichen Rast will ich meinen Vater überreden, im Rübenacker sich robbend wegzuschleichen. Gelungene Vorbilder dafür gab es. Aber mein Vater will nicht mitmachen. Wieder dieses Zögern und Verweigern. Später eine neue Fluchtmöglichkeit im Wald bei einer erneuten Rast. Hier stehen Autos verbeult zwischen Bäumen, auch etwas abseits, mehr talwärts. Ich sehe, wie ein Landser in einem Kofferraum verschwindet und hinter sich die Klappe langsam schließt. Ich möchte Vater zu einem ähnlichen Akt überreden, doch wieder vergeblich. Verpasste Chancen zur Flucht. Schließlich kann ich meinen Vater nicht allein lassen. Wir marschieren weiter und weiter. Es gibt weder Essen noch Trinken. Wäre es nicht gut gewesen, im Forsthaus eingebrochen, wenigstens den Durst gelöscht und diese verdammte Uniform dort gelassen zu haben! Der Magen, warum meldet er sich nicht? Aus Angst? Das Gedächtnis nährt sich aus Kontrasten. Offenbar will man uns mürbe machen. Am Ende einer schier endlos scheinenden Tour eine Schule. In einer Schulklasse ist etwas Stroh ausgebreitet. Ein Landser gibt mir eines seiner verlausten Hemden. Ich lass das Hitlerjungenhemd unterm Stroh verschwinden. Vom Schulhof her kommen Schreie. Jemand wird ausgepeitscht. Dann geht das Gerücht um, alle Männer von 16 bis 55 Jahren werden zum Arbeitseinsatz ausgesondert. Mein Vater aber ist 45. Ich schaue mir seinen Ausweis an. Es ist der Führerschein, der von der Kripo ist ja im Wald geblieben. Ich versuche, aus 1900 das Geburtsjahr 1890 zu malen. Bei oberflächlichem Betrachten wird die Fälschung nicht auffallen. Leider ist die Tinte des geliehenen Füllers dunkler. Ich muss alles nachziehen, ohne zittrige Hand. Dann stehen wir Schlange im Kellergeschoss. Dort sitzt einer wie Gott Vater beim Endgericht aus der Bilderbibel. Er verteilt die Landser nach rechts und nach links. Mein lieber Vater, vergiss ja nicht, du heißt Felix, Felix der Glückliche! Ich schwitze und friere zugleich. Was, wenn die Hand Gottes nach rechts und danach nach links zeigt? Ich weiß nicht, wie die Augenblicke vorübergingen. Das war praktische Relativitätstheorie über den Begriff Zeit. Jedenfalls standen wir beide plötzlich gemeinsam auf einer Seite. Solch eine Erinnerung muss man zum Himmel schicken. Wenn wir unsere Erinnerung wiederfinden, wird man sie noch einmal erleben. Diese Erinnerung vergeht nicht mit dem Rauch des Morgens.

Lieber Leser, ich vertraue dir diese meine Erinnerung, diese unvergessliche Zwischenzeit an. Es ist vielleicht die stärkste. Kannst du verstehen, wenn ich jetzt weine? Der Himmel verschenkt nichts. Er empfängt, was wir ihm schicken. Seine eigenartige Gnade besteht darin, uns zu gestatten, uns unser Hab und Gut wieder zu nehmen. Meine Erinnerung ist sehr kostbar und alt. Sie ist in Farben, Musik und Liebe eingehüllt ... Ja, ich liebe meinen Vater, trotz seines mehrmaligen Zögerns, das mehr war als nur Zögern. Ach, könnte ich es ihm heute noch sagen! Heute bleibt mir nur, mit Worten von Rainer Maria Rilke aus dem Jahre 1899 festzustellen:

Ich weiß: Du bist der Rätselhafte,
um den die Zeit in Zögern stand.

Als wir wieder im Erdgeschoss stehen und das Unfassbare zu fassen beginnen, kommt ein junger schneidiger russischer Offizier und verkündet: „Hitler kaputt, ihr nach Haus!" Alles klatscht. Und die Maisonne leuchtet weiter. Aber keiner weiß, was er noch zu gewinnen oder zu verlieren hat ...

Mir fehlt die Erinnerung, wie wir zu einem Bahnhof kamen. War es Kommotau? Jedenfalls landete ich auf dem Dach eines überfüllten Personenzuges. Vielleicht war es auch ein Güterzug. Eine Decke hatte ich wohl irgendwo erobern können, um mich vor dem kalten Fahrtwind zu schützen. Der Zug fuhr langsam, sehr langsam. Das war gut so, denn auf dem Dach gab es keine Möglichkeit des Festhaltens. Warum der Zug immer wieder hielt? Nach Gründen fragte keiner. Hauptsache, man kam überhaupt weiter. Irgendwo blieb der Zug endgültig stehen in dem Land, das man Großdeutsches Reich genannt hatte. Mit dieser angemaßten „tausendjährigen“ Wirklichkeit war nun endgültig Schluss. Wie wird man dieses Land in Zukunft nennen, gar nennen müssen? Darüber machte ich mir keine Gedanken. Vielmehr musste ich darüber nachdenken, wie von dem Dach wieder herunterzukommen war, wohl genau so, wie es ein Herauf gab. Eine Erinnerung an die Kletterei fehlt. Wichtig war, dass man jetzt in einem Land war, das Heimatgefühle weckte. Da wuchsen Hoffnung, Leben, Empfindung für Wärme. Die Natur half nach. Es war ja Mai, für mich schweigendes Begreifen der Schöpfung. Wir liefen los, ohne Essen, ohne Trinken, immer an der Elbe entlang.

Und dann dieses Memento mori

Ach, das Gespenst des Vergänglichen,
durch den arglos Empfänglichen
geht es, als wäre es Rauch …
Rainer Maria Rilke,
aus dem XXVII. Sonett

Wir ahnten nicht, was wir in Dresden zu erwarten hatten. Wir wussten nicht, was am 13. 02. 1945 dort in gigantischen Ausmaßen geschehen war. Der Kontrast zwischen dem friedlich-blauen Frühlingshimmel und dem, was einst Wohnblocks waren, hatte Weltuntergangscharakter. Um überhaupt eine Orientierung zu finden, hielten wir uns immer in Elbnähe auf. Aber der Fluss gab nichts preis, nur Schweigen, ein silbriges Wasserschweigen. Einzig die Richtung gab er an. Wie viele mochten hierhin geflohen sein vor dem Flammenmeer und sind dann den Wassertod gestorben? Die tonlose Starre, ohne Wellenbewegung, korrespondierte in gewisser Weise mit den Steinruinen. Die Welt war hier so still, dass man unendliche Räume zu hören glaubte. Die Welt hatte offenbar nur noch zwei Besitzer: meinen Vater und mich, zwei Ausgehungerte. Waren wir die letzten Menschen, die fragten: Ist da noch jemand, oder sind wir für immer und ewig allein? Eine hilflose, bohrende Frage. Es gab keinen Notruf, keine Feuerwehr, die unnötig gewesen wäre, keine Zeitansage. Die Welt antwortete nicht. An den Ufern aber stank es bestialisch. Bis dahin wusste ich nicht, dass der Tod einen so intensiven Geruch hat, einen widerlich süßlichen, der einem den Atem nimmt. Da wir nicht

Gesandte des Unheils, auch keine Würgeengel sein konnten, waren wir umso mehr Zeugen eines gewesenen unbeschreiblichen Unheils. Die ausgebrannte Stadt war das Endergebnis im Austausch von Hass und Kriegsfieber. Hier wurde alles namenlos. Goethes Ausspruch *Name ist Schall und Rauch*, wer wollte den hier bezweifeln? So hatte sich Goethe seinen viel zitierten Ausspruch allerdings nicht vorgestellt. Die vorausgegangene Gretchenfrage *Glaubst du an Gott?* war hier nicht ausweichend zu beantworten mit *Gefühl ist alles!* Hier ging es nicht um die Gretchenfrage. Hier ging es um die existenzielle eigene Frage: Glaubst du an ein Überleben? Geradezu illusorisch muss ich das für mich mit Ja beantwortet haben, und so zog ich meinen lebensmüden Vater immer mit, die Straßen entlang. Die hatten keine Schilder, also auch keine Namen mehr, boten keinerlei Anhaltspunkte. Die Stadt war keine Stadt mehr, noch nicht einmal eine leere Hülse, auch keine Ghosttown, wie ich sie später in Kalifornien kennenlernte. Nein, viel weniger. Man konnte sie wahrlich nicht mehr Dresden nennen. Aus dem Buch der Weisheit hätte man hier zitieren können:

Der Atem in unserer Nase ist Rauch
und das Denken ist ein Funke,
der vom Schlag des Herzens entfacht wird;
verlöscht er, dann zerfällt der Leib zu Asche
und der Geist verweht wie dünne Luft.

Wer hier im atemnehmenden Rauch außerhalb und innerhalb der Keller und Bunker sterben musste, starb nicht an dem freiwilligen Rauch, der später gierig von Süchtigen eingesogen wurde. Bewegten sich manchmal Steine? Hier

zitterten nicht Herzen, hier zitterten Steine, die neuen Herzen der Stadt. Jeden Moment konnten Mauern fallen, fallen, fallen. Ein Freund hat Jahrzehnte später gedichtet: *Und Engel fallen, fallen, fallen.* Dieser Satz, den ich nicht begriffen hatte, hier wurde er für mich im Nachhinein begreifbar. Wie viele Engel, kleine Engel, unschuldige Kinderengel mögen hier zu Asche gefallen sein! Husch, da ward alles zerbröselt. Diese Engel, die haben alle keine Namen und werden nie mehr welche haben. Engel, was immer sie sonst noch sind, eine tröstende Idee, schützendes, irrlichterndes, ewig unfassbares Gedanken-Geflügel, hier waren sie keine Türöffner-Engel in einen Freiraum. Vielleicht aber doch welche mit dicken Schutzschild-Flügeln, die wieder herausführen aus dem Totenraum ins grünende Leben?
Ich gab mir keine Chance, über den Tod nachzudenken, auch nicht darüber, dass Gott hier eigentlich schreien müsste. Sollte ich diesen Satz aussparen? Nein, und nochmals nein. Wie heißt es doch in Bertolt Brechts *Lied der müden Empörer*: *„Gott pfeift die schönste Melodie stets aus dem letzten Loch!“* Das kann doch wohl nur höchst ironisch gemeint gewesen sein.

Selbst Hunde und Katzen liefen nicht mehr durch die Straßen. Tauben waren auch nicht zu sehen. Wir begegneten keinem Menschen, nur Pferdekadavern, von Fliegenschwärmen umlagert, Steine und wieder Steine, der Erde und dem Himmel treu. Wir saßen erschöpft, durstig, hungrig und erschüttert auf diesen Steinen, die nicht einmal Schatten spendeten. Wir benutzten sie als Bänke, wo es doch, senkrecht aufgerichtet, Gräber waren. Die Steinwüste, sie wurde zur Wüste in uns. Lebenssteine waren also zu Grabsteinen geworden. Steinberge, darunter Leichen. Viel später sollten wir erfahren, dass der Berg der Holocaust-Opfer viel höher, viel größer war. Viel später zeigte uns das Fernsehen Berge verhungerter Kinder in Afrika. Viel später immer wieder Menschenberge hier, Menschenberge dort in sinnloser Zahl. Viel später sahen wir Bilder der Folgen des Tsunami, Schicksalsberge, erdrückende Verwandlung. Später oder früher, früher oder später müsste man in den Stand eines beschämten, hilflosen Gottes versetzt werden. Sehen so etwa Zwischenzeiten aus?

Dass einmal sogenannte Trümmerfrauen nicht diese, aber die anderen, die vorausgegangenen Riesenhaufen beseitigen würden, wer hätte es damals gedacht. Wer hätte auch gedacht, dass die Semper-Oper und die Frauenkirche je wieder aufgebaut würden! Die vom Feuer angefressenen Bäume konnte kein Frühling mehr beleben. Die Erde, leblos, eine verdorrte Hülle für das Dunkel darunter. Selbst Grashalme wuchsen hier nicht mehr. Dass es so gekommen ist, müssen wir die Schuld etwa bei uns suchen, als Kollektivschuld suchen, müssen wir sie für uns verbuchen? Wird in diesem geliebten Land die Gerechtigkeit je wiederhergestellt werden? Wer aber fragte damals so? Und wer konnte ahnen, dass nach wenigen Jahrzehnten wieder Nazis ihre radikalen, schamlosen, aufwiegelnden, hasserfüllten Parolen ungehindert ausstoßen würden?

Wir standen in der Stunde Null, wie es später die Politiker formulierten. Sollte hier jemals Leben wieder erstehen? Es wurde nicht ausgesprochen von uns, weder vom Vater noch von mir. Aber die Frage stand im Raum: Sieht unser

Heimatort Oppeln genauso aus und Schurgast, der Ort meiner geliebten Schulferien, vielleicht auch? Ich weiß nicht, wie wir aus dieser Totenstadt herauskamen. Jedenfalls hatten wir uns von dem Unort lösen können, auch ohne Stadtplan, ohne Karte, die sinnlos gewesen wäre. Uns leitete der Instinkt in östliche Richtung, in die freie Natur, die so frühlingshaft sanft war und nun doppelt sanft empfunden wurde. Hier setzte sich die Stille fort, aber anders als in der Totenstadt. Hier empfing uns eine Stille, die befreiende Empfindungen gestattet hätte, wären nicht die Eingeweide im Kopf, das Herz voller banger Fragen gewesen.

Wir haben nichts

zu verbergen, nichts zu schützen; wir besitzen nichts als das, was wir tragen. Wir sind Überlebende der Armut, ohne Schuhe. Ich habe Lappen um die Füße gewickelt. In den ausgelatschten Schuhen bekam ich nur Blasen. Die Lappen sind meine einzige Bindung an die Erde, oder? Etwa 300 km Luftlinie sind es bis nach Oppeln über Bautzen, Görlitz, Lauban, Hirschberg und Waldenburg. So lange müssen die Lappen halten. Meine Füße erinnern sich noch. Mein Gedächtnis sitzt in den Fußsohlen. ... *und eh dir jemals ein Schmerz deutlicher wird in der Nähe des immer trabenden Herzens, kommt das Brennen der Fußsohlen* ... Diesen Satz aus der 5. Elegie von Rainer Maria Rilke muss ich hier für mich geltend machen. Und was ich noch merke, ist die Jahreszeit, die alles erträglicher macht. So überzeugend war diese Sprache von Lerchengesang, Sonnenlicht, Wärme und Bienengesumme, dass sie noch 60 Jahre danach lebendig ist. In der altindischen Überlieferung, den Veden, wurde von einem lichtfarbigen, einem siebenfarbigen Lied gesprochen, „das die Tagesgötter am Himmel emporheben". So ist wohl das Leben zu ertragen. Bin ich es, der vorwärtsgeht oder sind es die Bohlen der Eisenbahngleise, die sich unter meinen Füßen drehen? Zwischendurch geht in der Tat in kurzen Streckenabschnitten ein Zug. Fahrkarten werden nicht gefordert, sind auch nirgends zu haben. Warum fahren überhaupt Züge, Personenzüge oder Güterzüge? Güterzüge, in denen womöglich noch vor Monaten KZ-Häftlinge befördert wurden? Gibt es etwa Lokomotivführer, die aus lauter Menschenfreundlichkeit Züge in Bewegung setzen? Und woher haben die überhaupt Kohle? Wann die Züge fahren? Wer wird so etwas fragen! Wir leisten uns den Luxus des Wartens. Du schaust hier auf keine Uhr, hast ja sowieso keine. Du musst das, was sich Zeit nennt, vergessen. Hier wird das Warten zu einer Zeremonie. Wenn kein Zug fährt, weil es nur ein Gerücht war, dass einer fahren würde, gehen wir an den Bahngleisen entlang, den sichersten Wegweisern. Auch stehen hier keine sowjetischen Wachtposten, die willkürlich handeln könnten. Geraten wir trotzdem an sie, so wirkt mein inzwischen vollbärtiger Vater wie mein Urgroßvater, der sein junges Urenkelkind bei der Hand nimmt. Die Posten schauen sich die Papiere an, als könnten sie die lesen. Jedesmal fühlen wir uns befreit, wenn wir von Posten durchgewunken werden, deren Arme voll mit entwendeten, also gestohlenen Armbanduhren geschmückt sind. Für diese Aufzeichnungen brauche ich kein Handlungsgerüst. Der Protagonist als Icherzähler montiert nichts. Die Montage geschieht durch das Leben mit seinen vielen Episoden und Überraschungen. Einiges davon hat mein Verstand nicht gespeichert, es wird in bestimmten Situationen unwichtig gewesen sein. Anderes steht so lebendig vor mir, als wäre es gerade passiert.

Der Eintritt in das Schlesierland

Wir überkreuzten auf einer provisorischen Holzbrücke die Görlitzer Neiße, unwissend, dass es bereits die von den Alliierten ausgehandelte deutsch-polnische Grenze war. Kein russischer Wachtposten hielt uns hier zurück. Noch wussten wir nichts von einer polnischen Verwaltung und von einer Ausweisung der deutschen Bevölkerung aus Schlesien. Im Gegenteil, täglich schwirrten Gerüchte durch die Gegend, dass bald die Amerikaner kämen. Viel später kamen sie auch als „Rosinenbomber“. Noch später, 60 Jahre danach, wurde dieses grandiose Ereignis in Erinnerung jener Tage gefeiert.
Uns fielen damals keine Rosinen vom Himmel, nur eines hatte der Himmel tagsüber gleichmäßig. Er hatte nicht die Farbe der Resignation. Seine Farbe war stets himmelblau. Wenigstens er sah nicht triste aus. Auf ihn war Verlass. Der Frühling ging über in einen duftenden, schuldlosen Sommer. Ohne Schimmelgeruch, ohne Verwesungsgestank breitete er sich aus, je weiter wir nach Osten kamen. Tausend Erinnerungen hatte ich in den Himmel zu schicken, je näher ich an den Heimatort kam. Hier hatte das Leben offenbar noch seine vier Jahreszeiten behalten.

Irgendwo und irgendwann müssen wir etwas zu essen bekommen haben. Kein Wunder, wenn es gebratene Zuckerrüben gewesen sind. Schließlich sind wir im Riesengebirge angelangt, da, wo der Berggeist Rübezahl nach oberschlesischer Sage sein Unwesen treibt. Uns jedenfalls hat er nicht in die Irre geführt, denn wir bleiben den Bahngleisen treu. Hauptsache, wir werden ab und zu nicht als Bettler abgewiesen. Das Quellwasser aus dem Riesengebirge und dem anschließenden Eulengebirge ist allemal gut. In Dresden gab es kein Trinkwasser. Da haben wir uns durstend durchgeschleppt. In Betten haben wir nie geschlafen, entweder auf Stroh in Scheunen oder in Heustadeln. Und bei diesem nächtlichen Liegen, manchmal auch mit Blick auf den Sternenhimmel, war kein Wach- oder Schlaftraum, kein Tag- oder Nachttraum möglich, der Handlungsfäden einer rosigen Zukunft gesponnen hätte. Da war an kein Konsumparadies zu denken, nicht an Geldautomaten, nicht an Flughäfen und Internet, nicht an Fernseher, Psychopharmaka, Handys und jeglichen überflüssigen Firlefanz. Auch zwanzig und dreißig Jahre später war dies noch jenseits aller Wirklichkeit.

Dann jedoch kam der Schock

in Gestalt der kleinen Stadt Neiße an der Glatzer Neiße mit der gotischen St. Jakobskathedrale, etwa 60 km vor Oppeln. Waren hier „Werwölfe“ in ihrem Kadavergehorsam am Werk gewesen? Hatten hier noch fanatische Militärs Verteidigungsanstrengungen unternommen und an den Endsieg geglaubt? Ein sinnloser Widerstand hatte diesen Ort verwüstet, ihn zu zersplitterten Elementen eines Irrsinns gemacht. Wir gingen über geborstene Ziegelsteine, Glasscherben und aufgerissene Pflastersteine, die Quittung der Übermacht. Aber der furchtbare Eindruck, den Dresden hinterlassen hatte, konnte uns hier nicht gleichermaßen erschüttern. Auf den Gesichtern der wenigen zurückgebliebenen Neißer lagen Erschöpfung und Traurigkeit. Keiner konnte uns hier sagen, wie es in Oppeln aussah. Ich fühlte nur mit Beklemmung, wie sehr ich meiner Heimat entgegenfieberte, wie tief mein Herz am Haus, an der Sedanstraße, den Türmen und Brücken, den Kirchen und den vielen Gassen, den geheimen Winkeln, Parks und Plätzen hing. Ich wusste um viele Einzelheiten, um die Atmosphäre auf bestimmten Bürgersteigen, Wegen und alten vertrauten Lebensräumen.

Es trieb uns darum schnell weiter, vor allem mich. Wieder an der Bahnstrecke entlang, wieder an diesen Parallelen. Heißt es nicht in der Mathematik *Parallele Kräfte greifen in gleicher Richtung an einem freien Körper an*? Immer an Schienensträngen entlang, die direkt nach Oppeln führten. Die Stille hatte etwas Beunruhigendes. Sie ging einem großen Ereignis voraus, vielleicht einer Enttäuschung, einer ungeheueren Ernüchterung. Sollte eine Illusion zerbrechen? Trafen sich diese Parallelen nur in der Unendlichen, war das Ziel also unerreichbar? Sahen wir etwa schon etwas, was dann wie eine Fata Morgana verpuffen sollte? Ich träumte von einem Leben ohne Dramen, von Ruhe und Geborgenheit, von endlich einmal satt werden. Seltsamerweise dachte ich nicht an die von mir gespielten Instrumente, nicht an die großväterliche Geige, das Akkordeon, das Klavier, auch nicht an romantische pneumatische Rieger-Orgeln mit Crescendowalze.

Etwa 15 km vor Oppeln lag Neudorf, ein Ort, in dem schon zu deutschen Zeiten überwiegend Polnisch gesprochen worden war, das bereits erwähnte Wasserpolnisch, wohl eine mundartliche Bauernsprache, im Gegensatz zum Hochpolnischen, das grammatikalisch anspruchsvoll sein soll, wie man immer sagte. Hier in Neudorf hatte meine Mutter, die auch etwas Polnisch sprach, ihren Geburtsort. Hier lebte einer von Mutters Brüdern, ein Mann, der sich als Pole fühlte und sich mit seinen Polnischkenntnissen damals schon sicher glaubte, der auch damals schon prophezeite, dass eines Tages die Chinesen überall das Zepter in die Hand nehmen würden. Fast 70 Jahre später, also aus heutiger Sicht, ist das in Teilbereichen bereits eingetroffen.

Nach Neudorf also wollte mein Vater vorerst sicherheitshalber untertauchen. Ich verstand seine Vorsicht nicht, denn weder war er Parteigenosse noch sonst in besonderer Weise in das vergangene Regime involviert gewesen, im

Gegenteil. Sollte er als früherer Kriminalbeamter gefährdet sein?

Von den Bahngleisen her liefen wir auf das Vielerlei wie auch das Einerlei der Gehöfte des bäuerlichen Straßendorfes zu. Vater erkannte, welches der Gehöfte er anzusteuern hatte. Welchem Gesicht würden wir zuerst begegnen, dem der Bäuerin Sofi Kampa oder ihrem Mann Franz, dem zukünftigen Frantek, oder keinem von beiden? Franz Kampa, der Bauer und Imker, hatte schon früh für das „Danach“ gesorgt, hatte Honig an mehreren Stellen im Garten vergraben, hatte am Rand des Misthaufens äußerst geschickt Einweckgläser mit Obst versteckt. Von diesen Verstecken wussten wir. Er hatte sie uns einmal stolz gezeigt. Damit würde er das Inferno überleben, so meinte er. Wahrscheinlich gab es von den Verstecken noch sehr viele mehr im Obstgarten und in der Scheune unter dem Stroh.
Sofi empfing uns lamentierend. Ihr Mann sei von Russen verschleppt worden und seit der Zeit nicht mehr zurückgekehrt. Ein schlechtes Omen für das, was ich in Oppeln voller Hoffnung erwartete. Zu unserer Erleichterung erfuhren wir aber, dass meine Mutter lebt und in unserem Oppelner Haus wohnt. Mutter hatte vor Wochen in einem Fußmarsch Sofi in Neudorf besucht in der Hoffnung, vom Verbleib ihres Mannes und ihrer Kinder zu erfahren. Sie musste enttäuscht wieder abziehen, so wie sie auch enttäuscht von Schurgast, der großelterlichen Heimat väterlicherseits, nach Oppeln zurückgekehrt war. Es gab keine Spur von uns. Nun aber war unsererseits die Spurensuche erfolgreich, ein erster Teilerfolg. Schauer überliefen meinen Körper. Die Angst wich von mir. Die Landschaft schläferte mich

nicht mehr ein, sie erregte mich und machte mich schwindelig. Am liebsten wäre ich sofort losgezogen. Aber ich sollte noch einen Tag bleiben, mich wenigstens etwas stärken.

Eine lange Nacht warten auf den Abmarsch nach Oppeln. Diese Nacht, sie war nicht albtraumhaft. Das leiseste Geräusch wurde ein Bote des Lebens: das Rascheln von Stroh im Kuhstall, das Miauen einer Katze, das Knurren eines Hundes, das Gackern der Hühner und der Weckruf des Hahnes. Aber ist er es nicht, der seit biblischen Zeiten einen Verrat andeutet? Daran mochte ich nicht denken, vielmehr hielt mich nun nichts mehr. Ein sanftes Licht begleitet dich, ein Zeichen dafür, dass der Tag ein besonderer wird, vielleicht ernst und ergreifend. Du weißt das alles nicht, und doch ziehen durch deine Augen ständig Fragen mit der kaum verhehlten Intensität der Gnade, jener Gnade, die der Ursprung entscheidender Ereignisse ist.
Und wieder diese Parallelen aus Eisen, die im Sonnenlicht zuweilen aufglitzern. Diese inzwischen gar zu vertraute Führung der Eisenbahnschienen. Nicht ahnte ich, dass ich fünf Jahre später die Parallelführungen im klassischen Tonsatzunterricht als stilwidrig erfahren würde und in weiteren fünf Jahren spezifische Parallelklänge, wie sie bei Claude Debussy zu finden sind, als ein zulässiges, aber inzwischen abgegriffenes Kompositionsmittel zur Kenntnis nehmen sollte.

Am vermeintlichen Ziel

Sichtbar wollen wirs heben,
wo doch das sichtbarste Glück uns
erst zu erkennen sich gibt,
wenn wir es innen verwandeln.
Rainer Maria Rilke, aus der 7. Elegie, 1922

Als ich im Licht einer lauwarmen Sonne den Zielort fast erreicht hatte, war ich überrascht. Da stand sie plötzlich, zwar zerstört, aber sie stand: Die Oppelner Eisenbahnbrücke. Über die Oder hinweg wurde sie zum Tor in meine Geburtsstadt. Aber der Wiedereintritt wurde sehr erschwert. Das Ausmaß ihrer Zerstörung merkte ich erst, als ich sie zu überqueren begann. Ich musste mich durch eine gesprengte Brücke aus Eisen durchhangeln, durch verbogenes Gestänge und ein Gewirr aus Metall. Und darunter die gurgelnde Oder, ein lebendiger Fluss von bereits beachtlicher Breite. In seiner rhythmisch freien Wellenbewegung ist er, wie jeder lebendige Fluss, Ursubstanz der Musik, Mutter der Welt, wie das Feuer als Vater gedacht wurde. Der Fluss der Zeit spiegelt sich im Fließen der Musik und beide in der fließenden Bewegung, dem Auf und Ab des Wassers, Synonyme für Leben. War das eine Kommunikationsebene für mich? Ich, der ich im Turnunterricht beim Tau, diesem dicken, starken Seil und auch bei der Stange wie ein bedauernswerter Sack schlapp herunterhing und nur wenige Zentimeter aufwärts kam, ich kämpfte mich jedenfalls durch. Ich musste die Chance wahrnehmen, hier ohne Kontrolle durchzukommen. Denn die anderen, die von Fußgängern benutzten provisorischen Pontonbrücken, wurden von polnischer Miliz kontrolliert. Das wusste ich von Sofi, der Neudorfer Tante. Ich entwickelte ungeahnte Kräfte. Ich, der Unsportliche, hangelte mich durch das Gewirr aus Eisen. Danach war alles ein Kinderspiel. Ich kannte jede Gasse und wusste stille Wege.

Du kannst Sprachen lernen und Länder kennenlernen, doch den Geburtsort, die Erde, die dich aufnahm, das Dach, das dich schützte, die Menschen, die dich liebten, die Hände, die dich trugen, um dich an die Brust zu legen, der Wind, der dir im Sommer etwas Kühle brachte, die Kastanienbäume mit ihren Herbstfrüchten, sie werden dich niemals vergessen, und mehr noch umgekehrt, du sie nicht. Dies ist deine Heimat, dies ist ihr unzerstörtes, weitgehend unzerstörtes Antlitz, ein Ort mit einer ganz bestimmten Atmosphäre, einer besonderen Stimmung. In dieser Stimmung geschieht ein Entfalten von Offenheit. Welche Stimmung bietet die Heimatstadt? Es ist die Freiheit für das, was unser Leben beglückt, beschwingt, bewegt. Es ist zugleich die Stille, die alles Störende abhält und uns so zu uns selbst finden lässt. Dieses Gefühl aber war gestört.
Unglaublich schnell war ich an einem menschenleeren Nebenarm der Oder, an einem ebenso menschenleeren Parkgelände, schließlich an der Bergelkirche, wie sie im Volksmund hieß, den Hügel noch nicht ganz heraufgelangt, da fasste man mich. Ich sollte helfen, Telefonleitungen zu legen. Ob ich mich zu ungeschickt anstellte oder zu dumm, plötzlich ließ man mich wieder laufen. So kam ich auf den großen Marktplatz, wo zu Hitlers Zeiten die Aufmärsche der SA und der Hitlerjugend stattgefunden hatten, jetzt ein

Platz ohne früheren feierlichen Herrscherglanz. Irgendetwas fehlte. Der Platz war merkwürdig leer. Aber warum? Da merkte ich: Die angrenzende Aktienbrauerei war verschwunden. Ich war irritiert, denn dahinter, nur einige Schritte die Vorwerkstraße entlang, musste unser Haus stehen. Gleich musste das große, vierstöckige Eckhaus zu sehen sein. Und da stand ich, weil da nichts mehr im Wege stand, als wäre ich hingeflogen, atemlos vor der Haustür, dem ersten Haus in der Sedanstraße, einem unzerstörten Haus, einem Haus mit einstmals 14 Mietern, einem Kaufmanns- und einem Bäckerladen, schaute hinauf in den zweiten Stock, wo alle Fenster geschlossen waren. Aber auch die große Haustür mit einer Eingangshalle und zwei großen Landschaftsbildern rechts und links davon, die ich früher so oft betrachtet hatte, war verschlossen. Kurz entschlossen rief ich ganz laut: „Matka, Mamutschka!“ Nicht lange, und es öffnete sich ein Fenster im zweiten Stockwerk, da, wo unsere Wohnung stets war. Lässt sich das Folgende schildern, nach so vielen Jahren noch einmal erleben? Die Erinnerungen und speziell diese Erinnerung ist Zeugnis eingebrannter Wahrheit. Und diese wuchert wie Unkraut. Du kannst Unkraut ausreißen. Es kommt wieder und wieder, wieder wie Unkraut um Grabsteine.

Die Heimat hatte nun ein ganz spezielles Gesicht, das Gesicht der Mutter. Und die muss die zwei Stockwerke heruntergeflogen sein. Plötzlich lagen wir uns in den Armen. Und sehr schnell kam die Frage nach ihrem Mann, nach Felix, dessen Name Glück bedeutete, also die Frage nach Felix, dem Glücklichen, und dann nach Hannchen, der Tochter. Es konnten erst nur telegrammartige Auskünfte sein. Vieles musste unterschlagen bleiben. Aber wenigstens hatte ich eine positive Teilantwort mitgebracht. Und die galt viel. Jetzt muss alles um die Liebe zu ihrem Felix, dem so lange (was heißt hier lange?) vermissten Ehemann, gekreist haben. Schon morgen würde sie aufbrechen nach Neudorf, und dann müsste man weitersehen. Über so eine Liebe wird nicht gesprochen. Sie wird nicht beschrieben. Sie existiert, und sie bleibt jenseits der Worte. Erst viel später darf der Sohn etwas über sie erfahren, als er selbst auf Pfaden der Liebe wandelt.

Offenbar dämmerte ich zunächst in einem angenehmen Frieden dahin. Da ist keine Erinnerung an dringend ausgewechselte Kleider und Schuhe, oder war ich barfuß (?), keine Erinnerung an ein erfrischendes Bad, auch nicht an einen gedeckten Tisch, obwohl ich mir eigentlich den knurrenden Magen vollgestopft haben muss. Vielmehr sog ich die so sehr vermisste, einst vertraute Atmosphäre, in der alles am rechten Ort stand, ein. Stand wirklich alles am rechten Ort? „Vermisst du nichts?“, fragte meine Mutter. „Nein“, war die Antwort, als ich durch die gesamte Wohnung mit den hohen Stuckdecken und zahlreichen Fenstern gegangen war. „Ja, siehst du nicht, dass das Klavier fehlt?“ „Ach, das ist nicht schlimm!“ In diesen Momenten war mir das Zuhausesein wichtiger. All die Bilder, die aufblühen, zusammenschrumpfen, sich auflösen und neu erstehen aus den bunten Splittern der erlebten Wirklichkeit, dieses neue Leben musste ich erst einmal aufsaugen. Ich kann es heut nicht fassen, dass ich das Fehlen sämtlicher Instrumente, Klavier, Geige und Akkordeon, nicht als schlimm empfand. Ich war froh, die heimatliche Erde unter mir ganz konkret zu spüren. Nur das war wichtig! Nicht Vergangenheit und nicht Zukunft waren gefragt, nur die pure Gegenwart, diese einmalige Zwischenzeit. Als sich die Aufregung etwas gelegt hatte, kam es in Schüben heraus.

müsste ich meine Mutter nach all dem nennen, was sie zu berichten hatte, und muss ihr posthum eine Würdigung nachschicken. Da holt mich Vergangenheit ein. Ohne diese Art von Müttern sähen wir seelisch ganz krumpelig aus. Zu späte Einsicht, dass ich es erst heut so sehe. War ich zu sehr um meine Kümmernisse besorgt? War ich zu jung, um damals alles zu würdigen? Mutter Anni geborene Kampa war einst eben mehr als nur Hausfrauenmutter mit Beaufsichtigung der Schularbeiten, Abhören von kleinem und großem Einmaleins, der englischen und lateinischen Vokabeln und der Klavierstücke. Wie viel Verantwortlichkeit für ihre Kinder bürdet sich eine Mutter auf! Schweigend bügelt „die Hausfrau" das Glück in unsere Seelen, offenbar auch zuweilen mit *Schnicke* und *Wichse* (Prügel und Hiebe), so jedenfalls nannte man es im oberschlesischen Dialekt. Wie freute ich mich, wenn meiner Mutter der Kochlöffel, mit dem sie mich bearbeitete, zerbrach. Heut weiß ich nicht mehr, warum ich ein *Lulatsch* (ungeschickter Mensch) und *kriwatschlich* (unbeholfen) gewesen sein soll. Vielleicht hatte ich etwas *zertäppert* (zerbrochen) oder ich hatte *gemährt* (langsam gearbeitet). Es gab *Zores* (Ärger), wenn ich manchmal die *Pampe* (Breimasse, unappetitliches Essen) nicht mochte. Die musste ich dann im Klo zu Ende essen. All diese Frustrationen waren jetzt weggewischt. Die elterliche, oder besser die mütterliche, Erziehung stand für mich nicht zur Debatte. Plötzlich gab es eine andere Beziehungsebene. Ich war auf dem Weg zum Erwachsenen ...

Was hat Mutter Anni an Lebens- und Überlebensleistung vollbracht? Wirklich begriffen habe ich es erst viel, viel später. Das Nachbarhaus war mutwillig abgebrannt worden, auch das dazugehörige Hinterhaus. Unser Haus war mit einer sogenannten Brandmauer zwar geschützt, trotzdem hätten von den Dächern her die Flammen übergreifen können auf unseren hölzernen Dachboden, der zum Trocknen von Wäsche genutzt worden war. Da unser Haus ein Flachdach aus Holz mit einem Türmchen hatte, stand meine Mutter, ganz allein auf sich gestellt, mit Feuerpatsche, Wassereimern und Sand oben auf dem flachen Teil des Daches, um ein Übergreifen des Feuers beherzt zu verhindern, was ihr tatsächlich gelang. Wie gefährlich die Situation war, ergab sich aus der Tatsache, dass es im Keller so heiß geworden war, dass das Kompott in den Einweckgläsern zu kochen anfing. Saunagänger wissen ja, dass man bis zu 100 Grad trockene Luft aushalten kann. Also ist die Geschichte vom kochenden Kompott kein Märchen.

Aber wie kam es, dass meine Mutter mit ihrem jüngsten Kind zurückgeblieben war und wir vergeblich auf der westlichen Seite der Oder auf sie gewartet hatten? Als sich Mutter Anni schließlich zum Aufbruch entschlossen und auf den Weg gemacht hatte, war der große Oppelner Hauptbahnhof leer, der letzte Zug längst abgefahren. Nun blieb nur noch ein Fußmarsch mit Kind und Gepäck auf dem Schlitten zum Ufer der Oder in Richtung Schurgast übrig. Aber der Weg zum Westufer der Oder war versperrt, alle sieben Brücken, der Stolz eines jeden Oppelners, waren gesprengt. Der Weg über die Eisschollen wäre ein Weg in den Tod gewesen, denn die Wassermassen schoben die Schollen vor sich her, türmten sie auf zu eiskalten Mordgelüsten, zu Fallen für die noch zögernd Wartenden, die Haus und Hof nicht, noch nicht verlassen wollten. Aber das Zögern verhinderte für meine Mutter mit dem Säugling Gisela, ihrem jüngsten Kind, eine tragödienreiche Flucht. Also zurück in eine ausgestorbene Stadt, die ganz schnell zur Ghosttown geworden war, in die Obhut der Marienpfarrei, wo der Polnisch sprechende Kaplan Spilla Zurückgebliebene in Empfang nahm. Ein Kaplan, der sich, das eigene Leben riskierend, Tage später schützend vor die Frauen stellte und der Soldateska klarmachte, dass der Weg zu den Frauen nur über seine Leiche führen würde.

Am 24. Januar eroberte die Sowjetische 3. Garde-Panzerarmee unter Generaloberst Rybalko Oppeln. Das ergaben meine viel späteren Recherchen. Oppeln war von den Sowjets kampflos eingenommen worden, da die Verteidigungsfront zusammengebrochen war. Das konnte man Glück im Unglück nennen. Die sowjetischen Soldaten kamen im Siegestaumel, leider einige auch im Wodkataumel. Konnte man es ihnen verdenken? Nicht nur in jenen Tagen wurden Kräfte der Dunkelheit enthüllt. Aber jetzt waren es solche, die die deutsche Bervölkerung zu spüren bekam. Hatte Goebbels recht gehabt mit seiner Hasspropaganda von den russischen Untermenschen, wurde die äußere Erscheinung die perverseste Maske der Wahrheit? Gottlob, die Babys, die Kleinkinder weckten bei den Begierlichen meist Gefühle des Beschützens, der Zurückhaltung, änderten plötzlich die Beziehungen zu den hilflosen Frauen, ließen erinnern, dass zu Hause auch Mütter mit ihren Kleinkindern in Angst und hoffnungsvollem Bangen warteten.

Später, nicht mehr in der Obhut der Pfarrei, trat meine Mutter der russischen Soldateska oft genug mutig entgegen, Polnisch lamentierend. Das half, das wurde tatsächlich verstanden. Ich glaubte früher, Mutters sogenanntes „Wasserpolnisch“ wäre für eine Verständigung im slawischen Sprachbereich unbrauchbar. Es war eben doch mehr als nur „Pjerunnje bei Gleiwitz“, allbekannt und deshalb auch ein Cliché, und es muss auch mehr gewesen sein als die mir bekannten, gelegentlich im Alltagsleben eingestreuten polnischen Wörter wie *ach popatrz* (Ach, sieh mal an), *jekuschnej?* (kann sein?), *wszystko jedno* (ganz egal), *psinco!* (denkste!) und *i zamek bez ludzi zostal, krzyzacy pouciekali* (wenn ich ihn sehe, muss ich mich ärgern).

Eines Tages aber half auch nicht mehr der mit wenigen Russizismen durchsetzte Wortschatz. Und so trat das ein, was unzähligen Frauen passierte: eine Vergewaltigung. Ich schämte mich, nach näheren Umständen bei der sexuellen Nötigung zu fragen. Wenn ich mich heut, nach über 60 Jahren, zurückerinnere, erzählte Mutter damals ganz sachlich, ohne Hass, ohne den Hinweis auf Antihumanität, ohne moralische Entrüstung von ihrem Leidensweg nach der Vergewaltigung. Warum klagte sie nicht, klagte nicht an? Sie wusste damals und schon viel früher, dass ihr Kreuzweg das Ergebnis und die Konsequenz aus den vielen ungeheuren Rechtsbrüchen Naizdeutschlands war. Ist es nicht ein Kuriosum, dass erst im Jahr 2008 sexuelle Gewalt vom UN-Sicherheitsrat als Kriegsverbrechen geächtet wurde (Resolution 1820)?
Doch wohlklingende Appelle sind billig. Weltweit gehen diese Verbrechen heute weiter und erreichen das Ausmaß einer globalen Krise.

Mutter Anni, die Tapfere, ging damals 90 km zu Fuß in völliger Ungewissheit in das weiter östlich gelegene Beuthen. Dort sollte ein helfender Gynäkologe sein. Der konnte sie dann, welch Glück im Unglück, eines normalen Zustandes vergewissern. Nur wer damalige Situationen und östliche Winter erlebt hat, kann ermessen, welche Leistung es sowohl physisch als auch psychisch bedeutete, diesen Marsch hin und zurück in der winterlichen Schneelandschaft bei den Eisestemperaturen, ganz allein auf sich gestellt, zu bewältigen. Vor diesem Kraftakt musste sie aber ihr zweijähriges Kleinkind Gisela in eine sichere Obhut bringen, also anderen überlassen.

Polnische Bürger, so erzählte mir meine Mutter zwischendurch, wären auch gekommen, um sich nach ihrem Mann, unserem Vater, zu erkundigen, besorgt um sein Wohlbefinden. Als meine Mutter sagen musste, sie wüßte nicht, wo er wäre, hätte keinerlei Nachricht, da wären sie mit Tränen in den Augen und sehr betroffen abgezogen. Mein Vater hatte nämlich während seiner Oppelner Kriminaltätigkeit vielen Polen und „Zigeunern“ geholfen oder zu helfen versucht.

War es Zufall oder eine Hilfe von weiter oben? Immer wenn die Not am größten schien, taten sich unerwartete Möglichkeiten auf. Eine plötzlich eingerichtete polnische Kommandantur und ein Offizierskasino in unserem Haus wurden zu einem glücklichen Umstand für meine Mutter. Keine Soldateska, sondern gebildete Menschen, polnische Offiziere, polnischer Adel, bewohnten das Haus. Mutters Kenntnisse der polnischen Sprache wurden mit Respekt honoriert.

Sie galt als Madame und wurde, wie üblich in diesen Kreisen, mit Handkuss begrüßt und verabschiedet. Fortan waren Mutter, ihr Kleinkind und die Wohnung, in der sie bleiben durfte, vor marodierenden Sowjetsoldaten geschützt. Die Frage nach Lebensmitteln stellte sich auch nicht mehr. Für ihre Jüngste, etwas über zwei Jahre alt, war Milch da. Ich war erstaunt über die Vorräte, die mir Mutter zeigen konnte. Da waren Büchsen und Kommissbrot für mehrere Monate. Sollten uns diese und andere Vorräte im Keller auf Dauer nützen?

Was hatte ich bis hierhin von meiner drei Jahre jüngeren Schwester Hannchen berichten können? Beschämend wenig, als hätten wir niemals zusammengelebt, wären nicht einmal miteinander verwandt gewesen. Über Geschwisterkonstellationen wird in wissenschaftlichen Abhandlungen das erhärtet, was ich erlebte. Geschwister, sagt die neuere Forschung, sind so verschieden, weil sie eine Überlebensstrategie entwickeln müssen, um im Geflecht der Familienbeziehungen nicht ins Hintertreffen zu geraten. Von der Überlebensstrategie meiner Schwester Hannchen wird noch viel später zu berichten sein. Jetzt sei nur vorweggenommen was der Psychologe Alfred Adler postulierte: „Zweitgeborene stehen wie unter Dampf, streben überhitzt nach dem Vorrang."

Nun, in den Sommermonaten des Jahres 1945 stand ich als Erstgeborener auf unbesetztem Terrain, auf dem ich mich ungehindert ausbreiten konnte. Wirklich? An ein solches Gefühl war nicht zu denken, nicht einmal weiß ich, ob in irgendeiner Weise an meinen 16. Geburtstag im Monat Juli gedacht wurde. Mag sein, dass alle Aufmerksamkeit der Eltern vor allem dem Erstgeborenen gilt, hier zwang aber eine neue, ungeahnte politische Situation meine Mutter zu einer besonderen Aufmerksamkeit. Eine ihrer ersten Überlegungen war, dass ich die polnische Sprache erlernen sollte. Folgsam fügte ich mich, wenn auch widerwillig, und ging wenige Häuser weiter in einer Nachbarstraße zu einem bis dahin nicht geflohenen alten Rektor einer Volksschule, um erste Brocken Polnisch zu lernen. Einige kurze Sätze haben sich mir dermaßen eingeprägt, dass ich sie heut noch weiß, wie zum Beispiel *Ja ide do domu* (ich gehe nach Hause) und *kture tschas jest?* (wie spät ist es?). Der schlanke, hochgewachsene Johannes Sczeponik wird wohl nicht viel Freude an meinen Fortschritten gehabt haben. Immer hatte ich im Ohr, was meine Mutter oft genug schon zu früheren Zeiten wiederholt hatte: „Denk daran, der Sczeponik hat für seine Schulabgänger nur diesen Satz übrig gehabt: ‚Da sitzen sie wie Rindfleisch, so saublöd sind die!'" Nun gehe einer mit diesem Wissen im Hinterkopf zum polnischen Sprachunterricht! Womit ich mich gedanklich mehr beschäftigte, war das Phänomen, wie der große Sczeponik und seine um vieles kleinere Klara eigentlich zusammenpassen konnten. Absonderlich, komisch, befremdlich und sonderbar werde ich es allemal gefunden haben. Mein Wortschatz wird damals nicht so groß gewesen sein, um es skurril, grotesk, paradox oder bizarr zu finden. Inzwischen haben wir in unserem Bekanntenkreis ein vergnügliches Ehepaar kennengelernt, das die Erscheinung der Sczeponiks weit übertrifft: Er groß und schlank, sie klein und fast so breit wie lang, ein Dickerchen durch und durch, wirklich obstrus, aberwitzig, verrückt und abwegig.

Aber was ist nicht abwegig im Leben? Polnische Miliz vertrieb in nächtlichen Aktionen systematisch und straßenweise die letzten zurückgebliebenen Oppelner, die nicht bereit waren, für Polen zu optieren. Gerüchte kursierten, die aus ihren Häusern Vertriebenen kämen in Lager. Irgendwann musste diese Aktion auch die in der Sedanstraße verbliebenen Deutschen erreichen. Also unterblieb sehr bald mein Gang zu jenem Ort, an dem ich polnisch irgendwie heimisch werden sollte. Aber davon war ich ohnehin weit entfernt. Zum Heimisch-Sein gehört das Vertraut-Sein. Wenn ich an jene Tage zurückdenke, so war und ist das Polnische ein heimatloser Raum, an dem geistiges Leben für mich nicht entspringen konnte. Dieses Gefühl sollte sich noch verdichten, wie noch zu lesen sein wird.

Wir wussten nicht, dass die Festlegung der zukünftigen polnischen Grenzen bereits bei der Konferenz von Teheran vom 28.11. bis 01.12.1943 durch die USA, die UdSSR und Großbritannien beschlossen worden war und somit auch längst Oppeln als Opole und das Umland als Wojewódzki Opolu vorweg okkupiert waren. Damit war die Aktion der Polen legitimiert.

In Angst und Sorge um ihren Ältesten suchte meine Mutter einen sicheren Zufluchtsort für mich. So glaubte sie mich in besonderer Sicherheit, als sie mich bei befreundeten Polen irgendwo im Inneren des Landes unterbringen ließ. Ich kam also in ein einsames, für mich namenloses Dorf jenseits der schlesischen Grenze, tauchte ein in eine völlig neue Geschichte.

Die polnische Zwischenzeit

war für mich von unvorstellbarer Schlichtheit, ein Lebensraum voller Armut und zerbröselnder Fassaden. Ich landete in einem offenen Gefängnis, war von unsichtbaren Mauern sicher umgeben, ohne Miliz, ohne polnische Geheimpolizei. Es war ein merkwürdiges, hilfloses Dasein, das mich von allen Seiten anschaute, eine Welt, in der ich keinerlei Befriedigung finden konnte. Regeln des Zusammenlebens erfuhr ich nicht. Dort wurde ich so angenommen, wie ich war. Außer einigen völlig unzureichenden Sprachbrocken hatte ich keinerlei polnische Sprachkenntnisse. Ich aß mit am Tisch aus einer großen Schüssel ein Gebräu aus Hühnerfleisch, Milch und ungeschälten Kartoffeln. Diesen Mittagstisch empfand ich als unappetitlich, fast zum Kotzen. Die ungeschälten Kartoffelbrocken kamen mir mehr hoch als runter. Aber zeigen wollte ich es den Gastgebern nicht, so würgte ich das Vorgesetzte runter. Ansonsten muss mir das Essen gleichgültig gewesen sein. An Frühstück und Abendbrot und auch an das Bett kann ich mich nicht erinnern, nur an den Kuhstall, wo die Bäuerin urinierte, einfach stehend, die Beine breit. Das realisierte sie unter ihrem breiten, langen Rock. Sie sah nicht, dass ich auch im Kuhstall war und die Kühe beobachtete, eine von den wenigen verbliebenen Beschäftigungen. Der Bauernhof war immer da, er umgab mich, er strich um mich herum, oder vielmehr ich um ihn, er foppte mich. Der Geruch der Gräser, des Misthaufens und der Tiere drang zu mir. Ich, der ich all dies in Schurgast beim Großvater in mein Herz geschlossen hatte, hier widersetzte ich mich allem. Es war nicht dasselbe.

Die Form eines Hauses nachzuempfinden, seine Wände, sein Dach, sein Volumen, die Aufteilung seiner Räume, seine Gerüche, seine Farben zu den verschiedenen Tageszeiten, dies alles war in Schurgast beim Großvater und seinen beiden unverheirateten Töchtern, diesen lieben Jungfern, geradezu ein unzertrennlicher Teil meines Körpers, eine Erweiterung meines Inneren. Aber hier war und blieb alles fremd.

Auch der Kirchgang zur katholischen Kirche am Sonntag war nicht dasselbe. Ich fand die behäbige Singerei mit den vielen Zischlauten der polnischen Sprache, dem polnischen Konsonantismus, scheußlich. Und wie der Priester beim Gottesdienstbeginn mit seinem riesigen Ysopwedel Weihwasser über die Köpfe niederprasseln ließ, war mir auch zuwider. Ich weiß nicht mehr, ob da jemand die Antiphon *Asperges me, Domine, hyssopo, et mundabor: lavabis me, et super nivem dealbabor* gesungen hat. Es ist nicht anzunehmen, eher eine polnische Version des Inhalts: *Besprenge mich, o Herr, mit Ysop, und ich werde rein; wasche mich, und ich werde weißer als Schnee.* Ein frommer Wunsch, für den sich in den hintersten Bänken die jungen kartenspielenden Männer nicht interessierten, sich auch nicht durch tiefe, drohende Töne eines erzitternden Kirchengewölbes stören ließen. Während der Predigt, gewiss einer Höllen- und Fegefeuerpredigt, wo vom rächenden Gott, der allgemeinen Sündhaftigkeit, der Gnadenwahl und der Gefahr einer ewigen Verdammnis die Rede gewesen sein wird, wie sie zu jener Zeit auch in deutschen Landen noch üblich war, hörten nur die Weiber zu, die dann tief zerknirscht und in hoffnungsseliger Stimmung zur Kommunion gingen. Wenn diese Geschöpfe aus der Kirche kamen, machten sie dasselbe Gesicht wie vorher, nur dass sie danach nach Weihrauch und Wachs rochen. Und die meisten Männer zogen es vor, sich gleich vor der Kirche aufzuhalten. Das Wirtshaus war nicht fern. So erlebte ich polnischen Kirchgang-Katholizismus, der die Menschen, meist Frauen, in ungewöhnliche Stimmungen versetzt und dem reinen Vernunft-Denken entreißt. Ob das wohl im Sinne des inzwischen verstorbenen Papstes Wojtyla war? Das jedenfalls prägte sich ein, vergaß ich nie als Zeichen der Verflachung des Christentums. Hier schon musste ich, wenn auch mehr unterbewusst, zum Provokateur von Glauben und Theologie werden. Orientierungshilfe war hier keine zu erwarten. Da war mir dann der Bauernhof doch noch lieber. Ich muss zwischen den Kirchgängern ein Fremdkörper gewesen sein, jedenfalls kam ich mir so vor. Immer war ich darauf gefasst, angesprochen zu werden. Dann hätte ich mich taubstumm gestellt. Zu meinem Erstaunen wurde keine Notiz von mir genommen.

Die Geschichten, die man erzählt, sind wie Orte. Diesen verließ ich so schnell wie möglich und kehrte zurück in mein Versteck. Das war kein Versteckspiel. Bis dahin wusste ich nicht, dass verstecken, untertauchen, verbergen heißt. Dies hier war ernst, da war nichts von einer irgendwie gearteten Spiel- oder Abenteuerlust zu spüren. Diese Tragödie war eine sprachliche, geistige, inhaltliche und formale. Es waren Seelenstürme zu bewältigen. Ich konnte nur hoffen, dass es eine vorübergehende Zwischenzeit sein würde. Dieses Herausgefalleinsein aus den eigenen Ordnungen und der eigenen Gemeinschaft, dies Sichnichtanpassenkönnen an eine vereinfachte Daseinsform war zwar nicht die Hölle, aber es war eine leere Einsamkeit, obwohl sie voll von ländlichen Bildern war, die ich sonst liebte: Diese dunklen warmen Ställe mit einer Geruchsmischung aus frischem Stroh und Pisse. Auch hier bekam ich die Milch ganz frisch von der Kuh, noch warm serviert wie früher beim Großvater, meinem geliebten Feriendomizil.

Ich war mit meinen Gedanken allein gelassen. Dies war psychisch wie physisch sicher äußerst gefährlich, diese von mir nicht mehr zu bestimmende Zeitspanne, die spürbar unausgefüllt war. Womit sollte ich mich beschäftigen? Selbst Bleistift und Papier waren hier zwischen Kuhstall und Wohnküche nicht zu erhalten. So konnte ich selbst meinem Zeichen- und Maltrieb nicht nachgehen, keine Birken und Kiefern, meine Lieblingsbäume, zeichnen. Es gab keine Information, keine bebilderte Schrift, nicht einmal eine Bilderbibel geschweige denn eine Bibliothek. Es gab keine Instrumente. An eine Orgel in der schlichten Holzkirche des Nachbarortes kann ich mich nicht entsinnen; jedenfalls war keine zu hören, sonst hätte ich mich sicher an ein fürchterliches Gequieke erinnert, hatte ich mich doch schon Jahre zuvor über das stets gleiche Elevationsspiel in der Oppelner Bergelkirche geärgert. Das könnte ich heut noch imitieren. Mein instinktives Kunstverständnis rührte sich damals schon.

Beschäftigungslos in fremder Umgebung

Allein zu sein, macht sehr verletzlich, kann krank und depressiv machen. Meine Konstitution überstand das, Gottlob, unbeschadet. Hier war ich perspektivlos, wurde einer normalen Welt immer mehr entfremdet. Die quälende Ungewissheit über die Existenz der Familie legte sich wie eine eiserne Klammer um meine Seele. In meinem Kopf verschwammen die Grenzen zwischen Richtig und Falsch. Ich kam mir, ohnehin ohne Telefon und Briefpostverbindung, total verloren vor. Inmitten dieser Menschenwüstenei, in diesen langen Augenblicken der Leere entstand ein Hunger nach wirklichem Leben. Ich war noch nicht gewohnt, mir selbst zu begegnen, misstraute den Gefühlen, die hochkommen, wenn man dem Alleinsein ausgeliefert ist. Wenn ich heut auf meinen Reisen von den Tuaregs erfahre, dass Gott die Wüsten erschaffen habe, damit der Mensch seine Seele wiederfinde, so kann ich das gern bejahen. Die Tuaregs haben offenbar erkannt: Wüstenzeiten sind eigentlich Segenszeiten. Denn bewusst wahrgenommen, kann auf diesen Inseln der Leere ein Gefühl dafür wachsen, wie wenig selbstverständlich unser Dasein ist und welch ein unerhörtes Geschenk und Glück darin liegt, dass es uns gibt. Eine verborgene Poesie der Seelenverwandtschaft mit allen Dingen ringsum kann in uns reifen in einer so geschärften, traumerhellten Wahrnehmung, und wir können die Fähigkeit gewinnen, den schweigenden Gesang der Dinge um uns her von Neuem zu vernehmen. Hier kommen die Gedanken zur Ruhe, weisen auf eine tiefere Dimension in uns. Und sonderbar genug, es sind gerade diese Stunden der

Stille, in denen die meisten Fragen unseres Lebens sich beantworten. Es sind diese Momente der Sehnsucht, in denen wir fähig werden, ein ruhiges Glück, wie Gott es schenkt, in das Leben aufzunehmen.

Damals aber, in jenem jugendlichen Alter, konnte ich dem keine Bedeutung zumessen, hatte ich noch nicht das Maß dafür gefunden. Bei diesen schlichten, aber lieben Menschen hätte ich den Wert der Einfachheit entdecken können, den Wert einer Pause zum Nachdenken, den Wert einer Kontemplation. Würde ich die fleißigen Bauersleute heute wieder aufsuchen können, würde ich sehr wahrscheinlich ihr wahres Antlitz in ihrer Schlichtheit besonders zu schätzen wissen. Heut, da ich dies niederschreibe, habe ich entdeckt, dass die mit Beschaulichkeit zugebrachte Zeit, diese Zwischenzeit von vermutlich vier Wochen, keine verlorene Zeit war. Aber damals ...

Die Erlösung

Meine Mutter erkannte schließlich, dass das Versteck keine Lösung, schon längst keine Dauerlösung sein konnte, sondern eine Sackgasse darstellte. Also aufbrechen! Aus dem Untergrund auftauchen. Welche Erleichterung! Es wird Zeit für eine neue Geburt. Der Schicksalsfaden muss jetzt anders abgespult werden. Einsamkeit und Stille haben mich erschöpft. Ich habe lange genug zurückgezogen gelebt. Also wurde ich von dem Polen, der mich in das Versteck brachte, wieder herausgeholt. Schweigend ging die Flucht zurück in einem Personenzug voller Polen, jungen und alten, mit Koffern, Kartons, Säcken, Käfigen und Kleinvieh, mit Geschnattere und Geplappere, mit Reden, Rufen und Rauchen. Auf einmal eine Personalkontrolle! Ich schaue wie erstarrt zum Fenster hinaus. Die offenen Augen richten sich ins Leere, ein Druck und leichter Schwindel im Kopf, eine Hitze in der Kehle und ein lähmend ungleiches Wallen des Herzens, als sei der Puls unterbunden, ein Gefühl, als würde mir langsam die Luft entzogen bis zum Ersticken. Der Blick ist in der Schwebe. Bist du jetzt ausgetrickst? Endet die Rückflucht, indem dich die Polizei festnimmt nach unendlich vielen durchgewunkenen Kontrollen? Der Kontrolleur kommt immer näher. Aber mein polnischer Führer kommt mit jenem ins Gespräch. Sie kennen sich gut. Mein Pole redet mit Feuereifer, muss einen ungeheuren Schatz von Erlebnissen parat haben, verirrt sich in Geschichten, in ein Labyrinth von Geschichten, die den anderen interessieren und zum Lachen bringen. Mein Schicksal dreht sich mit seinen Geschichten, es dreht sich mit der Zeit, und es dreht

sich hier mal wieder wie ein Glücksrad. Wir sind am Ziel: Oppeln. Der Zug hat viele Waggons, ist sehr lang. Wir gehen bis ans Ende, denn wir gehen nicht durch den Hauptausgang. Wir gehen über viele Gleise einen ganz anderen Weg. Der Tod, den ich in der Ferne schon lachen und sarkastisch reden hörte, kann mir vorerst nichts mehr anhaben. Anfangs verstand ich nicht, wie mir geschah. Die äußere Realität hatte ich kaum wahrgenommen, kann ich auch im Nachhinein nicht benennen. Jedenfalls erreichten wir unkontrolliert das elterliche Haus. Ich weiß nicht mehr, was dann konkret geschah. Soll ich mein mit zunehmendem Alter abgenutztes Gedächtnis beschuldigen?
Erst bei einem viel späteren Besuch, Jahrzehnte nach diesen Ereignissen, nahm ich andere Bilder wahr, Bilder einer grauen, einer traurigen Stadt, einer Stadt ohne Klein- und Großbürgertum.

Das Erlebte hat mich allerdings nie im Traum verfolgt. Das darf und muss ich wohl dankbar feststellen. Ich litt an dieser Geschichte nie unter Verfolgungswahn. Dies alles ist zerflossen im Angesicht des Vergessens. Erinnerung und Vergessen halten sich irgendwie immer die Wage. An bestimmte Vorgänge ist meine Seele angekettet, anderes ist sanft entschlafen. Zwar habe ich die Vergangenheit aufgestöbert, dabei ist aber einiges bei der geringsten Berührung zerbröckelt. Ich habe all die Geschichten aus meinem Körper herausgeholt, um überfüllte Fächer freizumachen, jetzt, zu Weihnachten 2004, wo alle Welt dasselbe singt wie auch 1944, vor 60 Jahren, zur Weihnachtszeit:

„Stille Nacht, heilige Nacht“

Für einige Stunden schwiegen wohl damals an den Fronten Geschütze und Sirenen, heulten keine Granaten, detonierten keine Bomben. Insofern stimmt der Halbsatz außerhalb Oppelns für eine kurze Zeitspanne. Für Oppeln selbst galt er ohnehin. Da hatte ich am Klavier gesessen und die Familie hatte noch einmal traditionsgemäß den außerliturgischen volkstümlichen Kirchengesang, wie all die Jahre zuvor, wiederholt, obwohl sicher bereits die Angst im Nacken saß. Seit diesen Ereignissen ist viel Zeit vergangen, hat sich Geschehnis an Geschehnis gereiht. Das Lied hat sich unverändert gehalten, hat sich über die ganze Erde ausgebreitet, ohne Rücksicht auf nationale Grenzen.

Für mich bleibt heut als Frage zurück, wie alle Welt immer wieder, ohne das Inhaltliche zu hinterfragen, gefühlsduselig so einen Text singen kann:

Stille Nacht, heilige Nacht!
Alles schläft, einsam wacht
nur das traute, hochheilige Paar.
Holder Knabe im lockigen Haar,
schlaf in himmlischer Ruh,
schlaf in himmlischer Ruh!

Es mag sein, zumal mit der süßlich-anspruchslosen Melodie von Franz Gruber, dass sich dann Heimatvertriebene heimatlich angezogen, sich altem Leben wiedergeschenkt fühlen, im Übrigen für alle Menschen ein Idyll heraufbeschworen wird, das Gegenwart und Zukunft möglichst außer Augen, außer Sinnen lässt, zurückgelehnt das Herz alter Zeiten gedenkt. Bei einer geschichtlichen und theologischen Analyse bleibt jedoch nichts wahr von dem, was Joseph Mohr munter drauflosgedichtet hat, sehr zum Schaden christlicher Botschaft. Es fällt allerdings schwer beim Gefühl, in einem sicheren Hafen zu sitzen, die geschichtliche Quellenlage so zu sehen, wie sie gewesen sein muss, und demnach wahrheitsgemäß zu singen:

Dunkle Nacht, leibschwere Fracht!
Wo ist Platz, wo ein Dach
für ein armes, durchfrorenes Paar?
Ist denn Hilfe gar so rar?
Kommt ein rettender Gurt?
Wo bleibt die rettende Furt?

Sollen Erinnerungen, Erlebnisse, Erregungen und Freuden, die von damals haften blieben, nicht herübergenommen werden in die Veränderungen der Jahre? Ich denke nach, und die erfrorene Erinnerung kommt langsam in Fluss, bewegt sich und strahlt plötzlich ein Bild aus, umgedichtet zu einer zweiten Strophe:

Kalte Nacht, frostige Nacht!
Hirten erst wach gemacht!
Durch des Engels heilige Macht
tönt es fern und leise, sacht:
Christ, der Retter ist da,
Christ, der Retter ist da!

Kaum ist das ausgesprochen, überfällt mich eine neue Nachricht, die gar nicht in die *Stille Nacht* und in die christliche Aussage *Christ, der Retter ist da* hineinpassen will. Denn nicht nur die *Frohe Botschaft*, wie sie Lukas – der kein Zeitzeuge war – berichtet, kommt von oben, auch eine Katastrophe wie die asiatische Zerstörungswelle von überdimensionalen Ausmaßen, ausgelöst durch ein Erdbeben. Das griechische kata für „herab, nieder" trifft den Vorgang voll, wie die Sintflut zu Zeiten Noahs, wie die Meereswogen, die das Pharaonenheer im Roten Meer untergehen ließen. Angesichts tektonischer Urgewalten bleibt nur das bedrückend-wache Bewusstsein: *Media vita in morte sumus. – Mitten in dem Leben sind wir vom Tod umfangen.* Da ist nichts zu spüren von der Botschaft *Christ, der Retter ist da.* Da möchte man sich geradezu schämen für eine solche Aussage. Und man muss das eigene Erlebnis von 1945 relativieren.

Eine uralte Menschheitsfrage ist angesichts von 10.000 Kilometern betroffener Küstenregion im Indischen Ozean wiedergekehrt: Sind wir dem Schicksal gegenüber ohnmächtig? Das aktuelle Gesicht menschlicher Verwundbarkeit zum Ende von 2004 und zu Beginn des Jahres 2005 zeigt sich in Geschichten von blindwütigem Zuschlagen, das die einen zerschmettert und die anderen davonkommen lässt. Da wirkt die dritte Strophe von *Stille Nacht* geradezu wie ein Hohn:

Stille Nacht, heilige Nacht!
Gottes Sohn, o wie lacht
Lieb aus deinem göttlichen Mund,

da uns schlägt die rettende Stund,
Christ, in deiner Geburt, Christ, in deiner Geburt.

Es bleibt für eine Umdichtung nur:

Mord und Tod, schuldlos Rekord,
Arm und Reich totgebleicht,
Ein Entsetzen, nur hilfloses Schrein,
endloses Bluten, nirgends Befrein:
Christ trotz deiner Geburt, Christ trotz deiner Geburt.

Von einem Fünfzehnjährigen hätte man damals zu Weihnachten 1944 nicht erwarten können, aus dem Lied eine ergreifende Klage zu formen, *Stille Nacht* für ein stöhnendes, schmerzvolles Lied des Leids zu adaptieren. Dies aber ist nun überfällig, wenn nicht vom Autor dieser Zeilen, von wem dann? Jetzt, da nicht nur die Tsunami-Geschehnisse, sondern auch die von Auschwitz der Menschheit ins Gesicht schreien.
Jene hat die Natur gemacht, 200.000 Tote letztendlich, diese jedoch hat der Mensch zu verantworten, eine unvorstellbare Zahl: 200.000 x 10 = 2.000.000 + 2.000.000 + 2.000.000.
Menschenwerk, der Mensch, der den angeblichen Untermenschen ausmerzen wollte, entpuppt sich dabei aber selbst als Untermensch. *„Das Schicksal des Menschen ist der Mensch"*, schrieb Bert Brecht im *Buch der Umwälzung.*

Wie die Zähne eines Pflugs die Ackerkrume aufbricht, so müssen unter meinen Fingern Melodie und Harmonie von „Stille Nacht" aufgerissen werden, mag es – uneinsichtig –

auch als Sakrileg gesehen werden. Zeitgenössische Musik hat die Aufgabe wachzurütteln. Wie nennt man heut dergleichen: Coming-out.

Aber Kinder der Nachkriegszeit in ihrer Saturiertheit, die keine Erfahrungen mit Schicksalsschlägen dieser Wucht haben, werden kein Verständnis aufbringen für ein derartig umgepoltes Weihnachtslied. Ein nennenswertes Schicksal hatten bisher immer nur die anderen, vielleicht noch nicht einmal die Generation der Eltern, sondern erst die der Großeltern. Lange wollten die Jüngeren mit diesem Schicksalsdeutschland nichts zu tun haben. Seit einiger Zeit jedoch wächst ein neues, unvoreingenommenes Interesse an deutschen Schicksalen der Kriegs- und Nachkriegszeit.

„Da mihi facta dabo tibi ius."

„Nenne mir den Sachverhalt, dann sage ich dir, was rechtens ist." Doch da war im Frühsommer 1945 keiner, der definitiv hätte sagen können, was rechtens ist. War polnisches Handeln eigenmächtig oder gesteuert von Weltmächten? Es öffneten sich keine Informationsfenster, stattdessen viele Spekulationstürchen. In Oppeln war kein Ausweisungsbefehl der Polnischen Regierung an die deutsche Bevölkerung bekannt geworden, wie andernorts ein Sonderbefehl belegt, beispielsweise eine Dokumentation der Stadt Bad Salzbrunn:

1. Am 14. Juli 1945 ab 6 – 9 Uhr wird eine Umsiedlung der deutschen Bevölkerung stattfinden.
2. Die deutsche Bevölkerung wird in das Gebiet westlich des Flusses Neiße umgesiedelt.
3. Jeder Deutsche darf höchstens 20 kg Reisegepäck mitnehmen.
4. Kein Transport (Wagen, Ochsen, Pferde, Kühe usw.) wird erlaubt.
5. Das lebendige u. tote Inventar in unbeschädigtem Zustande bleibt Eigentum der Polen.
6. Die letzte Umsiedlungsfrist läuft am 14. Juli 10 Uhr ab.
7. Nichtausführung des Befehls wird mit schärfsten Strafen verfolgt, einschließlich Waffengebrauch.
8. Auch mit Waffengebrauch wird verhindert Sabotage u. Plünderung.

9. Sammelplatz am Bahnhof Bad Salzbrunn in einer Marschkolonne zu vier Personen. Spitze der Kolonne 20 Meter vor der Ortschaft Adelsbach.
10. Diejenigen Deutschen, die im Besitz der Nichtevakuierungsbescheinigungen sind, dürfen die Wohnung mit ihren Angehörigen in der Zeit von 5 bis 14 Uhr nicht verlassen.
11. Alle Wohnungen in der Stadt müssen offen bleiben, die Wohnungs- und Hausschlüssel müssen nach außen gesteckt werden.

Abschnittskommandant Oberstleutnant Zinkowski

Die Reise ins Ungewisse

Wer nie sein Brod mit Thränen as,
Wer nie die kummervollen Nächte
Auf seinem Bette weinend sas,
Der kennt euch nicht, ihr himmlischen Mächte.
Ihr führt ins Leben uns hinein,
Ihr laßt den Armen schuldig werden,
Dann überlaßt ihr ihn der Pein;
Denn alle Schuld rächt sich auf Erden.
Johann Wolfgang von Goethe

Mein Vater, einst Dorfschüler, kannte ganz sicher nicht Goethes Gedicht. Er war kein Intellektueller, doch seine Einstellung zur Welt war problemorientiert, vielleicht hellsichtig. Mir, dem Zehnjährigen, brannte sich, in Übereinstimmung mit diesem Gedicht, seine Voraussage geradezu unheimlich ein. Aus dem tiefen Brunnen meines Unbewussten kamen seine Worte fünf Jahre später prophetisch wieder hervor, in jenen Tagen und Wochen, in denen sich vielfältig Rache über uns ergoss.
Inbrünstig war Jahrzehnte lang vorher, in den sonntäglichen Messfeiern im heimatlichen oberschlesischen Oppeln, gesungen worden:

„Wohin soll ich mich wenden,
wenn Gram und Schmerz mich drücken?“

Aber es war kaum der eigene Seinszustand, der sich in der Frage ausdrückte. Man sang vieles, ohne es zu hinterfragen. Oder waren da welche, die an Plötzensee dachten oder an die, die durch das Tor gingen, über dem in großen Lettern stand „Arbeit macht frei"? Es stand ja nur 80 km entfernt. Der Melodienschöpfer Franz Schubert und der Textdichter J. P. Neumann hatten in der Ich-Fixierung die Seinszustände transpersonaler Existenzen wiedergegeben.

Und nun traf es die selbst, die so inbrünstig von Gram und Schmerz gesungen hatten, ohne es zuvor als Realität erfahren zu haben, auch meine Eltern und mich ein weiteres Mal. Es war die Fahrt in eine stock*dunkle Nacht*, trotz der spätsommerlichen Helle. Nach dieser Nacht wird man älter sein, viel älter. Fest stand nur, wir werden alles verlassen, das große Haus, das 14 Mieter beherbergte und zwei Geschäfte, die eigene Wohnung mit allem Mobiliar und den Garten, auch meine Notensammlung, woraus ich besonders gern Werke des jüdischen Komponisten Mendelssohn und Salonwerke des Franzosen Benjamin Godard spielte, was die Nazis, mir unverständlich, verboten hatten. Zurücklassen musste ich auch meine Kinderbibliothek. Noch einmal nehme ich *Robinson Crusoes Abenteuer* in die Hand, mein Lieblingsbuch, hole den Band aus der bücherbedeckten Wand im Kinderzimmer. Schaue die vielen Buchrücken an. Sie sind meine stummen Freunde gewesen, die ich nachts unter der Bettdecke mit Taschenlampenlicht verschlungen hatte. Aber jetzt steht fest: Auch die werde ich endgültig verlassen. Das Interesse für Karl May ist nun radikal im Schwinden begriffen. Ich bin selbst in ein Abenteuer verwickelt, dessen Ausgang völlig ungewiss ist. Unser Ziel wird Berliner Verwandtschaft sein, von der wir nicht wissen, wie und ob sie den Krieg überstanden hat. Noch hatten wir keine Antworten auf unsere vielen Fragen, nur die Antwort: Wir werden nicht für Polen optieren.

Bin ich ein Niemand geworden? Das Spiegelbild ist noch da mit Augen, Nase, Mund. Doch plötzlich alles fremd. Nur ein Körper – das tiefere Selbst bleibt unsichtbar. Bin ich alles und trage eine Hülle? Bin ich nichts und alles nur ein Traum? Der Traum eines Selbst, das ich selber nicht bin und trotzdem bin? Ich kann mich anfassen und bin trotzdem nicht da. Bin Leere, bin nichts ...
Die Tragik dieses Vorgangs besteht darin, dass wir als individuelle Opfer unschuldig in die Kollektivverbrechen eingebunden sind und durch Heimatverlust bestraft werden.

Es entstand ein sozialistischer Staat

Der duldete keine Hausbesitzer. Folglich hätten wir unseren Besitz sowieso verloren. Eine Option für Polen hätte nichts Materielles gerettet. Der Krieg endete schlagartig nicht nur mit der Niederlage, er endete mit dem Verlust von Haus, Hab, Gut und Heimat. So umfassend zahlten wir für unsere Befreiung. Letztendlich musste dies mehr wert sein als die hunderttausend Goldmark des elterlichen Hauses. Das war spätere Einsicht. Hitlers Verbrechen war umfassend. Die Quittung war dementsprechend totalitär.

In der Rückwärtsschau, in Bruchstücken, jedoch nicht ohne Sinn, drängt sich mir die Geschichte von allen Seiten ins Bewusstsein. Die vorgezeichneten Stufen meines und nicht nur meines, sondern unseres Schicksals werde ich weiter verfolgen, die schlafenden Schatten für das Schriftbild erwecken, erwecken zur strengen Wirklichkeit. Ich hoffe, dass mich dabei nicht Schwermut verwirrt. Dabei merke ich, dass die Erzählungen zu einem Buch anwachsen, und kaum kann ich fassen, wie diese Spannungen auszuhalten sind. Beim wiedererweckten Kontakt mit der Intimität jener Wahrheit wundere ich mich selbst, unter dem Gewicht nicht wie in ein frisch ausgehobenes Grab gestolpert zu sein. Mit Gräbern hatte ich nichts im Sinn.
Aber ein Loch im Ferienort Schurgast, rechtwinklig und länglich wie ein Grab, das reizte mich schon, gerade weil ich oft genug gewarnt worden war, da nicht hineinzustolpern. Dieses Loch war unterschiedlich weiß ausgefüllt, war wie giftiger Quark mit tiefen Rissen, dennoch nicht verschim-

melt, sondern in der sommerlichen Sonne eingetrocknet. Täglich ging ich in den Ferien daran vorbei, an dieser milchigen Dämonenmahlzeit im Prozess der Veränderung ihres Aggregatzustandes, wenn es geregnet hatte. Ich wusste, dass ein einziger unbedachter Schritt genügen würde, und ich würde in dem weißen Käse nicht nur einsinken, sondern mich auch fürchterlich verbrennen. Waren da Schlangen und Totenköpfe, die mir zuflüsterten: Zieh die Sandale aus, steck den Fuß herein! Das Geheimnis blubberte einladend vor sich hin. In diesen Momenten wusste ich, dass der Tod weiß und ganz in der Nähe war. Da ließ ich von dem Versuch ab. Die Geschichte in enger Vertrautheit mit dem Tod habe ich nie zu Ende gespielt.

Es war eine Kalkgrube, offenbar mit Löschkalk angefüllt, einer gefährlich ätzenden Substanz. Damit wurden die Viehställe gestrichen und auch die Stämme von Obstbäumen. Meine Neugierde wurde schließlich im Chemieunterricht gestillt: Wird Gebrannter Kalk mit Wasser versetzt, entsteht unter Volumenvergrößerung und starker Wärmeentwicklung gelöschter Kalk, chemisch Kalziumhydroxid Ca(OH)2. Gebrannter (ungelöschter) Kalk (Kalziumoxid) und gelöschter Kalk (Kalziumhydroxid) können bei Kontakt mit den Augen zur Erblindung führen! Mit diesem neuen Wissen machte ich fortan einen großen Bogen um den Ort.

Freunde, ich wage nicht, in eurer Gegenwart von Gott, dem Gleichmütigen, dem Zuschauer, dem Allerhöchsten zu sprechen. Oder sollte ich, wie Eugen Drewermann, gegen die Vorstellung eines menschenfressenden Nimmersatts von Gott, den es in Wirklichkeit gar nicht gibt, Front machen? Nach Drewermann soll der Atemwind der Hoffnung Gottes durch diese Welt wehen. Meine Wahrheitsgeschichten werden immer wieder von diesem Atemwind berührt.

Dieser mein Körper ist aus Fasern geknüpft, die den Schmerz speichern und den Tod einschüchtern. Das ist meine Freiheit. Aber noch stehe ich im Nebel des Wartens.
Meine Mutter aber bemüht sich Tag um Tag um eine Ausreisegenehmigung, eine sogenannte „Przepustka". Immer wieder rennt sie zur Behörde, wird dort von einem Büro-*Aast* (gemeiner, hinterlistiger Mensch) immer wieder vertröstet. Aber sie lässt nicht locker. Sie merkt, ohne Schmiere, ohne Bestechung läuft hier nichts. Dafür gibt sie erst Gläser mit Honig her, später den goldenen Ehering. Die unersättliche *Lerge* (böswilliger, gerissener Mensch) ist schließlich mit der Bettwäsche zufrieden. Sie hat die Przepustka für meinen Vater, ihren Ehemann, in der Hand. Wie sie das geschafft hat, ohne dass er selbst vorstellig werden musste, weiß ich nicht. Danach fragen kann ich sie heute nicht mehr, denn sie lebt nicht mehr. Dieselbe Prozedur noch zweimal, einmal für ihren Sohn, diesen *Lulatsch* (großgewachsener Mensch), und dann auch für sich selbst. Alles schön einzeln. Immer ging etwas Kostbares vom Haushalt weg. Aber das war ohnehin verlorenes, bereits aufgegebenes Gut.

Doch dann, kurz vor der Abreise, wieder dieses grollende Schweigen Gottes. Mutters jüngstes Kind, Gisela, meine um 13 Jahre jüngere Schwester, diese kostbare Fracht, musste zurückbleiben. Hier wird das Erlebte auf gespenstische Weise vielstimmig im Schmerz gespeichert. Das kleine Geschöpf von zweieinhalb Jahren hatte die Ruhr bekommen und konnte in dem Zustand nicht mit auf eine Reise ins Ungewisse. Die überraschend unerwünschte Situation schuf weitere Schwierigkeiten und Sorgen. Mit dem Mut begleitender Angst wurde das kleine blasse Gesichtchen in die Obhut der Neudorfer, polnisch orientierten Sofi Kampa gegeben. Für meine Mutter ein Fußmarsch 12 km hin, 12 km zurück. Das Kleinkind sollte zu einem späteren Zeitpunkt in den Westen geholt werden. Mit welcher Grenzenlosigkeit des Vertrauens konnten wir darauf hoffen? Ich war ein Mitbangender, aber nicht mit den Zeichen urmenschlicher Mütterlichkeit. Jenes Bild des Abschieds blieb mir, dem Bruder, eingeprägt im Nebel des Wartens, das zu einem schier unentwirrbaren Knäuel werden sollte. Wie gut, dass man nicht in die Zukunft zu blicken vermag.

Es blieb nur ein Blick zurück

Wie meine Träume nach dir schrein.
Wir sind uns mühsam fremd geworden,
jetzt will es mir die Seele morden,
dies arme, bange Einsamsein.
Kein Hoffen, das die Segel bauscht.
Nur diese weite, weiße Stille,
in die mein tatenloser Wille
in atemlosem Bangen lauscht.
Rainer Maria Rilke, Gedicht 1897

Die Strecke Oppeln-Breslau-Cottbus-Berlin wurde von sowjetischen Militärfahrzeugen genutzt. Das Feuerwasser war die Mitfahrkarte für Zivilisten. Woher Mutter das Zeug hatte, blieb ihr Geheimnis, das sie in den Tod mitnahm.
Der russische Lastwagen war mit einer nach hinten offenen Plane bedeckt. Kaum war der mit Nahrung und Kleidung vollgestopfte Kinderwagen hochgehievt, fuhr das wenig gefederte Fahrzeug schon los. Es musste am geliebten großväterlichen Schurgast, dem heutigen Skorogoszcz, vorbei. Ich hatte gehofft, meine Gefühle, Stimmungen und Gedanken ausbreiten zu können, aber es gab kaum einen Moment des Wiedererkennens, schon gar nicht den eines Entzückens. Nichts war aufzuhalten, festzuhalten. Ich war buchstäblich tiefer Beraubung ausgesetzt. Vergeblich jenes „Verweile doch, du bist so schön!“.

Husch, so schnell fuhren wir am Glück vorbei, genauso wie Vater, der badende Russen in der Glatzer Neiße und sich tummelnde auf der Wiese gesehen haben will, da, wo die sagenumwobenen riesigen Birnbäume standen. Gar zu gern wäre er ausgestiegen, um zur väterlichen Behausung zu gehen. Auch die Kirche, in der sein zwölfjähriger Sohn zu Andachten die Orgel spielen durfte, wäre unversehrt, ansonsten viel zerstört gewesen. Die großväterlichen Bienenstöcke hätten auch nicht mehr gestanden. Darüber sollten sie sich keine Gedanken machen, denn ohnehin wäre an eine Rückkehr nicht mehr zu denken. Das schrieb er seinen Schwestern, die nach einigen Irrfahrten in einem oberbayrischen Bauernhof gelandet waren.

Hatte mein Vater jene Bienenstöcke sehen können? Ihm öffneten sich offenbar innere Kanäle für seine aufgewühlte Seele. Weder hören, riechen noch schauen war möglich. Theodor Fontanes Gedicht war nur ein Traum:

Und kam die goldene Herbsteszeit
Und die Birnen leuchteten weit und breit,
Da stopfte, wenn's Mittag vom Turme scholl,
der von Ribbeck sich beide Taschen voll.

Das Gefühl der Entbehrung verdoppelte sich, auch für mich. Niemals mehr die süßen kleinen Birnen von Großvaters riesigen Birnbäumen genießen! Der Traum von einem Ort wie diesem hörte nie auf. Das Gedicht wurde zum Klagelied. Es gibt keinen Ersatz für den verlorenen Ursprung. Situationen und Erinnerungen, die mich schmerzen, verbanne ich in den letzten Winkel meines Kopfes. Ist dies das Geheimnis meines Überlebens?

Hinter Brieg wird die Straße zur Autobahn. Das ist noch heute so. Bis hierher hatte es seinerzeit Hitler mit seinem Autobahnnetz in Richtung Osten geschafft. Dann zettelte er den Krieg mit Polen an. Endlose Kolonnen von Militärfahrzeugen fuhren damals in östlicher Richtung. Das hatte ich in Schurgast oft genug beobachten können, zunächst 1939, bei der Vorbereitung auf den Polenfeldzug, dann 1941 vor dem Überfall auf die Sowjetunion. In jener Zeit war eine stabilere Brücke über die Glatzer Neiße gebaut worden, eigens für die Belastungen durch die Militärs. Sieben Jahre später wurde diese Brücke von den Sowjets intensiv in entgegengesetzter Richtung genutzt. So schnell kann vermeintlich tausendjährige Geschichte zur Episode werden.

Bei der Ausfall- wie Einfallstraße nach Breslau hielt der Militärlastwagen. Wir wurden zum Aussteigen aufgefordert. Hatte uns der Russe übers Ohr gehauen? Wir wollten doch für eine Flasche Wodka bis nach Görlitz, der zukünftigen deutschen Grenze. Gottlob, meine Mutter hatte in der Tiefe des Kinderwagens eine Flasche in Reserve versteckt. Das minderte ihre Enttäuschung. Der Abend nahte. So zogen wir mit dem bepackten Kinderwagen in Richtung Breslau in der Hoffnung, irgendwie ein Nachtquartier zu finden. Schon dunkelte es. Das Licht lief mit sich selbst und mit uns um die Wette. Und wieder die Einsteinsche Relativitätstheorie, die Lucius Annaeus Seneca auf seine Art definiert: Nämlich, dass die Menschen sich beklagen, die uns gewährte Zeitspanne würde ungestüm entfliehen. Wir hätten aber nicht wenig Zeit, wir hätten nur viel davon vergeudet.
Nun, es kommt auf den Standpunkt an. Und unser Standpunkt war Dunkelheit. Sie umgab uns mehr und mehr, und

nichts als Trümmer, Trümmer, Trümmer. Dazwischen lichtlose Laternenpfähle. Die Dunkelheit schien sich auf die Kehle zu legen, den Atem abzuwürgen. Das hatten wir nicht erwartet. Genauso wenig wie vor einem halben Jahr in Dresden. Wenn so Breslau und Dresden aussahen, wie würde dann unser Ziel Berlin aussehen?

„Was siehst du, Jeremia?“

Jener antwortete:
„Einen dampfenden Kessel sehe ich;
sein Rand neigt sich vom Norden her.“
Da sprach der Herr zu ihm:
„Vom Norden her ergießt sich das Unheil
über alle Bewohner des Landes.“

Und so war es. Marschall Georgij Schukow, Oberbefehlshaber der 1. Weißrussischen Front, stieß zielstrebig nach Berlin vor und überließ Marschall Iwan Konjew von der 1. Ukrainischen Front das westlich gelegene Breslau zur Einkesselung. Sein Belagerungsring schloss sich am 15. Februar 1945. Schon im Herbst 1944 hatte der „Führer“ Breslau zur Festung erklärt. Nahezu bis zum Kriegsende war nun die mittelschlesische Hauptstadt mit ihrer Jahrhunderthalle, der Universität, dem Dom und vielen Kunstschätzen belagert.

Es hätte keiner Prophetenworte bedurft, um Breslau das Dresdner Schicksal vorauszusagen angesichts des uneinsichtigen, fanatischen Stadtkommandanten General Niehoff, der noch Ende März eine kampflose Übergabe der Stadt ablehnte. Daraufhin begann am Morgen des Ostersonntags, dem 1. April 1945, die Bombardierung des Stadtzentrums durch 750 bei Oels und Ohlau stationierte schwere sowjetische Bomber. Der evangelische Pfarrer Ernst Hornig erinnert als Chronist an das Inferno: „*Wo man auch hinsah, überall raste ein unvorstellbarer Feuersturm durch die Innenstadt. Tausende und Abertausende von Feuerflocken jagte*

der Sturm durch die Fensterhöhlen, die Straßen entlang und über die Dächer hinweg. Sie fanden immer neue Nahrung in den jahrhundertealten ausgetrockneten Dachstühlen der Altbau-Viertel.“ Trotzdem gab General Niehoff nicht auf, ließ obendrein selbst Häuser in Brand stecken, um freie Schussfelder zu erhalten, verteidigte selbstzerstörerisch Breslau sinnlos bis zum 6. Mai, als die allgemeinen Kapitulationsverhandlungen der Wehrmacht auch hier bekannt wurden. Inzwischen waren 80 % dieser Kulturstadt dem Erdboden gleichgemacht worden. So erging es der irrsinnigerweise zur Festung erklärten Universitätsstadt Breslau nicht viel anders als der Kulturstadt Dresden. Nur hier wäre das Inferno durch eine angebotene Übergabe vermeidbar gewesen.
Mit Jeremia ließe sich also sagen:

Der Tod ist durch unsere Fenster gestiegen,
eingedrungen in unsere Paläste.
Er rafft das Kind von der Straße weg,
von den Plätzen die jungen Männer.
Erhebt über die Berge hin Weinen und Klagen.

Uns aber blieb keine Zeit zum Klagen. Wir waren psychisch Gekreuzigte, schon fast auch physisch Gekreuzigte. Wir fielen um vor Müdigkeit. Da fand sich eine Kellerbehausung. Es war, wenn ich mich richtig erinnere, eine karitative Einrichtung, die uns für die Nacht aufnahm. Soll ich dem Schicksal darum ein Loblied singen? Und wie mag das Gesicht meiner Mutter ausgesehen haben? Sicher so, dass es hätte aussprechen können: Lass mir meine Illusionen und für diese Nacht wenigstens die Ruhe! Morgen werden wir weitersehen, was mit Wodka zu erreichen ist.

Mir aber stellt sich heut mit Rückblick auf die Trümmerfelder und seiner Überlebenden die Frage nach den zentralen Gottesattributen: Allmacht, Güte und Verstehbarkeit. Wer will da nicht reden vom Verlust jener Attribute? Denn ein allmächtiger Gott hätte seinem Sohn das Kreuz nicht zumuten sollen. Ein barmherziger Gott hätte ihm diese Qual nicht zumuten dürfen. Somit bleibt dem Gekreuzigten im Verlust dieser Attribute, mit *Gertrud von le Fort* gesprochen, nur die „Wüste der nackten Gottheit", also Gott in seiner unausdenklichen Göttlichkeit.

Damals wussten wir nicht, dass das, was der Überlieferung nach der alttestamentliche Gott zu Jeremia sprach, eventuell auch für uns hätte gelten können:

Verwehre deiner Stimme die Klage
und deinen Augen die Tränen.
Denn es gibt einen Lohn für deine Mühe.

Ich erwachte jedenfalls nicht in meinem weichen, verlorenen Oppelner Bett, spürte auch sonst wenig Zuversicht und sah für unsere Mühen auch keinen Lohn, noch nicht. Und wieder mussten wir auf die Landstraße, wenigstens nicht auf die Gleise, diese Parallelen, die sich immer in der Unendlichen treffen, andererseits aber ein klares Ziel, trotz der unendlichen Perspektive, vorgeben. Das hatte ich ja zur Genüge im Frühjahr erfahren. Nun also die rund 5 Kilometer zur Autobahn zu Fuß zurücklegen, das Trümmerfeld Breslau hinter sich lassen.

Was wir damals nicht wussten: Gleich nach der Kapitulation setzte sich von Krakau aus das Vorauskommando der zukünftigen polnischen Stadtverwaltung von Breslau in Bewegung. Als der neue polnische Oberbürgermeister Boleslaw Drobner am 10. Mai 1945 in Breslau eintraf, fand er das vor, was wir hinter uns ließen, die Ruinen der Baudenkmäler und Kunstschätze, der Bibliotheken und Archivalien der einst prächtigen Oderstadt.

An all dies hatten wir damals nicht gedacht. Wir hofften nur auf eine erfolgreiche Anwendung des Wodkatricks. Wie lange wir auf ein russisches Gefährt warten mussten, weiß ich nicht mehr. Jedenfalls wurden wir irgendwann, dank der Wodkaflasche, mitgenommen und landeten tatsächlich an einem durch die Görlitzer Neiße vorgegebenen Grenzübergang, entweder bei Görlitz oder bei Forst-Cottbus. Ich vermute Forst, da die Autobahn auf dieser Strecke liegt. Von Cottbus führt eine direkte Eisenbahnlinie nach Berlin. Einerlei, ob in Görlitz oder Cottbus, in einen mit Menschen und Gepäck überfüllten Eisenbahnwagen quetschten auch wir uns hinein. Wie Trauben hingen die Menschen an Türen, Fenstern, saßen und kauerten auf Waggondächern und sogar auf den Puffern. Ich konnte auf die Schienen hinabschauen. Immer wieder diese Schienen, aber nicht wie mit der Erfahrung zuvor. Schaute man hinunter, schwindelte es einem. Viel später erinnerte ich mich an Wozzecks Satz aus Alban Bergs Oper: *Der Mensch ist ein Abgrund, es schwindelt Einem, wenn man hinunterschaut ...* Es waren keine Schienen, die sich, mathematisch gesehen, in der Unendlichen trafen. Ich sah immer nur den kleinen Ausschnitt, der unter und hinter mir lag, mit Querbalken, angeordnet wie Quint- oder Terzparallelen mit einem monotonen Klangautomatismus. Damals wusste ich noch nichts von einem Klangautomatismus eines Claude Debussy, der in die Musik neue Farbklänge einführte. Zukünftiges lag nicht nur im Nebel, es lag im Nichts. Wichtig war im Jetzt und Hier nur, dass wir uns nicht aus den Augen verloren. Der Zug fuhr an, trödelte einige Kilometer, blieb wieder stehen, die Monotonie verlor sich im ritardierenden morando. Warum immer diese verhassten Generalpausen, die von keinem Symphoniker Anton Bruckner vorgeschrieben waren? Bei ihm waren es Pausen, um Atem zu holen für neue, wichtige musikalische Aussagen. Hier aber waren es zeitliche Zerreißproben. Warum? Die Strecke war nur eingleisig. Das Gegengleis war bereits von den Sowjets abgebaut. Gegenzüge mussten also warten, bis die Strecke wieder frei wurde.

Reparationsleistung, eine von vielen Reparationsleistungen. Dazu gehörte auch der inzwischen abgeschlossene Abtransport von Nähmaschinen und Klavieren, wie ihn meine Mutter in Oppeln, nun Opole, erlebt hatte. Da standen sie dann tagelang auf der Straße, waren jeder Witterung ausgesetzt. Und wer würde jemals die Nähmaschinen benutzen oder gar die Klaviere spielen? Das alles wird sicher irgendwo im Niemandsland als Schrott gelandet sein.

Wir aber wussten nicht, ob wir in einem Ruinenfeld stranden, also in einem zweiten Dresden landen würden, dem geradezu utopischen Zielort Berlin, dieser letzten sinnlosen

Kampfstätte der Nazis. Und da sollte noch ein Onkel leben, der auch unseren Vater aufgenommen hatte? Ob meine Mutter ihren Ehemann und Vater ihrer drei Kinder dort, an jenem Ort, antreffen würde? Oder gab es als Alternative etwa nur die Anonymität Heimatloser?

All diese Worte und Fragen waren wie Wellenbewegungen, orkanartig angeschwollen zu Tsunamis. Es wühlte in mir, im Inneren, diesseits und jenseits aller Worte, im Raum zwischen und hinter den Worten.

Demamah

An allen Dingen fühlt sich neu die Frühe.
Der schöne Wind geht eitel durch den Hain.
Oh sieh das Blühen: innen ist die Mühe;
kaum tritt es aus, ist es ein Seligsein.
Rainer Maria Rilke

Während ich diese eigene Vergangenheit wieder zur Gegenwart werden lasse, um sie zu notieren, im Oktober 2005, da das Manuskript auf eine Fortsetzung wartet, erlebe ich, wie zur Beruhigung, nur säuselnde Wellenbewegungen, ein in der Sonne glitzerndes, fast glattes Meer, das tief zu atmen, sehr langsam zu atmen scheint, als würde der Geist Gottes über den Wassern schweben.

Zu dieser Situation fällt mir aus dem alttestamentlichen Buch der Könige eine biblische Geschichte ein, die der Prophet Elias erlebt haben soll:

Ein starker, heftiger Sturm, der die Berge zerriss und die Felsen zerbrach, ging dem Herrn voraus. Doch der Herr war nicht im Sturm. Nach dem Sturm kam ein Erdbeben. Doch der Herr war nicht im Erdbeben. Nach dem Beben kam ein Feuer. Doch der Herr war nicht im Feuer. Nach dem Feuer kam ein sanftes, leises Säuseln. Als Elias es hörte, hüllte er sein Gesicht in den Mantel und trat hinaus. Da vernahm er eine Stimme, die ihm zurief: Was willst du hier, Elias?

Das göttliche Wesen, dem Elias hier begegnete, nannte man „*Demamah*" im Hebräischen, auch Wind, Hauch, Atem,

Geist, Heiliger Geist. Manchmal muss man in anderen Sprachen nach dem Ursinn forschen oder nur den Lauten nachgehen. Im Hebräischen hat sich offenbar der erfühlte, erlebte Sinn des Wortes erhalten. Alte hebräische Worte sind sehr lautmalerisch, ihr Klang spricht auch heute noch vernehmlich zu uns. Gehen wir der Stimmung des *Demamah* nach, so erkennen wir zweimal das wellende, summende „m“, das sich in das zweimalige weite „a“ öffnet: Da lässt sich das Bild eines säuselnden Windes nachempfinden.

Oft genug habe ich die Lautmalerei in meinen Kompositionen eingesetzt, so im „*Hohen Lied*“ mit dem dreifachen „a“ im hebräischen Wort „*Ahaba*“, das Caritas, Nächstenliebe meint. Dass in diesen Sinnkreis auch „*Demamah als ein Gott der Liebe und Vergebung*“ gehört, wusste ich da noch nicht.

Nicht durch Zufall, sondern durch die Wellen des Lebens an diese Küste gespült, bin ich ein gewolltes Strandgut auf einem Liegestuhl, eingebettet in diese Gedanken und Gefühle. Den Wind, von dem hier die Rede ist, kann ich nicht einfangen, wohl aber genießen. Er gibt eine angenehme Kühlung vom Meer her. Obendrein erstrahlt das Gesicht des blauen Meeres in hellem Lächeln. Es wirkt wie eine Bändigung des urflutlichen Chaos. Selten nur stößt eine weiße Gischt an eine Felswand. Ansonsten ruht das Meer sichtbar über seiner gesamten libyschen Breite. Es ist mit den Dimensionen der Zeit und der Stille verbunden, einer Tiefendimension der Vergangenheit, die etwas Herbstliches an sich hat und gleichzeitig in der Erinnerung zum Jetzt wird.

Vor 6 Jahren schrieb ich dies und werde beim Nachlesen von meinen Gedanken überholt, ja, dieser Gedanken beraubt, denn jenseits dieser libyschen Breite kämpft jetzt ein Volk um Freiheit. Das kann ich nicht ignorieren, wünsche den Freiheitskämpfern den Herzschlag des Lebens, die Farben des Regenbogens, den Frieden, bange mit ihnen, hoffe mit ihnen, dass sich Wünsche erfüllen, Verletzungen Heilung und Schutz finden, Verschüttetes befreit wird.

Ich merke, wie ich eingebunden bin in die Verstrickungen der Zeit. Sollte ich jemals an diesen Ort zurückkehren, dann wird es kein Heilort mehr sein. Immer werden mir Klagelieder ins Ohr flüstern. Ich brauche die Dimensionen der Stille. Für meine innere Stille ist die äußere Stille nicht nur hilfreich, sondern notwendig. Äußere Stille erleichtert und vertieft den inneren Weg, Verdecktes wird sichtbar, die Stille schenkt diese Chance. Ich begegne mir in meiner Vergangenheit.

Wie ein Schirm breitete sich damals, vor 6 Jahren, eine harzig-würzig duftende Kiefer Schatten spendend über mir aus, gab dem Körper zusätzlich eine angenehme Kühle. Ich hatte das Glück, an der Südostküste Kretas, bei Ferma, am felshohen Strand zu liegen, mit schnurrenden Katzen um mich, die mich in eine Begrenzung zwangen. Ein Ort des Friedens für die Katzen und für mich, ein Ort des Glücks, auch für meine Frau. Ich aber musste die Erinnerung hervorholen für einen Ort der Hoffnung, für einen Ort namens *Alles oder Nichts*. Da sei an das, was Heidegger über das Wesen des Ortes sagt, erinnert:

Der Ort versammelt zu sich ins Höchste und Äußerste.
Das Versammelnde durchdringt und durchwest alles.
Der Ort, das Versammelnde, holt zu sich ein,
verwahrt das Eingeholte,
aber nicht wie eine abschließende Kapsel, sondern so,
dass er das Versammelnde durchscheint und durchleuchtet
und dadurch erst in sein Wesen entläßt.

Mein Gewicht kann ich behutsam nach vorne oder nach hinten verlagern oder von einem Bein auf das andere. Lange kann ich diese Haltung nicht beibehalten, obwohl die zarte Last fast so leicht wie Daunenfedern ist. Die Katzen schnurren weiter, als ginge es sie nichts an. Oder ist damit Dankbarkeit verbunden? Seit wann bin ich denn so rücksichtsvoll gegenüber Katzen? In den Lücken zwischen dem Katzenschnurren, der Meeresstille und der klaren Herbstluft eines ersterbenden Sommers kommt die Realität von damals zurück, aber unter Bewusstseinswandlung. Der Flug der Erinnerung verblasst nicht, entgleitet nicht, wächst bereitwillig, wird durchsichtig, ohne Kontrollverlust, wird aus der Konservierung herausgeholt. Die vergangene Zeit tickt, wird wieder lebendig, wird aus den Innereien der Uhr herausgelöst. Es stellt sich mehr als nur ein Gefühl von Erinnerungen ein. Vergangenheit läuft als Wirklichkeit an mir vorbei.

Das Bangen um ein Wiedersehen

Ich konnte mir nach den Großangriffen aus der Luft und zum Schluss auch nach dem Dauerbeschuss zu Lande nicht vorstellen, dass noch Häuser in Berlin stehen sollten, auch nicht in den Außenbezirken.

Aber wenn so viele Menschen in überladenen Zügen im Frühherbst 1945 in die einstige Hauptstadt strömten, musste es ja doch noch eine gewisse Hoffnung geben. Dass Züge sogar bis zum Bahnhof Schöneweide rollten, empfand ich schon als ein Wunder. Aber unser Ziel lag jenseits der Spree, in Oberschöneweide. Wir mussten über eine provisorische, ziemlich wacklige Holzbrücke balancieren und sahen jenseits wieder ein Wunder: Da standen tatsächlich Häuser. Jetzt musste nur noch ein drittes Wunder geschehen. Ließe sich etwas ableiten von dem Wort Oberschöneweide? *Schöne* ist ja bereits positiv einzustufem, *ober* vielleicht auch. Wie ist es nun mit der *Weide*? Der Begriff kommt ja vom althochdeutschen *wîda,* die *Biegsame*. War der Ort vielleicht so biegsam, dass er dieses Inferno mitsamt Onkel überstanden hatte? Es waren furchtbare Minuten des Bangens und Hoffens, und dann noch so viele Stiegen hinauf, bis unter das Dach im fünften Stock eines Hinterhofes der Edisonstraße. Und welcher Name würde an der Wohnungstür stehen? Hoffentlich heißt es da nicht: „Mein Name ist Hase, ich weiß von nichts." Wie fürchtete ich eine solche Antwort! Spätestens hier oben unter dem Dach wusste ich, dass Goethes Ausspruch „Namen sind Schall und Rauch" keineswegs immer stimmen kann. Im

Halbdunkeln des Flurs konnte man Namen kaum entziffern. Das jedenfalls wussten wir, ein Künstlername sollte hier nicht stehen, auch kein Sphärenname, Flurname, Ortsname, Produktname, Tier- oder Pflanzenname. Ich weiß nicht mehr um die Beschaffenheit der Klingel an der Wohnungstür, ob sie schrill oder zaghaft klang. Ganz gleich, der gesuchte und damit richtige Name stand da. Wer würde öffnen? Wer an der Tür erschien, ich weiß es nicht mehr. Es war wie das, was ich am Mittelmeer als Naturereignis erlebte: die Erscheinung eines Sonnenaufgangs über dem Meer, diese intensive Szene, dieser gleißende Ball, der alles um sich verändert, dieses unabänderliche, reine Glühen, das etwas Schicksalhaftes hat, ein blutig goldener Streifen über dem Wasser. Hier wurde der Ehemann meiner Mutter, mein Vater, samt dem aufgesuchten Onkel, dem alten Max Berger, wiedergefunden.

Hatte nicht an einem solchen Ort der Psalmist gesagt: *„Herr, ich liebe den Ort, wo deine Herrlichkeit wohnt."* Die Begegnung mit dem wiedergewonnenen, wiedergeborenen Vater war wie das Erwachen aus einem Traum, eine Art gleitendes Aufwachen, ein glückliches Staunen. Es war wie der freie Fall ins sichere Netz. Ich ergreife seine Hand, nicht irgendeine, eine Vaterhand ergreife ich an einem Abhang, einem Abgrund, der nun nicht mehr unter mir wegrutscht. Ich spüre die lebendige Wärme. Sie ist wie ein Hauch von Unumkehrbarkeit. Verschwunden sind die Katastrophen, die ich mir so sorgfältig in allen Einzelheiten all die Monate zuvor ausgemalt hatte, in vielen Stunden böser Wachträume: Mir sind keine Beine bei abenteuerlichen, überfüllten Zugfahrten abgetrennt worden, ich wurde nicht von den

Hufen eines durchgegangenen Pferdes zertreten, mich hat kein russischer Posten eingesperrt oder erschossen, keine giftige Schlange im Gestrüpp eines Waldes gebissen, ich landete in keinem russischen, tschechischen oder polnischen Arbeitslager, wurde auch von keinem Blitz bei einem plötzlichen Unwetter erschlagen, bin trotz Durst und Hunger weder verdurstet noch verhungert, auch nicht, als ich nur noch aus Haut und Knochen bestand. Ich konnte mir plötzlich Unerfüllbares vorstellen, zum Beispiel richtig satt zu werden oder in einem richtigen Bett genüsslich zu schlafen. Das Gift permanenter Angst und unfruchtbarer Lähmung war wie weggeblasen, jedenfalls zunächst. Entstand in mir eine gewisse Aufbruchstimmung? Lag der Geschmack unbestimmter Erwartung in dem Meer, in dem ich schwamm? Versuchte ich etwas zu verstehen oder versuchte ich es noch gar nicht? Wer kennt das, gänzlich umspült zu sein von einer Art undefinierbarer, intensiver Anziehung?

Bevor mich die Realität wieder richtig zurückgeholt hatte, nagte schon wieder der bohrende Hunger im Magen. Mit der ach so kleinen Ration der Weißbrotschnitten und den lächerlich wenigen Gramm Butter, verordnet von der sowjetischen Militärbehörde, war ich nicht satt zu kriegen. Ich wühlte in Mülltonnen und wundere mich heut, von dem manchmal gefundenen, seltenen Inhalt nicht krank geworden zu sein. Auf den abgeernteten Feldern sammelte ich mit vielem Bücken und Wühlen einen Sack voll Kartoffeln zusammen, Knollen, so groß wie ein Daumen. *Kartoffeln stoppeln* nannte man das damals. Die Knöllchen schleppte ich auf dem Rücken nach Oberschöneweide. Ich wurde ein Meister im Finden von Essbarem. Dass Rücken und Nacken

danach schmerzten, ist mir heut nicht mehr bewusst. Und in einer der Klassen der Oberschöneweider Oberschule begann mir alles zu entgleiten, Englisch und Latein und Mathematik. Die Berliner Jungen schienen mir um ein Vielfaches weiter, schlauer, gewitzter, überlegener. Da ging meine Aufbruchstimmung zu Bruch. Und immer nagte der Hunger, er nagte so sehr, dass kaum ein Gedanke zu fassen war, keine Vokabel im Kopf blieb.
Da war nur an Flucht zu denken. Ich musste weg vom Ort meiner Niederlagen. Immer wieder Glück im Unglück hatte ich bislang erfahren. Unter dieser Überschrift wollte ich ursprünglich meine autobiografischen Notizen festhalten. Gab es nun also keine Fortsetzung des Glücks in allem Unglück?

brachte meinen Vater zur Kripo nach Halle an der Saale. Sofort tröstete ich mich mit dem Gedanken, dass Berlin nur ein Ort mit zeitlicher Begrenzung sein und eine vielversprechende Abreise nach Halle meinem Optimismus wieder auf die Beine helfen würde. Hier würde ich den geeigneten Ort und den passenden Raum finden, wo die Welt mich endlich in meinem Rhythmus atmen ließe. Die Lösung war so einfach und einleuchtend: Ich musste einfach nur den Ort wechseln.

In der Tat holte uns mein Vater nach, zunächst in eine sehr beengte Wohung von wenigen Quadratmetern, wo ein Nazi einen Teil davon an Vater und Mutter abgeben musste. Eine Schlafstatt hatten mir Nachbarn des Hauses ermöglicht. Meine Habe war ja ohnehin in einem kleinen Rucksack erfasst und nahm keinen Platz weg. Schließlich gaben die Nazis die Wohnung ganz auf. Der Parteigenosse war ohnehin schon in den Westen geflohen, seine Frau folgte nach, hatte vorher aber sämtliche Möbel verscherbelt, obwohl sie den Eltern versprochen hatte, ihnen etwas von dem Mobilar zu verkaufen. Details der Episode aus diesem Zeitraum entnehme ich heut einem Brief meines Vaters an seine zwei Schurgaster Geschwister, zu denen er ein inniges Verhältnis hatte. Warum hatte ich aus diesen dramatisch überraschungsreichen Tagen nichts gespeichert? Distanz war dazwischengekommen, Zeit, Verschleiß, Vergessen. Waren es nur zufällig verlorene Gedächtniselemente oder eine weise ausschaltende Kraft, um nicht belastet zu sein?

Vergilbte Briefe als Dokumente jener Zeit

Eine liebe Künstler-Freundin, Ulrike ist ihr schöner Name, hatte Briefe und Dokumente aus jener Zeit wiederentdeckt und sogar in künstlerisch gestalteten Ausstellungen veröffentlicht. Das Echo war dabei vielschichtig, bejahend und zeigte große Aufgeschlossenheit. Es ermunterte mich geradezu, die mir vorliegenden wenigen Briefe, die ich schon dem Papierkorb übergeben hatte, wie ein Puzzle wieder zusammenzusetzen und weiter auszuwerten, denn das eigene Gedächtnis ist auf eigenartige Weise eingeengt. Wie gut, dass es aus jener Zeit Dokumente meines Vaters gibt, aus denen ich einen Spiegelschein unseres damaligen Lebens hervorkramen kann, ehe alles davon im Dunkeln versinkt. Dass diese Briefe überhaupt noch existierten, war den Tanten, Schwestern meines Vaters, zu verdanken. Für die beiden Frauen waren es aufhebenswerte Kostbarkeiten, die nun zu Zeitdokumenten wurden. Bei mir lagen sie vergessen. Jetzt war ihre Zeit zur Auswertung gekommen. Wieder zeigte sich, dass die Vergangenheit nicht tot ist. Die Tanten waren zwar gestorben, aber nicht tot. Wo immer die Gestorbenen sein mögen, verschwunden sind sie nicht. Plötzlich gibt es diesen Ansturm von Erinnerungen. Und so kann ich weiter von unserem neuen Hallenser Zuhause berichten.

Die Hallenser Wohnung in der Nauestraße wurde als eine politisch belastete eingestuft. Solche Wohnungen standen nur politisch Geschädigten zu, also Personen aus Konzentrationslagern oder KPD-Mitgliedern. Trotzdem gelang meinem Vater der Zuschlag. Nun hatten wir zwar eine Wohnung, aber sie war weitgehend leer. Durch einen Brief meines Vaters an seine Schwestern Liesel und Anni, meine Tanten, die nach der Flucht in einem idyllischen oberbayerischen Bauerndorf gestrandet waren, konnte ich meinem Gedächtnis nachhelfen: „*Wir verfügen über ein Holzgestell, ein sogenanntes Luftschutzbett, und einen kleinen Tisch. Da sieht es recht trostlos aus in unserer Dreizimmerwohnung. Aber wir werden uns nicht unterkriegen lassen. Anni weinte gestern, als sie gar nichts mehr in der Wohnung hatte und die Kleidung in der Stube auf der Erde lag und die paar Teller in der Küche auf dem Fußboden standen. Aber ich kam mit einem großen Strauß Tulpen nach Hause und gratulierte ihr zur neuen Wohnung ... Nun, der liebe Gott hat bis hierher geholfen und wird uns auch weiterhin helfen. Und siehe da, soeben erfahre ich, dass durch die russische Militäradministration eine ganze Wohnungseinrichtung der Kriminalpolizei zur Verfügung gestellt wurde. Ich werde mich sofort bemühen, wenigstens das Schlafzimmer und die Küche zu bekommen. Denn das ‚Auf-der-Erde-liegen‘ halte ich nicht lange aus.*“

könnte ich sprechen, wenn ich eine handliche Formel zur Charakterisierung jener Tage finden soll. Von diesem Anfang haben sich bei mir ganz andere Details eingegraben. So werde ich nie vergessen, dass ich in jenen Tagen, als es um das Aufstocken von Wohnungseinrichtungen ging, meinem Vater die Bitte versagte mitzuhelfen. Da waren mir die schulischen Hausaufgaben wichtiger. Ich kann mir bis heut nicht verzeihen, dass ich hier der Familie nicht helfend zur Seite stand. Vielleicht habe ich das auf andere Art wieder gutgemacht, als mich mein Vater zu einer Frau mitnahm, die einen Konzertflügel besaß. Da spielte ich das virtuose Impromptu in As-Dur von Schubert auf einem Instrument, das mich buchstäblich beflügelte. Die Frau hielt ihr Telefon an die Saiten des Instruments, damit ihr berufstätiger Gatte das Ereignis mitbekommen sollte. Wozu das ganze Schauspiel gut war, wusste ich nicht. Mein Vater, durchaus kein Kunstwichtigtuer, sprach auch etwas von Konjunktur, meinte nur, das wären sehr einflussreiche Leute. Meine Reflexe als ein nicht gerade glänzender Lateiner gingen dahin, von „coniungere" „verbinden" abzuleiten. So konnte ich mir vorstellen, dass da etwas Günstiges herausspringen würde, konnte Glücksversprechen ableiten.

Mir war aufgetragen, über den Suchdienst des Deutschen Roten Kreuzes und in Schreiben an norddeutsche Verwandtschaft meine Schwester Hannchen und den Aufenthalt der Schurgaster Tanten ausfindig zu machen. Das überraschende Ergebnis waren Lebenszeichen. Die Freude bei den Eltern war unbeschreiblich. Mein Vater schrieb sofort an Hannchen, sein „*geliebtes Kind*", von dem er im Frühjahr 1945 auf dem tschechischen Bahnhof Rakonitz gewaltsam getrennt worden war. In seinem Brief konnte er es aber trotz seiner großen Freude und sorgenvollen Nachfragen nicht unterlassen, Ermahnungen beizufügen: „*Ich will Dich heut nicht gleich ausschimpfen, aber gib Dir recht große Mühe, immer hilfsbereit zu sein. Ich möchte Dich daran erinnern, weil ich weiß, dass Du doch immer gern einen Bock hattest.*" Ich kann mir nicht vorstellen, dass in einem ersten Wiederfindungsbrief solche Sätze hilfreich sind. Und wenn dann noch die Anmerkung kommt: „*...man sieht es Deinem Briefe an, dass Du noch recht grobe Fehler machst ...*" muss sich Hannchen schmerzlich bloßgestellt gefühlt haben. Ihre intellektuelle Leistungsfähigkeit musste angesichts der hinter ihr liegenden furchtbaren Ereignisse notgedrungen eingeschränkt gewesen sein. Denn das Ereignis der Trennung von Vater und Bruder in Tschechien musste Hannchens seelische Belastungsgrenze überschritten haben und konnte später sicher nicht adäquat verarbeitet werden, zumal in einem katholischen Kaplanshaushalt. Aber was konnte mein Vater von solchen psychischen Krisen wissen, um seinen Brief daraufhin abzustimmen, ein Mann, der als Gärtnerjunge angefangen und sich als Kohlebergarbeiter immer weiter hochgehievt hatte bis zum Kriminalobersekretär? Wenn ich heut davon schreibe, so ist das ein inzwischen angelesenes Wissen um traumatische Situationen, um komplexe posttraumatische Belastungsstörungen. Kein Wunder also, wenn Hannchen zunächst in der Schule versagte. Aber, so schrieb mein Vater versöhnlich und mutmachend dazu: „*Mutti wird Dir schon bei den Schularbeiten helfen.*"

Bei allen Aufgaben, die auf meine Mutter damals einstürmten, entwickelte sie sicher kein Superfrauensyndrom, keinen weiblichen Zwang, es allen recht zu machen. Das habe ich viel, viel später bei meiner ersten Ehefrau erlebt, eine spätere dramatische Geschichte.

Der Rat der Götter beschloss, Hannchen die Heimkehr zu ermöglichen. Die Zwischenzeit muss ihr aber vorgekommen sein wie dem Odysseus, der sieben Jahre lang von der Nymphe Kalypso auf deren Insel zurückgehalten wurde. Der weltunerfahrenen Hannchen reichten sieben Monate auf verschiedenen Stationen einer Irrfahrt durch Westdeutschland. Ihr erster Widersacher war nicht der Meeresgott Poseidon, sondern es war das bis dahin nur von Geschichten her bekannte Gesicht eines Schwarzen. Die überraschende und schreckvolle Begegnung mit einem negroiden USA-Soldaten wurde schnell gemildert durch eine Tafel Schokolade, durch Zuwendung und obendrein durch Nahrungsmittel für die Ausgehungerte.

Und was wäre aus Hannchen geworden, wenn sie die angebotene Adoption eines ranghohen US-Soldaten angenommen hätte? Sie wäre vermutlich für immer aus unserem Blickfeld geraten. Ausgerechnet aber in Konnersreuth, einem Marktflecken zwischen Fichtelgebirge und Oberpfälzer Wald, wo die stigmatisierte Therese Neumann über Jahrzehnte (angeblich) ausschließlich vom regelmäßigen Empfang der „heiligen Kommunion“ lebte, war Hannchen wieder dem Hunger ausgesetzt. Schließlich konnte sie ja nicht, wie jene, von Hostien satt werden. Hannchen hatte sich „geschnitten“, war nicht „aus dem Schneider“, als sie die Wahl hatte, bei einem Fleischer oder einer Schneiderin Unterkunft zu finden. Denn die sie da aufnahm, war nur darauf aus, ihre Lebensmittelkarte zu okupieren und entsprechend davon zu partizipieren. Und das ausgerechnet in dem Ort mit jener religiösen Anziehung! Es wurde auch nichts mit neuer Kleidung aus der Schneiderei. Steht ja schon bei Jesaja: *Eure Lippen lügen, eure Zunge flüstert Bosheit. Die Redlichkeit kam zu Fall, Gerechtigkeit blieb in der Ferne.* (Jesaja 59, 3 u. 14) Die Schneiderin sprach nicht von Liebe, und so ist meine Schwester fremd wieder ausgezogen, so wie es in Schuberts Winterreise steht:

Ich kann zu meiner Reisen
Nicht wählen mit der Zeit,
Muss selbst den Weg mir weisen
In dieser Dunkelheit.

Trotz aller Dunkelheit hatte Hannchen ein Ziel vor Augen: Es war eine auswendig gelernte Adresse, in elterlicher Vorsorge ein Zufluchtsort im Nordwesten des zusammengebrochenen Deutschland.
Du bist schließlich angestolpert, noch die Angst im Nacken, die Angst vor der Einsamkeit, hoffst auf Gewissheit, endlich einen Ort der Geborgenheit gefunden zu haben. Wird man mich erkennen? Endlich glaubst du dich an einem gewissen Ziel, an eine erste reale Unterkunft ...

Und was erfährst du dann? „Eine Hannchen Berger kenne ich nicht!“ Was für eine Negation! Was muss da für eine Welt bei einem Flüchtlingskind zusammenbrechen, sich nichts als nur Leere auftun, ein schwarzer Faltenwurf, eine Grube als Bühne dahinter, kein Lichtblick, keine Hoffnung. Ausgeliefert starrst du auf die Gegenwart, siehst keine Zukunft. Als eine dunkle Masse wälzt sie sich heran, schwappt über dir zusammen. Das Herz geschnürt von Ängsten, die Glieder wie angekettet, unsicher der Boden unter den Füßen. Du sinkst, sinkst unendlich tief, denn keiner fängt dich auf. Auf deinen Schultern Verzweiflung. Und in dieser wirklich großen Verzweiflung fällt bei der Verzweifelten das Stichwort „Schurgast“, der Ort, von dem das Gold für den Messkelch kam. Da fällt der Groschen! Ach ja, aus dieser Gegend kam das, was ein Priester für seine erste „heilige Messe“, seine sogenannte Primiz braucht! Es hat doch bestechende Eigenschaften, das Geld; so oder so. Und so oder so regiert es die Welt. Die Welt im Kleinen, die Welt im Großen reagiert immer darauf, schon seit Anbeginn.

Sollte nicht ein Priester, ganz gleich, ob Kaplan oder Pfarrer oder gar Bischof, zunächst als Pastor bonus, als *guter Hirt* den Menschen gegenübertreten? Und hier wurde entgegengeschleudert „unbekannt, eine Hannchen Berger kenne ich nicht“. Es ist schon eigenartig, dass Erinnerung nur über das Schurgaster Gold zustande kommen konnte. So also, über diese Schiene, war die Aufnahme zustande gekommen, mit einer aus der Allgemeinheit herausgehobenen Amtsperson, die durch besondere Kenntnisse, Fähigkeiten und Vollmachten die Verbindung zwischen dem transzendenten, göttlichen Bereich und der Alltagswelt der Menschen vermitteln und dadurch heilend wirken soll! Welch ein Glück, dass dem Schwesterlein das Stichwort „Schurgast“ aus friedlichen Ferienzeiten eingefallen war.

Ich wusste jedenfalls noch aus jenen Heimattagen, dass da hin und her diskutiert worden war, um ein Vermögen zusammenzukratzen. In Schurgast wurden die Pfennige dreimal umgedreht. Und jetzt ging es um viele Markstücke für einen goldenen Primizkelch des Jungpriesters. Primizsegen als einen besonderen Segen wollte man sich nicht verscherzen. Und so kratzte man und kratzte und kratzte zu Gottes Ehre und zum Glück für einen Primizianten die Butter vom harten Lebensbrot.

Nach Hannchens Auskunft hatte der Geistliche, sein eingeritzter Name Theodor Stute, später reichlich Abbitte geleistet, um die fatale Situation von damals ins Lot zu bringen. Ich bin da skeptisch, zumal ich in einem Brief meines Vaters lese: „*Theodor hat den Kindern einen Katechismus mitgeschickt.*“ Man stelle sich einmal vor, Kindern in der Hungersituation jener Tage in die sowjetisch besetzte Zone anstelle einer Tafel Schokolade einen katholischen Gebotekodex zu schicken, vergleichbar mit dem noch schlimmeren jüdischen Mitzwot. Jener teilt sich auf in 248 Gebote und 365 Verbote. Diese Mitzwot bestimmen das gesamte Leben eines frommen Juden! Gottlob, ich kann mich an die Zusendung des Büchleins mit Anweisungen an die Unterwerfung äußerlicher Normen nicht erinnern. Ich war wohl schon zu sehr mit meiner Musik auf Traumreisen. Da interessierte es mich vermutlich nicht, was ein katholischer Kaplan, ein Verwandter zumal, für Beziehungsebenen herzustellen versuchte für unser Seelenheil, wohl nach dem Motto: *Der Mensch lebt nicht allein vom Brot!* Was nehmen Menschen hin, die in katholisch herrschende gesellschaftliche Normen hineingeboren wurden und auch heut noch hinnehmen, ohne gewisse Botschaften zu hinterfragen!

Wenn der Große Katechismus des Martin Luther mit dem Titel *Deudsch Catechismus* (Wittenberg 1529) für den Unterricht der Kinder und Einfältigen gedacht ist, so spricht diese Aussage für sich. Aber über 400 Jahre später ist der Katechismus der Katholischen Kirche von 1997 in seinen Aussagen über mittelalterliches Denken auch nicht herausgekommen: *(1035) Die Lehre der Kirche sagt, dass es eine Hölle gibt und dass sie ewig dauert. Die Seelen derer, die im Stand der Todsünde sterben, kommen sogleich nach dem Tod in die Unterwelt, wo sie die Qualen der Hölle erleiden, „das ewige Feuer". Die schlimmste Pein der Hölle besteht in der ewigen Trennung von Gott, in dem allein der Mensch das Leben und das Glück finden kann, für die er erschaffen worden ist und nach denen er sich sehnt.*
Wie gut, dass wir da einen Eugen Drewermann kennen, der den Mut hat, dergleichen zurechtzurücken. Kein Wunder, dass er wegen seiner Einsichten und grundlegenden Kirchenkritik in Auseinandersetzung mit der katholischen Amtskirche geriet und bravourös seine Konsequenzen zog. Den Mut müsste man auch haben!

Von einem „Mäuschen“

Bei Stefan Zweig lese ich: *Nur was ich selbst bewahren will, hat ein Anrecht, für andere bewahrt zu werden.* Das sehe ich anders. Gerade das, was ich selbst bewahren will, ist für mich von besonderem Wert, hat einen Wert, den andere gar nicht einzuschätzen vermögen. Und dies muss für mich persönlich festgehalten werden, nicht für irgendjemanden als Dokumentation. Aus üppiger Fülle heraus kann ich emotionale Elemente schütteln, herzzerreißende Dinge. Es sind menschliche Ereignisse völlig anderer Art, die parallel liefen, die ich nicht außer Acht lassen darf. Es schnürt mir den Hals, wenn ich heut das Foto meiner damals vier- bis fünfjährigen Schwester Gisela betrachte, die ich *„Mäuschen“* nannte, und die mich später immer als ihr *„Bruderherz“* bezeichnete. Heut noch erinnere ich mich an die Hilflosigkeit dieses teuren kleinen Mädchens, das so viel unsägliches Leid erfahren hatte.

Meine im Herbst 1945 zurückgelassene kleine Schwester Gisela war unter dramatischen Umständen aus dem polnisch okupierten Oberschlesien herausgeholt worden. Für das Unternehmen fanden sich zwei junge Frauen. Aber an der neuen polnischen Grenze in Görlitz, nun Zgorzelec, gab es ohne Papiere für das Kleinkind kein Durchkommen. Verzweifelt suchten die jungen Frauen nach einem Ausweg. Ein aus der Gefangenschaft entlassener Landser sollte einen erneuten Versuch der Grenzüberquerung mit dem Kind machen. Wie ihm das gelang, haben wir nie erfahren. Er wollte das Kleinkind Gisela persönlich bei uns in Halle abliefern, musste zuvor aber in Quarantäne. Doch die seuchenhygienische Maßnahme beim Landser dauerte Wochen und der Zustand des Kleinkindes Gisela, zwischenzeitlich in einem Heim untergebracht, verschlechterte sich von Tag zu Tag. So musste er auf die Freude der Übergabe verzichten und die Eltern endlich benachrichtigen. Mein Vater machte sich sofort auf die Zugreise und fand ein halb erfrorenes, nur dürftig bekleidetes Wesen vor. Das war einerseits keine und andererseits doch eine Sternstunde. Es muss eine Seifenblase von Glück gewesen sein, die zunächst er und später meine Mutter in Empfang nahm. Standen wir nun auf der Sonnenseite des Lebens? Es wurde um Giselas Leben, um Lunge und Nieren, speziell aber um ihre erfrorenen Beine gekämpft. Ärzte meinten, die müssten amputiert werden. Vater und Mutter, aber auch ich, waren mehrere Tage wie gelähmt. Der Rat der Ärzte wurde nicht befolgt, stattdessen begann eine intensive, langwierige und schließlich erfolgreiche Pflege, die meine Mutter für sich verbuchen konnte. Sie muss eine perfekte Perle von häuslicher Krankenschwester gewesen sein. Die Attribute, mit denen Gisela in Vaters Briefen an die Verwandtschaft bedacht wurde, sind ein beredtes Zeugnis für seine große Sorge und Liebe um das jüngste Kind. Bei der Nachfrage um gute, gesundheitsfördernde Hausmittel ging es immer um *„unser kleines Mäusele, um unser armes Kindchen und den kleinen Liebling“*. Und noch bevor wir das Wunder eines Schlafzimmers mit Betten für alle erlebten, stand in einem Brief: *„Gott sei Dank haben wir vor einigen Wochen schon ein Kinderbettchen gekauft, sodass Gisela ihr Bett hat. Sie möchte lieber auf dem Fußboden schlafen und der Papa soll sich ins Bett legen ...“*

zum ersten Mal fern der Heimat, kann ich nicht in eigener Rückschau schildern. Ich konnte es aus Vaters Briefen an seine Schwestern rekonstruieren: Meiner Mutter war es gelungen, „*auf den Gabentisch Strickwesten, Oberhemden, etwas Unterwäsche, Strümpfe und sonstige Kleidungsstücke zu legen. Von anderen Mietern des Hauses hatte Anni eingekochtes Kompott erhalten. Überhaupt war das Christkind sehr reichlich. Hannchen bekam sogar eine Puppe ... Wir haben so freundliche und gute Leute in den Mitbewohnern unseres Hauses ... Anni ist alle Tage von früh bis spät durch die Geschäfte gejagt und musste ständig auf Draht sein, diese Sachen zu bekommen. Ich habe sogar auch einen neuen Wintermantel. So werden wir nach und nach einen neuen Hausstand gegründet haben ... Auch bei meiner Dienststelle erhielt ich eine schöne Weihnachtsüberraschung: Ich wurde zum Kriminal-Obersekretär ernannt ... Weihnachten war für uns in der Heimat immer eine Zeit lieber, schöner Begegnungen innerhalb der Verwandtschaft. Und auch das müssen wir jetzt noch zusätzlich entbehren ...*“

In einem solchen umfassenden, auch menschlichen Verlust wird wahrscheinlich jeder kleinste Trost dankbar aufgenommen, auch theologischer Schwachsinn. Da lese ich verwundert in eben diesem Weihnachtsbrief meines Vaters an seine Schwestern: „*Wir hatten heute früh um 6 Uhr Christmesse. Es war sehr feierlich, und wir hörten eine herrliche Predigt. Wir Flüchtlinge wurden als Ehrengäste an der Krippe des Jesukindes bezeichnet.*“ So etwas also nahmen Gläubige als Weihnachtsbotschaft mit nach Hause und verbuchten es auf der Habenseite. War das für suchende Menschen Seelennahrung oder Seelenfraß? Mit Goethes Faust im Sinn, würde ich heute sagen: „Die Botschaft hör' ich wohl", allein wie klingt das hohl!

Heut gelesen, bin ich erstaunt, wie beharrlich in väterlichen Briefen alles durchdrungen ist von der bindenden Kraft der Religion, trotz der menschenunwürdigen Erlebnisse, trotz der Finsternisse: *„Möge Euch der liebe Gott Gesundheit schenken. Darum wollen wir ihn bitten. Denkt auch recht oft in Euren Gebeten an uns ..."* Es gibt da kein Hinterfragen. Es gilt hier, was heut Papst Benedikt XVI. verteidigen muss, nämlich die katholische Hierachie der Wahrheit, die einer Skatlogik folgt: Glaube sticht Verstand. Christlicher Glaube sticht alle anderen Glaubensarten. Römisch-katholischer Glaube ist der Kreuzbube, der alle anderen christlichen Skatbrüder des Glaubens sticht. Und der Papst ist der allerhöchste Trumpf im Wahrheitsskatblatt der katholischen Rechtgläubigkeit. Mein Weg zu neuen, anderen Denkweisen, das muss ich bekennen, war in diesem Umfeld langwierig, steinig, durchaus nicht gradlinig. Aber davon viel, viel später.

Der Oberschüler

Was ich von mir selbst hätte wissen müssen, dass ich bereits im Mai 1946 die Orgel in Gottesdiensten der Hallenser Franziskanerkirche gespielt hatte, entnahm ich einem Brief meines Vaters, der dies stolz feststellte. Für mich selbst war wichtiger und darum unvergesslich, dass einige Zeit später mein sonntägliches Orgelspiel auf Dörfern mit einem Sonntagsbraten gesegnet war. Für die zahlreichen katholischen Flüchtlinge spielte ich in den Gottesdiensten die beliebte Schubertmesse:

Wem künd' ich mein Entzücken,
Wenn freudig pocht mein Herz?
Zu dir, zu dir, o Vater,
Komm ich in Freud' und Leiden
Du heilest jeden Schmerz.

Was nicht den Briefen zu entnehmen war, dafür aber in eigener Erinnerung stand, waren meine abenteuerlich gefährlichen Straßenbahnfahrten zum Gymnasium mit der Bahn der Linie 3 stadteinwärts, eigentlich fuhr ich nicht, ich hing in einer Menschentraube daran, wie meist in diesen überfüllten Vehikeln. Hier sah ich nicht, wie bei vorhergegangenen Nachkriegsreisen, die Schienen unter mir, nicht hinter mir, nicht vor mir. Hier hatte ich mich nur eisern festzuklammern, um ein Ziel zu erreichen: die Friedrich-Engels-Schule, das heutige Johann-Gottfried-Herder-Gymnasium, eine Schule, die auch der frühere Außenminister Hans Dietrich Genscher besucht hatte. Die Schule war einst fast so berühmt wie die Frankeschen Stiftungen. Die meist sympathischen Lehrkräfte meiner neuen Schule waren überwiegend Pensionäre, Heimatvertriebene, Flüchtlinge, teils eigenartige Kauze. In jahrelangem Lehrer- und Lehrerinnendasein hatten sie sich einen bestimmten didaktischen Ton erworben, der es gewohnt war, vernommen zu werden. Aber mancher Lehrkraft schien es inzwischen gleichgültig, ob man ihr zuhörte. Studienrat Brunner, von uns Bömmel genannt, dozierte seine mathematischen Lehrsätze auch in einer unruhigen Klasse. Er, der als Cellist das Schulorchester zuverlässig unterstützte, überzeugte nicht nur in meisterhafter Knappheit, sondern in frappierender Einfachheit mit seinen Beweisen von Lehrsätzen, die er an der Tafel ausbreitete. Er verstand es sogar, uns das Verhältnis von Raum und Zeit in der Relativitätstheorie nahezubringen. Wenn dann ein Raunen der Erkenntnis durch den Klassenraum ging, schrieb er mit verschmitztem Lächeln über die gesamte Breite der Tafel sein *sososososososososososo!*. Er imponierte mir am meisten. Mathematik wurde zu einem meiner Lieblingsfächer. Für Frau Dr. Brinkmann = Brie, der Geschichtslehrerin, waren das kommunistische Manifest, die Schriften von Friedrich Engels und Karl Marx kommentarlos abgewickelte Pflichtlektüren. Dieser und anderen Lehrerinnen und Lehrern stand nicht die Gesellschaftstheorie von Engels im Sinn, gewiss aber Johann Gottfried Herders *Briefe zur Beförderung der Humanität: Verstand und Güte sind die beiden Pole, um deren Achse sich die Kugel der Humanität bewegt ... Entsetzlich ist's, die Menschheit nur als eine Linie zu betrachten, die man nach Gefallen zu seinem Zweck krümmen, schneiden, verlängern und verkürzen darf, damit ein Plan erreicht, damit die Aufgabe nur gelöset wer-*

de. Diese geistige Einstellung kann es nur gewesen sein, dass ich trotz meiner Abiturnote Mangelhaft in Geschichte das Abitur bestand.

Mit fotografischer Schärfe bewahrt mein Gedächtnis noch das Bild des Katheders und des Notizbüchleins, das der Lateinlehrer, ein schlanker oberschlesischer Flüchtling mit melancholischem, wässrig blauem Blick hinter dicker Brille und mit spitzer Nase, vor sich hertrug. Diese Witzfigur erinnerte an Wilhelm Buschs Lehrer Lämpel: *Nicht allein in Rechnungssachen / soll der Mensch sich Mühe machen,* auch Latein ist wissenswert / doch zumeist nicht sehr begehrt. Und so sinnen wir auf Rache / planen eine nasse Sache.

Eine leicht konkave Konstruktion der Sitzfläche des Kathederstuhls gestattete, Wasser darauf dauerhaft auszugießen. Der Ahnungslose setzte sich auf die getränkte Fläche. Seine Reaktion mag man als pädagogisch oder diplomatisch ansehen. Jedenfalls er ließ sich nichts anmerken, und wir liefen mit unserer ausgemachten Schurkerei ins Leere.

Mit der Zeit wird alles gut / doch uns war es nicht genug. Zwar war dies ein mieser Streich, / doch ein weit'rer folgt sogleich:

Ein findiger Kopf unserer Klasse hatte eine Konstruktion gebastelt, die es ermöglichte, den Lichtschalter vom Sitzplatz aus zu betätigen. In später novembriger Nachmittagsstunde ging also das Licht aus und täuschte, wie zu jener Zeit üblich, Stromsperre vor. Damit der Schwindel nicht aufflog, musste das Schlüsselloch zum beleuchteten Flur hin zugestopft werden. Der Unterricht konnte nicht fortgesetzt werden, und so baten wir darum, uns aus alten römischen Zeiten etwas zu erzählen. Wenige Minuten vor dem Pausenzeichen brachte unser Konstrukteur das Licht wieder in Gang. Da blieb nicht mehr viel Zeit für die Catilinarische Verschwörung von Sallust: *Quae homines arant, navigant, aedificant, virtuti omnia parent ... (alles Pflügen, Schiffen, Bauen der Menschen hängt von ihrer Tüchtigkeit ab).*

Jener Latein- und Deutschlehrer übersäte meine Aufsätze mit roter Tinte und der vernichtenden Schlussbemerkung *„unbeholfen im Ausdruck"*. Nie werde ich vergessen, dass er mir Apathie als ein nicht existierendes Wort ankreidete. Wusste er, der Lateiner nicht, dass sich Apathie aus dem griechischen Apatheia ableitet, womit Teilnahmslosigkeit, Leidenschaftslosigkeit, mangelnde Erregbarkeit und Unempfindlichkeit gemeint ist? Hätte ich damals Widerstand zeigen sollen? Aber mein Latein war nicht so, dass ich mich mit ihm hätte anlegen können. Trotz allem, mir tat er leid, sogar sehr leid, wenn er so manche Späße über sich ergehen lassen musste. Auch in der Oberstufe können Schüler bis an die Grenze des Allotrias gehen. Die Geschehnisse in Klasse 12 b ähnelten denen in Heinz Rühmanns verfilmten Schulepisoden. Es piepste hier, es piepste dort, aperiodisch, versteht sich. *„Rücken Sie sofort Ihr Piepsgerät heraus!"* Großes Schweigen ... *„Ich erwarte, dass sich der Verursacher nach der Stunde entschuldigt!"* Das tat dann jener auch, gentlemanlike. *„Nun sagen Sie mal, wie konnten Sie mit Ihrem Piepsgerät einen so schnellen Ortswechsel vornehmen?" „Ganz einfach, Frau Doktor, wir hatten zwei."* Hermann Hesses *Erinnerungen aus der Schulzeit* hätten in unserem Fall diametral umgeschrieben werden müssen, hätten demnach so lauten müssen: *Wer die Leiden kennt, dessen ein Lehrer fähig ist, zittert noch in Scham und Zorn, wenn er sich der Rohheit mancher Schüler erinnert, der Quälereien und Schamlosigkeiten Lehrern gegenüber.*

Kosename des Chemielehrers war Uschi. Das besagte alles. Er bestach durch seine Gutmütigkeit. Da konnte man dieses oder jenes einfach nicht anstellen. Und in der sowjetisch besetzten Zone, die 1949 zur DDR erklärt wurde, stand natürlich auch das Fach Russisch an. Gottlob, dafür war keine Lehrkraft da, und so blieb es sogar bis zum Abitur für uns unbesetzt. Und ein sprachliches Bildungsverlangen hatte ich nicht. Konnte ich denn damals ahnen, dass ich eines Tages durch die Welt reisen würde und dafür Englisch eine sehr nützliche Kommunikation sein würde? Ja, und dann die Musik! Schnell wurde ich zum As im gesamten Gymnasium, zumal sich keine Konkurrenz fand. Ich dirigierte das Schulorchester, manchmal vom Flügel aus mit leichten Klavierkonzerten der Mannheimer Schule. Titel und Komponisten sind mir entfallen. Es wird wohl Carl Stamitz oder Ditters von Dittersdorf dabeigewesen sein. Heut möchte ich wissen, als was für ein Potentat ich da vor dem Streichorchester der Schule stand. Ich ging wohl unbesorgt, überhaupt nicht eingeschüchtert an derlei Aufgaben. Hatte ich doch keinerlei Ahnung von den verschiedenen Stricharten auf den Streichinstrumenten, von Auf- und Abstrich, vom Détaché, vom Martelé und anderem, auch nicht von der Einteilung des Bogens. Ratschläge konnte ich also nicht erteilen. Hatte die Musiklehrerin, die mich walten ließ, etwa selbst keine Ahnung davon? Offenbar imponierte ihr, dass ich unbefangen das kleine Schulorchester zu befeuern und

Spannung aufzubauen verstand mit ausladenden, animierenden Bewegungen und präzisem Schlag, den ich allerdings vorher vor dem Spiegel übte. Damals wusste ich noch nicht, was ein Stimmungsabräumer beim Publikum ist, hatte noch keine Programm- und Repertoirevorstellungen, wusste noch nichts von Kompromissbereitschaft und Zufriedenstellung von Konservativen, von gesellschaftlichen Verbindlichkeiten und von Künstlerverantwortung, war ein unbedarfter Jüngling und ging 1949 so auch ins Abitur. Aber das ist eine spätere Geschichte.

Der Klavier- und Orgelspieler

Ein Jahr lang hatte ich Hungerleider nichts, rein gar nichts mit Musik zu tun, vermisste sie auch nicht. Zu groß war die Wucht des Überlebenmüssens. 1945 war das Jahr des totalen Aussetzens von Musik. Danach muss es explosionsartig über mich gekommen sein. Mein Vater hatte ein Klavier besorgt, wie, weiß ich nicht. Ich bekam Klavierunterricht bei einer Pianistin der alten Wiener Schule, bei Frau Bünger, einer technisch brillanten Chopin- und Liszt-Interpretin. Mir wurde ein Bleistift auf die Hand gelegt, der bei schnellen Abläufen nicht herunterfallen sollte. Impromptus von Schubert und Klaviersonaten von Joseph Haydn standen auf dem Lernprogramm, alles Vorhergehende ignorierend und schnell überspringend. Tonleitern und Septklänge in allen Tonarten kamen hinzu. Das erwies sich als durchaus sinnvoll. Und ich spielte Schubert- und Haydn-Werke sehr bald am Flügel der Aula des Gymnasiums bei Morgenfeiern und besonderen Anlässen, auch im Dunkeln, wenn wieder einmal der Strom gekappt war. Da merkte ich plötzlich, dass ich diese Werke auch ohne Notenvorlage spielen konnte.

Begierig spielte ich aus den dicken Alben der Organistin der Hallenser Dreifaltigkeitskirche alles, besonders das, was mit Fortissimo bezeichnet war. Eines Tages sagte mir der Küster, ein franziskanischer Laienbruder, der mich mochte, es wäre jemand im Kirchenschiff gewesen, der hätte interessiert zugehört und dann gesagt: *„Der Organist spielt klassische Werke, aber sehr wild.“* Da wusste ich, dass ich Orgelunterricht nehmen müsste. Die Organistin der Kirche hatte Orgelunterricht bei einem Kirchenmusikdirektor. Doch der nahm 5 Mark für seine Unterweisung. Da zerschmolzen meine Wünsche. Schließlich gab es neue Hoffnung, bei einem guten blinden Organisten Unterricht für 3 Mark, wohlgemerkt vor der Währungsreform 1949, zu erhalten. Der kontrollierte meine Fingersätze, indem er seine Hände über meine spielenden legte. Bei ihm lernte ich die verschiedenen Artikulationsmöglichkeiten anhand der sogenannten acht kleinen Präludien von J. S. Bach, die ich schnell hinter mich brachte. Dabei fielen mir am schwersten die polyphoneren Fugen, hatte ich doch zuvor von Bach nie etwas gespielt, noch je etwas gehört im katholischen Oberschlesien. Von Bach, dem Protestanten, etwas zu spielen, war da womöglich eine Sünde gewesen. Und wenn ich mich in der neuen Wahlheimat erstmalig an dessen zweistimmigen Inventionen abmühte, wusste meine Mutter festzustellen: *„Ach, mein Sohn spielt wieder diese Rauf-runter-Musik!“* Diese Bemerkung zeigt, dass ich nicht gerade in einem künstlerischen Elternhaus aufgewachsen war. Ich musste mir gebetsmühlenartig die Formel und Werteskala von der brotlosen Kunst anhören.

Trotz dieser Konfliktlage wurden meine musikalischen Bemühungen unterstützt und nicht boykottiert. Auch meine Ambitionen zur Malerei wurden gefördert. Meine Mutter hatte die Idee, mich zu Kursen in der berühmten Burg Giebichenstein anzumelden. Dort produzierte ich beachtliche Holzkohlezeichnungen. Da hatte ich für kurze Zeit die Idee, Kunst zu studieren. Irgendwann hatte unsere Mutter etwas Geld übrig, um ein Gemälde zu erstehen. Unsere Zimmerwände sollten nicht so karg aussehen. Über meinem Klavier hing fortan ein alpines Landschaftsbild, das ich bei einem

Kunstmaler mit aussuchen durfte. Auf jeden Fall war es weitaus geschmackvoller als das allseits bekannte Motiv vom *röhrenden Hirsch*, das manche Wohnung *ziert*. 80 Mark Vorwährungsgeld gab meine Mutter dafür aus. Die Alpenlandschaft hat mich lange erfreut.

Im Musikalienhandel der Ulrichstraße, dem damals einzigen kompetenten Notengeschäft von Halle, fand ich eine Orgelsammlung von drei Stücken des Reger- und Straubeschülers Karl Hoyer. Das erste Stück erregte meine besondere Aufmerksamkeit. Nach über 60 Jahren habe ich es noch immer nicht vergessen. Es gibt Dinge, die sich schonungslos ins Gedächtnis eingraben. Es ging um ein Orgelstück mit einer lang anhaltenden großen Sekunde. Dieses Intervall machte mich derart unruhig und ratlos, dass ich diesbezüglich Auskunft bei einem schlesischen Franziskanerpater einzuholen versuchte, weil er Musik und insbesondere Harmonielehre studiert hatte, wie man mir versicherte. Aber dessen Studien erreichten offenbar auch nicht die Welt eines Claude Debussy, der ja schon um 1914 in seinen *Douze Etudes* die funktionale Harmonik fallen ließ, sich in dem Werk mit den Möglichkeiten der verschiedenen Intervalle und ihrer Eigenbedeutsamkeit auseinandergesetzt und vor allem auch den Konsonanzbegriff erweitert hatte. Diesbezüglich befriedigende Auskünfte erhielt ich noch lange nicht. Aber die Dissonanz ließ mich nicht mehr los. Ich suchte nach ähnlichen Stücken. In der damals spärlichen Auswahl zeitgenössischer Musik, die Nazis hatten ja alles „Entartete“ verbannt, fand ich in der Musikalienhandlung Klavierstücke von sinnenfroher Farbigkeit bei Erich Wolfgang Korngold, der vor allem durch Filmmusik bekannt wurde.

Mich überraschten außerdem Dreiklangsparallelen in einer leicht spielbaren Klaviersonatine von Boris Blacher, dem Direktor der Westberliner Musikhochschule. Als ich dann Heinz Wunderlich mit eigenen Orgelwerken hörte, ging ich in einer für mich neuen Welt auf. Erst glaubte ich, dies wäre Musik aus China, so fremd und exotisch schien sie mir. Diese Ineinanderschachtelungen von Tönen und Tonfolgen, diese sich auftürmenden Klangformationen, diese hellen Mixturenklänge ließen mir keine Ruhe mehr, zumal ich in Oppeln die Orgel nur als dicken Klangbrei wahrgenommen hatte. Solche Erlebnisse, von denen ich noch nicht wusste, dass es sich um polyphone Kompositionstechniken handelte, die ich übereinander, nebeneinander in wilder Staffelung erfuhr, machten die Oberschule für mich bald zur Nebensache, zu einem ungeliebten Muss. Zu diesem Klangzauberer und Orgelmeister Heinz Wunderlich, der für mich wahrhaft wunderlich war, musste ich irgendwie vordringen. Da kannte ich plötzlich keine Schüchternheit und Zurückhaltung mehr. Und Heinz Wunderlich, dem ich Impromptus von Schubert vorspielte, hörte mich an und versprach, mich zur gegebenen Zeit in seine Orgel-Klasse aufzunehmen.

Solche Situationen waren für mich keine Alltagserlebnisse. Hier zeichne ich für mich wichtige Fragmente biografischen Erlebens auf. Es sind niedergeschriebene Bekenntnisse, mehr als nur gradlinige Mitteilungen. Es wird hier schreibend das Ich entblößt und preisgegeben, darunter zierliche Nötigungen der Wirklichkeit in Jahren von extremer Dürre ...

Von Joseph und anderen Existenzen

Weihnachten nahte wieder einmal. War es das Jahr 1945 oder 1946? Und die Franziskaner der Dreifaltigkeitskirche in Halle/Saale meinten, ich wäre als Joseph für ein Krippenspiel geeignet. Was ich da wirklich spielen sollte, hatte ich damals nicht hinterfragt. Dass ein Heiliger Geist ein irdisches Weib geschwängert und Gott die Gestalt des eigenen Sohnes angenommen habe, war eine glaubensmäßige Annahme und ein Sachverhalt, dass in der Welt eine Vernunft wirke, die über die eigene unbegreiflich hinausgehe, dass unser Wissen nur ein kleiner Funke des göttlichen Wissens sei. Also spielte ich meine Rolle, schlank, gar hager, mit einem Unschuldsgesicht, wie allseits behauptet wurde, und sang in Tenorlage in einem Duett mit einer für das Krippenspiel ausgesuchten Maria. An meine Anvertraute kann ich mich nach über 60 Jahren nicht mehr erinnern. Fast unbemerkt frisst das Vergessen alles auf. Irgendwo verbirgt sich die volle Erklärung, die beweisen würde, dass Maria attraktiv ausgesehen und eine straffere Brust gehabt haben soll als die Venus von Milo. Ob die Einschätzung von einem Ästhetikprofessor stammte, weiß ich nicht. Jedenfalls wurde ich jahrelang danach als ein standhafter Joseph gehandelt und gehänselt, ganz zu Unrecht, meine ich jedenfalls. Es mag ja sein, dass ich vorerst in einer gewissen autistischen Naivität vor allem meiner Musik lebte und so dieses Urteil kursieren konnte. Der Wohlgeruch des ewig Weiblichen machte mich noch nicht völlig verrückt. Die Durchblutung des Kopfes und der Finger war wichtiger als die der Weichteile. Und natürlich hatte ich noch jahrzehntelang an die jungfräuliche Empfängnis und Jungfrauengeburt geglaubt, bis ich eine fast identische Geschichte von der Geburt Krishnas las. Auch dort gibt es einen Bösen, der dem Neugeborenen nachstellt, und selbst die Hirten auf dem Feld fehlen nicht. So stellen die Dogmen vom göttlichen Sein des Jesus von Nazareth, von der unbefleckten Empfängnis Mariens und später die leibhaftige Auferstehung Jesu und erst recht die leibliche Aufnahme Mariens in den Himmel den zweifelnden Verstand auf eine harte Probe. Hier ist in der Tat das blinde Vertrauen des Glaubens gefordert. An die Göttlichkeit Jesu könnte ich inzwischen, selbst wenn ich wollte, nur dann glauben, wenn ich meinem Selbstbewusstsein Zwang antäte. Je mehr die Christologie dem Geist des heutigen Menschen Brücken baut, je personalistischer sie also ist, je näher sie dem Gläubigen Jesus als Bruder, als Menschen und nicht als unseren König hinstellt, umso überzeugender und verehrungswürdiger ist ihre Ethik.

Jesus und Maria im Koran

Ich hoffe, für den Leser ist nicht uninteressant zu erfahren, dass Jesus sogar in 15 Suren des Korans erwähnt wird und sich etwa 108 Verse auf ihn beziehen. *Îsâ* ist der arabische Name für Jesus im Koran. Elfmal wird Jesus als *der Messias (al-masîh)* bezeichnet. Man muss sich freilich grundsätzlich klar darüber sein: Wenn zwei die gleichen Begriffe gebrauchen, müssen sie noch lange nicht dasselbe meinen. Der Koran hat das heilsgeschichtliche Problem der Messianität Jesu in dem Sinne, wie es kontrovers zwischen Juden und Christen diskutiert wurde und wird, nirgendwo vor Augen. An seinen eigenen theologischen Voraussetzungen gemessen, impliziert diese Bezeichnung für Jesus im Koran keinerlei wie auch immer verstandene göttliche Würde. Das gilt auch für andere Titel Jesu in der christlichen Tradition, die im Kontext des Korans jedoch anders und neu verstanden werden. Bei derlei Bezeichnungen Jesu darf keine irgendwie christlich-dogmatische Deutung etwa im Sinne der Präexistenz- oder Zweinaturenlehre unterstellt beziehungsweise in den Korantext hineingelesen werden, wie das christliche Theologen schon seit den Tagen eines Johannes von Damaskus immer wieder getan haben. Nicht nur der Koran, auch die heutige Leben-Jesu-Forschung lehrt, dass Jesus ein Mensch war, ein Heilslehrer und Wanderprediger. In islamischer Auslegung ist Jesus der Salbende, der von jeglicher Sünde Gereinigte, der Gesegnete.

Zweimal berichtet der Koran von der Ankündigung der Geburt Jesu und seiner Empfängnis bei Maria: in Sure 19:16-22 und in Sure 3:42-47. Aus der besonderen Rolle Gabriels, den der Koran hier *Geist* nennt, und der Art, in der Maria Jesus empfängt, resultiert ein zweiter Titel Jesu: *Geist von Gott* (*rûh min Allâh*, Sure 4:171). Diese Ehrenbezeichnung kommt Jesus zu, weil Maria ihn durch Einhauchen des Geistes jungfräulich empfangen hat (vgl. Sure 21:91; 66:12). Jesus verdankt sein Dasein einem göttlichen Schöpfungsakt, ganz so, wie Gott auch Adam bei dessen Erschaffung seinen Geist eingehaucht hat. Die Benennung als *Geist* bringt mithin nicht nur die *jungfräuliche* Empfängnis Jesu in Maria, sondern die reine Geschöpflichkeit des Menschen Jesus zum Ausdruck. Exakt derselben theologischen Intention dient die dritte Titulierung Jesu als ein *Wort von Gott* (*kalimah min Allâh*, Sure 3:39,45; 4:171). Auch hier geht es nicht um eine gottgleiche Präexistenz Jesu als des ewigen Logos, sondern allein um Gottes Schöpfertum, das für Jesus wie auch für die Schöpfung insgesamt gilt. Sure 3:59 benennt den Vergleich zwischen Jesus und Adam ausdrücklich: *Jesus ist vor Gott gleich wie Adam. Den erschuf er aus Erde. Hierauf sagte er zu ihm nur: sei!, da war er.* Der Koran hat christlich vorgeprägten Begriffen in der Regel einen theozentrischen Sinn gegeben. Alle Jesustitel preisen im Grunde die schöpferische Allmacht Gottes und zielen nicht auf Spekulationen über das Wesen Jesu ab.

Sure 19:23-34 schildert die Geburt Jesu und ihre Umstände. Dabei fällt auf, dass Jesus, nicht wie in der christlichen Tradition, in einem Stall geboren wird, sondern in der Wüste. Maria, die offensichtlich bei der Geburt, im Unterschied zur christlichen Überlieferung, ganz allein ist, wird lediglich von einer Palme beschattet. Die Geburtsgeschichte ist durch eindrückliche Kontraste gekennzeichnet. Dem Wunsch Marias, völlig vergessen zu werden, entspricht das fürsorgliche sich an sie Erinnern Gottes durch ein Wunder. Marias Todessehnsucht steht das lebendige Quellwasser, das ihr geschenkt wird, gegenüber. Die Bitterkeit ihrer Schmerzen bei der Geburt kontrastiert mit der wundersamen Labung durch süße Datteln. Der Titel *Sohn Marias* ist im Koran nicht nur Indiz für die Überzeugung von der Jungfrauengeburt Jesu, sondern darüber hinaus eine pointierte Antithese zur christlichen Bezeichnung Jesu als *ohn Gottes. Îsâ ibn Maryam* – das heißt: *Jesus ist der Vaterlose schlechthin.* Er hat weder einen irdischen noch einen himmlischen Vater. Umso höher ist daher die Wertschätzung Marias, umso bestimmter ist die enge Verbindung Jesu mit Maria im Koran.

Abschließend zu der Thematik möchte ich nur anmerken: Kirchen und religiöse Wortführer bemühen sich (weitestgehend) leider nicht um einen geistlichen Dialog, in den Vordergrund stellen sie ihre Orthodoxien. Die Schranken halten sie für wichtiger als die transzendenten Inhalte. Längst ist die Zeit des globalen, vielseitigen Gesprächs über Religion gekommen. Die Konversation erhebt keinen Anspruch auf Konversion. Jeder bleibt (oder bleibt nicht), was er ist, nur verstehen wird er den anderen besser, hoffentlich.

Veränderungen von heut auf heut

Ich muss nun wieder von der Familiengeschichte, die ja auch mich selbst betrifft, weiter berichten. Nach fast einem Jahr Trennung war die Familie also wieder vereint. Probleme und Schwierigkeiten schienen beendet. Nach einem sehr strengen Winter kündigten sich schließlich der Frühling und dann der Sommer an. Und es kam ein Tag im August 1946, an dem wir abends vergeblich auf unseren Vater warteten. Wie quälend kann Warten sein! Es dunkelte schon, da ging meine Mutter mit mir zur nächsten Polizeistation, um Auskunft über den Verbleib ihres Mannes zu erhalten. Ich weiß nicht mehr, wie nah dort die Auskunft an der Wahrheit war. Jedenfalls ahnten wir nichts Gutes. Noch im Laufe des späten Abends kam ein Kriminalbeamter zu unserer Wohnung, um mit der vollen Wahrheit herauszurücken: Mein Vater war bei einer Hausdurchsuchung hinterrücks lebensbedrohlich angeschossen worden. Operationen im Universitätsklinikum waren gegen seine Bauch- und Lebereinschüsse machtlos.

Angst und Ratlosigkeit ergriffen mich, dem so etwas von einem Moment auf den anderen widerfahren konnte. Hoffnungslosigkeit klammerte sich an uns. Mit einem Schlag war alles anders. Ich warf mich auf das Bett, aber ein Schlaf kam nicht. Wir waren wie gelähmt. In meinen Gedanken breitete sich die Geschichte meiner Verwaisung und Armseligkeit, meines Elends und meines Kummers aus. Der Tod betrat zum ersten Mal nach dem Krieg grausam lastend unsere neue Heimstatt. Ich konnte die Tatsache nicht fassen und glaubte wochenlang, meinen Vater hier oder dort in einer Straßenbahn gesehen zu haben. Vom Requiem und der Beerdigung weiß ich nach 60 Jahren dieses Ereignisses nichts mehr, nur die Tatsache, dass ein Kollege und Freund meines Vaters abriet, von ihm am offenen Sarg Abschied zu nehmen. Vater soll nach den Lebereinschüssen arg verzerrt ausgesehen haben. Offenbar hatte er unter großen Schmerzen gelitten. Zeugen im Krankenhaus, wo eine Notoperation versucht worden war, berichteten, dass seine letzten Worte gewesen wären: *„Meine arme Frau, meine armen Kinder!"*

Der Tod des Vaters war in seiner Tragweite unübersehbar. Nicht nur die überwältigende Trauer nahm mich gefangen. Jeder in der gerade wieder vereinten Familie trauerte aufs Neue für sich und musste doch für die anderen da sein. Für meine Mutter war die unterstützende Partnerschaft kaum gewonnen, schon wieder verloren. Wieder musste sie Entscheidungen allein treffen. Ohne Vater, so schien mir, waren wir allen Gefahren und Ansprüchen körperlichen Daseins ausgesetzt, dem Problem des Hungers, dem Problem der Kleidung, überhaupt jeglichem Problem der zukünftigen Existenz. Ich konnte und wollte die bittere Wahrheit nicht begreifen. Wie war nur jene Mauer aus scheinbarem Nichts zu erklimmen? Welche Perspektive für eine mögliche Zukunft gab es? *„Wenn ein Mensch stirbt, stirbt alles mit ihm, was er je erlebt, was er je gedacht hat"*, schrieb Christa Wolf in einem Interview der „Zeit" (29.09.2005 Nr.40). Dem muss ich widersprechen. Vieles von dem, was mein Vater gesagt hatte, ist in mir lebendig geblieben. Doch es war zu wenig. Jahrzehnte danach kommen immer wieder neue

Fragen, die unbeantwortet bleiben. Die erloschene Stimme, das gebrochene Augenlicht sind nicht zurückzuholen, auch wenn ich sein Antlitz bewahren konnte und es anhand von Fotos von Zeit zu Zeit wehmütig auffrische.

„Die Schüsse im Schlachterkeller“

So lautete in großen Lettern eine Überschrift in der „Volksstimme“ aus Sachsen-Anhalt. Ein ganzseitiger bebilderter Artikel schilderte detailliert den Vorgang um Vaters Tod. *Historische Kriminalfälle* wurde eine Serie des Mitteldeutschen Verlags Halle, in der auch dieser rekonstruierte Fall, wahrscheinlich fantasiereich erweitert, Platz fand. Authentisch daraus jedenfalls ist, dass der Mörder damals unter falschem Namen in den Westen bis in die Niederlande floh. Doch es ist nichts so fein gesponnen, es kommt alles an die Sonnen:

„Im Februar 1947 fliegt er auf. Er wird festgenommen und nach Halle gebracht. Doch der ehemalige Fleischer hat sich eine Strategie zurechtgebastelt, die vorerst Erfolg hat. In der Vernehmung gibt er an, dass die Kriminalbeamten auf seinem Hof bei einem Schusswechsel mit sowjetischen Soldaten ums Leben gekommen seien. Daraufhin wird er im Frühjahr 1947 der sowjetischen Miltärbehörde übergeben und am 31. Mai des Jahres durch das Militärtribunal der Provinz Sachsen-Anhalt lediglich wegen unerlaubten Waffenbesitzes zu zehn Jahren Haftlager verurteilt. 1950 jedoch ist der Verurteilte schon wieder auf freiem Fuß. Von Halle geht er nach Westberlin. Die DDR bemüht sich intensiv um die Auslieferung des Doppelmörders. Am 25. September 1959 kommt Schettig in Westberlin in Untersuchungshaft. Im Januar 1960 wird er in die DDR überführt. Der 2. Strafsenat des Bezirksgerichts Halle verhandelt am 16. und 19. Dezember 1960 gegen den Fleischer. Am letzten Prozesstag verkündet der Vorsitzende

Richter Altendorf das Urteil: ‚Der Angeklagte wird wegen zweifachen Mordes nach Paragraph 211 Strafgesetzbuch zu lebenslangem Zuchthaus verurteilt.‘
14 Jahre nach den tödlichen Schüssen auf Felix Berger und Karl Loba ist die Tat gesühnt.“

Die Tat ist gesühnt! Das lese ich in dem Zeitungsbericht. Gesühnt, was heißt das schon? Ist unser Groll geschieden? Schwimmt Huld in unseren Augen? Meine Seele jedenfalls stimmt nicht ein in das Wort vom Sühnen und damit vom Frieden. Mein wilder Schmerz und mein gerechter Zorn sind gebrochen, aber nur, weil es die Jahre und damit die Distanz bewirken. Ich kann keinen großmutvollen Segensspruch erteilen. Und wie es meiner Mutter nach dem Urteil ging, weiß ich nicht. Das Grab gibt keine Auskunft.

Wie so oft, stelle ich hier erneut fest: Die Vergangenheit ist nicht tot. Immer wieder rechne ich mir aus, wie es gewesen wäre, wenn Vater noch gelebt hätte. Die Rechenübung ist eine der leichtesten, denn Vater ist 1900 geboren. Immer wieder habe ich später für mich gesagt: *„Schade, dass er das oder dies nicht erlebt hat.“* Vater mit seinen perfekten Gärtnerkenntnissen hätte sicher gern sein Wissen und seine Erfahrungen in unserem oldenburgischen parkähnlichen Gelände angebracht. Da wäre er 68 Jahre jung gewesen. 80 Jahre und mehr hätte er auch noch werden können. Vielleicht hätte ihn da die „Schwarzwaldklinik“ interessiert oder Hans Rosenthal, Tschernobyl oder Milli Vanilli, The Waltons oder Magic Knister Brause, Gorleben oder „Wetten dass“, Mauerfall oder Kohl, „Hitlers Tagebücher“ oder Barschel, Challenger oder Biene Maja, Dallas oder Denver

Clan oder Paulchen Panter. Aber all das, ... ich weiß nicht! ... glaube ich weniger ... Ich höre auf zu fantasieren und gehe zurück in das Jahr 1948.

Eine Chor- und Organistenstelle

Noch ein Jahr vor dem Abitur sollte ich die Organisten- und Chorleiterstelle an der Propstei in Halle übernehmen. Der Vorgänger, der nach Leipzig ging, hatte mich empfohlen. Schon vor dem Unterricht spielte ich zu den wochentäglichen Messen die Orgel und hetzte dann mit dem Rad zur Schule. Als es zur ersten Gehaltsabrechnung kam, fand ich 20 Mark weniger vor als vereinbart. Zur Begründung hieß es, ich würde wegen des Schulbeginns immer 10 Minuten früher mit dem Spielen aufhören. Ich habe innerlich gefaucht, bin aber noch nicht explodiert. Irgendwann musste so eine Einstellung mir gegenüber ein böses Ende nehmen.

Ich stand nun also auch vor einem Kirchenchor mit vorwiegend Frauenstimmen, auch jungen. Darunter war eine Sopranstimme, die mir durch ihr Vom-Blatt-Singen und ihr sicheres Auftreten besonders auffiel. Zuneigung und Zärtlichkeit überwältigten mein Herz. Leidenschaftliche Neugierde erfasste mich. Sie war eine Jurastudentin, hatte Gesangsunterricht und spielte Klavier, besonders gern Stücke von Pachelbel. Es war ganz natürlich, dass ich mich für sie mit ihren grün leuchtenden Augen und dem lockigen, dichten, dunklen Haar interessierte. Und so kam es, was kommen musste. Der erste Kuss, den ich, der Unerfahrene, überhaupt bekam, war von ihr. Woher kam der elektrisierende Ruck, der nicht nur meine Lippen, der auch meinen Mund aufsprengte. Ich erschauerte, als ihre Zunge meine Mundhöhle durchmaß. Mein Mund, mit ihrem aufeinandergepresst, war von willenloser Hingabe, dass mir schwindlig wurde. Diese neuen unbegreiflichen, unbekannten Wünsche! Mein Herz ergießt sich wie geschmolzener Amber. Konnte ich ahnen, dass sich mein Mund ständig danach sehnen würde, sich erneut auf ihre Lippen zu pressen? Heut noch weiß ich den Ort erster Küsse. Es geschah auf einer Bank in der Nähe meines Gymnasiums. Da wurde der noch nicht Abiturient von einer Jurastudentin in die Liebe eingeführt.

„Ich liebe dich." Du trällerst diesen Satz vor dich hin wie ein Kind, das ein anderes hänselt. Du verschenkst freimütig alles, das sich in dir an Schlaflosigkeit, Angst, Ungestüm, Streitlust, Freude aufgehäuft hat. Sie, eine Gisela, wusste virtuos mit mir, dem Unerfahrenen, umzugehen. Das Netz wurde von ihr gesponnen. Meine Aufrichtigkeit war die eines Unwissenden. Aufrichtig im Hinblick worauf? Ihre Stimme, die mit Bachs *Willst du dein Herz mir schenken*, auf der Orgelempore der Propsteikirche erklang, machte mein Glück vollkommen. Eine damalige Zustandsbeschreibung meinerseits kann nur mit himmelhochjauchzend angegeben werden. Ich folgte ihr oft bis zum Tennisplatz. Dort verschwand sie immer, geschmeidig, gelassen, strahlend, weiß gekleidet, wie beim Tennisspiel üblich.

Als bei einem Chorfest die Leistung meines Chors besonderes Lob erfuhr, zog sie mich glühend in den Strudel der Tanzenden. Ich, der ich noch nie getanzt hatte, lag unentrinnbar in ihren Armen und meine Beine waren ihr vollkommen ergeben. Offenbar verschmolz ich mit ihr. So wurden wir zum Mittelpunkt des Abends. Ich ahnte nicht, welche Qualen mir diese Liebe noch bereiten würde.

Eines Tages wurde die Lebenssüßigkeit, mein Traumbild, brutal zerschlagen. Am Morgen eines Sonntags lag auf der Treppe zum Orgelaufgang ein Abschiedsbrief. War es nun ein Tag ihrer Wahrheit oder der Schlüssel zu einem Leben voller Lügen, der ins Schloss passte? Sicher, aus späterer Sicht, war ich zu jung für sie, der ich noch nicht einmal das Abitur hatte. Meine Seele, die eine erste Liebe erfahren hatte, versank in unerwarteter Verwirrung, vor allem, als ich erfuhr, dass sie in Abenteuer mit älteren Juristen verstrickt war. Ein flüchtiges Glück? Damals wusste ich noch nicht, dass jedes Glück flüchtig ist, ob es nun einige Wochen anhält oder einige Jahre oder gar bis zum Lebensende. Man weint die gleichen Tränen, wenn der letzte Tag, die letzte Stunde anbricht. Man würde um einen Aufschub seine Seele verkaufen. Auf der Straße lief ich wie betrunken, stolperte, atemlos wie auf der Flucht. Das Leben interessierte mich nicht mehr. Ich dachte: ‚Das ganze Leben ist ein einziger Betrug!' Ort und Zeit gerieten mir durcheinander. Meine orientierungslose Seele litt unter der Last der verlorenen Liebe. Ich fühlte mich von der Liebe ausgeschlossen. Was für eine Geschichte und was für ein Ende?

Aber bald versuchte ich, mich zu trösten. Im Chor gab es noch andere junge Sopranistinnen und Altistinnen. Das Problem war nur, dass mich nicht eine Altistin, sondern deren Schwester, die nicht im Chor war, interessierte. Bei einer Wallfahrt katholischer Jugend zum Petersberg, der mit 250 m höchsten Erhebung im Saalekreis, ergab sich eine erste Annäherung. Mein Blick heftete sich an ihre Augen und an Augenbrauen, wie sie eigentlich nur gemalt sein können. Das aber waren sie nicht. Ihr diesbezügliches Ge-

heimnis bekam ich nicht heraus. Tief war ihre Stimme und ihre Lippen förderten das Verlangen nach körperlicher Begegnung. Aber ihre Zurückhaltung, obwohl Interesse zeigend, war hartnäckig.
Sie war garantiert Jungfrau, und auch ich hatte noch keine diesbezüglichen Erfahrungen. Würde sich die Beziehung zwischen uns in Liebe verwandeln? Und würde die Liebe wohl siegen? Die Beweise waren eher dürftig. Meine stundenlangen Annäherungsversuche im dunklen Hausflur des Miethauses bezeichnete sie einmal als vom Teufel kommend. War es Spießbürgermentalität, katholische Erziehung, Tradition oder mädchenhafte Vorsicht? War es Scham vor dem unbekannten Zusammenprall, der als eheliche Verbindung getarnt ist? Manchmal glaubte ich, dass sie in honigsüßer Feigheit schwankte, denn sie ließ diese nächtlich ausgedehnten Rendezvous zu, auch wenn ihr älterer Bruder herunterrief, sie solle jetzt endlich hochkommen. Eines Tages erklärte sie, dass sie in den Westen zu ihrer verheirateten Schwester wolle. Die wisse eine Sekräterinnenstelle für sie. So ging auch diese Anbetung der Augen und Augenbrauen, meine beharrliche Verzückung und ihre würdevolle Haltung, ihre halb und halb eingestandene Zuneigung zu Ende. Ich entnahm ihr keinen Gewissensbiss, dass sie mich im Osten zurückließ. Und wieder breitete sich Trauer aus. Ist die Liebe denn eine Legende von Adam und Eva?

Das Abitur

Ein Jahr noch sollte ich ausharren, um den „Reife"-Schein zu erlangen, der das Tor für ein weiteres Studium öffnet. Ich hatte aber keine Lust, den für mich dornenreichen Weg zu gehen. Oft genug wartete ich gar nicht die letzte Unterrichtsstunde ab, verließ das Gymnasium, um das Entstehen einer neuen fünfmanualigen Orgel an meiner Organistenstelle zu beobachten, auch schon Klänge aus fertigen Teilwerken herauszulocken, improvisierend oder Literatur spielend. Da wurde die Schule zu einer Stätte, die es abzuschütteln galt. Längst hatte ich die immer größer werdenden Vokabelpakete verschnürt gelassen, konnte also entsprechende Literatur nicht mehr entschlüsseln, hatte im Kopf anderes verankert als ausgerechnet die Benzinformel oder andere endlose Chemie-Formelreihen, hatte kein Interesse an den Mendelschen Gesetzen und der Vererbungslehre insgesamt. Ich musste einen Ausweg aus diesem Schulkummer finden, meldete mich von der Schule ab und ging frohen Mutes zur evangelischen Kirchenmusikschule, wo man mich, da war ich mir sicher, mit offenen Armen aufnehmen würde.

Eingesponnen in diese Erwartungshaltung saß ich im Rektorzimmer von Kirchenmusikdirektor Kurt Fiebig. Er ließ mich an seinen Flügel, und ich durfte im Halbdunkel des Abends meine Kostbarkeiten voll Vertrauen erklingen lassen, Zeugnisse meiner Musikalität unverfälscht von mir geben, weit verästelt improvisierend musikalische Wandlungsfähigkeit zeigend. Gab es Zweifel an einer Aufnahme? Wohl kaum! Ich gab so meine innere Fülle, ganz dem Lär-

men abgewandt, nur der Seele zugewandt, um Wahrhaftigkeit bemüht.
Lange muss er wohl sehr geduldig zugehört haben, legte sanft seine Hände auf meine Schultern. Da wusste ich: Jetzt öffnet sich der Himmel in Gestalt dieser Kirchenmusikschule. Und er sprach von der Blüte künftiger Frucht. Einem solch zugewandten Satz konnte ich nur zustimmen. Ja, er sprach ganz liebevoll von Zucht, Gesetz, auch von *sich nicht vergeuden*, von stillem Reifen, endlich auch davon, dass er mich nehmen würde – aber – aber erst nach dem Abitur. Da ging es mir wie dem Schüler in Goethes Faust:

Mir wird von alledem so dumm,
Als ging' mir ein Mühlrad im Kopf herum.

Denn schon wähnte ich mich im Schoß des Instituts! Da war die heile Welt zerronnen, ja, da waren geheime Wonnen hingeschmolzen. Was blieb? Wieder habe ich mich zurückgemeldet, geschlagen in Ketten. Wie sollte ich mich retten? Die Rektorin machte das Spiel mit, nahm es vielleicht als Stunde meines Erwachens, gab mir einen Lichtblick hier im Weltenleide. Es war – wie schon öfter – nicht der einzige Lichtblick. Denn als ich nach den Sommerferien die Schule betrat, gab es eine Überraschung, eine völlig unvorhergesehene Situation, obendrein eine Augenweide. Da saß nicht nur eine Signorina, da waren mindestens 15 Signorine, die einfach in unseren Bänken saßen.

Das Unzulängliche, hier wird's Ereignis,
Das Unbeschreibliche, hier ist's getan;
Das Ewigweibliche zieht uns hinan.

Für die 18- bis 20-jährigen Damen der Ina-Seidel-Schule bekam das „Denkmal Mann" bei dieser Zusammenführung einen ersten Knacks. Für sie, die Mädchen, waren Lehrkräfte immer Respektspersonen gewesen und der Umgangston entsprechend. Die Rüpelhaftigkeit der Jungen war für die jungen Damen schockierend. Bei Eintritt des weiblichen Fluidums änderte sich kaum die Atmosphäre. Wir angehenden Männer hatten gerade Goethes Faust gelesen. Uns ging es also leicht von den Lippen:

Mein schönes Fräulein, darf ich wagen,
Meinen Arm und Geleit Ihr anzutragen?

Wirklich? Hatten wir jemals den Diminutiv „Fräulein" in den Mund genommen? Nicht, dass ich wüsste, wenn auch erst die Frauenbewegung der 1970er Jahre die Anrede „Fräulein" wegen der gesellschaftlichen Werte und Vorstellungen kritisierte. Trotzdem, Fräulein war bis in die 1980er Jahre hinein die Förmlichkeit für unverheiratete Frauen, gleich welchen Alters. Bei uns in der Klasse ging es schnell zum Du über, vor allem, als wir merkten, dass uns die Damen in Mathe, Physik und Chemie weit unterlegen waren. Studienrat Brunner, der zwar meterweise Formeln im Kopf hatte, sich aber Namen der jungen Damen nicht merken konnte, nannte fortan alle Mädchen Lotte. War nun eine von den schockierten Lottes um eine Antwort verlegen, so konterte er: *„Na, Lotte, liebe Lotte, lieber ein Pott Saft in die Locke ..."* Da sein Spitzname Bömmel in aller Munde war, glaubten die hinzugekommenen Mädchen, er hieße in der Tat Bömmel. Als nun eine gewisse Lotte eine Antwort geben sollte, stotterte jene: *„Ich weiß nicht, Herr Bömmel!"* Mir kamen die

Schwächen der „Fräuleins" sehr entgegen, vor allem als Bömmel abgelöst wurde durch Frau Dr. Knarts, Knäckern genannt, die nach einem Schlaganfall weiter unterrichtete. Fortan bewegte sich nur eine Hälfte ihres Gesichts, was für die „Fräuleins" kein Hinderungsgrund war, sie nicht etwa heiß und innig zu lieben. „Kinderchen", sagte sie immer und hatte im anlaufenden Abiturjahr die jungen „Männer" unterfordert. Mir war es nur recht. Ich brauchte dem Abitur nicht mehr so sehr entgegenzubangen, konnte etwas unbelasteter die Prüfungen erwarten. Mit den „Fräuleins" bekamen wir weitere weibliche Lehrkräfte. Frau Loofs, Lola genannt, Klassenlehrerin der Klasse 12 b in den Jahren 1948/49, erschien immer in Smoks-Stickerei. Ihre Handarbeitskleider, ihr Kreppstoff, die raschelnden Schweißeinsätze unter ihren Achseln waren hinreichend Reizstoff, zumindest für Lachmuskulaturen. Ihre Ausdrucksweise wurde von den Schülerinnen als zickig bezeichnet. Mein Erinnerungsvermögen zielt in eine ganz andere Richtung: Ihre stilreinen Sätze erfüllte sie mit einem Rhythmus, der gleichsam als Zugabe eine unausgesprochene Moral einzuschließen schien. Also war nicht mit ihr zu spaßen. Sie erwählte mich zum Aufsagen von Gedichten.
Ich gestaltete Schulfeiern, einerseits am Flügel und am Dirigentenpult, andererseits als Rezitator, und konnte so ungeahnte Pluspunkte einstecken. Unvergesslich für mich Goethes *Osterspaziergang*, wo ich in der Aula aus dem Gedächtnis verkündete:

Ich höre schon des Dorfs Getümmel,
Hier ist des Volkes wahrer Himmel,
Zufrieden jauchzet groß und klein:
Hier bin ich Mensch, hier darf ich's sein!

Habe ich damit die Sinne der Lehrerschaft und der späteren Prüfungskommission betört? Durfte ich so einmünden in den Schoß der Abiturienten? Wie konnte ich mich dem Ziel zubewegen? Natürlich mit Klavierspiel eines improvisierten ersten Sonatensatzes! Das Hingeben der eigenen Kraft war wahrscheinlich nur ein treibendes Bewegen im Spiel von Floskeln aus Mozartschen Sonaten. Was würde ich wohl für Themen haben? Es musste ja ein kämpferisches erstes Thema und ein zweites lyrisches sein. In hochgestimmten Wogen traf ich frei und offen die Ohren der Prüfer, unbefangen, still und rein, so hoffte ich jedenfalls. Die Musiklehrerin nickte mir zu. Ich hatte wohl genug gezeigt, wes Geistes Kind ich war. Der Vorsitzende der Prüfungskommission stellte auf einmal die nicht erwartete Frage, worin sich denn die späten Klaviersonaten Beethovens von den frühen unterscheiden würden. Ich wusste es nicht, es war da nur ein Ahnen, Konkretes konnte ich nicht benennen, des Meisters Planen nicht ausbreiten, nur Nebulöses von mir geben, nichts sagen von blühenden Akkorden und ausschweifender Entfaltung. Wie konnte ich da Terrain wiedergewinnen?
Zumal dann gleich Geschichte als Prüfungsfach folgte. Was ich denn zu den „Bauernaufständen" zu sagen hätte. Sicher eine sehr entgegenkommende Frage, wohl eine der leichtesten. Vergangenes konnte ich jedoch auch hier nicht erhellen. Da war wohl mein Durchfallen sicher, ich total entlaubt, kein Hoffnungsschein mehr sichtbar, die Zukunft war geschrumpft, der Schein der Vollendung, dieses Papier für ein weiteres Leben entrückt, der vorgeträumte Lebenslauf noch nicht begonnen, schon zerronnen. Warst du auf dieser Welt, um auch zu taugen?

Dann kamen Stunden des Wartens. Auf was eigentlich? Ich musste, das war klar, durchgefallen sein. Es nahte schon fast der Abend, als ich mich im Kreise der Bestandenen wiederfand. Die Augen fragen heut noch staunend, die Lippen hauchen raunend: Du bist in eine neue Welt getreten, kannst Student, Musikstudent nun werden! Sieht so ewiges Glück aus? Das Leben führt dich an die Quelle. Die Sonne – es war die Abendsonne – strahlt durch die Fenster der Aula, und ich weiß, Musik umspannt das Erdenrund und trägt in sich den Lohn. Und natürlich: Das Herz im Leibe fröhlich springt. Das Zeugnis wurde Tage später ausgehändigt: Geschichte *fünf*, und das in einem sozialistischen Staat! Kann man so überhaupt ein Ostabitur bestehen? Kann man damit ein staatliches Institut betreten? Aber ich wollte ja gar nicht in eine Kaderschmiede. Mein Ziel war, obwohl katholisch, die evangelische Kirchenmusikschule, wo der beste Orgellehrer der DDR seine Orgelklasse hatte, der mich auch nehmen wollte, das hatte ich ja vorher schon getestet. Es war der von mir angebetete Orgelmeister Heinz Wunderlich.
Wie waren denn die anderen Zensuren? Es glänzte die *Eins* für Musik und für Kunst zu meinem Erstaunen nur ein *Befriedigend.* Das ließ ich mir nicht gefallen. Damit wollte ich nicht in die Welt ziehen. Mutig ging ich zur Rektorin. Was zwischen Worten ungesagt noch schwang, waren meine Kohlezeichnungen der Burg Giebichenstein als Beweis für die notwendige Korrektur. Ich erwartete selbstsicher eine deutliche Anhebung der Zensur bis hin zur *Eins.* Als ich wieder vorsprach, erfuhr ich, dass eine Anhebung möglich sei, aber ein Überspringen nicht. Ich sollte mit einer *Zwei* zufrieden sein. Wo lebt das Recht, wo macht sich Unrecht

breit? Ich gab mich zufrieden, sollte später ganz anderes Unrecht erfahren.

Ein unvergessener Lehrmeister

Für mich begann also des Lebens Blüte. Der Kontrapunktunterricht in dorischen Gefilden bei Kurt Fiebig machte mir nicht nur Spaß, ging auch leicht von der Hand. Dann endlich der Weg durch ein kleines Seitentürchen in die gotische Halle der Moritzkirche (erbaut 1388 – 1511) hoch zur Sauer-Orgel, wo Heinz Wunderlich wirkte. Ausgewählte choralgebundene Stücke aus dem Orgelbüchlein von J. S. Bach machten den Anfang. Wenn ich sie dreimal hintereinander makellos gespielt hatte, durfte ich an Weiteres denken. Unvergesslich eine C-moll Fuge, die charakterisiert worden war mit *Ich habe Bauchweh.* Hier hatte ich die Repetitionstöne liebevoll zu streicheln, wie es der Meister vormachte. Endlich auch die d-moll-Toccata samt Fuge, danach als letztes Werk bei Wunderlich die dreiteilige G-Dur-Fantasie.

Vor meiner Seele aber schwebt noch ein anderes Bild aus jenen Halleschen Jugendjahren, eines mit viel Kerzenschein auf der Empore in der abgedunkelten Moritz-Kirche, wo einst auch Samuel Scheidt amtete. Dies Licht erhellte die anwesenden Zuhörerherzen, entrückte sie trotz der irdischen Kälte in harten Kirchenbänken. Musik als Ersatz für weihnachtliche Bescherung, als Ersatz bei jeglichem Mangel. Gram verwandelt sich in Freude. Du lauschst und lässt alle Ruinen, alle Trostlosigkeit, alle unsagbaren Kriegserlebnisse, den überstandenen bewaffneten Wahn, tiefste Tiefen und Besatzungssituation hinter dir. Welchen Glauben sie auch hatten oder nicht hatten, die Kirche war voll von Menschen, die in der klangreichen Botschaft Trost suchten. Aus jenem Abend irgendwie in Erinnerung habe ich eine offenbar kirchentonale mehrstimmig gesungene Weihnachtsgeschichte, vorgetragen von jungen Leuten in langen weißen Gewändern. Eingebettet in dieses Geschehen war eine mixolydische Orgel-Toccata mit der mixolydischen Melodie *Gelobet seist du, Jesu Christ*. Das Werk faszinierte mich so sehr, dass ich den Meister darum bat, es abschreiben zu dürfen. Viel später spielte ich dann selbst die an Gregorianik orientierte Toccata, noch später die gedruckte Fassung in Basiliken, in Kathedralen, in kleinsten Kirchlein. Es war ein beseelter metrisch freier Strom, der wie ein heiliges Band zwischen Mensch und Gott pulsiert. Diese Weihnachtsmusik war weit weg vom sonstigen Weihnachtsgeklimpere angesiedelt. Draußen die Natur war damals eingehüllt in weiße Schleier, die dann, fast unmerklich, von Jahr zu Jahr seltener wurden, heut meist nur aus eingetrübten grauen Nebelschwaden bestehen. Die Faszination der mixolydischen Toccata blieb unabhängig vom Dunkel der Nacht, von der Kürze des Tages, von Frost und anderen Kräften. Anderes blieb ebenfalls haften, wie zum Beispiel eine Variationsfuge, die ich gleichfalls abschreiben durfte. Sie erinnerte mich etwas an den Kontrapunktiker Johann Nepomuk David. Er gehörte zu jener Komponistengeneration der Dreißiger- und Vierzigerjahre, deren Spuren in dieser schnelllebigen Zeit verloren gehen. Dabei wären Komponisten jener Zeit Segenstropfen im Angesicht unbeseelter Musik. Über uns schreitet die Zeit, zerbrechen unsere Uhren. Sollen all diese Partituren in Archiven verschwinden? Wenn ein junger Geist den Raum neu formt, muss dann Altes in seiner schöpferischen Tiefe und handwerklichen Meisterschaft weichen? Ich finde, wie ich mich auch winde, wir können uns auf diese Weise nicht entlasten, auch wenn uns Neugestaltendes bindet.

Heinz Wunderlich hinterließ bei mir nicht nur Spuren als Lehrer, Künstler und Komponist. Er, der es nicht nötig hatte, den musikalischen Titanen im Unterricht herauszukehren, tat auch als mutiger politischer Mensch seine Meinung kund. Die Kirchenmusikschule hielt den Atem an, als dort bekannt wurde, dass Wunderlich demonstrativ in aller Öffentlichkeit bei einer Wahl seinen Stimmzettel zerrissen haben soll. Doch die Irritierten, die Wächter irdischer Macht, blieben im Versteck, ließen die Provokation im Raume stehen. Vielleicht war bloß die Stasi noch nicht so mächtig wie in späteren Jahren, dafür aber war es die Besatzungsmacht. Trotzdem, die öffentliche Meinung hatte die der SED zu sein, und da galt das ungeschriebene Gebot: *Du sollst keine anderen Meinungen haben neben mir*. Unschuld und Schuld lagen in diesem Regime totaler Verblendung dicht beieinander. Wir waren sehr erleichtert, als die Schnitter mit der Sichel ausblieben. Als Heinz Wunderlich später nach Hamburg an die Arp Schnitger-Orgel der Hauptkirche St. Jacobi ging, wird wohl das Regime froh gewesen sein, den politischen Querkopf los zu sein.

Eine Geige verändert alles

Du im Voraus
verlorne Geliebte, Nimmergekommene,
nicht weiß ich, welche Töne dir lieb sind.
Nicht mehr versuch ich, dich,
wenn das Kommende wogt,
zu erkennen.
Rainer Maria Rilke, Winter 1913/14, Paris

Wie Phönix aus der Asche erschien eine junge Geigerin mit der Bitte, sie bei dem Violinkonzert E-Dur von J. S. Bach (BWV 1042) am Klavier zu begleiten, sozusagen das Orchester zu ersetzen. Dazu war ich sofort bereit. Ihr Geigenspiel faszinierte mich. Ich dachte, du bist die Sternstunde meines Lebens, ein glücklicher Zufall. Sie war Musikstudentin in Westberlin und machte mich auf die Möglichkeit eines dortigen Musikstudiums mit Stipendium aufmerksam. Sie erzählte auch von der Mensa mit den täglichen kostenlosen Mittagessen. So machte mich nicht nur ihr Spiel trunken, auch die geschilderte Westberliner Wirklichkeit. Der Geigerin hatte ich schließlich zu verdanken, dass ich meine Zelte in Halle, meiner ersten großen Orgelstelle in der DDR, abbrach und mich zur Aufnahmeprüfung in der Westberliner Musikhochschule in der Fasanenstraße, Charlottenburg, begab. Ich glaube, für das Klavierspiel hatte ich Werke von Bach und Brahms im Gepäck, für die Orgel sowieso Stücke von Bach. Ausgewählt hatte ich die d-moll-Toccata. Prof. Joseph Ahrens fragte jedoch, ob ich nicht anderes anzubieten hätte. Ich wusste damals noch nicht, dass unter Kennern das wohl populärste Orgelwerk überhaupt kompositorische Schwächen hat und dessen Authentizität angezweifelt wurde. Die dreiteilige große G-Dur-Fantasie hatte ich zwar bei Heinz Wunderlich studiert, aber für das Vorspiel nicht vorbereitet. Trotzdem nannte ich das Werk als mögliche Alternative. Der Meister war sehr angetan, dass ich die Fantasie erwähnte. Wir einigten uns jedoch auf meine ursprüngliche Wahl. Schließlich landete in der Meisterklasse von Joseph Ahrens und wurde nicht zu seinem Assistenten abgeschoben.

Die Geigerin, ob sie mich lieben könnte? Sie hatte sich diese Frage niemals gestellt. Ihr Verlobter war aus dem Krieg nicht zurückgekehrt. Seine Orgelnoten aus der Leipziger Studienzeit schenkte sie mir. Das war ihr Dankeschön für meine Begleitertätigkeit. Meine Annäherung schlug fehl. Ich sollte vernünftig sein, sie wäre zehn Jahre zu alt für mich. So war auch diese Liebe aufgeblüht, zusammengeschrumpft, aufgelöst. Es blieben nur diese Splitter erlebter Wirklichkeit, Orgelnoten von Nikolaus Bruhns, einem Barockkomponisten der norddeutschen Orgelschule, ein Orgel- und Geigenvirtuose seiner Zeit. Aus diesen Noten spielte ich noch lange, sogar in Orgelkonzerten. Im Studium waren Orgelwerke lediglich von Buxtehude, J. S. Bach, Max Reger und Joseph Ahrens kategorisch angesagt. Kompositionen von Rheinberger und Widor beispielsweise entsprachen nicht dem Ahrensschen Wertekosmos. Seine ethische Grundnorm verbot ihm, „parfumierte“ Musik zu spielen und zu lehren, wie er sie nannte. Der kategorische Imperativ ist zwar ein rein logischer Grundsatz, das Problem ist jedoch die Subjektivität der Maxime. So stellte ich nach dem Studium fest, dass ein Großteil der Widorschen Orgelsinfonien keineswegs aus sentimentalem Parfum hervorgingen, sondern konsequenter, hochstehender Polyphonie entsprangen. Ich erkannte die Notwendigkeit einer Ergänzung durch andere ethische Prinzipien. Und so musste es kommen, dass sich der Muster- und Meisterschüler mit seinem Lehrer überwarf, allerdings lange nach dem Studium, durch Auseinandersetzungen in Fachzeitschriften. Ich gebe es zu, genauso wie der um ein Jahr ältere Wiener Steinbildhauer Alfred Hrdlicka: *Ich hab's der Welt nie leicht gemacht, ich war unausstehlich. Aber was soll ich machen, ohne Widerstand sumpert man ja nur so dahin. Ich bin nun mal ein Mann des Widerstands.*

Die ersten Monate des Einlebens in Westberlin

waren hart. Die Suche nach einer Studentenbude und die Suche nach einer Orgel zum Üben und Einstudieren der geforderten Werke ließen mich fast verzweifeln, zumal mein Orgelunterricht mit einem Präludium in C-Dur, einem Stück mit einem ausgedehnten Pedalsolo von Johann Sebastian Bach, beginnen sollte. Und der neue, menschlich unerbittliche Orgellehrer fragte nicht, woher ich in der ausgebombten Stadt ein Übinstrument nahm. Die Hochschule hatte zwar einige miserable Örgelchen, die aber waren ständig besetzt. Früh um sechs Uhr, wenn der Hausmeister die Türen der Hochschule öffnete, stand ich auf der Matte. Wie schon früher, kurz vor einer Resignation, kamen Lösungen, wenn auch nicht angemessen. Beim „königlichen Musikdirektor“ der ausgebombten Michaelskirche, dem Komponisten Dr. Joseph Kromolicki, hatte ich mich auf Empfehlung des Domkapellmeisters Dr. Karl Forster zu melden. Dort hoffte ich, eine Orgel unter Finger und Füße zu bekommen. Es war aber nur ein Harmonium, auf dem ich mehrere sonntägliche Messen spielen sollte. Die Ersatzkapelle der ausgebombten gewaltigen Kathedrale, die einst eine der größten Orgeln Berlins in sich barg, lag am Rande des russischen Ostsektors. Das war sehr enttäuschend. Ich wurde aber für meine Leistungen überraschend mit Westgeld ziemlich großzügig bedacht. Obendrein bekam ich ein sonntägliches üppiges Mittagessen, von Michaelsschwestern des Michaelstiftes zubereitet. Das machte die Überraschung perfekt.

Als Ahrens von meinen dortigen Diensten erfuhr, äußerte er sich sehr ungehalten. Ihm missfielen die kirchlichen spätromantischen Kompositionen des Herausgebers einer Chorsammlung *Florilegium Cantuum Sacrorum*. Die Chorwerke, Orgel- und Harmoniumsammlungen von Kromolicki, entsprachen in keinster Weise dem Ahrensschen Verständnis von Kirchenmusik. Er sprach mir gegenüber von der Notwendigkeit einer Katharsis, der ich mich zu unterziehen hätte, einer emotionalen und geistigen Reinigung, einer Läuterung der Seele. Die moralisierende Interpretation der Katharsis, also die psychische Veränderung vor allem als Vorbereitung für eine moralische Verbesserung, nahm ich meinem Lehrmeister sehr übel, musste sie aber zu dem Zeitpunkt über mich, den Anfänger, ergehen lassen. Mitstudentinnen und -studenten hielten diesem Druck oft nicht stand, wechselten den Lehrer oder verließen heulend zerknirscht den Orgelsaal.

Man muss wissen, dass das Ahrenssche Orgelbegleitbuch für die katholischen Kirchenlieder in Kromolickis Begleitbuch seinen schlichteren Vorgänger hatte. Diese als Kantionalsätze bezeichneten *contrapuncti simplex* entspringen einer über 400-jährigen Praxis seit Hassler, Vulpius, Praetorius und Schütz. Krone dieser Praxis sind Bach-Sätze, die die singende Gemeinde damals als irritierend empfand und die in der Tat nicht allein, aber auch wegen ihres künstlerischen Anspruchs nicht praxisnah waren. Auch heut erhebt sich die Frage nach einer praxisnahen Gemeindebegleitung, die nicht unbedingt einer 400-ährigen Tradition verhaftet sein sollte. Gibt es nicht vielleicht ganz andere Möglichkeiten, wie etwa die Musizierpraxis des Organum? Einer Hauptstimme, der sogenannten Vox Principalis oder auch Cantus genannt, werden in starrer Parallelbewegung Quarten, Quinten und Oktaven hinzugefügt, die in späteren Jahrhunderten aus ästhetischen Gründen strikt verboten wurden. Aber Claude Debussy hat ganz berechtigt die Frage nach dem Warum eines solchen Verbots gestellt.

Wie dem auch sei, die strenge Tonsatzlehre hielt sich an das Verbot, das auch der Student Günter Berger befolgte. Angesteckt von seinem Lehrer hat der besserwissende Student Berger während einer Predigt gelangweilt nach musikalischen Satzfehlern in Dr. Kromolickis Vorgängerbuch gesucht und wurde fündig in Quintenparallelen, die er ankreuzte. Prompt kam am darauffolgenden Sonntag die Antwort mit angekreuzten Parallelen im Ahrensbuch. Nun hatte ich meine Quittung und die heilsame Belehrung, dass mein Meister auch nicht unfehlbar war. Was war ich überrascht und enttäuscht von entdeckten Schwächen bei dem, der uns im Tonsatz jede Quintenparallele dick anstrich. Also ging ich den Weg nach Canossa und bat um Vergebung bei dem altehrwürdigen Herrn Kromolicki, der damals 70-jährig gewesen sein mag und 1961 verstarb. Meine Recherchen ergaben für das Jahr 2006 Aufführungen von Chor- und Orgelwerken Kromolickis in München, Köln, Stuttgart, Coesfeld und andernorts. Die Spätromantik wird mehr denn je hochgehalten, die Neue Sachlichkeit und das Neobarocke der Jahre 1930 – 1960 gänzlich vernachlässigt, gar ignoriert. Trotzdem möchte ich eine Lanze brechen für charakteristische Werke aus jener Zeit von Johann Nepomuk David, Joseph Ahrens und Helmut Bornefeld.

In meiner Studienzeit gab es noch keine Schwemme von Koreanern und Japanern, doch eines Tages erschien ein amerikanischer Student, der in seinem Repertoire *Dieu parmi nous* von Olivier Messiaen und *Litanies* von Jean Alain hatte. Die Werke „donnerte“ er souverän herunter. Stand mein Herz still oder raste es bei diesen Klängen, Farben und Rhythmen? Hat da der Himmel offen gestanden? Im ersten Himmel muss ich die Engel gesehen haben, im zweiten die Gottgesandten, im dritten muss sich „die Hölle“ befunden haben, im vierten der Tod, im fünften Lotosblüten, im sechsten die Frömmsten der Frommen und im siebenten Himmel der Thron Gottes. Damals wusste ich noch nichts von Messiaens Modi, seinen Klangfarben, seinen Rhythmen. Aber ich schwor mir, sofort nach dem Studium solche Werke zu analysieren und zu studieren. Und so geschah es. Das Wissen um seine Kompositionstechniken habe ich mir nach dem Staatsexamen im Selbststudium angeeignet und Kontakte zu Marcel Dupré und Jean Langlais aufgenommen. Der blinde Langlais verschaffte mir dann Zutritt zum Wiener Doblinger-Verlag. Was vorher nicht gelang, lief über diese Schiene. Über 10 Kompositionspreise nutzten bislang nichts oder nur selten, die Aufnahme in einen Verlag zu erreichen. Da und dort, verstreut bei kleineren Verlagen, ist das eine oder andere Werk untergebracht, wobei zuweilen auch noch Tantiemen unterschlagen werden. Die Schubladen sind voll mit Werken verschiedener Genres und der Kopf ist voll mit verschiedenen Messiaen-Zitaten. Eines sei hier erwähnt: *Die Musik bringt uns zu Gott durch Mangel an Wahrheit, bis zu dem Tag, an dem ER selbst uns erhellen wird mit einem Übermaß an Wahrheit.*

Jerusalem

Ist das ein Ort, an dem man der Wahrheit näher kommt, etwa gar einem Übermaß an Wahrheit? Das wollte ich herausfinden oder (besser noch) beobachten, dort, wo sich Judaismus, Christentum und Islam ganz eng begegnen.
Die Chronologie, das Laubwerk meiner Erinnerungen überspringe ich darum für kurze Zeit. Man möge die nachfolgenden Bemerkungen nicht als Abschweifung von meiner Autobiografie verstehen, sie formen sich vielmehr zu einem Bekenntnis, das sich mit den Jahren immer mehr verdichtet.

Äußerer Anlass des Israel-Besuchs war eine Orgel-Konzerteinladung nach *Jerusalem* und *Tel Aviv* im April 1981, bei der mich meine Lebensgefährtin Elke nicht nur begleitete, sondern auch als zuverlässige und umsichtige Registrantin tätig war bei der Biblical Sonata No. I *The Battle between David and Goliath* von Johann Kuhnau, bei der Legende No. I *Francois d'Assise, la predication aux oiseaux* von Franz Liszt, einem dreisätzigen Werk von Louis Lefebure-Wely, meiner Toccatina 1964 *Österliches Deo gratias* und bei vier Sätzen aus meinem siebensätzigen Werk *Crucifixion* 1971, gewidmet den Opfern von Oswiecim, Poland. Die dortige Rundfunkaufnahme hielt eine Spieldauer von 77' 45" fest. Ich hatte mir also ein Mammutprogramm verordnet. Noch war es die Zeit meiner virtuosen Hochleistungen.

Jerusalem, diese Stadt in den Judäischen Bergen zwischen Mittelmeer und Totem Meer, war voller Faszination! Aber auch die pulsierende moderne Stadt Tel Aviv mit vielen deutschen Straßennamen war für uns eine große Überraschung. Die *Immanuel Church* in Tel Aviv zu finden, war ein Abenteuer, denn der arabische Taxifahrer hatte noch nie etwas von ihr gehört. Einen halben Tag lang irrte er mit uns durch die Gegend, und die Zeit zum Einregistrieren der Orgelwerke wurde für mich knapp, zumal an einer Orgel mit mechanischen Registerzügen. Für all die Aufregung wurden wir jedoch entschädigt. Die überwiegend jungen Leute, aufgeschlossene Studentinnen und Studenten, waren dankbare, begeisterte Zuhörer. Ganz anders das Publikum im Jerusalemer International Y.M.C.A. Es waren ältere Leute, vor den Nazis geflohene Deutsch oder Österreichisch sprechende Juden, mit denen wir nach dem Konzert ins Gespräch kamen. Die Orgel selbst war ein Unikum, übermäßig besetzt mit Rohrwerken, sodass der Tribühnenboden bei vollem Orgelklang erzitterte. Das Konzert war mit der schon erwähnten Lifeaufnahme des israelischen Rundfunks verbunden. Hier war Elke nicht nur, wie schon immer, eine umsichtige Registrantin, sondern auch eine Bastlerin. Denn aus unerfindlichen Gründen brach das Notenpult zusammen, die Noten flatterten um den Spieltisch und in die von mir traktierte Pedalklaviatur. Gottlob konnte ich auswendig weiterspielen und Elke alles zusammensuchen, mit Bindfäden in Position bringen, sodass noch nicht einmal der Tonmeister am Aufnahmegerät das Dilemma bemerkte.

Wir schlenderten in der Altstadt durch jüdische, christliche, armenische und muslimische Viertel. Imposant das reiche jüdische Villenviertel mit den hellen Feldsteinmauern und großen Innenbalkonen! Leider hatten wir wegen meiner

Konzertvorbereitungen weder die Holocaustgedenkstätte *Yad Vashem* noch das *Tal von Rehavya* aufsuchen können, von wo man nach christlicher Tradition das Holz für Jesu Kreuz geholt haben soll. Trotzdem, es blieb noch genug zu besichtigen, wie an der Grenze zum armenischen Teil das *Jaffator* und zum muslimischen Teil das *Damaskustor* mit seinem geschäftigen Treiben. Selbstverständlich waren wir in der auf den Grundmauern einer Basilika aus dem 4. Jahrhundert erbauten *Grabeskirche,* wo jede Konfession ihr eigenes (!) Jesus-Grab hat. Welch ein Kuriosum! Die *Via Dolorosa* führt durch die Altstadt vom *Löwentor* zur Grabeskirche, die an jenem Ort stehen soll, wo Jesus ins Grab gelegt wurde. Die Straße ist heute im östlichen Teil eine ansehnliche Gasse, während der westliche Teil durch verwinkelte Gässchen zwischen den alten Häusern führt, teilweise mit Bogengängen überdeckt oder durch Treppen unterbrochen.

Der Besuch der *Klagemauer* inmitten der betenden orthodoxen Juden war ein unvergleichliches Erlebnis, das unkommentiert bleiben soll. Dieser Ort mit der circa 400 Meter langen, hohen Mauer ist ein Teil der Stützmauer des Plateaus, auf dem einst der große Tempel Herodes des Großen stand. Heut imponiert dort der markante *Felsendom,* der im Arabischen *Felsenkuppel (qubbat as-sachra)* heißt. Genauso wirkt er als unübersehbares Merkmal Jerusalems. Es ist eines der ältesten und das drittwichtigste der islamischen Heiligtümer. Dieser Kuppelbau wurde als Schrein über dem Felsen (sachra) errichtet, auf welchem gemäß islamischer Überlieferung Abraham bereit war, seinen Sohn Ismael zu opfern. Es ist die Geschichte, die auch aus dem

Alten Testament bekannt ist. Hier soll auch die Himmelfahrt des Propheten Muhammad stattgefunden haben.

Als ich mich so von Kirche zu Kirche, von Moschee zu Moschee, von Heiligtum zu Heiligtum bewegte, quasi von einer Religion zur anderen, und die Diener Gottes in ihren verschiedenen „Uniformen" in Augenschein nahm, fühlte ich mich geradezu so, als wäre um mich her ein Kostümverleih eröffnet worden. Und so frage ich noch einmal: Ist das ein Ort, an dem man der Wahrheit näher kommt, etwa gar einem Übermaß an Wahrheit näher kommen kann? Ich erinnere: Ohne jüdischen monotheistischen Univerversalismus keine katholische Allheit. Drei Viertel der Heiligen Schrift sind gemeinsam. Auch das restliche Viertel, der Text des christlichen Testaments, ist schließlich die Arbeit jüdischer Autoren. Und was in den Suren des Korans über Jesus und Maria zu finden ist, habe ich bereits erwähnt.
Die Jerusalemer katholische Lebenswirklichkeit besteht geradezu aus einem bunten Strauß verschiedenster Katholizismen. Ethnisch-kulturelle Gruppierungen treffen hier – vor allem am Karfreitag – zusammen: Lateiner, Maroniten, melkitische griechisch-katholische, syrisch-katholische, armenisch-katholische, chaldäisch-katholische.
Die evangelische imposante neuromanische *Erlöserkirche* steht im Zentrum der Jerusalemer Altstadt, im *Muristan*, unmittelbar südlich der Grabeskirche. An der Nordseite der Erlöserkirche verläuft das letzte Stück der *Via Dolorosa*, die an der benachbarten Grabeskirche endet. Im Osten verläuft der *Suq el-Lahhanin*, im Süden schließen sich die *Propstei* und die *Martin-Luther-Schule* an. Westlich der Kir-

che liegen die für die Altstadt ungewöhnlich breite *Muristanstraße* und der *Muristan-Basar.*

In Jerusalem kannst du also – wie sich hier zeigt – zum metaphysischen Weltenbummler werden, der quer über den Göttermarkt schlendert, der gerade hier zu sämtlichen existierenden Religionen eine besondere Distanz gewinnt, im Gegensatz zu den zahlreichen Pilgern. Da schärfen sich die Konturen, und ich will meinen Horizont lieber erweitern als einengen und mich in keinerlei Ritusgemeinschaft mehr verkriechen. Gerade in Jerusalem wurde mir klar: Religionen sind Modelle, an denen wir Menschen versuchen, im kosmischen Geschehen unseren Platz zu definieren.

Für einige Zeit werde ich, obwohl das Gedächtnis überquillt, meine Erinnerungen zurücklassen und mich in die Lüfte erheben, auch um Distanz zum Erlebten zu gewinnen.

Unter der Tragfläche des Flugzeugs

läuft die Erde davon. Ihre Häuser werden kleiner und kleiner. Ich strecke mich im Sitz aus und lasse meinen Kopf mit geschlossenen Augen herabsinken. Der Moment des Abflugs erfüllt mich immer mit einem geheimnisvollen Vergnügen. Flugangst kenne ich nicht. Die Sekunde der Trennung vom Boden, darauf habe ich immer gewartet. Der Körper wird nach hinten gezogen, der Lärm wird leiser, die Erde hat aufgehört, unter den Tragflächen zu laufen. Nun folgt der Moment des Schwimmens in einem Ozean von Nebel, bis die Wolken durchstoßen sind. Jetzt beginnt die Sonne, sich zu behaupten. Ich träume dem Ziel entgegen, weiß, was mich diesmal erwartet: Kreta, das Land zwischen Meeren und Bergen. Die alte Wildheit ist zu ahnen, bruchsteinerne Häuser in fast ganz verlassenen Bergdörfern. Da passt so recht ein Gedicht von Rainer Maria Rilke hin, das er 1901 schrieb:

In diesem Dorfe steht das letzte Haus
so einsam wie das letzte Haus der Welt.

Die Straße, die das kleine Dorf nicht hält,
geht langsam weiter in die Nacht hinaus.

Das kleine Dorf ist nur ein Übergang
zwischen zwei Weiten, ahnungsvoll und bang,
ein Weg an Häusern hin statt eines Stegs.

Und die das Dorf verlassen, wandern lang,
und viele sterben vielleicht unterwegs.

Hier findest du griechische Ghosttowns unseres Jahrhunderts, halb oder ganz verfallen, manchmal ist noch ein Bett zu sehen hinter einer halb geöffneten schiefwinkligen Tür. Da mag vor Tagen oder Wochen noch eine tote Greisin oder ein gichtiger Greis herausgetragen worden sein. Gelegentlich wirst du jedoch überrascht durch ein Haus, geschmackvoll restauriert. Manche Landschaften sind zyklopische, wie von Riesen hingekrümelte Streuselkuchen: Steine, Steine, Steine in menschenleerer Einöde. Hier sind nur noch Götter, Nymphen und hartnäckige Touristen, beispielsweise meine Frau und ich, zu finden. Zuweilen einsame Kapellen mit Ikonen und brennenden Kerzen. Wer hat die entzündet? Sicher irgendein altes Mütterlein griechisch-orthodoxen Glaubens. Du verweilst da drinnen. Und die Stille der Gegend wird in dem Sakralraum auf andere Weise fortgesetzt und erhöht. Wieviele Gebete, wieviel Stöhnen und Weinen, wieviel Hoffnung und Glaubenszuversicht mag von diesen weihrauchgeschwängerten Orten ausgegangen sein?

Und immer wieder die Dörfer und Städte, die mit Agios beginnen: Agios Nikolaos, Agios Stefanos, Agios Ioannis, Agios Georgios, Agios Konstantinos, Agios Thomas und ein Dutzend weitere. Solche Ortsnamen gehen bis in das 10. Jahrhundert zurück und verweisen auf eine christliche Tradition. Da werden bei mir, dem einstigen Kirchenmusiker, Akklamationen der Karfreitagsliturgie wach: *Agios o Theos, Agios Ischyros, Agios Athanatos*!

Ein besonderes Schluchtenerlebnis

Diesmal hatte ich mir vorgenommen, koste es, was es wolle, in die *Perivolákia-Schlucht*, die auch *Kapsa-Schlucht* genannt wird, einzusteigen. Es ist nur eine von den kleineren und gehört nicht zu denen, wo alle Touristen hingekarrt werden. Sie gehört zu den ganz einsamen Schluchten. Deren sonnenlichtgefärbten orangeroten oder schattenreichen schwarzen Wände ragen bis zu 400 m in den Himmel, ein idealer Ort, um der Natur in ihrer ganzen Ursprünglichkeit zu begegnen. Hier gewinnst du, das wusste ich, ein Gefühl der Grenzerfahrung mit der Erhabenheit der schöpferischen Natur. Denn Schluchten sind nicht nur eine besondere Landschaftsform, sie bieten als Biotope der Tier- und Pflanzenwelt einen einzigartigen Lebensraum. In schwindelerregenden Höhen bewegen sich hier biblische Tiere, wahre Kletterkünstler, wilde Bergziegen, und sichtbar erfreuen sie sich ihrer Freiheit, wie zu biblischen Zeiten.

Über mir war das große Gewölbe ohne Dach, zur Unendlichkeit geöffnet. So schien es. Hier bin ich dem Himmel näher, aber auch ferner. Und hoch in den Lüften die Natursegler. Elke hatte das Glück, solche zu sehen. Der Steinadler, der auch in den Alpen lebt, ist die etwas größere Art der Bergadler mit einer Flügelspannweite von bis zu 2 m. Der Habichtsadler ist mit einer Flügelspannweite von etwa 1,5 m nicht wesentlich kleiner. Aber welcher war es, den sie sehen durfte? Elke war weit in die Schlucht vorgedrungen. Ich konnte ihr nicht folgen. Sie verschwand aus meinen Blicken. Die Zeit verging. Als ich nach ihr rief, bekam ich vielfache Echos als Antwort, aber nicht die erwartete. Das poröse Gestein und die vielen Aushöhlungen schluckten offenbar jeglichen Laut. Da kippt das Reale ins Surreale. Und ich dachte an eine Figur aus der griechischen Mythologie, an eine Tochter der Gaia, eine Oreade und die Nymphe des Berges Helikon. Denn die Bergnymphe namens *Echo* war es, die mit dem Erzählen von Geschichten im Auftrag von Zeus dessen Gattin Hera unterhielt, damit Zeus Zeit für amouröse Abenteuer hatte. Als Hera dies entdeckte, beraubte sie *Echo* der Sprache und ließ ihr lediglich die Fähigkeit, die letzten an sie gerichteten Wörter zu wiederholen.

Und meine wiederholten Rufe „Elke“ waren im Echo nicht nur ergebnislos, auch immer bizarrer. So war ich nahe daran, meiner Stimme beraubt zu werden. *Vor dem Abgrund wird das Nichts oder Gott erfahren*, schrieb der Philosoph Karl Jaspers. Da war mir der Komponist Olivier Messiaen nahe, der in seinen Werken von Abgrund, Tiefe der Bedrängnis, Infernum oder profundum, auch Tiefe der Gottesferne sprach. Da rutschten die Dinge und stifteten in meiner Fantasie alles mögliche Unheil an. Mein Rufen gab inzwischen noch nicht einmal einen winzigen Widerhall. Lautlos schrie ich in der Qual meines Herzens.

Viel später entdecke ich beim Literaturstöbern, dass Rainer Maria Rilke, gleichfalls von solchen Gefühlen übermannt, am 13. und 14. 1903 in Viareggio die Verse formulierte:

Du Berg, der blieb,
Geh ich in dir jetzt? Bin ich im Basalte
wie ein noch ungefundenes Metall?
Ehrfürchtig füll ich deine Felsenfalte,
und deine Härte fühl ich überall.
Oder ist das die Angst, in der ich bin?
die tiefe Angst.

Trotz allem ist das ängstliche Warten bei mir mit keinem leeren Hoffen verbunden, obwohl es scheint, dass die Sonne hier unter die Erde gesunken ist. So verdunkelt ist inzwischen die Schlucht.

Im Messiaenschen Sinne, diesem meinem französischen Lieblingskomponisten, gilt es, die gegengöttlichen Momente zu überwinden: durch Gerechtigkeit, Stille, Licht, wahrhaftiges Leben, Gesang der Natur. Der französische Philosoph Ernest Hello, dem sich Messiaen sehr verbunden fühlte, drückte es so aus: *Das Gebet schleudert alle Mächte der vom Sturm aufgewühlten Seele gegen den Himmel; die Abgründe, die jeglichem Blick verborgen waren, sehn zum erstenmal die Sonne, und ihr erster Blick ist wie ein Schrei, der sich der Unendlichkeit entgegenschwingt.*

Das Fließen der Zeit

Wie nehme ich das Phänomen zur Kenntnis? Da läuft ein innerer Film ab, ein Gedankenstrom. Durch die Lücken zwischen den Gedanken dringt die Stille: Die Zeit steht still, für mich scheinbar still, der Raum ist unendlich, kein Ich, kein Ego ist mehr da in diesem Moment. Alles Fragen dreht sich nur um meine Lebensgefährtin Elke, die irgendwo in der Schlucht ist, vielleicht abgestürzt, irgendwo hilflos liegt. Die Stille um mich ist von vibrierender Lebendigkeit. Ich verstricke mich tiefer und tiefer in Unheilvorstellungen. Mein Verstand spricht ständig mit sich selbst, tauscht Argumente und Gegenargumente aus. Emotionen steigen auf, Bilder werden dazuproduziert – ein andauerndes inneres Gespräch, zuckend pocht mein Herz, meine Kraft hat mich verlassen.

Da taucht plötzlich, für mich wie eine erlösende Gestalt, endlich, endlich Elke an der bereits dunklen Felswand auf, zunächst mehr nebelhaft. Dann immer klarer. Da kippt das Surreale in das Reale zurück. Ja, sie ist es. *Freuen sollen sich die Himmel, jauchzen soll das Erdreich, das Meer dröhnen und was es füllt ...* (Ps. 96,11) Ein gegenseitiges Rufen und Winken! Erlöst beobachte ich, wie sie vorsichtig den Rückweg und einen schwierigen Abstieg zu mir antritt. *„Hast du mein Rufen gar nicht gehört?“* – *„Ich konnte dich nicht hören, die Schlucht macht mehrere Biegungen. Es war wunderbar in dieser Stille. Und was hast du denn? Ich war nicht eine Sekunde in Gefahr.“* – *„Schon gut, nun haben wir uns wieder.“* Das Schönste war, einander in die Arme zu fallen, auf keinen Fall gefallen zu sein, erneut die Möglichkeit bekommen zu haben, aneinander Gefallen zu finden, nur gefallen, nicht fallen. Fest umarmt, so stehen wir in Staunen und Ehrfurcht da und erkennen uns als das, was immer ungetrennt war von der Unendlichkeit, von der Liebe, vom reinen Bewusst-Sein, von der wahren Natur des Geistes. Und ich kann den Katalog aller nur denkbaren Katastrophen weglegen. Nun können wir gemeinsam den weiteren Rückweg fortsetzen. Ähnlich wie ein befreiender Regen die Spannung der Atmosphäre löst und alle Knospen zum Springen bringt, wirkt diese Befreiung von drückender Last erlösend und anregend auf das Leben, auf mein Leben, auf unser Leben.

Die eindrucksvolle Schlucht mit ihren vielen Aushöhlungen erfordert Trittsicherheit, vor allem beim geröllhaften rutschigen Abwärtsgang. Nicht leicht für einen Siebenundsiebzigjährigen. Aber mit Festhalten an Sträuchern, Felskanten und auch ab und zu am hilfreichen Arm meiner Lebensgefährtin Elke schaffte ich dann auch einige Hundert Meter des schwierigeren Rückwegs. Da stand vor mir der Psalmvers: *Deine Rechte war es, dein Arm und dein leuchtendes Angesicht.* (Ps. 44,4)

Kraftorte und Geomantie

Am Ende der Schlucht gibt es eine Überraschung und Belohnung: Himmel und Erde vereinigen ihre Wirkungen. Das Ergebnis ist ein Bild des Friedens. Hat sich der Himmel unter die Erde gestellt? Werden hier Kräfte in inniger Harmonie vereint?

Da stieg ein Baum. O reine Übersteigung!
O Orpheus singt! O hoher Baum im Ohr!
Und alles schwieg.
Doch selbst in der Verschweigung
ging neuer Anfang, Wink und Wandlung vor.

Rainer Maria Rilke, aus dem I. Sonett,
1922, Chateau de Muzot

Ja, dieser Ort, ein Tamariskenhain, beherrscht von einer riesigen Tamariske mit der seltenen Höhe von 15 Metern, ist ein Platz des Lichts. Schon in der Bibel lesen wir:

Abraham pflanzte eine Tamariske in Beerscheba
und rief dort den Herrn an
unter dem Namen: Gott, der Ewige.
(1. Mose 21,33)

Das Dunkle blieb in der Schlucht. Wie die lichte Kraft das Leben darstellt, so die schattige Kraft den Tod, heißt es bei den Chinesen. Hier hat das Licht kräftige Wirkung. Wenn im Menschen der vom Himmel kommende Geist herrscht, kommt auch die Sinnlichkeit unter seinen Einfluss und findet so den ihr gebührenden Platz. Könntest du sehn, wie sich die zarten Bäume neigen, wenn herbstliche Stürme toben, dann würdest du meinen, sie rufen die Lebenden. Dieser kleine Erdenfleck, so empfanden wir, hat Herz, Augen und Gefühle in sich aufgenommen, die einmal, so wie wir, durch Millionen Meilen hindurch im Weltenraum die ferne Sonne spürten und durch Millionen Meilen hindurch nachts die Sterne betrachteten. Da spricht der Beiruter Schriftsteller Charles Corm in *La Symphonie de la Lumière* vom Tod als dem unsichtbaren Leben:

Er ist das Erwachen unserer Augen zum Licht,
die Geburt zur Helle,
die Rückkehr der Seele zu ihrer ursprünglichen Quelle ...

Unsere Gedanken können, wenn sie hier wie auf einem Gräberfeld wandeln, im Geist tote Menschen liegen sehen, schlafen im Schatten der Tamarisken den Todesschlaf, aus dem es kein Erwachen gibt. Daran erinnert uns auch die Bibel:

Dann nahmen sie die Gebeine,
begruben sie unter der Tamariske von Jabesch
und fasteten sieben Tage lang. (1. Sam 31,13)

Aus dieser Erde, unter den Steinhaufen, auf denen wir stehen, strömen womöglich Welten von Erinnerungen! Könnte man sagen, die Toten sind auferstanden aus jedem Grab, sobald dort ein Trauernder ehrfurchtsvoll herantritt?
Wem sind wir nah? Dem Tode oder dem, was noch nicht ist?
So fragte Rainer Maria Rilke 1915 in einem seiner Gedichte und so fragten wir an jener Stelle. Und Rilke fährt fort:

Was wäre Lehm an Lehm,
formte der Gott nicht fühlend die Figur,
die zwischen uns erwächst. Begreife nur:
das ist mein Körper, welcher aufersteht.
Nun hilf ihm leise aus dem heißen Grabe
in jenen Himmel, den ich in dir habe:
dass kühn aus ihm das Überleben geht.
Du junger Ort der tiefen Himmelfahrt.
Du dunkle Luft voll sommerlicher Pollen.
Wenn ihre tausend Geister in dir tollen,
wird meine steife Leiche wieder zart.

Der Text, er wäre mir fremd geblieben, hätte ich zuvor nicht das Schluchterlebnis gehabt. Immer wieder erschließen sich mir Rilkes *verstreute und nachgelassenen Gedichte* durch eigene Erlebnisse besonderer Tiefe.

War es nicht ein Kraftort, dem wir hier begegneten? Dass dieser Ort, im Umfeld einer uralten, riesigen Tamariske, ein heiliger Kraftort sein müsse, wo sich die Seele emporschwingen kann, darauf kam Elke. Es ist der Ort, über dem das Kloster Kapsa in Südostkreta schwebt. Meine treue Begleiterin bezeichnete ihn jedenfalls so, dort, wo große Felsbrocken die Meereswellen teilen. Es ist ein Ort, durchflutet von magischem Licht, durchzogen von mystischen Adern und unsichtbaren Kraftströmen, ein Ort, zu dem wir uns hingezogen fühlten. Auch in Momenten der Ergriffenheit, des Staunens, der Schönheit oder auch des Schreckens bleibt hier der Verstand für einen Moment stehen, und ein Hauch der Göttlichkeit wird erfahren. Der Verstand kann die Stille nicht hören, aber das Herz hört sie, wenn wir unsere Aufmerksamkeit vom Selbstgespräch weg auf die Stille ausrichten. Wie wohltuend, sich eine Zeit äußerer Stille zu erlauben, eine Zeit ohne Sprechen. Wenn wir nach der hinter uns liegenden Situation nicht reden, kann der Geist sich mehr und mehr entspannen, ebenso das innere Selbstgespräch des eigenen bewussten und unbewussten Verstandes. Wir können eintreten durch das Tor der Stille und uns tiefer und tiefer sinken lassen. Dieser Raum von Stille, von Nicht-Verstand und Nicht-Ich wird mehr und mehr, du sinkst tiefer und tiefer. Aber du sitzt fest auf dem Boden. Der Boden trägt, ich kann nicht fallen. Ich spüre die Verbundenheit mit der Erde. Und dort, hoch oben auf einem Felsvorsprung, klebt das Kloster Kapsa, betreut von einer alten Nonne und jetzt zusätzlich auch wieder von einem Mönch. Oder waren es zwei der Weltabgewandten? Wassergemurmel entspringt hier, netzt Grabsteine, unterbricht, kaum hörbar, die Stille. Der Tod hat hier nichts hinterlassen als Geruch von Weihrauch, der strömt in die Einsamkeit. Du hörst hier nicht das Bellen eines verirrten Hundes und auch das Blätterrauschen nicht mit seinem angenehmen Nachklang. Hier herrscht die gesuchte und gewünschte wohltuende Klosterstille.

Zwischen Tag und Traum jene Stille,
vor der dein Bewußtsein flieht,
die dich aus Zwängen befreit
und dich aufnimmt, in Gnade Kraft zu finden,
dich selbst und zu dir zu kommen ...

Reinhard Rakow, 2007 aus „ZwischenZeiten“

Und wir stellen fest, dass wir als menschliche Wesen gerade hier eine spirituelle Erfahrung gemacht haben, in einen neuen Bewusstseinszustand getreten sind. Nur ungern trennen wir uns von diesem Ort. Indem wir atmen, tief durchatmen, treten wir in die Außenwelt und haben wieder Verbindung zu einer ganz anderen Schöpfung, dieser vielseitigen, immer wieder überraschenden und bewundernswerten.

Mag sein, dass solche Orte besondere Strahlungen aussenden, wie sie dem schwarzen Monolithen in Mekka nachgesagt werden oder auch Stonehenge in der Nähe von Amesbury (Wiltshire, England), einem Kraftort, der etwa 4.500 Jahre alt sein soll und als ein sagenumwobenes, aber auch als gigantischstes Bauwerk aus Europas Frühgeschichte gilt. Europa ist, wie inzwischen festgestellt wird, übersät mit alten Kultstätten, die von Archäologen und Radiästheten, also Elektrobiologen, immer wieder entdeckt werden.

Die Kraftorte, die wir für uns verbuchen, sind nicht solche wie etwa das weltweit bekannte Lourdes. Unsere Orte sind solche der Stille. Du musst aus dem Kairoer Trubel der Gassen um *Bâb Zuwêla* durch die berühmte 5,90 m hohe Tür ins Sanctuarium der *el-Muayyad-Moschee* (1405 – 1410) treten und in den sattgrünen Hof schauen, plötzlich bist du barfüßig aller Schwere entrückt. Nicht umsonst soll sogar der blutrünstige Sultan Selim I. diese Moschee als das schönste und würdigste Gebetshaus Kairos bezeichnet haben. Du gleitest lautlos mit den Augen durch den Blätterwald einem anderen Ufer zu, einem Paradies. Grün umgibt dich, Grün als Farbe des Propheten, als „Farbe des Islam“, als die Farbe des Erfolgs und des Glücks, der Hoffnung und des Friedens. Der Farbsymbolik folgend, wird darum an Schreinen, Fahnen, Kleidungsstücken, Vorhängen, Bucheinbänden, vor allem bei Koranexemplaren, Grün bevorzugt. Und jetzt weiß ich auch, warum in Syrien derjenige viel *baraka* – Segenskraft – besitzt, der eine „grüne Hand" hat.

Noch können wir uns nicht trennen von diesem Ort. Wir saugen das Licht des Geistes einer reinen Welt in uns auf, lassen die Trümmer des Tages zurück. Schließe die Augen, wie wir es wagten! Uns wuchs die Begierde, mehr und mehr in dem offenen Kultraum zu versinken. Wir legten uns auf die Teppiche, wie es einige wenige alte Einheimische schlafend vormachten. Da kannst du liegen und dem Gesang der Vögel lauschen, wie wir es im März 1989 taten. Die laute Welt liegt ganz plötzlich hinter dir.

In *Argyroupolis* auf *Kreta*, im gebirgigen Hügelland etwa 12 km südwestlich von der Hafenstadt *Rethymnon*, fanden wir im Herbst 2006 einen weiteren Kraftort, jedoch ganz anders geartet: Er liegt außerhalb des 700 Einwohner zählenden Dorfes, in einem Tal gelegen, auch wieder regelrecht in Grün gebettet und von Grün überdacht, also einem grün schimmernden Firmament. Die Sonne durchleuchtet nur mühsam das Dunkel einer weit über tausend Jahre alten Platane, die von anderen Platanen Ehrfurcht gebietend umringt wird. Ein Wunderwerk der Natur allein schon durch den unglaublich knorrigen Stamm, Durchmesser nahezu drei Meter. In deren Schatten liegen Reste von Gräbern. Du badest hier in Gegensätzen: modrig-frisch, tot-lebendig, stehend-liegend, organisch-anorganisch, hellbraun und graugrün behaarter Blattaustrieb – schnell verkahlt, männliche Blüten grünlichgelb und klein-weibliche Blüten karminrot, die Rinde junger Bäume dunkelgrau bis braun, mit zunehmendem Baumalter blättert die Rinde in dünnen Platten ab, die jüngere Rinde darunter gelb-grau. Die Sammelfrucht kugelig, braun, die Einzelfrüchte kantig-zylindrische Nüsschen, die den Samen enthalten.

Als wäre der Text auf diesen Ort gemünzt, so steht bei Rainer Maria Rilke: *Nur der Tote trinkt aus der hier von uns gehörten Quelle, wenn der Gott ihm schweigend winkt, dem Toten.* (aus: Die Sonette an Orpheus, Zweiter Teil) Wer kann oder will hier dem Mahnruf *Memento mori* entgehen? Hier empfängt man hoffnungsvoll, geborgenheitsspendend, befreiend jenes *Gedenke, dass du sterben musst.* Ob man will oder nicht, der Todessymbolik ist hier nicht aus dem Weg zu gehen. Der Unterschied zwischen Leben und Tod ist hier keiner der Qualität, sondern nur einer der Zeit.

Hier tauchst du, geradezu unglaublich, in eine vollkommene Stille ein. Wer hört zu und fliegt mit uns, fliegt vielleicht der Ewigkeit zu, mit Träumen zu anderen Gestaden hin? Welche Gedanken kann man hier verschwenden zwischen den Flüssen Mousselas und Petres in der Nähe der antiken Stadt Lappa, die der Mythologie zufolge von Agamemnon gegründet worden sein soll! Wir sahen keine Touristen, die sich hierher hätten verlaufen können, konnten darum die Stille doppelt genießen. Ja, die Stille! Gar oft werde ich gefragt, ob ich denn so viel und so lange Stille aushalten könne. Da kann ich nur mit dem berühmten Dirigenten Daniel Barenboim, der 10 Tage lang auf einem Eisbrecher die Stille der Antarktis erlebte, antworten: „*Es war wunderbar. Eine großartige Landschaft. Ich brauche keinen Walkman.*“ Und Barenboim setzt in einem Interview fort: „*Was ist Musik? Die Beziehung zwischen Klang und Stille. Der Klang ist das Leben, die Stille der Tod. Genau in dieser Wechselwirkung bekommt Musik eine metaphysische Dimension. Musik gibt einem die Möglichkeit, in bestimmter Weise übermenschlich zu sein. Mit dem Klang und dem Übergang in die Stille kann ich sozusagen den Tod erleben.*“ Was hier Barenboim ausspricht, war das, was uns an diesem Ort fesselte. Ergriffen von einer uralten Ehrfurcht und jener Stille, wie sie an einem Grab entsteht, verließen wir den Kraftort, wie wir ihn allein vorfanden. Jedes Gespräch mit anderen wäre Störung gewesen.

Haben uns sogenannte Leylinien an solche Orte geführt? Leylinien tragen – so heißt es – viel Lebensenergie in sich. Eine Leylinie kann im Hinblick auf Landschaften und Städte verstanden werden als pulsierender Meridian oder analog der Geomantie als elektromagnetische Welle. Da, wo sich Leylinien kreuzen, befindet sich ein sogenanntes Leycenter – ein Kraftort, welcher auch als magisches Quadrat bezeichnet wird und wo entsprechende Kultstätten entstanden sind. Davon hatte ich bislang nichts gehalten, weil ich derlei als der Esoterik zugehörig eingestuft hatte und seitens der Wissenschaft heilende oder helfende Eigenschaften von Energiefeldern noch nicht nachgewiesen werden konnten, bis ich zunehmend deren erhöhte Lebensenergie erfahren habe. Erhöhte Lebensenergie inspiriert den Menschen und die Natur, wie auch im folgenden Ereignis.

Im pakistanischen Swat-Tal

Zeit bleibt stehen,
gerinnt, gefriert,
verliert Bedeutung,
bedeutet Einkehr.

Reinhard Rakow, 2007
aus „ZwischenZeiten"

waren wir Anfang Mai 1993. Es gehört zu den schönsten und lohnendsten Ausflugszielen in Nordpakistan. Von Islamabad aus waren wir in einer Propellermaschine gestartet, nachdem zuvor zu unserer großen Bestürzung am Propeller mit Tesaband hantiert worden war. Bevor jedoch der Propeller in Bewegung gesetzt wurde, trat eine plötzliche Stille ein. Sie galt dem Glaubenszeugnis *shahada. „La ilaha illa Allah wa Muhammed-e rasul Allah."*
Wir waren erstaunt über die Tesaband-Macht Allahs, als wir nach einer halben Stunde glücklich landeten, was mit einem Bus über fünf Stunden gedauert hätte. Ein Linienbus wurde uns aber trotzdem nicht erspart. In einer abenteuerlichen, halsbrecherischen Fahrt inmitten einheimischer Reisender ging es durch enge Schluchten und Wildbäche auf regennassen, rutschigen Pisten, zu beiden Seiten Zweitausender. Uns wurde es sehr mulmig bei dieser „Höllenfahrt". Doch der fromme Muslim überantwortet in der Formel *Inshallah* sein Geschick den Händen Gottes, weiß sich von Gott getragen, in seiner Geschöpflichkeit ganz und gar zu Gott gehörig. Entweder hatten wir Glück oder *Inshallah* half tatsächlich. Glaube soll ja Berge versetzen. So er-

reichten wir Bahrein, wo der Daral in den Hauptfluss mündet und ihn in einen reißenden Gebirgsfluss verwandelt. Mit seiner Lage von 1.300 Metern über dem Meeresspiegel liegt Bahrein, wie zuvor das größere Madyan, in einer kühleren Zone. Die Häuser der Oberstadt stehen auf Holzstelzen, wie angeklebt an den Bergabhang, malerisch für uns, für Einheimische in ihrem Alltag sicher unbequem, mühsam und unbeschreiblich ärmlich. Dort entdeckten wir eine alte Moschee in traditioneller, bemalter und geschnitzter Holzarchitektur. In ihrer Schlichtheit, anstelle von Teppichen mit Stroh ausgelegt, bot sie keinen sinnlichen, optischen Genuss, wurde aber trotzdem zu einem tiefen Erlebnis, zur Faszination. In einem hölzernen schmalen Kanal wurde Bergwasser direkt neben die Moschee geleitet und ermöglichte so die vorgeschriebenen Waschungen. Das Rieseln des Wassers war das einzige Geräusch in der Stille der uns umgebenden Bergwelt. Die hier beten kommen, so dachten wir, werden nicht nur versöhnt sein mit einer friedlichen Natur. Sie werden sie auch anders erlebt haben mit unerbittlicher Kälte, mit Sturm und Frost. Die hierher kommen, kennen Tränen, Leiden, Enttäuschung, kennen den ewigen Kreislauf von Geburt und Tod, wie überall in der Welt, auch wenn die Luft so rein ist, als sei sie noch nie geatmet worden. Diesen Ort des Schweigens haben wir in unseren Herzen versiegelt. Nichts kann den Jubel zerstören, der unsere Seelen hier erfüllte, auch wenn wir heute wissen, dass irgendwo westlich von dieser Gegend, im Grenzgebiet zu Afghanistan, die Taliban, diese streng islamisch-sunnitischen Fundamentalisten, ihr Rückzugsgebiet haben. Würde uns heut, wären wir dort, ein Todeskuss aus splitterndem Eisen, ein Stahlgewitter erwarten, da, wo so viel Frieden herrschte?

Der Dramatiker George Bernard Shaw meinte einmal: „*Der einzige Mensch, der sich vernünftig benimmt, ist mein Schneider. Er nimmt jedes Mal neu Maß, wenn er mich trifft, während alle anderen immer wieder die alten Maßstäbe anlegen aufgrund der Vermutung, dass sie auch heute noch passen.*“

Das Beispiel mag vielleicht anwendbar sein auf Kraftorte. Jeden Kraftort haben wir in der Wahrnehmung anders empfunden. Jeder von uns, Elke und ich, der Skeptiker, hatte dabei eine andere Bewusstseinsschwelle, andere Einsichten. Noch von anderen Kraftorten ließe sich schwärmen. Nun aber kommt an anderen Orten anderes.

Kali orexi

Alle die großen Bilder in mir,
im Fernen erfahrene Landschaft,
Städte und Türme und Brücken
und unvermutete Wendungen der Wege ...
Rainer Maria Rilke, 1913/14 Paris

Einen Ort namens *Agios Nektarios*, man wird es kaum glauben, gibt es auf *Kreta*, und zwar am Ausgang der *Asféndou-Schlucht* in der Nähe von *Chora Sfakion*. Die Stadt *Agios Nektarios* soll die älteste touristisch erschlossene Stadt Kretas sein und erhielt den Namen des jüngsten orthodoxen Heiligen, der 1846 geboren wurde. Wer denkt bei Agios Nektarios nicht eher an Nektar und Ambrosia, die Götternahrung in der griechischen Mythologie? Da schmeckst du schon im Voraus dortige spezielle Honigsorten, wie frisch aus den Waben geschleudert. In fast vergessenen kleinen Bergdörfern sind solche Naturgeschenke zu erstehen. Und in einer ganz bescheidenen Taverne bekommst du dort auch deinen griechischen Salat, *Choriátiki Saláta,* die Tomaten in Stücke zerschnitten, ebenso die Gurken, Paprikaschoten und Zwiebeln in Ringen, Fetakäse in Würfeln und Oliven mit Olivenöl. Und dann in den Tavernen am Meeresstrand der Knoblauch als Hauptbestandteil vieler Rezepte, zum Beispiel Lammkeule mit Knoblauchzehen oder Chalkidiki-Oliven mit Knoblauch gefüllt. Läuft dir nicht schon das Wasser im Munde zusammen? Da lässt sich nur noch sagen: „*Kali orexi*“, Guten Appetit.

Während du so träumst, setzt das Flugzeug bereits zur Landung an. Heraklion ist erreicht, sagt die Stewardess. Schon laufen wir auf dem Asphalt des Flughafens den leuchtenden Gebäuden entgegen. Die Luft weht hier warm, Jasminduft kommt mir in einer Brise entgegen, eine Mischung betäubender Gerüche. Da würde ich, wenn ich es noch könnte, springen oder gar, wie einst der Papst, die Erde küssen. Aber da würde man mich wohl für verrückt halten, also lasse ich es besser. Zumindest aber sage ich „*kaliméra!*". Guten Morgen!, Kreta, Teil Griechenlands, Land meiner Träume!

Hier werde ich, jetzt, zur Herbstzeit 2006, Granatäpfel knacken, ja, knacken, denn Punica granatum macht es seinem Verkoster nicht gerade leicht mit seinen Kammern, seinen vielen durchzogenen Wänden. Aber hier im Urlaub ist Zeit gegeben, die zahllosen, bis zu 3 mm großen kantigen Samen von geleeartigem, saftigem, tiefrotem bis blassrosa Fruchtfleisch aus den Hüllen herauszulösen. Ich werde die Kerne nicht nachzählen, von denen es 613 geben soll, genauso viele, wie das Alte Testament Gesetze hat, eine Rekordzahl von Verboten und Vorschriften. Warum, um alles in der Welt, dürfen zum Beispiel vom Anrühren des Mehls bis zur Fertigstellung des Brotes für das Pessachfest nicht mehr als achtzehn Minuten vergehen? Sind neunzehn Minuten beim Brotbacken denn nicht auch ein schönes, gottgefälliges Ergebnis? *Kodaschim*, Opfer- und Schlachtbestimmungen gibt es viele. Dabei wird unterschieden zwischen *koscher* (eigentlich kaschèr, von Tauglichkeit) und *trefe* (taréf). Koscher ist unter anderem das Fleisch von Rind und Schaf sowie Geflügel, trefe ist zum Beispiel Schweine-, Esels-,

Kaninchen- und Kamelfleisch (vgl. 3. Mose 11 und 14). Strengstens untersagt ist der Genuss von Blut, die Tora spricht in diesem Fall ein zehnfaches Verbot aus (vgl. 1. Mose 9,4 und 5. Mose 12,23). Das macht ein rituelles Schlachten, das sogenannte *Schächten*, notwendig. Der Schächter muss das Tier mit einem makellosen Messer so töten, dass nach einem einzigen Schnitt durch den Hals bis zur Wirbelsäule schnellstmöglich alles Blut abfließt und dabei die Fleischfaser und innere Organe nicht unnötig zerstört werden. Der ordnungsgemäßen Schächtung folgt eine akribisch genaue Fleischbeschau (Bedika, Untersuchung), um den Verzehr von Fleisch kranker Tiere zu vermeiden. Vor dem Genuss wird das Fleisch mehrfach gewässert und gesalzen, damit auch noch mögliche letzte Blutreste daraus entweichen. Die Fleischskandale, die wir in letzter Zeit im europäischen Raum erlebten, können hier ausgeschlossen werden. Ein Grundprinzip der jüdischen Küche ist neben der Speisegesetzgebung die strikte Trennung von Fleisch- und Milchprodukten *Basar we Chalaw*. Entsprechend notwendig sind getrennte Kochtöpfe sowie separates Geschirr und Besteck. Außerdem sind die entsprechenden Gerätschaften getrennt aufzubewahren.

Das alles klingt nach strengen Hygieneregeln und muss einst für das jüdische Wüstenvolk eine durchaus sinnvolle Vorschrift gewesen sein. Offenbar wurde daraus über die Jahrtausende hinweg eine vermeintlich philosophische Weisheit. Sinnvolles und Willkürliches liegen da nebeneinander. So ist es den Juden verboten, Kamelfleisch zu essen, Bisonfleisch dagegen nicht. Warum soll, wer nach einem Hühnchenschlegel einen Erdbeerjoghurt essen möchte, nach Gottes Willen genau sechs Stunden warten? Warum dürfen Juden ihren Kater nach Gebot 106 nicht kastrieren, egal, wie laut er nachts schreit? Ein Melken am Sabbat war schon in vortalmudischen Zeiten verboten. In der Diaspora konnte das Verbot mühelos eingehalten werden, da jüdische Viehzüchter in der Regel reich genug waren, sich nichtjüdische Diener zu halten, denen das Melken befohlen werden konnte. Die ersten jüdischen Kolonisten in Palästina beauftragten Araber für diese und andere Zwecke. Das verbotene Melken ist unter der Voraussetzung erlaubt, dass die Milch keine weiße, sondern eine blaue Farbe hat. Die blaue Samstagsmilch wird dann ausschließlich zur Herstellung von Käse verwendet und der Farbstoff in der Molke ausgewaschen. Die vielen Vorschriften sind in sechs Ordnungen eingeteilt und umfassen 63 Traktate, die wiederum in Kapitel und Lehrsätze unterteilt sind, in *Seraim*, Vorschriften zur Landwirtschaft, in *Moed*, Gebete und Gesetze zu Fest- und Feiertagen, in *Naschim*, Ehe- und Familiengesetzgebungen, in *Nesikin*, Zivil- und Strafrecht und in *Toharot*, vielgestaltige Reinheitsbestimmungen. Denkt man da nicht an ein verhärtetes, moralinsaures, selbstgerechtes und selbstgefälliges Philistertum? Längst nicht halten sich alle Juden buchstabengetreu an die „biblischen Lebensregeln“. Schon Salomo, König der Israeliten, hat sich nicht an die jüdische Vorschriftenwelt gehalten. Das beweist seine extreme Vielweiberei mit einem Harem von 700 Frauen und 300 Nebenfrauen, womit er gegen das Gesetz des *Deuteronomium*, dem sogenannten Zweitgesetz, verstieß. Die brutale Verfolgung seiner Gegner zu Beginn seiner Amtszeit und den Zwang der Israeliten zur Fronarbeit sprechen auch nicht für ihn, dann wieder der andere Salomon, der

Autor von 1005 Gedichten, vielleicht auch der vom *Hohenlied*?

Göttliche Texte?

In dieser Welt, wo Unrecht so geschieht
wie Staub sich bildet unter allen Dingen
in allen Fugen des geklafften Daseins.
Rainer Maria Rilke, 1911, Paris

Wenn es um Sinnvolles und Willkürliches geht, steht der Islam nicht nach. Dort wird das ganze Leben säuberlich in *halal*, „das Zulässige, Erlaubte, Gestattete" und in *haram* „das Unzulässige, Verbotene, nicht Gestattete" eingeteilt. Nach der *Scharia*, dem Islamischen Recht, sind Laufsport und Ringkampf erlaubt, weil der Prophet selbst dem gehuldigt haben soll. Backgammon (ein Brettspiel) ist wegen der Würfel verboten, Schach erlaubt, weil es kein Glücksspiel ist. Figuren mit menschlicher Proportion sind nicht gestattet. Männer dürfen keine seidene Kleidung tragen, außer bei Krätze. Männliche Selbstbefriedigung ist erlaubt, wenn Fasten nicht hilft. Frauen ist das Zupfen von Augenbrauen untersagt, weil es an Prostituierte erinnern könnte. Perücken und Haarteile sind haram. Der Katalog von Ge- und Verboten ist endlos.
Dabei begegnen uns auch sadistische Anordnungen: Es ist halal, eine Frau zu steinigen, indem man sie bis zu den Schultern in ein Loch eingräbt, damit der *Hijab*, der Schleier, dranbleibt, aber es ist haram, sie auf dem ebenen Boden zu steinigen und damit zu riskieren, dass der Hijab abfällt. Es ist halal, junge Frauen im Feuer verbrennen zu lassen, aber haram, sie zu retten, wenn sie keinen Hijab anhaben.
Berichte von Steinigungsurteilen oder vollstreckten Steinigungen gibt es aus dem Iran, aus Nigeria, Pakistan und dem

Sudan. Allerdings muss man bei Steinigungsurteilen beziehungsweise der Vollstreckung der Steinigung in diesen Ländern differenzieren. So haben im Jahr 2002 nur im Iran tatsächlich „gesetzmäßige" Steinigungen stattgefunden. In Pakistan hat das *Federal Shariat Court* aufgrund weltweiter Proteste das Todesurteil eines Schariagerichts aufgehoben; stattdessen kam es zu rechtswidrigen „wilden" Steinigungen in diesem Land. Die Dunkelziffer der tatsächlich vollstreckten Steinigungen beziehugnsweise Verhängung von Steinigungsurteilen wird weitaus höher eingeschätzt als die tatsächlich dokumentierten Steinigungsfälle.

Der Frieden scheint durch und durch aufgebraucht. Seine Spuren sind verweht, zum Hassen umfunktioniert. Ich wollte es nun genau wissen, was wirklich im Weltbuch der Mosleme, im Koran, steht. Da finde ich in der 2. Sure, Vers 190:

Und kämpfet für Allahs Sache gegen jene,
die euch bekämpfen,
doch überschreitet das Maß nicht,
denn Allah liebt nicht die Maßlosen.

Ist der zweite Teil des Verses heut vergessen worden? Aber schon im nächsten Vers wird die Mäßigung aufgehoben, sodass hier wirklich mit doppelter Zunge geredet wird:

Und tötet sie, wo immer ihr auf sie stoßt,
und vertreibt sie von dort,
von wo sie euch vertrieben;
denn Verfolgung ist ärger als Totschlag.

Bei solchen Sätzen fühlen sich Extremisten zur Tötung Andersgläubiger berechtigt. Moderate Muslime müssten solche Texte historisch-kritisch aufarbeiten. Und sie müssten sich endlich dazu durchringen, deren Gültigkeit für beendet zu erklären, um den Radikalen die Legitimation für ihr Handeln zu entziehen, anstatt zuzusehen, wie in weiteren Suren die Situation noch mehr aufgeheizt wird, wie zum Beispiel in der fünften Sure, Vers 33. (in anderen Ausgaben 34. Vers):

Der Lohn derer, die Krieg führen
gegen Allah und Seinen Gesandten
und Unordnung im Lande zu erregen trachten,
wäre der, dass sie getötet oder
gekreuzigt werden sollten
oder dass ihnen Hände und Füße
abgeschlagen werden sollten
für den Ungehorsam oder dass sie
aus dem Lande vertrieben würden.
Das würde eine Schmach für sie sein in dieser Welt;
und im Jenseits erwartet sie schwere Strafe.

Es verwundert dann sehr, dass man nur einige Verse wieter, nämlich in Vers 49 (48) lesen kann, dass Allah mit Absicht mehrere Religionen zugelassen hat, auch nach Meinung der Schriftausleger:

Einem jeden Volke gaben wir Norm (Religion)
und einen offenen Weg.

Was den Stolz der Muslime ausmacht, darin sieht der Rest der Welt genug Gründe für ihre Rückständigkeit. Da lese ich zum Beispiel in der vierten Sure, Vers 34:

Die Männer stehen den Frauen in Verantwortung vor,
weil Allah sie (von Natur vor diesen) ausgezeichnet hat
und wegen der Ausgaben,
die sie von ihrem Vermögen (als Morgengabe
für die Frauen) gemacht haben.
Und die rechtschaffenen Frauen sind (Allah)
demütig ergeben
und geben acht mit Allahs Hilfe auf das,
was (den Außenstehenden) verborgen ist.
Und wenn ihr fürchtet, dass (irgendwelche)
Frauen sich auflehnen, dann vermahnt sie,
meidet sie im Ehebett und schlagt sie!
Wenn sie euch (daraufhin wieder) gehorchen,
dann unternehmt (weiter) nichts gegen sie!
Allah ist erhaben und groß.

Man mache sich klar, dass dies alles göttliche Texte, Gottes eigene Worte, ‚ungeschaffen' herabgesandt durch den Engel Gabriel an den Propheten sein sollen. Diese Herabsendung ist für Muslime das entscheidende Heilsereignis. Daran darf selbstverständlich nicht gerüttelt werden. Was für eine Orthodoxie, die alles aus den Suren oder einem *Hadith* (Offenbarung Gottes) erklären kann! Traurig, ja erschütternd, dass man hier ganz weit weg von jeglicher Frauenbewegung ist. Hier gilt nach wie vor: Das Weib sei willig, dumm und stumm. Haben wir es da nicht bei dieser Art von Männern mit unbelehrbaren Wahngläubigen zu tun?

Aber Halt! Was hatte vor nicht allzu langer Zeit im inzwischen stark revidierten katholischen Katechismus gestanden? Das wenige Harmlose, das ich hier nenne und selbst noch erlebt habe, ist inzwischen Geschichte: Freitags durfte kein Fleisch gegessen werden, weil Jesus als fleischgewordener ‚Menschensohn' an einem Freitag am Kreuz hingerichtet wurde ‚als Sühneopfer für die Menschheit'. Fisch dagegen durfte man essen. An Nacktbaden war gar nicht zu denken. Da hätte man Unkeusches gesehen. Antoine de Saint-Exupery weiß eine bessere Sicht: „*Man sieht nur mit dem Herzen gut. Das Wesentliche ist für die Augen unsichtbar.*" Vor dem Empfang der Kommunion durfte in meiner Jugendzeit nicht gegessen und getrunken werden. Der ‚Heiland' sollte nüchtern empfangen werden. Da wurde vielen Erstkommunionkindern, die mit leerem Magen zur Feier kamen, schlecht. Mir ging es mit meinen 12 Jahren – oder war ich 10-jährig? – nicht anders. Der heiliggesprochene Papst Pius X. erließ am 8. August 1910 das Dekret *Quam Singulari*, in dem festgelegt wurde, Kinder ab dem 7. Lebensjahr zum Empfang der ersten ‚heiligen' Kommunion zuzulassen. Später hieß es sogar: „*Je kleiner sie sind, desto gewisser kann man davon ausgehen, dass sie Christus im Sakrament in würdiger Weise in ihr Herz aufnehmen.*"

Da durfte die Organistenfamilie Berger selbstverständlich nicht nachstehen, so entschied Ehefrau Nina. Folglich ergriff sie die Initiative und schickte unsere 5-jährigen Jungs zur Frühkommunion. Der Pfarrer war begeistert, aber unterzog die kleinen Kandidaten erst einer Prüfung. Raphael ging der Sache ängstlich entgegen und sagte immerzu: „*Ich weiß die Söhne nicht, ich weiß die Söhne nicht!*" Aber der

Pfarrer beruhigte ihn: „*Die Söhne von Adam und Eva, Kain und Abel, sind nicht so wichtig für den Empfang von Jesus.*" Michael meinte: „*Papa, das will ich dir sagen, die Kinder in Bremen können die Füße von Jesus haben. Ich will den Kopf!*" Und Raphael äußerte sich nach dem Empfang enttäuscht: „*Das schmeckt ja wie Blattern!*", und meinte damit Herbstlaub, das er auf Essbarkeit hin probiert hatte. Hatte er nicht recht?

Keine Zufälle?

Nicht sind die Leiden erkannt,
nicht ist die Liebe gelernt,
und was im Tod uns entfernt,
ist nicht entschleiert.
Einzig das Lied überm Land
heiligt und feiert.
Rainer Maria Rilke, aus dem XIX. Sonett, 1922

Ich aber will jetzt nicht Oblaten auf Schmackhaftigkeit untersuchen, sondern Granatäpfel pflücken, die zuhauf unbeachtet auf Kreta zu finden sind. Im *Hohen Lied* dient der Granatapfel dazu, die Schönheit einer Frau zu unterstreichen. Auch die Propheten Joel (1,12) und Haggai (2,19) erwähnen ihn. Uns aber interessiert die Frucht wegen des Reichtums an Kalium, Vitamin C, Kalzium und Eisen. Auch in unseren Frühstückstee werden wir die Natur einbeziehen. Bergtee ist reich an ätherischen Ölen und wird wegen seiner anregenden Wirkung auf das Nervensystem geschätzt. Typisch für die Insel ist das Vorkommen von Oregano, Thymian, Rosmarin oder Diptam, deren Verbreitung bis in die Hochlagen der Gebirgszüge reicht. Und unsere abendliche Unterhaltung bei Rotwein wird von Grillen und Zikaden begleitet werden. Vielleicht sitzen wir dann unter einem Granatapfelbaum wie einst Saul, der erste König Israels. So will es das 1. Buch Samuel im Kapitel 14,2 wissen. Hier und jetzt geht es aber nicht um jene Geschichte, sondern um die Fortsetzung meines Buches. Ist es Zufall, dass mir an dieser Stelle meines Lebenslaufs das Hohelied samt Granatapfel entgegenläuft, entgegenläuft durch eine Gesangsstudentin?

„Es gibt keine Zufälle", sagt über 50 Jahre später meine Frau Elke. Für sie handelt es sich um Ereignisse, von außen gesteuert. Deshalb ist die Frage, ob Zufall existiert, eher eine religiös-philosophische als eine physikalische. Mit seinem berühmten Satz *Gott würfelt nicht* hat selbst Albert Einstein versucht, seine eigenen spektakulären Erkenntnisse über physikalische Zufallsprozesse abzuschwächen und so die Macht des Zufalls zu negieren. Die seltsame Welt des Phänomens Zufall ist früher wie heute auf verschiedene Weisen untersucht und berechnet worden. Eine schlüssige wissenschafttheoretische Antwort blieb aus. Ist also der Zufall der Feind allen Wissens oder kann man hinter einem besonderen Ereignis die unendliche Feinheit eines Kausalgewebes sehen? Ich habe jedenfalls den Zufall oft genug nicht als sinnlos erfahren.

So kann ich versichern, eine Manipulation ausgeschlossen zu haben, wenn ich jetzt chronologisch fortfahre und mir dabei wieder *das Hohelied der Liebe* zufällt. Eine vollschlanke, große Gestalt hatte ich in der Mensa der Westberliner Musikhochschule wahrgenommen, aber nicht gewagt, sie anzusprechen. Da nahte die Faschingszeit. Auch die Kirchenmusiker hatten vor, diese zu feiern, und sie luden – ich weiß nicht, wer auf die Idee kam – Studentinnen anderer Studiengänge dazu ein. Und sie kamen tatsächlich. Wir Studenten sollten unsere Schuhe wahllos in einen vorgegebenen Kreis werfen und die anwesenden Studentinnen sollten je einen Schuh ergreifen. So geschah es. Triumphierend zeigte eine junge Frau meinen Schuh. Es war jene, die mir schon immer in der Mensa aufgefallen war. Sie gestand mir, sich meinen Schuh vorher genau angesehen zu haben, um dann geschickt jenen aus der Masse der vielen Schuhe ergreifen zu können. So kam ich an die heimlich Angebetete. Meine passive Verzauberung konnte ich aufgeben. Sie, die heimlich Angebetete, war mir zugefallen, regelrecht zugefallen. Sollte das ein Zufall sein? *Er küsse mich mit Küssen seines Mundes, denn diese Liebe ist köstlicher als Wein.* So steht es gleich am Anfang des Liedes der Lieder von Salomo. Ich wurde erobert, ich, der ich eigentlich der Eroberer sein wollte. Im Hohen Lied heißt es weiter: *Erzähle mir, du, den meine Seele liebt, wo weidest du?* So fragte auch ich und erfuhr, dass sie als Altistin im Gesangfach bei Frau Reimann, der Mutter des später berühmten Opernkomponisten Aribert Reimann, eingeschrieben sei, ansonsten dramatische Altpartien im Opernfach studiere.

Eine Ungläubige?

So lernte ich, verschiedene Solopartien aus Verdi-Opern am Klavier zu begleiten, und tauchte, wenn auch nur ausschnittweise, in eine ganz andere Musikwelt ein. *Laß mich deine Stimme hören! Denn deine Stimme ist süß und deine Gestalt anmutig*, so steht es weiter im *Hohen Lied Salomonis*. Und so setzte ich, nichts ahnend und unbedarft, diese Stimme in kathkolischen Gottesdiensten ein. Ich war aber noch in der Probezeit an jener neuen Stelle in Charlottenburg. Nach Ablauf dieser Zeit wollte ich meine Festanstellung entgegennehmen. Dessen war ich mir sicher. Stattdessen erklärte der Kuratus der Camillus-Kirche das Arbeitsverhältnis unbegründet als beendet. Mein Tobsuchtsanfall nützte nichts. Der Geistliche drückte mir ein hervorragendes Zeugnis in die Hand, damit könne ich mich andernorts bewerben. Erst viel später dämmerte mir der Grund seiner Entscheidung. Meine große Liebe, die Altistin, war eine Pfarrerstochter, eine Protestantin. Ein Islamist würde heute sagen: *Eine Ungläubige.* Und er würde seine Haltung aus dem Koran mit der Sure 8:12,13 begründen: *Da dein Herr den Engeln offenbarte: ‚Ich bin mit euch; so festiget denn die Gläubigen. In die Herzen der Ungläubigen werde Ich Schrecken werfen. Treffet (sie) oberhalb des Nackens und schlagt ihnen die Fingerspitzen ab!' Dies, weil sie Allah Trotz boten und Seinem Gesandten. Wer aber Allah und Seinem Gesandten Trotz bietet – wahrlich, Allah ist streng im Strafen.* Das sagte mir der Geistliche natürlich nicht, aber genau das war – wie auch heute noch (!) – seine Denkrichtung und die Ansicht der katholischen Amtskirche. Aber da soll ja keine

Häme aufkommen! Die Amtsinhaber der evangelischen Kirche dachten nicht viel anders. Hätte sonst der Pastor, der Vater meiner Freundin, bei seiner Behörde nachgefragt, wie es denn zu halten sei mit seiner Tochter und einem zukünftigen jungen katholischen Schwiegersohn? Nur war der Befragte engagiert im ökumenischen Einigungswerk. Es war Otto Dibelius, Bischof der Evangelischen Kirche Berlin-Brandenburg. Der gab Entwarnung.

Wie heißt es trostreich im *Hohenlied*: *Wenn der Tag verhaucht und die Schatten fliehen, will ich zum Myrrhenberg hingehen und zum Weihrauchhügel.* Das war für mich zunächst ein Ort im Oldenburger Land, in Delmenhorst an der Marienkirche, dem roten Dom des Nordens. Meine Anstellung schien anfangs unter einem besonders guten Stern zu stehen. Wie mir später berichtet wurde, soll der dortige Propst beim Vorstellungsspiel von meinem improvisiertem „*Te Deum*" an der romantischen Orgel samt Fernwerk so beeindruckt gewesen sein, dass ihm Tränen in den Augen gestanden haben sollen. Bei dem anschließenden Vorstellungsgespräch war zunächst tiefes Schweigen, sodass ich schon an eine Ablehnung glaubte. Dann allerdings kam die Frage: „*Wollen Sie denn überhaupt hierher?*" Viel später erfuhr ich von der Nonne, die im Kirchenbüro tätig war, dass man sich in Berlin nach meiner Person erkundigt und von meinem Verhältnis zu einer Pfarrerstochter erfahren hatte. Der Propst, an sich weltoffen und gewandt im Umgang mit Politikern, hatte plötzlich Skrupel entwickelt bezüglich eines Kirchenmusikers, der mit einem Bein bei den Lutheranern stand. In seinem Herzen siegte dann aber die Kunst, für die er besonders zugänglich war. Er nahm mich, auch, um musikalisch gleichziehen zu können mit der evangelischen Stadtkirche, die einen Kirchenmusikdirektor samt Bach-Chor hatte.

Es nahte Weihnachten 1955, leider ohne diesen Propst, der plötzlich verstorben war, der mir so viele künstlerische Wege ebnen wollte und der mir in dem kurzen Zeitraum gemeinsamen Tuns Tore zu Radio Bremen geöffnet hatte, ein Mann, der in den Hochämtern kunstvoll, geradezu perfekt Präfationen sang und damit Herzen öffnen konnte. Auf solche Amtsausführungen hatte er sich immer vorbereitet, sogar Gesangsstunden genommen. Das habe ich später nie mehr bei einem Geistlichen erlebt.

Sollte ich Weihnachten allein bleiben? Nein, ich musste das tun, was im Lied der Lieder steht, und so schrieb ich: „*Mach dich auf, meine Freundin, meine Schöne, und komm!*“ Und soll ich es verschweigen? Schließlich standen wir damals unter dem ausdrücklichen Diktat der Hormone. Es dauerte unter diesen Umständen nicht lange, bis der eine in den Armen des anderen lag, weil dies das Naheliegendste war, das Unvermeidbare.

Kaum war sie, die Gudrun hieß, in Delmenhorst eingetroffen, war es auch schon bei den Geistlichen der Gemeinde bekannt. Es war ein Unding, Gudrun bei mir übernachten zu lassen. Ihre Schlafstätte wurde das St. Josef-Stift, das katholische Krankenhaus. Heilig Abend nahte und ich hatte die üblichen Chorsätze und das unvermeidliche „*Transeamus usque Bethlehem*“ des Breslauer Domkapellmeisters Joseph Ignatz Schnabel in meinem Repertoire. Außerdem, wie hätte es anders sein können, wollte ich Gudruns solistischen Auftritt und handelte nach dem, was im *Hohenlied* 2,12 steht: *Die Zeit des Singens ist gekommen!* Ein Raunen ging durch den Chor, in dem auch viele junge Frauen sangen. Darunter solche, die sich selbst oder deren Mütter sich für ihre Töchter Hoffnungen machten. Ich hatte nicht Kapitel 2,7 des *Hohenliedes* bedacht: *Ich beschwöre euch, Töchter Jerusalems, bei den Gazellen oder bei den Hirschkühen des Feldes: Weckt nicht, stört nicht auf die Liebe, bevor es ihr selber gefällt!*

Gudrun, meine Schöne, wurde in die Kaplanei zitiert und ziemlich brutal dahingehend belehrt, dass sie katholisch werden müsse, wenn sie hier etwas werden wolle. Mich trieb unentwegt eine Kraft, die so stark war, dass ich ihr nicht widerstehen konnte. Ich glaubte, dass diese Kraft ihren eigenen Sinn und ihre eigene Moral hat, selbst wenn diese mir zeit meines Lebens unverständlich bleiben sollte. Ich war in einen Kokon eingesponnen und wollte nicht wahrhaben, dass die Perspektiven zerbröselten und keine neuen sich einstellen konnten, wie ich auch nach Möglichkeiten suchte. Ich mochte es wenden, wie ich wollte, die Probleme saßen wie ein unentrinnbarer Knoten in uns. Wir drehten noch Ehrenrunden, über ein halbes Jahr. Liebe kann man nicht lehren und nicht kaufen. Liebe kann nicht gelernt werden. Das Individuum hat keine Kontrolle über ihre Entstehung. Sie ist eine Schwingung, die man nicht ergreifen und festhalten kann. Vielmehr wird sie wahrgenommen und erlebt. Der Kaplan der katholischen Kirchengemeinde hatte es verstanden, unser Energiefeld zu zerreißen.

Was mir zugefallen war, jetzt war es zugefallen wie eine Falle. Ich hatte jemanden mehr geliebt, als mein Herz ertragen konnte. Novembergräben öffneten sich für lange Zeit. Trauervögelrufe geleiteten mich. Du atmest nicht mehr mit deinem Engel und freust dich nicht mehr auf jeden Tag. Eine Spinne deckt mit ihrem Netz den Sommer zu. Durch die Luft sausen braune Blattreste wie ausgestreute Gedanken. Da kannst du nicht mehr singen: *Geh aus, mein Herz, und suche Freud*. Da bleibt nur: *Du ferner Gott, zeig dich mir wieder!*

Nein, sie wollte nicht fliehen. Aber was blieb? Unsere Gefühle waren verwirrt zwischen den entgegengesetzten Richtungen. Die Felsen der alten Traditionen reißen unsere jungen Füße blutig. Und die Stacheln der von Menschen gemachten Gesetze verletzen unsere ausgestreckten Hände, die Berührung suchen. Gibt es eine Schmerzgrenze? Es sollte eine gleichberechtigte Liebe sein, die war jedoch so nicht gegeben. Es gibt kein echtes Zueinanderfinden ohne Gleichberechtigung.

In einem Gedicht der Japanerin Izumi Shikibu (974 – 1034) finde ich mich wieder:

Traurig waren sie, jene vergangenen Zeiten,
da ich ohne dich Tage und Monde dämmern und
wieder verdämmern sah.
Das ist nun der Mond, eine Nacht lang betrachtet.
Was hats geholfen? Herz, es will sich nicht lösen.
Auge, es blickt ins Leere.

Griechische Erinnerungsstätten und Gastfreundschaft

Oh Tränenvolle, die, verhaltner Himmel,
über der Landschaft ihres Schmerzes schwer wird.
Und wenn sie weint, so weht ein weicher Schauer
schräglichen Regens an des Herzens Sandschicht.
Rainer Maria Rilke

Aber was war mein längerfristig wirkendes Leid gegen das der kretischen Menschen im Umfeld von Áno Viánnos? Hier hatte die deutsche Soldateska im September 1943 Alte und Behinderte, Männer, Frauen und Kinder als Vergeltung für einen Partisanenüberfall grausam erschossen und die Dörfer Péfkos, Káto und Epáno Symi dem Erdbodem gleichgemacht, Zeugnis des programmatischen Dogmas der Antihumanität. Der deutsche Heeresbericht vermerkte damals in lakonischer Kürze: *„440 Banditen tot, 200 Festgenommene, drei Ortschaften zerstört, geringe eigene Verluste."*

Westlich von Amirás steht unübersehbar dicht an der Straße nach Áno Viánnos ein ergreifendes Denkmal. Die hohe Skultptur wirkt wie ein indianischer Totempfahl und erinnert mit eindrücklicher Symbolik an das Massaker. Die Namen der Erschossenen sind auf neun wie zur Exekution vorgeführten menschlichen Steingestalten niedergeschrieben. Ein bewegendes Gedicht von Vassilis Rotas (1909 – 1977) flankiert in vier Sprachen die Erinnerungsstätte.

Jeder deutsche Besucher Kretas sollte sich für diesen barbarischen Teil der Geschichte, an dem wir unleugbar Anteil haben, Zeit nehmen. Wenn wir uns für das interessieren, was vor Tausenden von Jahren passiert ist, warum interessieren wir uns nicht für das, was gerade mal 70 Jahre her ist? Aber hier, wir waren Augenzeugen, sind die TUI-Touristenbusse vorbeigefahren. Vergessen geschieht hier selektiv, oder wie ist sonst das Vorbeifahren zu deuten? Werden hier bewusst Ereignisse in Abhängigkeit von ihrem emotionalen Gehalt unterdrückt, ausgespart? Soll Vergessen dazu führen, dass nur ein kleiner Teil von Touristen-Informationen – nämlich der angeblich relevante – tatsächlich gemerkt wird, die neutralen und negativen Dinge zu Gunsten der positiven vergessen werden?

Griechische Gastfreundschaft zu erleben, ist für uns immer wieder ein Wunder. Dass die, die so viel barbarische Menschenverachtung erlebten, heut fremde Menschen umsorgen und ihnen Freundlichkeit entgegenbringen, ein offenes Haus haben, in dem sich Freunde wie Fremde spontan wohl und willkommen fühlen, muss ich hier besonders erwähnen. Auch außerhalb ihres Heims schaffen sie eine ungezwungene Atmosphäre und verströmen Wärme. Durch ihre Art helfen sie Menschen, sich auch in ungewohnter Umgebung und Situation schneller einzugewöhnen. Wie oft wurden wir hier mit Weintrauben beschenkt oder mit Ouzo, den wir mit Wasser verdünnten.

Der griechische Hauswein, ein Rotwein, gehört am Meeresstrand zum Sonnenuntergang. Die Göttin Hestia, Beschützerin des Herdes, des häuslichen Friedens und des Glücks, hat offensichtlich seit der Antike nicht aufgehört, über die Küche Griechenlands zu wachen, denn griechische Speisen schmecken seit jeher einfach „göttlich“, jedenfalls nach unserer Vorstellung. Und du kannst in den ländlichen Tavernen, wo noch Mutter Maria oder Katharina oder auch Sofia waltet und schaltet, in Kochtöpfe deine Nase stecken und prüfen, was dich besonders fesselt, ob *Stifádo* (eine Art Gulasch mit vielen Zwiebeln), diverse Gemüsesorten wie Auberginen, Zucchini, mit Reis gefüllte Tomaten, *Mousaka* (Auflauf mit frittierten Kartoffelscheiben und Hackfleisch), *Pastítsio* (Nudelauflauf), *Tzatziki* (Joghurtgericht mit Knoblauch, Gurke und Olivenöl), *Souflaki*, *Kontosouvli* (der große Bruder des Souflaki mit eingelegtem Schweine- oder Hammelfleisch), *Bifteki* (Rinderhack gefüllt), *Gyros Kotopullo* und vieles mehr. Wie muss ich mich da zügeln! Und da fällt es mir schwer zu sagen: *„apó avtó móno lígo“* („davon nur ein bisschen“). Und dann die Fische, die es nicht überall gibt: *Xifías*, der Schwertfisch, der fast nur aus Filet besteht und meist gegrillt mit Zitrone serviert wird. Die besten und teuersten Fische sind *Barboúnia*, rötlich gefärbte Meerbarben, aber andere Fische schmecken, frisch gegrillt, kaum weniger gut. *Oktopus* und *Kalamári* dürfen nicht vergessen werden.

Alle diese Gerichte genießt man allerdings mittags am besten, wenn sie gerade frisch zubereitet und noch richtig heiß sind. Abends sind sie fast immer nur noch lauwarm und kommen für den Geschmack des Kreters auf den Tisch. Denn ein richtig gutes Essen schmeckt nach einheimischer Meinung sowieso lauwarm am besten.

Das Quellwasser Kretas darf ich nicht vergessen. Es ist des Kreters Nationalgetränk, gehört zum Kaffee und zum Ouzo und wird kostenlos dazugestellt. Jeder Kreter ist stolz auf sein Wasser, und es macht ihm Freude, wenn es gelobt wird. Es kann aus Bergquellen unbesorgt getrunken werden. Aber ich muss diese Quellen, Tamarisken, Tavernen, Ziegen, Schafe und vieles mehr verlassen, in das norddeutsche Oldenburg zurückfliegen, um endlich wieder am Computer festzuhalten, was von vergangenen Zeiten hängen blieb. Nur ein kleines Werkzeug bleibt auch hier dasselbe:

Die Knoblauchpresse

ist es, deren ich mich dort wie hier bediene: Jeden Morgen sehr reichlich auf Tomatenscheiben, die Knollen ausgepresst, mit Tropfen von Kretischem Olivenöl versehen und mit Ziegenkäse bestrichen. So lassen sich bei mir Gedanken an Gegenstände, Geschehnisse und Gestalten aus der Vergangenheit zurückholen. Vorher muss ich aber noch mehr vom Knoblauch, diesem besonderen Geschenk der Natur, schwärmen.

Die moderne biochemische Forschung hat die herausragenden Heilwirkungen von Knoblauch bestätigt: Seine Inhaltsstoffe wirken blähungstreibend, senken die Blutfettwerte und wirken somit vorbeugend gegen arteriosklerotische Veränderungen der Blutgefäße. Außerdem fördern sie die Auflösung zusammengelagerter Blutplättchen und verbessern dadurch die Fließeigenschaften des Blutes. Möglicherweise ist Knoblauch hilfreich in der unterstützenden Behandlung leichten Bluthochdrucks. Außerdem wirkt er vorbeugend gegen Erkältungskrankheiten. Deshalb, so fällt mir jetzt auf, hatte ich schon lange keinen Schnupfen. Der Knoblauch soll auch gegen Krebsarten wie Magen-, Darm- und Speiseröhrenkrebs vorbeugend wirken. Er ist ein natürliches Antibiotikum und ein Mittel gegen Diabetes. Außerdem wird er als eine wichtige Seelenquelle angesehen. Und die Zwiebel mit ähnlichen Eigenschaften ist ein fester Bestandteil der gesunden mediterranen Küche, erscheint roh in Salaten oder gekocht in verschiedensten Speisen, natürlich immer zusammen mit einem guten Olivenöl.

Der oft als unangenehm empfundene Geruch nach dem Genuss von Knoblauch rührt von den Abbauprodukten schwefelhaltiger Inhaltsstoffe. Wer meine Nähe sucht, wird sich damit abfinden müssen, denn meine Gesundheit ist mir wichtiger als das Naserümpfen anderer. Wenigstens wird der Geruchsempfindliche keine Tränen vergießen. Anders ist es bei der Zwiebel. Den Umgang mit der Zwiebel machten sich früher professionelle Klageweiber zunutze, die mit ihren Tränen bei Beerdigungen für die richtige „Stimmung“ sorgten. Die Klageweiber wussten vermutlich nicht, dass gerade die Stoffe, die ihre Tränen auslösten, nämlich die schwefelhaltigen ätherischen Öle, so gesund sind. Aber schon die chaldäischen, ägyptischen, griechischen und römischen Ärzte der Antike schätzten die Zwiebel und setzten sie auf vielfältige Weise als Heilpflanze ein. Und auch Knoblauch war schon im Altertum als Nahrungs- und Heilmittel bekannt. Ägyptische Sklaven benutzten ihn als Stärkungsmittel und um Läuse und Darmparasiten zu vertreiben. Geschichtsschreiber berichten, dass die Arbeiter an den Pyramiden eine tägliche Ration davon erhielten und bei Kürzung der Ration die Arbeit niederlegten. Römer und Griechen wussten ebenfalls um die Heilmöglichkeiten der Pflanze. Im Talmud wird sein stetiger Genuss empfohlen, denn der Knoblauch sättige den Körper, gäbe dem Geist Klarheit, stärke die Manneskraft und vertreibe Parasiten aus dem Darm.

darf ich auslassen, wenn ich, mit Knoblauch gestärkt, vergangene Zeiten heraufbeschwöre. Günter Grass quälte sich durch Zwiebelhäute, um so sein wahres Ich bloßzulegen. Bei mir ist es also der Knoblauch. Grass wie auch ich, wir gebrauchen ein Bild, nicht so sehr konkret, vielmehr im übertragenen Sinne. Ich muss eine Menge Schalen anhäufen, bis ich an die Substanz komme. So tief geht Oberflächlichkeit. Und welche Erkenntnis zeigt sich dann? *Man weiß erst, dass man ist, wenn man sich in andern wieder findet.* und *Die Existenzen fremder Menschen sind die besten Spiegel, worin wir die unsrige erkennen können.* Diese Sentenzen aus Goethes Maximen und Reflexionen zeigen mir, dass der einzelne Fall offenbar das Allgemeine ist und dass das Besondere in Millionen Fällen wiederkehrt. Und so will ich hier meinen sich millionenfach wiederholenden Einzelfall einflechten:

Es war ein kleines Häuschen nahe beim Delmenhorster Elisabeth-Stift, das von Nonnen verwaltet wurde. Von da bekam ich meine Mahlzeiten, hatte so gewisse Bequemlichkeiten und konnte mich in meiner Lebenshaltung ganz auf die Musik konzentrieren. In einem geräumigen Zimmer standen nicht nur ein gemieteter Flügel, sondern auch eine Couch und weiteres Mobilar.

Es war ein gewöhnlicher Nachmittag, als ich in meiner kleinen Dienstwohnung mehrfachen Besuch erhielt. Wie all die Jahre und Jahrzehnte davor war es ein kalter Winter mit viel Schnee im Januar und Februar 1956 (oder war es 1955?). Klimatische Veränderungen waren noch nicht in Sicht. Ich heizte den einzigen Raum, in dem ein Kohleöfchen stand, tüchtig ein. Es war ein langer Gesprächsabend mit mehreren Besuchern geworden, an dem am Ende eine Frau, die Inge hieß, übrig blieb. War es eine Krankenschwester, zugleich Orgel spielende? Ich weiß es nicht mehr. Jedenfalls war sie in einer Kaserne am Rand der Stadt beschäftigt. In der Kapelle jener Kaserne stand auch eine wenig inspirierende kleine Orgel, an der ich ein kammermusikalisches Konzert geben sollte. Ob der Besuch jener Frau mit dem Konzert in Zusammenhang zu bringen war, weiß ich nicht mehr, hingegen weiß ich noch heut, dass Mendelssohn's Sonate A-Dur *„Aus tiefer Not"* auf dem Programm stand. War das ein Omen?

Wie es kam, dass sich der Abgang der Besucherin Inge so hinzog, weiß ich nicht mehr. Ob Absicht oder Zufall, sie hätte den letzten Bus nicht mehr erreichen können, zumal bei dem Schneegestöber. Ein Taxi war auch nicht in der Nähe, und ein Telefon, um ein Taxi herbeizurufen, hatte ich noch nicht. Ich hatte keinen gefährlichen erotischen Infektionsstoff vermutet, geschweige denn erwartet. Inge sollte und konnte bleiben, Gott bewahre, um nicht einen Schritt unbehütet vor die Haustür treten zu müssen. Gegenüber allen natürlichen Dingen war ich von unfassbarer Ahnungslosigkeit. Ich ahnte nicht, dass jemand aus bestimmtem Grund so schlau und findig sein könne, um eine speziell gewünschte Situation zu inszenieren. Schließlich boten ein Bett und eine Couch die Möglichkeit einer gemeinsamen Übernachtung. Ich löschte das Licht, um mein weibliches Gegenüber beim Entkleiden nicht in Verlegenheit zu bringen, danach bezog jeder für sich seine Schlafmöglichkeit.

Dunkel war's, der Mond schien helle, als das nicht mehr unflügge Geschöpf wenig sanft zu reden anfing, um mir Gefühlslosigkeit gegenüber dem weiblichen Geschlecht zu unterstellen und von natürlichem Liebesverlangen zu sprechen. Ich wurde mit der Frage überrascht, ob ich mir denn gar nicht ihr Alleinsein – oder war es ganz allgemein das Alleinsein? – vorstellen könne. Und wie ich das konnte bei dem Verlust meiner heiß geliebten Opernsängerin Gudrun! Der tiefe Schmerz, das sich lange hinziehende Verlustgefühl hatten mich hilflos zu einem geschlechtslosen Wesen, bis hin zur Impotenz, gemacht. Das hatte ich bei dem nächtlichen Frage-Antwortspiel Inge anvertraut. Die Eingedrungene aber glaubte nicht an eine fehlende Mannbarkeit, vielmehr an die Wirkung ihres entblößten Körpers. Von den Rundungen, ihren aufreizenden Wölbungen war ich zugegebenermaßen überrascht, desgleichen von ihrer gekonnt eingenommenen Stellung. Vollkommen überrumpelt und perplex über erwachte Männlichkeit, stellte ich mich dem Feuchtgebiet, ließ den Dingen ihren Lauf. Welche mysteriöse Kraft brachte Inge zu dem biologischen Prozess einer raserischen, wollüstigen Paarung? Oder war es eine Reaktion in Erinnerung an den schmerzvollen Verlust? Trotzdem, in einem Rest von Verstand gab ich die Folgen einer solchen Nachtschicht und Zeugungskraft zu bedenken. Inge versicherte, dass eine Narbe am Unterleib sie unfruchtbar gemacht habe und kein abrupter Abbruch nötig sei. Darauf vertrauend, ließ ich dem Eros matutinus seinen Lauf. Von ihrem nächtlichen Rendevouz überzeugt, rief sie mich zwei Tage später an, um die Sphäre des Eros zu vertiefen.

Es liegt wohl in der Natur der geschlechtlichen Erregung, ganz gleich, wie sie im Einzelnen erlebt wird, dass sie dem

besonnenen Denken entgegenwirkt. Ich weiß nur, noch heut, nach so vielen Jahrzehnten, dass Inge keine Person war, die mein liebendes Interesse hätte wecken können. Eine freundschaftliche oder seelische Zuneigung gab es bei mir nicht. Stets hatte ich die Physiognomie meiner verlorenen Gudrun vor Augen. Auch da waren Rundungen nicht gering, sonst hätte ich die nicht Rocky Mountains nennen können, was sie sich gern gefallen ließ.
Traurig macht mich, Einzelheiten aus der langen Vergangenheit hochzuschaufeln. Diese Häutung reicht trotzdem noch nicht. Die diesbezüglich vorletzte Schale war die einer Hörmuschel. Mein Ohr vernahm Inge. Da legte ich wortlos auf, denn eine Zukunft sah ich in dieser Zweisamkeit nicht: Eine Geschiedene, eine Evangelische, eine Ältere, das hatte sie im nächtlichen Rendevouz preisgegeben. Das wäre mein kirchenmusikalisches Aus geworden. So hörte ich von ihr, die als Inge in mein Leben eingetreten und wieder verschwunden war, mehrere Monate nichts. Dann kam aus Soest ein Brief, in dem sie mir das Ergebnis und den Erfolg ihres Verlangens mitteilte. Bei dieser letzten Häutung geriet ich in Panik, verglich mein kleines Organistengehalt mit möglichen Alimenten und hatte Friedrich Hebbels Verse vor Augen:

In der Ferne liegt das vergangene Glück,
Und Stürme umbrausen das Leben.

Weitere Häutungen

Wie erging es meinem Lieblingsschriftsteller Günter Grass bei seinen weiteren Zwiebelhäutungen? Wegen ihrer Tränenwirkung hatte er sie vielleicht gewählt, um in seine Vergangenheit einzusteigen. Er wusste, warum er die Knolle für seinen Roman wählte. Enthäutung der Zwiebel, eine geniale Möglichkeit, Bruchstücke eigener Geschichte aneinanderzufügen, mit jeder weiteren „Häutung" in einer Reise durch ein Menschenleben zum Ich vorzudringen, offen von eigener Pubertät und Geschlechtlichkeit, von Irrungen und erster Liebe zu erzählen, geradezu zu beichten. Es waren in der Tat buchstäbliche Beichten, die der katholische Ministrant Günter Grass ablegte. Er war fasziniert von den Taten der siegreich vorrückenden deutschen Armee und suchte im Atlas, Erdkunde lernend, all die Orte der Siegermeldungen.

Da erinnerte ich mich, dass ich auch solches getan hatte. In meinem ahnungslosen Enthusiasmus hatte ich die einzelnen Stadteroberungen mit Fähnchen in einer großen Landkarte markiert. Bestimmte Orte wie Kiew, Minsk, Odessa und in Nordafrika Tobruk blieben in meinem Gedächtnis bis heute haften. Nicht nur dies. Begeistert war ich von den Siegesmeldungen und verschlang Billigheftchen, die von heldenhaften U-Bootfahrten und Sturzkampfflugzeugen des Typs Junkers 87 und Jagdflugzeugen Me 109 berichteten. Für den Schuljungen Günter war der Krieg eben nur ein Spiel, etwas tief Unwirkliches. Jede Sondermeldung, die mit Klängen von Franz Liszt eingeleitet wurde, brachte mich in

Hochstimmung. Selbstverständlich wünschte ich den Feinden Niederlagen. Berauschend waren die Gefangenenzahlen der Heeresberichte und die Erfolge der U-Boote. Selbst gebastelte papierne Panzerkreuzer, Spitfire und Stukas hatte ich auf die Fassungskraft eines Jungen heruntersimplifiziert. Aus späterer Sicht grotesk, aber mein innerstes Wesen war Harmlosigkeit. Ich war auf eine unwahrscheinliche Weise über Gefahr und Angst hinweggehoben. Warum ließen mich denn die Eltern, die auf dem Boden der Tatsachen standen, gewähren? Sie kannten doch die Welt, in der sie lebten, in der die Atemluft unaufhörlich weggesaugt wurde! Die aus Papier gebastelten Erzeugnisse trug ich stolz ins Gymnasium, um sie bestaunen zu lassen. Bewusstseinspaltung muss man so etwas wohl nennen, da ich gleichzeitig Jungvolk und Hitlerjugend hasste. Bei einer schweren Mandelentzündung, die ich fast regelmäßig im Frühjahr oder Herbst bekam, zerstörte ich meine Bastelarbeiten vom Bett aus mit einer Schleuder, sodass die Fetzen von Flugzeugen an der Decke des Kinderzimmers hängen blieben. Als meine Mutter mit Zwieback und Tee den Raum und das Krankenlager betrat, war sie geradezu fassungslos, als sie die in mühevoller Fleißarbeit mit Uhu zusammengeklebten Papierteilchen als vorweggenommene Niederlagen jämmerlich hängen sah. Ich weiß nicht mehr, was mich da ritt. Wollte ich auf meine Art eingreifen in das Geschehen?

Besonders in Erinnerung haften blieb bei mir die Sondermeldung von den Fallschirmspringern auf Kreta im Jahr 1941. Welche Gefühle, 70 Jahre später an jenen Orten selbst zu stehen! Gelassen fluten hier stille Stunden, wo einst Schrei, Schmerz und Trauer herrschten. Mildes, lichtes

Grün bleibt als Vermächtnis zurück. Am besten ist, hier den Mund geschlossen zu halten, zu schweigen und verschwiegen zu sein, kein Wort über die Lippen laufen lassen. Die Toten auf beiden Seiten werden sich nie mehr am Flügelschlag eines Schmetterlings erfreuen, nie dem Donnern der Brandung lauschen, nie Tau auf einem Blatt betrachten, nie den zarten Windhauch der Liebe spüren, nie Bach, Mozart, Schubert, Bartok oder Messiaen hören, nie einen Blues oder ein Volkslied singen, nie Hölderlin lesen, – oder sollte all dies in einem Jenseits möglich sein?

Gottlob, ich habe mich keines Verbrechens schuldig gemacht. Ich weiß nicht, ob es an der „Gnade der späten Geburt" lag, wie bei Altkanzler Kohl. Es war wohl vielmehr die Erziehung im Elternhaus, von der ich schon berichtete. Auch Günter Grass hatte sich keines Verbrechens schuldig gemacht. Das möchte ich als leidenschaftlicher Grass-Leser prononciert festhalten.

Klaus Wagenbach hat in der „Zeit" (26.04.2007, Nr. 18) festgestellt, dass Günter Grass schon vor 40 Jahren offen von seiner SS-Mitgliedschaft gesprochen hatte. Seine autobiografische Lesung „*Beim Häuten der Zwiebel*" im NDR 3 im Jahr 2007 erhärtete noch einmal die unverschämte historische Gedankenlosigkeit mancher Schreiberlinge.

Mag es hier vielleicht anwendbar sein: Wenn der Hase sieben Häute hat, so kann der Mensch sich siebenmal siebzig abziehn und wird doch nicht sagen können: Das bist du nun wirklich, das ist nicht mehr Schale? Was soll da die Kritik derer, die sich beim Grassschen Zwiebelhäuten tränenreich selbstgerecht und selbstjustizierend aufblähen? Was soll das für ein Beleg seiner Unwürde sein, dass er als junger

Mensch zwangsberufen worden war in eine Einheit, in die er gar nicht wollte? Die selbst ernannten Gralshüter der Volksethik scheinen ein Problem mit differenzierten Betrachtungsweisen zu haben. Der Journalist und Hitler-Biograf Joachim Fest äußerte sein Unverständnis, „wie sich jemand 60 Jahre lang ständig zum schlechten Gewissen der Nation erheben kann, gerade in Nazi-Fragen – und dann erst bekennt, dass er selbst tief verstrickt war“. Ich würde Joachim Fest, wenn er noch lebte, gern fragen, worin denn die tiefe Verstrickung von Günter Grass lag. Joachim Fest, der 1944 selbst zur Flak zwangseingezogen worden war, hätte es besser wissen müssen. Ja, dieser Geschichtsschreiber Joachim Fest setzt noch eins drauf und fabuliert frei, dass auch der Philosoph Jürgen Habermas 1943 ein „Bekenntnis zum Führer“ abgelegt habe und unerschütterlich den Endsieg erwartet hätte. Schon Goethe stellte in seinen Maximen und Reflexionen fest: *Einen Irrtum nenn' ich, wenn irgendein Ereignis falsch ausgelegt, falsch angeknüpft, falsch abgeleitet wird.* Dem Historiker Fest rufe ich deshalb ins Grab nach: *„Wer einem Autor Dunkelheit vorwerfen will, sollte erst sein eigenes Inneres beschauen, ob es denn da auch recht hell ist.“* Gottlob hat der Historiker Mommsen aufklärend darauf hingewiesen, dass die Division, in der sich Günter Grass befand, nicht aus Freiwilligen bestand. Auch Martin Walser sprach in dem Zusammenhang von Beschuldigungslust und von Grass als dem Objekt einer Hatz in der Öffentlichkeit.

Nun aber möchte ich mich von diesem mich aufregenden Tagesereignis abwenden und mich wieder meiner Autobiografie zuwenden, nachdem ich im Grassschen Roman von der spannendsten Zeit eines Menschen gehört habe: den Jahren, in denen eine Persönlichkeit entsteht, geformt wird, ihre einzigartige Gestalt annimmt. Und ich bin jetzt beim Schreiben genau an diesem Punkt angelangt, um das auch für mich selbst festzuhalten.

Eine Kantorenstelle

hatte ich im Frühherbst 1955 in Delmenhorst erhalten, wie bereits beschrieben. Leider war der kunstsinnige Probst, der mich eingestellt hatte, noch im gleichen Jahr verstorben, und die künstlerischen Aussichten, die sich mit ihm verbanden, schwanden dahin. Er hatte in den Nachkriegsjahren unter schwierigen Bedingungen nicht nur die Kirche wieder aufgebaut, sondern auch den Altarraum nach neuen liturgischen Möglichkeiten anders gestaltet und eine große dreimanualige Orgel nebst Fernwerk bauen lassen. Beim Orgelbau ließ er sich kurioserweise durch den Begriff Pneumatik leiten, dachte dabei an die griechische Übersetzung von Geist. Pneuma bedeudet aber auch Luft. Und beim Orgelbau gilt für die Luftzufuhr zwischen Pfeife und Taste der Begriff Pneumatik, nicht eine wie auch immer geartete geistige Durchdringung. Nach wie vor ist nicht die pneumatische, sondern die mechanische Verbindung zwischen Tasten und Pfeifenwerk, wie schon im Barock, die spieltechnisch bessere. Hinzu kommt eine elektrisch gesteuerte Möglichkeit. Der Propst war sehr enttäuscht, als ich „seine" Orgel nicht als das Nonplusultra pries.

Meinen Drang zum Kulturellen wollte ich nun so leidenschaftlich vorantreiben, als wäre ich in Hamburg, Berlin, Paris oder Wien. Aber die unproportioniert hohe Vorstellung von Kunst und Kultur war in einer solchen Arbeiterstadt und einem Ort mit vielen katholischen schlesischen Flüchtlingen nicht zu realisieren. Die Anpassung an das Milieu, an die Umgebungsfaktoren eines solchen Ortes ignorierte ich, kamen mir gar nicht in den Sinn, machte ich nicht zum Untersuchungsgegenstand, waren für das Verständnis meiner jungen, unerfahrenen künstlerischen Existenz überhaupt nicht relevant. Ich stürzte mich in die Arbeit mit einem Kirchenchor, der nicht meine Literaturvorstellungen teilte, dem ich trotzdem zeitgenössische, wirklich leicht zu singende sogenannte Gebrauchsliteratur, auch eigene, aufzwang, wobei dann einige Sänger wütend den Probenraum verließen. Ich versuchte, einen Jungmädchenchor in den Griff zu kriegen, der mit mir viel Schabernak trieb, darunter übrigens ein Mädchen mit sicherer Stimme, das viel später meine Frau werden sollte. Nichtsdestotrotz gehörte sie zu den übermütig Frechsten. Ich übte Gregorianische Gesänge mit einer allerdings sehr willigen Choralschola und versuchte mich an zeitgenössischer Orgelliteratur, wo eigentlich nur Mozart gefragt war. Da ich an der Orgel von St. Marien, dem pneumatisch schwerfälligen Instrument, das präzise Artikulationen nicht zuließ, nicht künstlerisch befriedigend arbeiten konnte, fuhr ich in Nachbargemeinden oder gar nach Oldenburg, um an einem adäquaten Instrument zu üben, zu üben, zu üben bis zum Umfallen. Es wird wohl ersichtlich sein, dass dies nur in strenger Disziplin möglich war, einer Disziplin, die nichts mit Hart-Sein zu tun hat. Disziplin ist ja kei ein künstlerisches Schaffen. Das war mir schon im Musikstudium klar geworden, hängt doch das lateinische Wort *disciplina* mit dem Verbum *discere* – lernen zusammen. Wenn ich nach vielen Jahrzehnten zurückblicke und das Leben insgesamt betrachte als den Ausdruck eines geistigen Tuns, das nach allen Seiten hin, in Wissen, Kunst und Privatlagen, Gestalt angenommen hat, so war Beharrlichkeit die Devise, die zum Gelingen des Schöpferischen führte.

Nur von wenigen Menschen aus der Gemeinde bekam ich damals für meine künstlerischen Versuche ein positives Echo. Reichliche Eimer voll vager, kritikloser Behauptungen und intellektueller Orientierungslosigkeit wurden über mir ausgegossen. Verworrene Urteile über mich in völliger Unkenntnis bei musikalischen und liturgischen Fragen, hohle Phrasen und lächerlich beschränkte Anschauungen landeten im Pfarrhaus, ausgesprochen von sogenannten wichtigen Leuten der Gemeinde St. Marien in Delmenhorst. Dagegen stand, welch eine Diskrepanz, ein vielfaches begeistertes Echo von überall her, sogar und bevorzugt aus der damaligen DDR, wenn Rundfunk-Gottesdienstübertragungen stattfanden. Und die kamen in den Fünfziger- und Sechzigerjahren bevorzugt aus St. Marien, weil der zuständige Redakteur von Radio Bremen die besondere musikalischen Gestaltung der Gottesdienste schätzte, die Chorstücke mit einem Hauch von Gegenwartsmusik, auch mit Xylophonen, Glockenspielen und Triangeln, zusätzlich den Orgelklang einer neuen, von mir disponierten Orgel mit Aliquotstimmen, die bislang noch nie gebaut worden waren. Diese Orgel hatte nun keine pneumatische, sondern eine mechanische Spieltraktur, hatte zusätzlich als Novum elektrische Setzerkombinationen zur schnellen Klangfarbenveränderung.
Der völlig unmusische Pfarrer versuchte schließlich, die Vielzahl solcher kirchenmusikalisch „neuartigen“ Radio-Übertragungen einzuschränken, was ihm auch gelang. Er lehnte Gottesdienstübertragungen so weit wie möglich ab und untergrub damit den für mich wichtigen Bekanntheitsradius.

Mein monatlicher Lohn

entsprach in keinster Weise meiner akademischen Qualifikation und individuellen Tätigkeit, im Gegenteil, der Lohnzettel wurde mir regelrecht zu einem existenziellen Schock. Und als ich eine Lehrerin kennenlernte, die weit über das Doppelte verdiente, musste ich mich an die gebetsmühlenartigen Aussprüche meiner Mutter erinnern, die mich stets vor brotloser Kunst gewarnt hatte. Nun hätte ich an die Sätze von Karl Marx und Friedrich Engels denken sollen, die ich jedoch damals im Friedrich-Engels-Gymnasium zu Halle/Saale weggeschoben hatte, um mir beim Abitur sogar ein Mangelhaft in Geschichte einzuhandeln. Bei einem dort bestandenen Abitur wohl ein äußerst geduldeter Sonderfall in einem sozialistischen Staat. Da hätte ich zum Beispiel einen solchen Kernsatz wissen müssen wie jenen: *Überhaupt ist zu bemerken, dass da, wo Arbeiter und Kapitalist gleich leiden, der Arbeiter an seiner Existenz, der Kapitalist am Gewinn seines toten Mammons leidet.*

Wie sollte ich bei meinem Geldmangel, der ja kein kapitalistischer „Mammonmangel" war, diverse künstlerische Vorstellungen, auch meine Neigung zum Komponieren, verwirklichen können? Was ist zu machen, wenn sich Kunst und Leben nicht trennen lassen? Da nutzt es nichts, wenn Robert Walser schreibt: „*Die Kunst ist ein so überaus reines und selbstzufriedenes Wesen, dass es sie kränkt, wenn man sich um sie bemüht.*" Auch Friedrich Schillers Ausspruch „*Die Kunst ist eine Tochter der Freiheit*" hilft da nicht weiter, ganz im Gegenteil.

In der Lehrerin, die ein großes Interesse an mir hatte, sah ich meinen existenziellen Anker, eine Flucht in positive Imaginationen. Der Haken war nur, dass sie 15 Jahre älter war. Und der weitere Haken war der, dass ja von jener Inge, mit der ich eine Nacht verbracht hatte, die Nachricht vorlag, dass ich sie geschwängert hätte. Diese beiden Tatsachen begleiteten mich Tag und Nacht, hielten meine Liebesleidenschaft gar sehr in Grenzen. Zudem musste ich meiner Zukünftigen den außerehelichen Heranwuchs wohl oder übel beichten. Ich fühlte mich nicht gerade froh bei dem Gedanken an Heirat, besonders dann, wenn ich zudem feststellen musste, dass meine Mutter nur 6 Jahre älter war als meine Zukünftige. Ich empfand, es gibt Lebensmomente, die sich wie Grenzmarken vor eine abgelaufene Zeit stellen, aber zugleich auf eine neue Richtung mit Bestimmtheit hinweisen. In solch einen Übergangspunkte fühlte ich mich gedrängt, es galt, Vergangenes und Gegenwärtiges zu betrachten, um zum Bewusstsein meiner wirklichen Stellung zu gelangen. Meine Situation empfand ich teils im Zustand einer Metamorphose, teils im Stadium eines Schwanengesangs. Alles Wirkliche verschwamm und alles Verschwimmende fand keine Grenze, zumal obendrein ein Chormitglied beauftragt war, von der Liebessehnsucht einer jungen Frau zu mir zu berichten, einer aus dem Chor. Das war ein verwirrender Angriff auf meine Gegenwart, die bereits unter dem Gesetz des Aufgebots einer Heirat stand. Obendrein verunsicherte mich mein Dienstherr, der katholische Pfarrer der Gemeinde, der mein Vorhaben als „wider die Natur“ bezeichnete. Ein total unsicheres, formlos geschlagenes Gefühl machte sich breit, ein Gegensatz von dem, was da ist, und dem, was sein soll. Zu allem kam die Angst um das Bekanntwerden des außerehelichen „Fehltritts", der gar nicht außerehelich war. Denn jener geschah lange vor der Hochzeit. Ungern enthäute ich hier noch einmal den Knoblauch jener Zeit. Und er beißt heut noch ätzend und scharf, trotz Verzehr im Verein mit einer mildernden großen griechischen Tomate, wohlgemerkt keiner holländischen, chemisch verkorksten und genormten.

Im Internet fand ich 50 Jahre nach jenen Ereignissen folgende Äußerung: *Wenn der Mann jünger ist als die Frau, dann können die beiden in Frieden zusammen die Patschen strecken. Auch was den Sex anbelangt, ist ein jüngerer Mann von Vorteil, denn die Frau kann einfach länger aktiv bleiben als der Mann.* Wem nützen solch banale Sätze?
Da würde ich gern erst einmal das Wort *banal* untersuchen und auseinanderpflücken. Es kommt aus dem Französischen und bedeutet *gewöhnlich*, und das wiederum leitet sich ab von dem altgriechischen Wort *banausos = Handwerker, ein Handwerk betreibend.* Der Banausos wurde stets als geistlos und ungebildet von denen verachtet, die in ihrer Überheblichkeit übersahen, dass es der Banausos war, der ihnen ein geistig orientiertes Leben erst ermöglichte. Ein Banause war von je her jemand, der von geistigen oder künstlerischen Dingen keine Ahnung hat, sondern dessen Denken nur um das Alltägliche kreist. Ja, da ist wohl eine *reziproke*, eine im umgekehrten Zusammenhang zueinander stehende Gleichung, aufzustellen: So wie derjenige, der sein Leben der Kunst oder den religiösen und geistigen Dingen gewidmet hat, mit Verachtung auf den Banausen herabblickt, so verachtet dieser den Künstler oft als Hungerleider und Dünnbrettbohrer. Oder anders gesagt: Es

besteht ein Gegensatz zwischen denen, die sich mit handwerklichen, gewerblichen und technischen Dingen befassen und die Dinge aus einer alltägliche Sicht betrachten, und denen, die sich der geistigen, spirituellen Welt zugewandt haben und sie aus dem Blickwinkel ihrer Ideen sehen. Und da lese ich dann tatsächlich, dass der Banalismus die Weltsicht des gesunden Menschenverstandes sein soll. Ich kapituliere: Wenn die Wirklichkeit nicht mit meiner Vorstellung übereinstimmt, umso schlimmer für die Wirklichkeit.

Ich muss ein Denkmal setzen

Das Durchlebte, es soll in der Empfindung den Platz wiedergewinnen, den es verdient hat. Katharina, die Nina genannt werden wollte, wurde die Ouvertüre eines großen neuen Gedichts, das in noch verschwimmenden Farben Haltung zu gewinnen strebt. Die Hochzeit, das heißt die kirchliche Trauung, hatten wir auf den Osterdienstag 1957 um 6 Uhr morgens festgesetzt und wurden – völlig außergewöhnlich zu dieser frühen Stunde – mit Chorgesang meines Kirchenchors überrascht. Theodor Brauner, damals meine rechte Hand, sozusagen mein Assistent, ein Pädagogikstudent mit Schwerpunkt Musik, hatte den Chor geleitet und die Orgel gespielt. Damals schon scheute Nina die Öffentlichkeit. Darum die Auswahl der Morgenstunde, darum das Verschwinden durch eine Seitentür nach der Brautmesse. Ich hatte auch nichts dagegen, wollte nicht unbedingt Glückwünsche der enttäuschten jungen Mädchen und Mütter aus dem Chor entgegennehmen. Ab in eine Taxe und wegfahren. Ich weiß nicht mehr wohin. Ich weiß nichts mehr von jenem Tag. Nur eines weiß ich noch: Am Abend setzte ich mich an den Flügel meiner Dienstwohnung und improvisierte über *Dies irae, dies illa*, der Totensequenz aus dem Requiem.
Wenn ich die Fotos betrachte, die damals geschossen wurden, steigt viel Positives auf, erfährt manches Missliebige einen Ausgleich.

Nina setzte alles dran, schwanger zu werden, und das mit 43 Jahren! Ihr ganzer Ehrgeiz war darauf gerichtet. „In diesem Alter noch ein Kind?“ Diesen Satz bekamen damals Schwangere über 35 leichtlippig und schnell zu hören, auch Nina. Sicherlich gab es gewichtige Gründe gegen Spätgeburten. Heut müssen sich Frauen, die spät ein Kind bekommen, kaum mehr mit Vorurteilen und Befürchtungen auseinandersetzen. Die Zahl der Frauen, die mit 35, 40 oder 45 gebären, wächst heut beständig. Studien haben immer wieder gezeigt, dass bei einer Schwangerschaft in guter medizinischer Betreuung nicht von einer höheren Gefahr für Mutter und Kind die Rede sein kann. Die Risiken lassen sich vermeiden, wenn die werdende Mutter gewissenhaft die Möglichkeiten der Vorsorge nutzt. Und so lief Nina regelmäßig zu einem Gynäkologen ihres Vertrauens und befolgte das, was schon im Alten Testament als dringender Rat im Buch Richter 13, 4 steht: *Nimm dich in Acht und trink weder Wein noch Bier und iss nichts Unreines, denn siehe, du wirst einen Sohn gebären.* Katharina, verzichtete sogar auf ihre geliebte Zigarette, hatte sie doch sonst den Spruch parat: *„Das Essen ist mir ein Hindernislauf zur geliebten Zigarette.“* Sie war eisern im Verzicht, also diszipliniert, schon um dem Pfarrer zu beweisen, dass die Verbindung zu mir natürlich sei. Man sieht, es gibt Situationen im Leben, wo Disziplin, also ‚Hart-Sein‘, unerlässlich ist. Nina hatte sich erkämpft, was im biblischen Buch 1 bei Samuel 2,21 steht: *Der Herr nahm sich ihrer an.* So fand die Schwangerschaft ein erfolgreiches Ende.

Die Geburt von Michael-Gervasius

war eine Geburt durch Kaiserschnitt. Von Anfang an war das mit einem Delmenhorster Gynäkologen, einem erfahrenen Facharzt für Frauenheilkunde und Geburtshilfe, der ein sicherer Praktiker und Kliniker war, geklärt. Und es kam der Tag, an dem mir nichts zu tun blieb, als zu warten. Ungewisses Warten ist eine Marter. Fairer wird Warten empfunden, wenn man weiß, wie lange man zu warten hat. Ich ging vor dem St. Josefs-Stift unruhig auf und ab und wartete auf die erlösende Nachricht. Schließlich hielt ich es draußen nicht mehr aus und ging auf dem Flur zum OP-Raum hin und her. Wenn man warten muss, dann sollte man zumindest das Gefühl haben, dass sich das Warten lohnt. Das heißt, man sollte genau wissen, was man bekommen wird.

Jedes Warten geht einmal zu Ende. Für Nina ging unsinniger Weise das Warten weiter, weil man annahm, dass sie in ein sogenanntes postpartales Stimmungstief gefallen sei. Ein solches auch „Baby-Blues" genanntes Tief kann in den ersten zehn Tagen nach der Entbindung auftreten. Weil Nina nicht nach ihrem Erstgeborenen gefragt hatte, nahm man eine solche Depression an. Viel zu groß war ihre Sorge, es könnte eine Fehl- oder Missgeburt geworden sein. So scheute sie sich vor Fragen und Antworten. Als ich, offenbar erst einen Tag später, bei meinem Besuch am Wochenbett fragte *„Na, wie findest du deinen Sohn?"*, erfuhr ich, dass sie nicht wusste, wie alles ausgegangen war. So konnte sich jetzt erst das mütterliche Glücksgefühl entwickeln und in ihren Armen und an ihrer Brust ausbreiten.

Ich selbst war reichlich enttäuscht vom Anblick des bläulichen Winzlings, der Hilflosigkeit dieses kleinen ersehnten Babys. Das änderte sich bald. Noch aber waren meine Gefühle für das, was ein Knabe werden sollte, zurückhaltend verschlossen wie in einem kostbaren Tabernakel. Von Woche zu Woche hüllte ich Michael-Gervasius mehr und mehr ein mit Gedanken der Liebe – wie in Weihrauch –, nahm die Kostbarkeit in meine Arme und staunte selbst über das Staunen dessen, der da die Welt mit Augen und Ohren eroberte. Wie banal ist es, ein Baby zu lieben, das rund, strahlend, frisch, rosig und glatt ist; denn alle Babys sind wahrscheinlich schön. Aber das eigene wahrscheinlich am schönsten. Dieses Wort *Banalität* enthält eine Schönheit, der man nicht widerstehen kann. Schon das Wort an sich scheint mit einem Mal rund und glatt und unversehrt.

Michael muss wohl noch keine zwei Jahre alt gewesen sein, als ich Bruckner-Sinfonien auf den Plattenteller legte. Wenn die Schallplatte abgelaufen war, fing er an zu brüllen und war erst wieder zu beruhigen, wenn erneut die eine oder andere sinfonische Musik erklang. Wuchs hier etwa ein Musiktalent oder gar ein Musikgenie, ein Wesen mit überragend schöpferischer Geisteskraft heran?

Mein Sohn, noch im Naturzustand der Unschuld, verhielt sich offenbar so, wie es eine alte chinesische Weisheit formuliert: *Die ersten ursprünglichen Regungen des Herzens sind immer gut, sodass man ihnen getrost folgen kann und gewiss sein darf, dass man Glück hat und seine Absicht erreicht.* Was einem wirklich gehört, das kann man nicht verlieren. Diese Lebensweisheit machte Michael in seinem weiteren Leben wahr. Er blieb bei der Musik, aber nicht wie sein Vater. Von dem wusste er schon mit fünf Jahren zu sagen: „*Organist werde ich nicht. Da hat man nur Ärger mit dem Pfarrer. Chorleiter werde ich auch nicht. Da muss man sich nur über die Leute ärgern, und Lehrer werde ich schon gar nicht. Man sieht ja, wie sich Mama mit den Kindern herumärgern muss.*“

Noch war es die Zeit, wo Kinder gern zu den Eltern ins Bett kommen, sich schnell unter die Decke drängeln. Und dann, hat man einmal damit angefangen, werden Geschichten erwartet. Schnell geht der Vorrat zu Ende. Variationen werden gerügt, denn Details bleiben haften wie Auswendiggelerntes. Neues muss also erfunden werden: „*Es war einmal ein Gärtner, der pflegte den Park des großen Kalifen. Da entdeckte er unter einem Rosenstrauch ein Kästchen. Und als er es öffnete, war da ein weiteres Kästchen mit einem Schlüsselchen. Damit konnte er noch ein kleineres Kästchen öffnen …*“ Großes Geschrei, dass dieses Märchen schon bekannt sei. Aber ich habe das Argument, dass es diesmal ganz und gar anders weitergeht. Die Entdeckung unter dem Rosenstrauch findet also nicht statt, stattdessen: „*Der Gärtner begoss Blumen und zog schattenspendende Bäume groß. Schließlich kam er an eine hohe Mauer, die er nicht übersteigen konnte. Da dachte er, wenn ich ein Loch grabe und dann dort durchkrieche, komme ich weiter. So grub er ein Loch. Dabei fand er ein Kästchen. Und als er es öffnete, war da ein weiteres Kästchen …*“ Wieder Protest.
Ich muss beruhigen und versichern, die Geschichte bekommt heut eine ganz andere Fortsetzung. „*Das Loch ist also gegraben und er gelangt jenseits der Mauer auf eine*

staubige Straße. Er ist entsetzt über den Lärm und das Gedränge. Schließlich kommt er an eine Hütte aus Lehm und will da Rast halten. Der Gärtner drückt seinen Strohhut tiefer in die Stirn, klopft an die Tür, die sich von selbst knarrend öffnet, und er befindet sich in einem dunklen Raum. Doch in einer Ecke leuchtet etwas. Da glänzt etwas ganz verführerisch. Es ist ein Kästchen. Und als der Gärtner es öffnet, war da ein weiteres Kästchen mit einem Schlüsselchen ...“ Das wird nicht akzeptiert. Ich muss eine befriedigende Fortsetzung finden und die muss natürlich immer spannender werden. *„Also in der Ecke leuchtet etwas. Aber es ist nur ein polierter Granitstein mit einer farbintensiven Leuchtkraft. Der Gärtner schiebt den Stein mit viel Anstrengung zur Seite. Aber dahinter ist nichts, jedenfalls kein Kästchen, in dem noch ein Kästchen sein könnte. Doch ein Zettel liegt da. Zu lesen ist da die Bitte, den Raum zu verlassen und draußen den Nachthimmel mit den vielen Sternensplittern zu betrachten. Da sah der Gärtner trotz der nächtlichen Dunkelheit eine Pflanze mit viel Ranken und Blüten, die in den Himmel ragte. Er bekam Lust, sich daran hochzuhangeln. Das tat er, und die Ranken entpuppten sich als Sprossen. Die ersten Sprossen gaben zwar etwas nach, doch je höher er stieg, umso fester wurde das Geflecht der Rankensprossen. War das etwa ein Himmelsbaum? Und was hing ganz oben in seinen Zweigen?“* Ganz großer Protest, denn schon wird geahnt, dass jetzt wieder das Kästchen aus der Märchenkiste geholt wird. Ich verspreche eine Fortsetzung, muss aber erst zum morgendlichen Orgeldienst ...

Michaels Werdegang

Michael interessierte sich mehr und mehr für das Schlagzeug und immer weniger für das Notenlesen und das Abspielen nach Noten. Zudem entdeckte er spätestens mit fünf Jahren die leichte Muse, damals sein wahres Paradies im Musikreich. Er behielt eine Unmenge von Gesängen, die er selbst zu singen wusste, an denen aber seine Eltern und speziell sein Vater kein Gefallen fand. Und als er, durch den Ehrgeiz seiner mütterlichen Lehrerin, schon sehr früh lesen und schreiben konnte, fand sich eines Tages unter seinem Kopfkissen ein Zettel mit der von ihm geschriebenen Bemerkung: *„Sie mögen diese Musik nicht, aber sie ist soooo schön!"* Dabei blieb es, wenn auch in Abwandlung. Im Examenssemester gab er, sehr zum Ärger des Vaters, sein Lehramtsstudium auf und tummelte sich freischaffend als Jazzer und gefragter Songbegleiter in der breitgefächerten Jazzbranche. Hier fühlte er sich frei, variierte die Vielfalt der Formen dieser im Ausdruck der Improvisation wurzelnden Musik. So blieb er, bei immer knapper Kasse, seinem eigenen Wesen treu, verzichtete auf ein sicheres Beamtengehalt und auch auf eine später zu erwartende oder nicht zu erwartende Rente. Bei besorgten Nachfragen des Vaters verweist er immer auf die Künstlersozial- und Krankenkasse. Einen Flügel hatte er trotzdem früher als sein Vater.

Der Gegensatz zwischen Vater und Sohn, der im Allgemeinen als Hemmung erscheint, hat als polaren Gegensatz innerhalb eines umfassenden Ganzen auch seine guten und wichtigen Funktionen und Seiten. So gab es in den letzten

Jahren des Öfteren sehr erfolgreiche gemeinsame Konzerte. Das Publikum staunte über die Stimmigkeit und jeweilige Ergänzung, wenn wir an zwei Flügeln oder an Flügel und Synthesizer den Konzertsaal beschallten. Außenstehende wissen nicht, dass der Anfang aller Dinge sozusagen stets im Jenseitigen, in der Form von Ideen liegt, die erst bei intensiver Arbeit und gegenseitiger Befruchtung zur Verwirklichung kommen. Im Schöpferischen liegt die Kraft, den Urbildern der Ideen Gestalt zu verleihen. Und dabei lässt sich auch durch Gegensatz ein großes gemeinsames Werk ausführen, eben dann, wenn die Akteure ganz Mensch bleiben, ganz da – ganz präsent – ganz wach – ganz lebendig – ganz fühlend bleiben.

Adoption

Kehren wir aber zurück zum Kleinkind Michael und dessen auffälligem musikalischen Verhalten. Nina glaubte, durch Adoption eines weiteren Jungen einen Ausgleich zu schaffen. Da Nina selbst nicht, und ich schon gar nicht, noch einmal das Risiko einer späten Schwangerschaft eingehen wollte, war die Idee als solche nicht abwegig. Aber ich war intuitiv dagegen, hatte ich doch immer das Damoklesschwert vor mir, mit einem Kleinkind allein zurückzubleiben. Dass der Gedankengang der Adoption falsch abgeleitet war und wir hier einem Irrtum entgegengingen, wurde mir erst später klar, auch dass eine Adoption zu den größten Projekten gehört, die man im Leben unternehmen kann. Nina zog nicht andere Meinungen heran, wollte keine Gegenargumente hören. So vertiefte sich bei ihr eine Mutter-Identifikation zu einem Kleinkind, das sie sich, mich im Gefolge, in einem katholischen Kinderheim aussuchte. Alexander hieß der Junge, den sie als Ergänzung zu Michael fortan Raphael nannte. So hatte sie zwei Erzengel. Wurden es aber nicht Erzbengel mit ihrer zeitweiligen gegenseitigen Rauferei? All ihre Liebeszuwendungen, die echt waren, liefen fehl. Es entwickelte sich eine ganz unberechenbare Beziehungsdynamik, in der es eben nicht reichte, es einfach nur gut zu meinen. Raphael entsprach nicht den Erwartungen der Lehrerin Nina, trotz deren großem Einsatz und dem von ihr gesehenen vermeintlichen Einfühlungsvermögen. Im Nachhinein sehe ich, dass hier die Fähigkeit fehlte, eine Person von außen ganzheitlich wahrzunehmen unter strikter Respektierung der Individualität dieser Person. Es kam zu brutal falschen Erziehungsmaßnahmen mit Prügel, woran ich heut noch mit Grauen denke, auch an mein Distanzverhalten und fehlendes Eingreifen. Ich wusste Raphaels stundenlange Schaukelbewegungen nicht zu deuten, stand hilflos seinem buchstäblichem „Mit-dem Kopf-gegen-die Wand-Rennen“ gegenüber. Dass Raphael versuchte, seine eigene Identität zu finden, wobei dieser Prozess zuweilen dramatische Formen annahm, ist mir erst heut klar, eine zu späte Einsicht. Manchmal bin ich unbeherrscht ausgerastet, tauchte seinen Kopf in einen der Brunnen, die rund um das Wochenendhaus standen, was mir heut unendlich leidtut ...

Viel später erst erfuhr ich durch meine zweite Frau, der Sozialpädagogin Elke, dass Raphaels Verhaltensweisen auf seine Adoption zurückzuführen waren. Und heute lese ich in einer umfangreichen Adoptionsliteratur, dass Adoptiveltern sich vor Augen halten sollen, dass das Kind die Orientierungsversuche nicht gegen sie, sondern für sich unternimmt. Und im Internet erfahre ich über Adoptionsschicksale das, was auch später bei uns eintrat. Und so kann ich daraus zitieren: *„Ich war, was meine ‚Lebens-QUAL-ität‘ angeht, an einem Punkt angelangt, wo es nicht mehr vor und nicht zurückging. Ich befand mich ‚Irgendwo im Nirgendwo‘ und hatte das Gefühl, vollends der Realität zu entgleiten. Die Hoffnungslosigkeit in mir war zeitweilig so lähmend, dass sie mich völlig aus der Bahn warf, ... es folgten absolut radikale Entscheidungen, grenzenloser Eigenhass, Aggressivität, Misstrauen ...“*

Verwundert es da, dass eines Tages nach einem meiner Orgelkonzerte in Münster am Scheibenwischer meines Wagens folgender Zettel angebracht war: „*Deiner Einladung zu einem Bier heut Abend werde ich nicht folgen. Du hast dich bisher nicht um mich gekümmert, so will ich auch jetzt keinen Kontakt mehr.*“ Was ich da lesen musste, war für mich unfassbar. Ich war wie vom Blitz getroffen. Und das nach einem erfolgreichen, sehr gut besuchten und bejubelten Konzert.

Über 35 Jahre sind seit diesem Ereignis vergangen. Niemals mehr habe ich von Raphael, der sich angeblich inzwischen Alexander nennen soll, etwas gehört, soviel ich mich auch bemühte. Auch über das Internet kam ich zu keinem Ergebnis. Und bis heut frage ich mich nach dem Anlass, so abrupt jegliche Verbindung zu mir abzubrechen. Da diese Fragen nicht ruhen, habe ich auch im Internet gesurft und habe dort überraschend viel Stoff zur Adoptionsthematik gefunden, sogar eine ‚persönliche‘ Homepage, aus der ich hier zitiere:

Mein Ziel ist es, durch meine Geschichte anderen Adoptierten zu zeigen, dass sie nicht alleine sind mit ihren Ängsten, Sorgen und Nöten. Ich möchte ihnen Mut machen, ebenfalls den Kampf aufzunehmen. Ich habe die Erfahrung gemacht, dass die Auseinandersetzung mit sich selbst oftmals schwierig ist, sehr wehtun kann und viel Kraft, Mut, Geduld und Ausdauer kostet. Heute kann ich sagen, dieser Weg hat sich gelohnt, und ich würde ihn immer wieder gehen ...
Als ich älter wurde, wuchs der Wunsch in mir, mich auf die Suche nach meinen Wurzeln zu begeben ... Aus dem Zeit-

raum, als ich 15-20 Jahre alt war, kristallisierten sich bestimmte Verhaltensweisen immer mehr heraus. Wenn ich Nicht-Adoptierte gefragt habe, woher sie gekommen sind, bekam ich zur Antwort: „Aus dem Bauch meiner Mutter." Meine Antwort war immer: „Ich komme aus dem Heim." Da begann mein Leben, davor gab es nichts. Ich fühlte mich nicht geboren. Alles was davor war, war wie ein weißer Fleck, der so dringend Farbe benötigte ... Dieser Kelch, gefüllt mit ‚Andersartigkeit', ging auch an mir nicht spurlos vorüber. Ich hatte immer das Gefühl, ich musste mehr Leistung erbringen, härter arbeiten, um was zu gelten. Und wenn ich dann, egal in welchem Bereich, deutlich besser war als die anderen, konnte ich mich trotzdem nicht darüber freuen, geschweige denn zufrieden sein. Und wenn ich zweite oder dritte Plätze belegte, war ich in meinen Augen das Allerletzte – Treffer – versenkt! ... Wer kennt die Geschichte seiner eigenen Geburt nicht? Der Adoptierte!

So weit Zitate aus dem Internet. Aber was sagen mir diese unterschiedlichen Ausschüttungen? Wieder und wieder kann ich mir die eigene und gegenseitige Geschichte vor- und nacherzählen. Unter dem Lärm meines alltäglichen vielseitigen Künstlerschaffens blieb viel liegen, hatte ich doch zeitweise über sieben Jobs, war in Vechta an der PH tätig, hatte eine so genannte Clopppenburger Orgelschule, war Musiklehrer der Klassen 5 und 6 eines Delmenhorster Gymnasiums, hatte einen Kinderchor, den gemischten Chor der St. Mariengemeinde, die Choralschola, das VHS-Streichorchester, gab privaten Klavierunterricht, den nicht geringen Orgeldienst eines katholischen Organisten, wochentags wie sonntags, und dann kam noch der Ruf an das Kon-

servatorium in Bremen. Da habe ich familiäres zwangsläufig vernachlässigt, offenbar total hintangestellt. Da musste Raphaels Reaktion so ausfallen ...
War ich etwa ein Workalholic? Keineswegs, mich drückte der Schuldenberg vom Erweiterungsbau des Wochenendgrundstücks und der Hausorgel, während andere locker von selbstverständlichen Verbindlichkeiten sprachen. Außerdem: Mein Selbstwertgefühl und mein Selbstbewusstsein bekamen jedes Mal eine volle Breitseite, wenn bei meiner Frau, der verbeamteten Lehrerin, wieder eine Gehaltserhöhung ins Haus stand. Ich konnte mich abstrampeln, wie ich wollte, nie reichte ich an deren Gehalt heran. Im Hinblick auf meinen Adoptivsohn könnte sich vielleicht einiges auflösen, wenn das DU des Adoptierten mir gegenübersäße und bereit wäre, vollkommen offen und rückhaltlos allen Gefühlen und Erfahrungen, die in unserem gemeinsamen Lebensraum aufgestiegen waren, nachzugehen und der Schutzlosigkeit und Offenheit eines freien Raumes auszusetzen. Vielleicht gibt es irgendwann einen Anruf: *„Hier Alexander, früher Raphael genannt!“* Wie würde ich mich da freuen.

Es gibt ja ähnliche ...

Telefonanrufe

Jüngst wurde ich auf diese Weise völlig überrascht. Und da zeigte sich wieder einmal, wie wahr das Motto meiner Autobiografie ist, nämlich, dass das Vergangene nicht tot ist. Es war ein Anruf aus Süddeutschland von einer Dessi, einer Jugendliebe, der ich im malerischen Dörfchen Schöffau während sommerlicher Semesterferien vor mehr als über 50 Jahren begegnet war. Die über das Telefon empfangenen Worte „Dessi" und „Schöffau" wirkten als Schlüsselwörter. Da bildeten sich blitzschnell Assoziationen und Strukturen wie in einer Art gigantischem Computer, der schnell riesige Datenmengen verarbeitet, wichtige Signale bei blitzschnell fliegendem Wechsel im Gehirn freigibt. Da rauschte ein Film vorbei. Was aber war in den wechselnden Bildern? Ich muss filtern und in Stichwörtern zu ordnen versuchen: Da gab es eine schlanke Oberschülerin namens Dessi, Schöffau mit einer barocken Dorfkirche und einem Örgelchen, außerdem Murnau, wo der Expressionist Wassily Kandinski seit 1908 wirkte, und da war schließlich der malerische Staffelsee, waren große Bauerngehöfte mit ihren spezifischen von mir geliebten Düften, da war der Pfaffenwinkel mit herrlichen prunkhaften Barockkirchen und Orgeln, da gab es das Kloster Ettal, die Wieskirche, die Partnachklamm und das Karwendelgebirge.

Jetzt, bei der Niederschrift kann ich mir Zeit lassen, muss nicht alles im Blitztempo vorbeirollen lassen und kann kurze Fäden lang ziehen, einiges näher betrachten, auf Ursprung und Ziel hin untersuchen, auch zurückgeblieben lieblich Harmonisches.

Mein Dortsein muss so ziemlich bald mit dem Hinweis meiner Schurgaster oberschlesischen Flüchtlingstanten Liesel und Anni begonnen haben: *„Günter, da gibt es ein feines Mädel! Und mit dem Kuratus könntet ihr den Pfaffenwinkel erkunden oder eine Bergwanderung machen.“* Dieser Hinweis wurde bald Realität, zunächst wohl unter der geistlichen Aufsicht von ‚Hochwürden‘, der mit Dessi und mir eine dreitägige Kammwanderung auf dem Mittenwalder Höhenweg im Karwendelgebirge antrat, einem optimalen Gebiet für spannende Bergwanderungen. Von Mittenwald brachte uns die Karwendelbahn hoch zum Fuß der westlichen Spitze des Karwendels, dem Ausgangspunkt des Mittenwalder Höhenwegs. Ich erlebte erstmalig eine Kammwanderung mit Übernachtungen in Berghütten, eine grandioses Erlebnis der Alpenwelt. Später waren wir auch ohne geistlichen Schutzengel auf Rädern unterwegs. Verschiedentlich habe ich Orgeln angespielt und deren Klänge ausprobiert, so in der Wies, der berühmten „Wallfahrtskirche zum Gegeißelten Heiland“, deren Orgel ich enttäuschend fand, da nicht barock disponiert. Ich spielte und studierte die Dispositionen der Orgel in Steingaden und in Orten, deren Namen ich vergessen habe. In vielen Dörfern war kurioserweise der Dorfschmied Organist und nicht der Lehrer, ein Relikt aus sehr frühen Orgelzeiten, da man, ob der sehr schwergängigen Spieltrakturen, die Orgel schlagen musste, was im Italienischen toccare heißt, wovon sich wiederum das Wort Toccata ableitet. Kurios und geradezu lächerlich war die Begegnung in Kloster Ettal, sodass ich sie bis heute nicht vergessen konnte. Der Klosterorganist ließ mich nicht an die Orgel, schlug vielmehr im Plenum den C-Dur-Akkord an, um die außergewöhnliche Akustik zu demonstrieren. Damit war sein Vortrag, die Demonstration und die Begegnung abgeschlossen. Vielleicht scheute er andere Tonarten. Und jetzt muss ich Gewesenes zurückrufen, werde wieder zum Erinnernden, sehe mich in der Voralpenlandschaft, die ich so liebte.

Momentaufnahmen gehen fast unmerklich über in Reflexionen, die das Wahrgenommene bloßlegen. Ich sehe mich auf der zweiten Empore, fast unter der Decke der kleinen Barockkirche von Schöffau, wo ich Bachs C-Dur-Toccata und die dazugehörige Fuge an dem Örgelchen übte. Die Werke gehörten später zu meinen virtuosen Orgelexamensstücken. Sehr wahrscheinlich habe ich diese Werke auch bei Gottesdiensten, zumindest beim Ausgang, gespielt. An Reaktionen der Kirchgänger jedoch kann ich mich nicht erinnern. Es wird keine gegeben haben. Auf der Suche nach süddeutschen historischen Gabler-Orgeln wurde ich damals enttäuscht. Gabler-Orgeln stehen heute nur noch in seiner Heimatstadt Ochsenhausen und in Weingarten.

Nur Sinnlicheit im Kopf

Es war ein Bilderbuch-Sommer mit stets blauem Himmel damals in Schöffau, in Peißenberg, Oberammergau, Neuschwanstein und vielen Orten, deren Namen nicht haften geblieben sind. Und das bergauf und bergab, mit einem Fahrrad ohne besondere Gangschaltung damals. Ich sehe Dessi und mich im eiskalten, klaren Alpsee bei Hohenschwangau frierend und nackend schwimmen und auf einer Wiese halbnackt die Sonne und den Wiesenduft genießen. Worüber unterhielten wir uns? Hatten wir einen Blick für die Zukunft, einen Weitblick? Sprachen wir von gegenseitigen Interessen, von Musik oder Literatur? Oder hatten wir nur unsere Sinnlichkeit im Kopf? Und bemerkten dabei kaum eine Schlange, die uns da in die Quere kam? Und verlor ich dort nicht auch meine Sonnenbrille? Für die Tanten Anlass genug, zum hl. Antonius, dem Auffinder von Gegenständen, zu beten, der tatsächlich die Brille wiederentdeckte. Wenn ich mich richtig erinnere, waren wir mit der Stille und dem Frieden gegenseitigen Seins zufrieden und sogen dies wie wahrnehmbaren Duft ein. Im Nachhinein habe ich den Eindruck, dass wir leicht und unbesorgt lebten, weder von gewesener Existenz verbittert noch von zukünftiger geängstigt oder verstört waren. So verschieden ist mein Heute von jedem meiner unterschiedlichen Gestern, so verschieden von meinen Aufstiegen und Abstürzen, dass mir manchmal scheint, ich hätte nicht bloß eine, sondern mehrere, völlig voneinander verschiedene Existenzen gelebt. Wie ging ich gern in den großen Kuhstall gegenüber Dessis Behausung, um den Stallgeruch beim

Großbauern zu genießen. Die dortige Atmosphäre mochte ich besonders, war sie doch eine starke Erinnerung an Ferienzeiten im großväterlichen oberschlesischen Schurgast. Und in Schöffau mochte ich eine zupackende, bewundernswerte Großmagd, die irgendwie zu Dessi gehörte und die ich mir gut als Schwiegermutter hätte vorstellen können. Überhaupt träumte ich meine Zukunft im Allgäu. Aber davon in einem späteren Kapitel.

Jeder Bilderbuch-Sommer geht einmal zu Ende. Es kam Dessis letzter Schulferientag. Am nächsten Morgen hatte sie in der Münchner Oberschule (für Mädchen?) zu erscheinen. An diesem warmen Sommerabend fanden wir in unseren Liebkosungen kein Ende. Wir konnten uns nicht trennen, die Zeit floss dahin. Das Fenster in Dessis beleuchtetem Zimmer war weit geöffnet. Dieses Bild, diese Szene, diese Stille der Nacht habe ich noch heut vor mir. Da kamen Geräusche von Fußtritten. Es konnte nur Tante Anni sein, die mich holen wollte. Oder vielleicht sagen wollte, wo der Schlüssel zur Haustür liegen wird. Wir waren gelähmt, hüllten uns in Schweigen, anstatt zu reden, anstatt zum Fenster zu gehen. Aber sollte ich mit nacktem Oberkörper? Oder sollte Dessi ans Fenster treten, die kurz zuvor in Unbefangenheit und Natürlichkeit den für mich imposanten und unvergesslichen Ausspruch von sich gab: *„Ich könnte mir die Kleider vom Leibe reißen!“* Wenn sich die Hormone melden, ist katholische Erziehung vergessen. Die Natur nimmt ihren Lauf, oft mit dramatischer Vehemenz. Aber hier verstärkte sich die Lähmung. Warum rief die Tante nicht hoch, in das erleuchtete Zimmer? Wortlos ging sie wieder, die Keusche, nahm zu Hause sehr wahrscheinlich den Rosenkranz zur Hand und betete mit ihrer gleichfalls jungfräulichen Schwester die *Schmerzhaften Gesetze* daraus, nicht ohne den Vater-unser-Satz „... und führe uns nicht in Versuchung." Oh, oh! Was blieb in Dessi und in mir zurück? Ein offener Raum, Unendlichkeit, das Tao, in dem alles und aus dem alles entsteht und in den alles zurückkehrt im selben Moment? Nahmen wir Phänomene des Innen und Außen wahr, die allesamt vergänglich, allesamt leer an eigener Substanz sind? War es so? Oder wie war es? Was, wenn die Tante nicht gekommen wäre? Hätte dann ganz was anderes nach neun Monaten ans Licht der Welt kommen können?

Nach dieser Aufregung, die zur weiteren Anregung nicht geeignet war, machte ich mich auf den kurzen Weg innerhalb der Bauernschaft. Und in der Tat war im Schlaf-, Wohn- und Esszimmer der Tanten, in dieser Einraum-Flüchtlingswohnung, noch Licht. Jedoch die Haustür zum großen Bauernhaus war verschlossen. Dessi wusste eine Leiter zu besorgen, auf der ich über den Balkon zu meinem Schlafzimmer gelangte, denn die Türen standen da oben offen. Es war mein erstes und letztes Fensterln, das ja kein Fensterln im eigentlichen Sinne war, denn ich ging ja leider nur ins eigene Ferienbett.

Laut Wikipedia soll das Fensterln in Bayern immer noch zur Tradition der zwischenmenschlichen Kontaktpflege gehören. Dessi trug die sicher nicht leichte Holzleiter allein zurück. Viel Zeit blieb ihr nicht für den restlichen Nachtschlaf. Gegen fünf Uhr muss es gewesen sein, dass ich ein Moped (oder ein Fahrrad mit Hilfsmotor) hörte, das ich dann gerade noch in der Ferne verschwinden sah. Der nächste Morgen war nicht gerade angenehm für mich. Aber zur Beichte beim Kuratus ging ich nicht, trotz lange nachwirkender katholischer Erziehung. Erst vor einigen Jahren habe ich durch Bücher Eugen Drewermanns Ängste aus Kindertagen richtig eingeordnet und verstanden, habe infantile Bindungen abgelegt, habe die Zwangsherrschaft, die nicht der Liebe gut tut, sondern nur dem Machtgewinn, als Erfahrungstatsache in meinem Beruf erlebt.

In Wahrheit dreht sich's einzig darum: Man hat eine Kirchenstruktur, die repressiv ist in Gefühlsbereichen und in Fragen der Liebe, die zentralistisch ist im Wahrheitsmonopolanspruch eines Amtes, das sich als Gottes Stellvertretertum den Menschen entgegensetzt und in einer seiner Folgen ambivalent ist im Frauenbild: Es ist aufgespalten zwischen dem Ideal der Madonna und der ständigen Verführungsgefahr auf Erden. Diese drei Elemente sind konstitutiv für das römische Papsttum. Man kann durch die Geschichte hindurch, spätestens seit dem 11. Jahrhundert, die sozialpsychologischen Konsequenzen dieser Institution mit Händen greifen. Sigmund Freud meinte 1923, die katholische Kirche in diesem Punkte mit dem Militär vergleichen zu müssen, wo ebenfalls die Gleichschaltung und Ausrichtung auf die befehlgebende Zentrale wichtiger ist als die Förderung von Mündigkeit, Dialog und persönlicher Reife.

Aber wie ist es denn im Islam? Man schlage die vierundzwanzigste Sure des Korans auf, lese die Droh-Verse 3 bis 11 oder den Drohvers 27. Im Vers 32 ist zu lesen: *Sage auch den gläubigen Frauen, dass sie ihre Augen niederschlagen und sich vor allen Schamteilen bewahren sollen und dass sie nicht ihre Zierde, ihren nackten Körper, ihre Reize, außer nur was notwendig sichtbar sein muss, entblößen und dass sie ihren Busen mit dem Schleier verhüllen sollen. Sie sollen ihre Reize nur vor ihren Ehemännern zeigen …* Und jetzt lese man genau weiter: … *oder vor ihren Vätern oder vor den Vätern ihrer Ehemänner, den Stiefsöhnen, oder vor ihren Brüdern oder vor den Söhnen ihrer Brüder und Schwestern oder vor ihren Frauen …* Man möge sich hier selbst einen Reim drauf machen.

Nach dieser Abschweifung möchte ich auf den überraschenden abendlichen Anruf Dessis zurückkommen. Wie reagiert man auf eine dunkle Stimme, die wie aus dem Grabe spricht, wie aus einer tiefen Höhle, obendrein stockend? Jedenfalls konnte ich keinen Gesprächsleitfaden aufnehmen, wusste nur, nach Jahrzehnte zurückliegender dörflicher Auskunft, dass diese Dessi einen Maurer geheiratet haben soll. Da mein Gegenüber nicht gesprächsfreudig war – warum rief sie überhaupt an? –, nahm ich mein Wissen zum Anlass, sie nach ihrem Maurer zu fragen. Oh, welches Echo auf meine Frage! Welche Empörung! „*Von wegen Maurer! Nicht nur Maurermeister, nein, Bauunternehmer wäre ihr Mann gewesen, hochangesehen, und hätte 100* (oder waren es 300) *Angestellte gehabt.*“ Das musste diese Dessi, von der ich ein anderes Bild im Kopf hatte, in einem zweiten nachgeschobenem Anruf noch einmal beteuern und noch eins draufsetzen, nämlich: Einen BMW wären sie gefahren und hätten ein ganz großes Haus …

Was bleibt in dem unendlichen Ozean meines Bewusstseins von Dessi erschreckend zurück? Diese Seile im Kopf müssen eins nach dem anderen gekappt werden, sodass nichts mehr bleibt von dem Ego, der Person und der Geschichte. Wie gut also, dass es so kam, wie in dem schwedischen Film *Sie tanzte nur einen Sommer* mit der Schauspielerin Ulla Jacobsson. Denn eine so auf Besitz pochende Person, wie sie sich im Telefonat darstellte, hätte ich damals armer Musicus gar nie zufriedenstellen können. Da wir Menschen sind, können wir den Konflikten des Lebens nicht ausweichen, auch wenn wir das häufig genug versuchen.

Im Goethe-Jahr 1999

wurde ich verschiedentlich gebeten, Vernissage-Reden zu halten, auch die Festrede des Johann-Gottfried-Herder-Gymnasiums in Halle, das ich als Abiturient 1949 verließ. Nach 50 Jahren da zu stehen, wo ich einst den Osterspaziergang vortrug, war eine besondere, eine ergreifende Situation. In meiner Rede fragte ich denn auch rhetorisch, was wohl damals die Deutschlehrerin veranlasst haben mag, ausgerechnet diesen Abschnitt aus Goethes Faust für eine Schülerrezitation auszusuchen. Und ich dachte, eine Metamorphose jenes Osterspaziergangs wäre damals angebrachter gewesen. Die trug ich allerdings nun nach:

Ich höre schon das Schulgetümmel!
Ist hier für Lehrer gar ein Himmel?
Ist hier zufrieden groß und klein?
Bin ich hier Mensch, darf ich es sein?
In diesen Mauern, diesen Hallen
will es mir keineswegs gefallen.
Es ist ein gar beschränkter Raum,
man sieht nichts Grünes, keinen Baum,
und in den Sälen, auf den Bänken
vergeht mir Hören, Sehn und Denken.

Was war nach 50 Jahren aus jenen Sälen und Bänken, aus Physik- und Chemieraum geworden? Da war allerdings das Staunen über veränderte, keinewegs mehr beschränkte Räume sehr groß. Und so konnte ich in die voll besetzte Aula hinein in Versen bestätigen:

Einst hat Herr Kohl es laut verkündet,
inzwischen sehe ich es wohlbegründet.
Die Landschaft blüht in diesem Haus.
Ich sah in Räume, welch ein Schmaus!
Vom Keller bis zum Boden,
es ist so viel zu loben.

Ich führte meine Hörer in das Jahr 1948 zurück und erinnerte daran, dass die männliche Klasse 12b völlig unerwartet durch „Jungfrauen" der Ina-Seidel-Schule bereichert worden war. Wie reagierten die Abituranwärter? Etwa, wie bei Goethe nachzulesen:

Ewiger Wonnebrand, glühendes Liebesband,
Siedender Schmerz der Brust, schäumende Gotteslust!
Pfeile durchdringet mich, Lanzen bezwinget mich,
dass ja das Nichtige, alles verflüchtige,
Glänze der Dauerstern, ewiger Liebe Kern!

Die damaligen Pfeile schafften nur eine eheliche Verbindung. Anderes blieb im Dunkeln. Vielleicht verhalf die Vererbungslehre im Biologieunterricht der Frau Dr. Haxius zu anderen Perpektiven ...
In meiner Festrede schilderte ich nicht nur den Wissensstand der nunmehr gemischtgeschlechtlichen Klasse. Ich erinnerte an schülerhafte Umtriebe, die denen in Heinz Rühmanns verfilmten Schulepisoden nicht nachstanden. Als wir angehende Abiturienten uns einigermaßen vom Ina-Seidel-Schock befreit hatten, darum mit gemäßigten Frechheiten wieder anfingen, piepste es hier, piepste es dort, aperiodisch, versteht sich. *„Rücken Sie Ihr Piepsgerät sofort*

heraus!" Großes Schweigen ... *„Ich erwarte, dass sich der Verursacher nach der Stunde entschuldigt!"* Das tat jener dann auch, gentlemanlike. *„Nun sagen Sie mal, wie konnten Sie mit Ihrem Piepsgerät einen so schnellen Ortswechsel vornehmen?" „Ganz einfach, Frau Doktor, wir hatten zwei."*

Ein findiger Kopf unserer Klasse hatte eine Konstruktion gebastelt, die es ermöglichte, den Lichtschalter vom Sitzplatz aus zu betätigen. In später novembriger Nachmittagsstunde ging das Licht aus und täuschte, wie zu jener Zeit üblich, Stromsperre vor. Damit der Schwindel nicht aufflog, musste das Schlüsselloch zum beleuchteten Flur hin zugestopft werden. Die *„Verschwörung des Catilina"* von Sallust musste nun unserer Verschwörung weichen und wir konnten unangestrengt genüsslich aus alten römischen Zeiten Geschichten hören. Dies geschah, bis wenige Minuten vor dem Pausenzeichen das Licht wieder den Klassenraum erhellte. Für die Übersetzung blieb nur noch: *„Quae homines arant navigant aedificant, virtuti omnia parent."*

Ja, Latein ist wissenswert, doch zumeist nicht sehr begehrt.
Und so sinnen wir auf Rache, planen eine neue Sache.

Eine leicht konkave Konstruktion der Sitzfläche des Kathederstuhls gestattete, Wasser darauf dauerhaft auszugießen. Der Ahnungslose setzte sich auf diese mit Wasser getränkte Fläche. Seine Reaktion mag man als pädagogisch oder diplomatisch ansehen. Jedenfalls ließ er sich nichts anmerken und wir liefen mit unserer ausgemachten Schurkerei ins Leere.

Heut hier anwesende Schüler seien nicht animiert, unsere Pflegeleien nachzuahmen, Bosheiten, für die ich mich im Übrigen im Nachhinein heute schäme. Liebe Schülerinnen, liebe Schüler, lasst es euch von einem Grufti sagen, oder falls ihr mich schon als Komposti oder gar als Uhu einstuft, lasst es euch trotzdem sagen: Eure Lehrerinnen und Lehrer wollen immer nur das Beste für euch. Ich selbst weiß aus Hochschulkonferenzen, wie Dozenten um gerechte Beurteilungen von Prüfungskandidaten ringen, manchmal stundenlang. Nicht anders wird es bei Zeugniskonferenzen in eurer Schule sein. Ich rufe euch zu: „Non scholae sed vitae discimus!" Nicht für die Schule, für das Leben lernen wir.

Liebe Ehemalige! In Johann Gottfried Herders Reisejournal von 1769 steht: *Jeder Abschied ist betäubend.* So ist ein Wiedersehen mit der Schule auch jedes Mal ein betäubendes Abschiednehmen von Vergangenem. Ein Abschiednehmen, bei dem wir es nicht versäumen sollten, noch einmal der vielen Lehrkräfte zu gedenken, die nicht mehr unter den Lebenden weilen, die aber über all die Zeitläufte den humanistischen Geist dieses Gymnasiums hochhielten.

Und da ich Studienrat Brunner und all den anderen verehrungswürdigen Lehrkräften nicht mehr Dank sagen kann, hole ich es hiermit symbolisch beim Direktor Joachim Heinemann nach.
Zum Abschluss meines Auftritts möchte ich, liebe Zuhörer, am noch immer gleichen Flügel der Aula eine improvisierte Suite über Schulsituationen in die Tasten schlagen ...

Ein Hauskonzert

steht vor der Tür, eines von vielen. Anlass ist mein neuer Konzertflügel. Darum unterbreche ich meine Memoiren. Es sind Freunde eingeladen, ein Literat, ein Galerist, Kunstschaffende und Musikinteressenten, etwas mehr als zwanzig Personen, nicht zu viel, damit auch Raum zum anschließenden Gespräch bleibt. Da möchte ich zunächst einmal mein Programm vorstellen:

Kammermusik
Querflöte – Yamaha-Flügel
five o'clock am 26 11.2006 im Hause Berger / Tholen
mit Rüdiger Zimmerningkat und Günter Berger

Teil 1

Polonaise „Maestoso" ES-MOLL op. 26, 2 Fréd.Chopin 1810-1849

Sonate G-MOLL BWV 1020 für Flöte und Tasteninstrument

Joh. Seb. Bach 1685-1750

1. ohne Satzbez. – 2. Adagio – 3. Allegro

Sonate in ES-DUR von Joseph Haydn 1732-1809

1. Allegro moderato – 2. Adagio – 3. Finale Allegro

gewidmet den Fräulein Katharina und Marianna Auenbrugger 1780

***

Pause für eine deftige Suppe aus Elkes Natur-Küche

***

Teil 2

Nocturne in G-DUR op.37, 2 von Frédéric Chopin
(nichtsdestotrotz durch alle Tonarten wandernd)

Sonata for Flute and Piano Francis Poulenc 1899-1963
1. Allegro malinconico (schnell, aber melancholisch, traurig, leidend)
2. Cantilena (Assez lent-hinreichend langsam)
3. Presto giocoso (Très mordant-ätzend, scharf)

„Beschwörung“ 1976 Hans G.Bertram* 1936 Neun Aphorismen über b-a-c-h – für Flöte solo improvisatorisch am Yamaha-Flügel
zu jedem Beschwörungsaphorismus buddhistische Glockenschläge

außerdem mit einer Rezitation von „November“
aus dem Gedichtsband „Taubentage“ von Reinhard Rakow,
Manuskript, Oldenburg 2006

Bemerkungen zu „Beschwörung“:
In „Beschwörung“ wird versucht, Klänge fast endlos in ihrem Nachhall zu halten, auch wenn die Resonanzen sich verändern, wie sie dahinsterben – oder besser: nicht sterben, nur für unsere Ohren allmählich unhörbar werden – und das ganz zart, denn Zartheit ist unwiderstehlich.
Die unterschwellige Invasion durch diese Töne ist wirksamer als ein frontaler Angriff, da sich unsere Ohren bemühen, immer noch etwas zu hören. Sie müssen sensibler werden, um die Welt der Klänge in einem unermesslich großen Raum zu

erfassen. Vielleicht mag hierfür ein altes taoistisches Sprichwort stimmig sein:

*„Die größte Musik wird mit den wenigsten
Noten geschrieben."*

Es war ein gelungener Abend geworden, mit vielen dankbaren Rückmeldungen. Die tiefschürfenste Antwort war ein Gedicht meines Freundes Reinhard Rakow, des Poeten:

Ins Lauschen eingestellt sind unsre Zeichen,

So schlaf denn ein mit liebenden Gedanken.
Die Nacht ist kurz. Und Mühsal bringt der Tag.
Dass du genesen wirst, soll niemals wanken
die Zuversicht in dir, dass wer dich mag.
Entsage der Gedanken Fracht und träume.
Wieg Lieder lang.
Und dehne den Moment.
Musik am schönsten ist, wenn ihre Räume
nur dünn besiedelt sind und still getrennt.
Gewidmet meinem Arm und deiner Last.
Ein Feuer glimmt. Beobachte sein Leuchten,
der Wärme zugewandt, so lang wir bräuchten
einander unterfasst.
Weißt du? Du hast mich bei dir fest in Worten,
die nicht weichen.

Ist es nicht wunderbar, einen solchen Text empfangen zu dürfen?

Da blieb doch viel haften, zumal ich zu den Musikstücken Erklärungen, klingende Beispiele und Erläuterungen gegeben hatte, wie z. B. zur Thematik, die unter dem literarischen Titel „Die Entdeckung der Langsamkeit“ stand, ein 1983 erschienener Roman des deutschen Schriftstellers Sten Nadolny. Sein Protagonist ist der englische Kapitän und Polarforscher John Franklin, der wegen seiner Langsamkeit immer wieder Schwierigkeiten hatte, mit der Schnelllebigkeit seiner Zeit Schritt zu halten. Als Kind konnte er keinen Ball fangen. (Sah ich mich da etwa auch?) Er war gerade gut genug„ die Schnur beim Ballspiel der anderen Kinder ruhig zu halten. nFranklin ist also ein langsamer Mensch im Denken, Sprechen und Handeln, eigentlich zu langsam für die moderne Zeit der industriellen Revolution. Die vermeintliche Schwäche des Außenseiters wird jedoch im Roman zu seiner Stärke, nämlich durch Ausdauer, Gründlichkeit und Gelassenheit. Franklin entzieht sich der Beschleunigung des Zeitalters und setzt seine Haltung und Anschauung dagegen, nach der jedes Individuum seinen Fähigkeiten entsprechend einen sinnvollen Beitrag zur Gesellschaft leisten kann. Damit ist er zugleich Kritiker der modernen Zivilisation.

Von der Entdeckung der Langsamkeit

Ich erwähnte die Musikwissenschaftlerin und Pianistin Grete Wehmeyer für die Wiederentdeckung der Langsamkeit in der Musik. Sie orientiert sich an Aussagen des Philosophen Peter Sloterdijk: *Das Anwachsen des Tempos beim Musizieren ist nur ein Segment der ‚selbstgezündeten Selbstbewegung', die sich durch die Beschleunigung des ganzen Lebens, durch die Industrialisierung und den Einsatz moderner Verkehrsmittel entfachte. Die Instrumentalvirtuosität ist ein hörbares Produkt dieser Entwicklung, sie ist ein Phänomen der reinen Mobilität.*

Wenn man sich entschlösse, die Musik bis etwa 1850 im klassischen, das heißt in halb so schnellem Tempo aufzuführen, würde man Erstaunliches erleben. Es würden sich das Antlitz und der Inhalt einer ganzen Epoche ändern – einer Epoche, die ein wesentliches Fundament für uns bedeutet.

Nun, so weit würde ich keineswegs gehen. Aber Tatsache ist, dass die Bandbreite der Wahrnehmung von Zeit – auch beim Hörer – und die Möglichkeiten der Zeitbestimmung bei Solo-Interpreten und Dirigenten sehr verschiedenartig sein können.

Wie dem auch sei, jedenfalls zeigte ich im Adagio der Es-Dur-Sonate, wie sich Joseph Haydn mit dem Phänomen der Langsamkeit kompositorisch auseinandergesetzt hatte. Die auskomponierte Langsamkeit des Satzes hatte ich als spielender Oberschüler sicher nicht reflektiert, nicht als gegeben wahrgenommen und empfunden. Mochte ich damals vielleicht diesen Satz gar nicht, hatte ihn nur als Pflichtstück absolviert? Wäre es verwunderlich, denn der Zeitbegriff eines Jugendlichen dürfte sehr verschieden sein von dem eines Siebzigjährigen. Heut liebe ich diese Langsamkeit, genieße die ausklingenden Töne, Akkorde, Harmonien. Und dies, obwohl ich fast stets auf der Suche nach der verlorenen Zeit bin, nicht mehr unter dem Diktat der Uhrzeit lebe, nicht unter dem Gefühl eines Zeitdrucks. Wir haben das Telefon in bestimmten Zeiträumen ausgestellt. Ist das nicht eigentlich eine Demonstration von Zeitsouveränität? Aber trotz dieser enttakteten Zeit müssen wir ständig Mut zur Zeit-Priorität, zu zeitlichen Entscheidungen aufbringen, vor allem was die Findung von Urlaubszeit betrifft. Da lese ich irgendwo: Eine Gesellschaft, die keine Zeit hat, lebt nicht. Das andauernde Gefühl, nicht das zu schaffen, was man will, das zermürbende Gefühl, unfrei zu sein, getrieben, irgendwelchen Prozessen ausgeliefert zu sein, wer kennt dies nicht? „Hurra, ich nicht!", sage ich im Rückblick auf meinen letzten Kreta-Urlaub und stelle umgehend beschämt fest, es war nur eine sehr begrenzte Zeit so. Und im selben Augenblick wird mir die Zeitbeschleunigung bewusst. Als Ferienkind im großelterlichen Bauernhaus erlebte ich noch, wie ein Schwein nach drei Jahren Lebenszeit geschlachtet wurde. Heute kommt ein Schwein in sechs Monaten zur Schlachtreife. Extrapoliert man diese Entwicklung in die Zukunft, müsste man im Jahr 2013 ein Schwein schlachten, bevor es geboren ist.

Bei solcher Betrachtung habe ich allen Grund, auf mein letztes Hauskonzert zurückzukommen. Zum Schluss gab es das Stück *Beschwörung,* dem ich den Untertitel *Atem-Ton-*

Ruhe gab. In 9 Aphorismen sollten meine Zuhörer eine Klangwelt erleben, die ohne feste tonale Bindung steht, jedoch reich an klanglichen Farben und Schattierungen ist. Sinnzusammenhänge ergaben sich durch die Töne B-A-C-H als kompositorische Klammer. Darüber hinaus kam dem Namen B-A-C-H eine metaphysische Bedeutung zu. Wenn ich einen Namen nenne, so nehme ich eine Beziehung zu ihm auf, bewege mich in spirituelle Sphären der menschlichen Existenz. Den Namen eines Menschen erfahren, bedeutete z. B. für die Israeliten, diesen Menschen in seinem Herzen kennen. In den Psalmen und bei Jesaja, also im Alten Testament finden wir immer wieder die Sätze: *Fürchte dich nicht, ich habe dich bei deinem Namen gerufen, du bist mein.* Nach diesem Vorbild integrierte ich die Namen der Anwesenden in die musikalischen Meditationsabschnitte. Diese Musik erklang in verschiedenen Sparten, einerseits in blasenden Meditationen, andererseits von mir in abtastenden und Saiten anreißenden, auch in geräuschhaften Klang-Meditationen und schließlich in solchen, die im Corpus des Flügels Obertöne produzieren. Die Gestaltungsarten ermöglichen enorme Verlangsamungen.
Die Langsamkeit der Musik ließ Raum, sich in den Klang zu vertiefen. Die Verbalisierung eines solchen Zeitcharakters lag in einer Dimension nahe bei der Stille. Die Zeitorganisation der physikalischen Zeit spielte ja längst eine spezifische und ungewöhnliche Rolle bei Cage, Stockhausen, Zimmermann, Penderecki, Messiaen und anderen berühmten zeitgenössischen Komponisten.
Der geblasene Ton ist Ausdruck des atmenden Menschen, der gezupfte und ertastete Ton ist gleichfalls aus dem Atem seines Gestalters, also des Pianisten, geboren. Und

dann sagte ich meiner Zuhörergemeinde: Nehmt die klanglichen Zugänge zum Atmen auf. Atmet also ruhig durch und schließt am besten die Augen. Goethe sagt:

Im Atemholen sind zweierlei Gnaden:
Die Luft einziehen, sich ihrer entladen.
Jenes bedrängt, dieses erfrischt.
So wunderbar ist das Leben gemischt.
Du, danke Gott, wenn er dich presst.
Und danke ihm, wenn er dich wieder entlässt.

Der Leser muss mir verzeihen, wenn ich zwischen den Zeiten hin- und herspringe, keinen linearen Vorgang biete, sondern mich in verschiedene Gedanken- und Zeitläufe einblende. Details muss ich beliebig hinzufügen dürfen, Verknüpfungen zu anderen Wissensgebieten erstellen oder abrufen können, sodass sich im Gehirn ein Netzwerk von miteinander in Verbindung stehenden Informationen bildet. So ist das nun einmal in meinem Leben. Ja, und das Echo dieses Lebens sind Erinnerungen. Erinnerung, sagt Jean Paul, ist das Paradies, aus dem wir nicht vertrieben werden können.

Und ich setze fort: Aus der Kette von Erinnerungen formen wir unser Ich – die persönliche Geschichte unseres Lebens. Und da kann es sein, dass Erinnerung auch zur Hölle werden kann, aus der es kein oder erst ein spätes Entkommen gibt. Und so habe ich …

von Jahren bitterer Erfahrung

zu berichten. Überstanden habe ich diese Zeit vermutlich nur durch ein Übermaß an Arbeit. Zeitweise waren es mehr als sieben Jobs. Das Arbeitspensum ist mir aus heutiger Sicht unfassbar: der tägliche Morgen-Kirchendienst an der Orgel, das Orgelspiel beim Beerdigungsritus (nicht jeden Tag) auf dem kath. Friedhof für alle drei kath. Delmenhorster Gemeinden, die Kirchen- und Kinderchorarbeit als Knochenarbeit mit Laien, Proben mit einem Orff-Instrumentalkreis, Proben mit der Choralschola, desgleichen solche mit dem Streichorchester der Volkshochschule, das Unterrichten an Klavier und Orgel sowohl privat wie auch sehr bald an der Päd. Hochschule in Vechta, später auch in der sogenannten C-Organisten-Ausbildung in Cloppenburg, Garrel und Vechta. Hinzu kamen Konzertvorbereitungen und Konzerte, zunächst im Inland, später auch im Ausland. Es folgten Schallplatteneinspielungen, Rundfunkaufnahmen. Viel später kam dann noch als Zubrot der Musik-Unterricht in zwei Gymnasialklassen. Wenn dann noch Zeit blieb für das Komponieren, so versuchte ich das, völlig durchlöchert, auch noch. Immerhin sprangen dabei erste Inverlagnahmen heraus. Wenn ich schon am Aufzählen so unterschiedlicher Arbeitsfelder bin, sei die spätere hauptamtliche Tätigkeit als Theorie- und Orgellehrer an der großen Cloppenburger Kreismusikschule zu erwähnen, bis schließlich die Berufung an das Bremer Konservatorium und der danach entstandenen Musikhochschule und die Professur kamen. So arbeitete ich mich langsam, aber stetig hoch, oder besser gesagt, weiter.

Die Jungs wuchsen heran. Die Geschichten vom Kästchen, in dem noch ein Kästchen und wiederum ein Kästchen war, erzählt in Vaters Bett, standen nicht mehr auf der Wunschliste. Zuletzt war es der Himmelsbaum, in dem ein Kästchen hängend, noch ehe ich es aussprach, vermutet worden war. Also musste ich erneut um Fantasieerweiterung ringen. „*Der Himmelsbaum schwankte plötzlich in einem Sturm. Der Gärtner hörte unter sich ein Brechen und Knacken. In seiner Angst wagte er einen gewaltigen Sprung. Und wie ein Akrobat das Trapez, das ihm entgegenfliegt, im letzten Augenblick vor dem Absturz ergreift, so fand der Gärtner Halt und war wieder auf sicherem Boden. Von der Anstrengung ermattet, beschloss der Gärtner zu schlafen. Während er schläft, wachsen die Bäume noch einmal so schnell, alle Sorten wie Akazien, Pinien, Eichen, Tannen, Birken und Kiefern. Auf den Blättern regt sich Ungeziefer. Kaulquappen aus den Regentümpeln, glitschige Schwänze, Kröten, Bären und Füchse erscheinen. Der Gärtner sieht sich plötzlich in einer ganz anderen Welt. Er beginnt zu fliehen. Aber wohin? Da gelangt er an einen Kratersee. Auf dem See schwimmt etwas. Aber dieses Etwas ist unerreichbar ohne eine lange Angel. Es sieht eigentlich aus wie ein Kästchen, in dem noch ein Kästchen sein könnte und danach wieder noch eins und noch eins. Wir werden es nie erfahren, denn es bleibt für den Gärtner unerreichbar und damit ist leider die Geschichte endgültig zu Ende.*“

Die Zeit des Geschichtenerzählens war irgendwann für den vielbeschäftigten Vater ebenfalls endgültig zu Ende. Ich muss zugeben, dass die Hingabe an meine Arbeit auf Kosten dieser und anderer Zuwendungen ging, eine sträfliche

Vernachlässigung. Da erhebt sich wirklich die Frage nach der Vereinbarkeit von Künstlerberuf und Ehe. Auf Nina, meiner Frau, der Volksschullehrerin, lag die Last der Erziehung, die Erziehung durch eine allerdings sehr ehrgeizige Lehrerin, deren Jungs möglichst in allen Fächern gut oder sehr gut sein sollten. Damals wusste ich noch nicht, dass es ein sogenanntes Superfrauensyndrom gibt, wusste nichts vom weiblichen Zwang, es obendrein allen recht zu machen. Dass sich das schließlich in einer sogenannten Verantwortlichkeitstretmühle äußern kann, habe ich mir erst viel später angelesen. Verhaltensextreme zeigten sich bei Nina zuhauf. Als ein Beispiel führe ich an die nicht erledigten Schularbeiten unseres Sohnes Michael. Die hat nachts Nina zu Ende gebracht, sicher eine total falsche Art von Erziehung. Aber Sohnemann sollte glänzend dastehen in der Schule! Schließlich konnte ich mir dies nicht länger ansehen und drehte nachts die Elektrosicherungen aus. Das zwang Nina, ins Bett zu gehen.

Im Nachhinein beschäftigten mich solche Verhaltensweisen oft genug. Ich suchte nach Erklärungen, und da las ich dann: „*Wenn wir für andere zu viel Verantwortlichkeit übernehmen, dann übernehmen wir schließlich zu wenig Verantwortung für uns selbst.*" Wie wahr! Da nahten die Katastrophen, langsam, sehr langsam, aber sicher. Erst nahm ich es nicht wahr. Aber immer öfter kam es von ihren Lippen: „*Ich bin ja nur ein Kleines!*" Ich aber wusste nicht, dass ein solcher Ausspruch der erste Schritt in die Depression, ein mangelndes Selbstwertgefühl sein könnte. Dass es sich bei der Depression um eine Krankheit mit Antriebshemmung handelte, machte mir meine spätere Lebensgefährtin und Ehefrau Elke klar, hatte sie doch Psychologie studiert.

Immer öfter musste ich morgens bei der Schulleitung anrufen, dass meine Frau wieder nicht kommen könne. Von Mal zu Mal wurde mir der Schritt zum Telefon peinlicher. Die depressiven Episoden, die sich immer mehr verdichteten, äußerten sich in Schuldgefühlen, Müdigkeit, verringerter Konzentrations- und Entscheidungsfähigkeit, in sinnlosem Gedankenkreisen. Negative Erlebnisse und Eindrücke wurden überbewertet und positive Aspekte nicht wahrgenommen.

Später las ich unter der Überschrift *Was Lehrer krank macht* von deren Stressfaktoren. Und dahin gehörte bei Nina vor allem das, was Hillert als *unkonkreten Idealismus* bezeichnet. Sie, die Lehrerin, wollte immer gerecht und objektiv sein, strebte nach einem Perfektionismus, der in der Realität unerreichbar ist. Wenn ich bei Zeugniszensuren nicht helfend eingegriffen hätte, wäre vor lauter Grübeln und Überlegen kein Zeugnis zustande gekommen. Bei diesen Belastungen hatte sie sich immer völlig verausgabt, schließlich resigniert und zurückgezogen.

Ein kleines Blockhaus

Nach der Vertreibung aus dem Paradies, den in die Natur eingebetteten Orten meiner Kindheit, dem Dorf Schurgast und dem Oppelner Schrebergarten, war ich psychisch wie physisch heimatlos, fühlte mich in allen Lebenssituationen gewissermassen auf Durchreise. 1968 fand ich einen neuen Naturort, um Wurzeln zu schlagen und die Wanderung zu beenden.
Es war ein Blockhaus aus verleimten Holzbalken, abgekauft von einem Vorbesitzer, dessen Frau es am Waldesrand von Dötlingen zu einsam war. Die Einsamkeit war gerade das, was ich suchte, aber wegen des sonntäglichen Kirchendienstes freilich kaum am Wochenende erleben konnte. Jede freie Minute nutzte ich, um nach 25 Kilometern zu dem 3.000 qm großen Grundstück zu gelangen. Ursprünglich war es verwildert mit Ebereschen, aber auch mit Birken, Lerchen, Kiefern und gewaltigen Eichen bewachsen. Hier lebte ich in der Natur und durch die Natur. Wie liebte ich diesen Ort, der mir damals schon als Alterssitz vorschwebte. Hier verwirklichte sich für mich der Ausspruch von Franz von Assisi: *Ein Sonnenstrahl reicht hin, um viel Dunkel zu erhellen.* Hier konnte, wenigstens für Stunden, das pralle Leben über das Leid triumphieren.

Und es kam ein Morgen, wie jeder andere, wie immer an der Orgel. Aber es wurde ein besonderer Morgen. Ein Sturm pfiff los. Er heulte und jaulte, wurde sehr bedrohlich und brachte die Kirchenfensterscheiben zum Vibrieren und Klappern. Hätte ich einige Minuten später die Empore verlassen, hätten die Scherben der großen Kirchenglasflächen, die dem Druck nicht standhielten, meinen Kopf aufgespaltet. Ich aber war längst in den Wagen gestiegen, um zum Traumgrundstück zu kommen. Das gelang nur auf vielen Umwegen. Die Straßen waren durch entwurzelte Bäume blockiert. Die Bilanz des Orkans vom 13.11.1972 war verheerend. Als ich auf vielen Umwegen das Grundstück erreicht hatte, bot sich mir ein Bild grauenhafter Verwüstung. Ich glaubte zunächst, dass hier alles zerstört worden und nichts mehr zu retten war. Hilfsbereite männliche Chormitglieder kamen Tage später mit Motorsägen, schnitten Schneisen in das Chaos und zerkleinerten die umgelegten hohen Kiefern. Langsam erwachte ich aus meiner Lethargie und weckte in mir die Idee, bei jedem Besuch des ‚Wochenend'-Grundstücks ein immergrünes Gewächs mitzubringen: alte Wacholder, Lebensbäume, Thujas, Eiben, Taxus, Scheinzypressen, Bastardzypressen, Kirschlorbeer, Glanzmispel, Bambus und Ilex. All diese Gewächse fand ich zuweilen nach Beerdigungen und bei Neubepflanzungen von Gräbern auf dem großen Abfallhaufen am Ende des Friedhofs und hievte sie in den Kofferraum des Audi. Nicht immer gelang mir die ‚Umbettung', da die meisten Gewächse durch Herausreißen und Abhacken nur noch wenig Wurzelwerk hatten. Aber meine liebevolle Behandlung mit Torf, Dünger und reichlich Bewässerung wurde oft von den Pflanzen belohnt. Aber meine Spielhände litten unter den Kraftakten. Als ich dann noch Findlinge ganz gegen den Willen meines Rückgrats anschleppte, um sie am Teich zur Verschönerung und Stabilisierung des Erdreichs hinzurollen, musste ich bald Orthopäden aufsuchen, die mir eine Hüftoperation empfahlen. Dieser Empfehlung habe ich 30

Jahre lang widerstanden. Das Ergebnis war ein ansehnliches Parkgelände. Hier lebte ich, soweit ich Zeit hatte, in Harmonie mit meiner Umgebung, lebte, ohne es zu wissen nach einer alten chinesischen Weisheit. Sie vermittelt Anleitungen, wie man leben kann. Durch die geschickte Führung und Ausnutzung des Energieflusses (Chi) wird eine spürbare Veränderung des Lebensraumes geschaffen. Schädliche Energien werden abgelenkt und glückbringendes Chi (Sheng Chi) fließt in harmonischen Linien langsam von Raum zu Raum. Ich hatte es nötig. Aber wer hat dies nicht nötig?

Die Beichte

Einen Auszug dieser meiner bisherigen Lebensausschnitte hatte ich an meinen Poetenfreund Reinhard geschickt, der sich begeistert darüber äußerte, wie wahrhaftig und schonungslos ich diese meine Autobiografie anginge. Das ermunterte mich, in dieser Weise an Fortsetzungen zu denken. Und während ich noch an eine entsprechende Einleitung dachte, klingelte wieder einmal das Telefon, um mir eine entsprechende Inspiration abzunehmen. Die Wahrnehmung von Gegebenem, bis dahin Zurückgehaltenem, rückte das Bewusstsein schneller näher als das sinnlich Mannigfaltige. Das Beengende, die Scheuklappen waren abzulegen. Was ich lange für mich behielt und nur in einem sehr frühen Stadium der damals noch nicht ehelich verbundenen besten aller Ehefrauen anvertraute, passierte in den Siebzigerjahren an einem sommerlich sonnigen Sonntag nachmittags im Poggenpohler Moor. Es musste da ungewöhnlich trocken gewesen sein. Wir hatten uns gelagert. Unsere junge unbeschwerte Verbindung wollte ich weder mit jeglichem Anflug von Betrug noch mit sonstigem Hintergehen belasten. Also riskierte ich eine Beichte. Was kam danach als Absolution, als Freispruch? Alles hatte ich erwartet, nur nicht eine Lachsalve. Was wurde ich durch diese Reaktion erlöst, was war ich erleichtert! Noch nie stand das lateinische *absolvere* so buchstäblich vor mir mit dem deutschen *lösen, freisprechen*. Da konnte ich wirklich mit Luther sagen:

Die heimliche Beichte will ich mir von niemandem nehmen lassen und wollte sie nicht um der ganzen Welt Schätze ge-

ben, denn ich weiß, was Stärke und Trost sie mir gegeben hat. Ich wäre längst vom Teufel überwunden und abgewürgt worden, wenn mich diese Beichte nicht erhalten hätte.

Mein bestgehütetes Geheimnis hieß Andrea, meine uneheliche Tochter, deren Mutter jene Inge war, die mich vor etwa zwanzig Jahren überrumpelt hatte. Der Leser wird sich an jene Story erinnern, die ich zu einem strikten Geheimnis machte, weil die katholische Amtskirche einen Organisten in solcher Verstrickung von Schuld und Irrweg nicht geduldet hätte, darüber hinaus erst recht nicht ihre pharisäerhaften Gemeindeglieder einen solchen Chorleiter und gar Kinderchorleiter als Autorität hätten wirken lassen.

Eine Periode mit Kompositionspreisen

20 Jahre waren seit der Beichte verflossen. Längst hatte ich mich von der kirchlichen Fessel befreit, hatte neue Betätigungsfelder: Lehrtätigkeit an der Kreismusikschule Cloppenburg und an der Bremer Musikhochschule. Der „Fehltritt", das „Geheimnis" konnte mir nicht mehr zur Falle werden. Privates und öffentliches Getuschel ließ mich kalt. Ich musste dabei an Günter Grass denken, der auf andere Weise etwas lüften, nicht länger für sich behalten wollte. Was hat er da lange mit sich herumgetragen! Ich hatte jetzt, nicht wie bei Günter Grass zwiebelmäßig Enthäutungen vorzunehmen, musste vielmehr Knoblauch entblättern und der Knoblauchpresse anvertrauen, nicht nur symbolisch, auch wörtlich. Die auf die Tomatenscheiben gelegten Zerkleinerungen, von denen ich schon früher schrieb, gehörten seit geraumer Zeit zu meinem Morgenritus. Die produzierten Dünste hauchte ich am Computer aus. Der Bildschirm ertrug den Geruch, den ich, wie üblich, nach einem solchen Frühstück um mich ausbreitete. Doch hieße es, die Naivität dieser Skizzierung eines früheren Lebensabschnitts falsch einschätzen, wollte man dabei Momente besonderer Planungen übersehen. Und das kam so: Ich erfuhr 1991 von einem Kompositionswettbewerb, der Ausschreibung einer Johannes-Passion. Es gab schon früh Kompositionsversuche von mir, Arbeiten, die aus der kirchenmusikalischen Praxis heraus entstanden und ihre Verleger fanden. Für größere Werke blieb mir aufgrund vielseitiger Lehrtätigkeit keine Zeit. Nun begab ich mich als Kompositions-Autodidakt – schließlich hatte ich nur Tonsatzleh-

re und Kontrapunktik studiert – erstmalig in das Abenteuer von Kompositionswettbewerben. In einem österreichischen Urlaubsort vertiefte ich mich in die Arbeit an der Passion, die später von der Jury als *richtungweisend und kompositorisch avanciert* bewertet wurde. Die Uraufführung fand im Neusser Münster im März 1992 statt. Der Musikwissenschaftler Dr. Klaus Werner hielt eine bis ins Detail gehende Laudatio, hier in stark verkürzten Auszügen: *Erst die bruchlose Integration von Traditionellem mit neuen, unkoventionellen kompositorischen Mitteln macht die individuelle Prägung dieses Werkes aus ... Eines der herausragenden Charakteristika des Werkes besteht in der zutiefst textinspirierten Dramatik. Den Tonvorrat rekrutiert Berger aus unterschiedlichen 7- und 8-Tonskalen modaler Prägung, teils vorderorientalischen Ursprungs, teils denen von Olivier Messiaen, veröffentlicht in dessen Theorie „Technique de mon langage musica“.* In der Laudatio findet die Vertonung des Finale besondere Beachtung: *ergreifendste Version: In den gehaltenen Schlussakkord jeder Zeile von Chor I singt Chor II hinein „Simeni Ka Hotam Al Libbeka“ – Die Liebe ist stark wie der Tod. Im kontemplativen Pianissimo kommt das Drama des Passionsgeschehens zur Ruhe: im sehnsuchtsvoll, wie unaufgelöst stehen bleibenden letzten Akkord g-d-h-fis-e spiegelt sich die Hoffnung auf eine bessere Zukunft, in der der Tod überwunden ist, die Liebe aber bleibt.*

Mit der Arbeit hatte ich das Tor zu neuen Ufern aufgestoßen. Über ein Jahrzehnt riss diese Erfolgsserie nicht ab. Jahr für Jahre häuften sich 1. und 2. Preise. Schon nahm ich dritte Preise nur nebenbei mit, wie den Hamelner Jugendmusikschulpreis. Ein 1. Preis und gewichtiger Meilenstein war die Uraufführung der „*Missa pro pace*“ im Juni 1995 in Weilheim (Teck) aus Anlass des 50jährigen Bestehens der Hochschule für Kirchenmusik Esslingen. Die Komposition stellt Akklamationen, Lobpreisungen und Bitten aus verschiedenen Sprachen in Collagentechnik gegenüber. Neben altkirchlichen, griechischen und hebräischen Textelementen verwende ich außerliturgische Texte des bengalischen Dichters und Religionsphilosophen Rabindranath Tagore, wie zum Beispiel in den Kyrie-Sequenzen:

Wenn mein Herz hart und verdorrt ist,
komm über mich mit einem Regen der Gnade.
Wenn Begierde die Seele blendet mit Wahn und Staub,
dann komme mit deinem Licht und deinem Donner,
o Heiliger, Wachsamer.

Auch in den Gloria-Sequenzen gehe ich über den Originaltext hinaus. Ich schiebe Vedische Hymnen ein, die uns ruhelose Europäer zu neuem Nachdenken zwingen:

Seine Zeit hat jeden Himmel erzeugt,
seine Zeit auch diese Erde.
Was geworden ist und was noch wird,
breitet sich, angetrieben von der Zeit, aus.
In der Zeit sind alle Wesen. In der Zeit glüht die Sonne.
Als sie entstand, erhoben sich zu ihr Jubelrufe
und alle Wesen und alle Wünsche.

Im Agnus Dei wird der Hörer mit der bitteren Wahrheit konfrontiert, die Rabindranath Tagore in folgende Sätze kleidet:

Die Welt ist wild im Fieberwahn des Hasses,
im Gift der Selbstsucht.
Krumm sind ihre Pfade, verknotet ihre Fesseln der Gier.
Endlos ist die Angst.
Alle Geschöpfe schreien nach Deiner Wiedergeburt.
(aus Poem 1927)

Die Dirigentin der Uraufführung, Johanna Irmscher, erläuterte im Programmheft: *Das melodische Material der Komposition vereint ebenfalls Elemente aus unterschiedlichsten Kulturkreisen: Gregorianik, Zitate aus der frühesten und bedeutendsten mehrstimmigen Messvertonung der Gotik „La Messe de Nostre Dame" von Guillaume Machault, persisch-indische Modi, Melodiezitate aus dem Gesangbuch, so dass teilweise gleichzeitig urkirchliche, altkirchliche, außereuropäische und aktuelle zeitgemäße Melodieelemente erklingen und sich neu beleben.*

Bei der Ausschreibung 350 *Jahre Westfälischer Friede* hatten sich 95 Einsender aus 13 Ländern beworben, aus Deutschland, Österreich, Frankreich, Belgien, Polen, der Schweiz, Rumänien, Bulgarien, Dänemark, Finnland, den USA, dem Libanon und England. Ich konnte mich gegenüber so vielen Bewerbern behaupten mit *Sieben Sequenzen pazifistischer Botschaften*, errang zusätzlich zum 1. Preis einen Sonderpreis für die *„überzeugende vielschichtige Gesamtanlage des Werkes"*. Domchordirektor Johannes Rahe konnte mit seinem Jugendchor und dem Blechbläserkreis das realisieren, was er in der Laudatio so formulierte: *In vielschichtiger musikalischer, visueller, gestischer, choreographischer und textlicher Durchdringung stellt Berger den*

Choral „Nun lob, mein Seel, den Herren (Ps. 103) in weitergehende, gegenwartsbezogene theologische, soziologische und philosophische Zusammenhänge. Mit einer Vielfalt verschiedenster historischer und gegenwärtiger Techniken der musikalischen Komposition und der sprachlichen Verarbeitung, die sich collagenartig ineinanderfügen, gibt er dem Choral eine „ganzweltliche" (katholische) Dimension. In der Aktualisierung des Chorals als „Verhaltenstendenzen" ist die Botschaft des Psalms inhaltlich äußerst konsequent durchgeführt. Die sensible Einbeziehung aller Möglichkeiten des Raumes, einschließlich des Glockengeläuts des Hohen Doms zu Osnabrück, lässt dieses Werk zu einem Raumerlebnis werden. Das Werk will den gesamten Menschen, Sänger, Instrumentalisten und Zuhörer ergreifen, drängt vorwärts, will darüber hinaus sagen, was an der Zeit ist zu tun.

Die mehrfachen Aufführungen des Osnabrücker Jugendchores gehörten zu meinen musikalischen Höhepunkten jener Zeit.

Auf diesem Sektor hatte ich noch andere, eher kuriose Erlebnisse, vor allem in Österreich und im süddeutschen Raum. Eines davon sei hier erwähnt.
Die wahrheitsgemäße Geschichte ist die: Über das Internet hatte ich erfahren, dass ein Kompositionswettbewerb von der Dr.-Dazert-Stiftung in Kooperation mit der CISM und in Zusammenarbeit mit *Euregio Via Salina* und der Allgäuer Zeitung veranstaltet werden sollte. Die Ausschreibung verlangte eine *Missa Katharina*, eine gehaltvolle, aber technisch leicht aufzuführende Messe für Amateurmusiker. Die Hauptversion sollte für Solostimme, gemischten vierstim-

migen Chor und großes Blasorchester konzipiert werden. Das Preisgeld war mit der beachtlichen Summe von 7.000 Euro angegeben. Hinzukommen sollte eine Inverlagnahme des Werkes, eine Uraufführung in der Basilika Ottobeuren und eine CD-Aufnahme. So etwas lässt man sich nicht entgehen. Vielfach preisgekrönt und wettbewerbserfahren machte ich mich an die Arbeit. Zwar wusste ich aufgrund der Ausschreibung, dass die Chorpartitur einfach gehalten werden sollte. Doch was versteht man bei heutiger kompositorischer Arbeit unter „einfach“? Ich schraubte also weitestgehend den Radius kompositorischer und interpretatorischer Möglichkeiten zurück, verlagerte Schwierigkeiten in den Solopart und in die Bläserpartie, einem riesigen Apparat von Holz- und Blechbläsern. Da sollte nach vorheriger Nachfrage bei einem Jurymitglied die ganze Palette von Piccolo bis zur Bassuba in geradezu Wagnerianischer Besetzung angewandt werden können, darüber hinaus sogar zusätzlich die gesamte Saxophonpalette. Das alles war verlockend.

Das Ergebnis der Jury ließ lange auf sich warten. Und es war niederschmetternd. Warum? Weil aus der Allgäuer Zeitung der Grund des Ergebnisses zu erfahren war: *Immer wieder verglichen die Initiatoren die Missa Katharina (des Preisgewinners), die an Franz Josef Dazerts im Bombenhagel getötete Mutter erinnert, mit Schuberts berühmter ‚Deutschen Messe‘, die gerne von heimischen Musikern und Sängern aufgeführt wird.* Zeitungsbericht vom 24.10.2006.

Zumindest jeder professionelle Kirchenmusiker weiß, dass die hier zum Vergleich herangezogene sogenannte *Deutsche Messe* (D 872) von Franz Schubert aus dem Jahre 1826 zum Schlichtesten seines Gesamtschaffens gehört. Musikalisch ist die *Deutsche Messe* von naiv-eingängiger, diatonischer Melodik und gleichmäßiger Rhythmik geprägt; modulatorische Komplikationen werden vermieden. Ihre acht strophisch gehaltenen und homophon gesetzten Teile erinnern in ihrer schlicht-syllabischen Deklamation nicht nur an Volksgesang, sie sind in gewissen Gegenden in der Tat zum sonntäglichen unausrottbarem Mess-Liedgut geworden. Würde man Schubert an dieser seiner damaligen Auftragskomposition durch den Bibliothekar, Dichter und Textverfasser Johann Philipp Neumann messen, entstände ein völlig falsches Bild des Kompositeurs von Sinfonien, Sonaten, Impromptus, Kammermusiken und rund 600 Kunstliedern, die wegweisend für andere Komponisten im 19. Jahrhundert wurden.

Die Jury stellte in ihrer Beurteilung einen Bezug zu diesem weit verbreiteten, populären Werk her, geradezu einem Ohrwurm für Bedürfnisse gewisser kath. Pfarrgemeinden. Es ging ihr demnach gar nicht um eine Kunst, wie sie Josef Albers in *Homage to the Square* formulierte: *„Jede echte Kunst ist ... modern, herausfordernd und neu ...“* Bei den Juroren galt vielmehr die Sentenz Walther Rathenaus: *Die Kunst bedarf der Schranken. Und ihre vornehmste Schranke ist das Volk und sein natürlicher Geschmack.* Was kommt heraus, wenn diese Maxime vorherrschend ist und geistlich abgesegnet wird durch ein Jurymitglied namens Pater Stefan Kling? Mit diesem „natürlichen“ Geschmack ist heut jeder ernsthafte Kirchenmusiker konfrontiert: mit leicht Verdaulichem, Easy-Listening Musik, frommem Popsong, Jodler- und Ländlermessen, mit gemütlich-heimeligem bei Gitarre und Blockflöte. Fremdes muss draußen bleiben. Ungewohntes ängstigt unnötig. Nur keinen Aufbruch riskieren und markieren zur Wiederbelebung künstlerischer Ansprüche, die in den Ausdrucksformen unserer Zeit eingelöst werden müssten! Das Fatalste an der Sache ist, dass der Jury-Vorsitzende Johann Mösenbichler (Jahrgang 1959, Professor am Bruckner-Konservatorium in Linz), der für *herausragende Leitungen in der Interpretation zeitgenössischer Musik* ausgezeichnet wurde und dessen Leistungen von der oberösterreichschen Landesregierung mit dem Titel *Konsulent für Musikpflege* honoriert wurden, mit dieser Preisverleihung antiquierten Geschmack förderte. Aber Kunst, die in einem Wettbewerb beurteilt wird, sollte immer ein Stück Zukunft in sich tragen und nicht eine fortgesetzt rhythmisch-harmonische Unterforderung. Dabei müssen ja nicht unbedingt exaltierte Partituren – wie in anderen Kompositionswettbewerben – zur Disposition stehen.

Resümee: Dass ich mich an einem solchen Kompositionswettbewerb beteiligte, war einerseits mein Ehrgeiz, andererseits meine Dummheit. Bei genauen Recherchen im Internet hätte ich im Voraus herausbekommen können, was hier für Leute am Werk waren. Meine Wettbewerbsbeteiligung gehört zur biografischen Authentizität, zu einem Selbstporträt, eine Episode freilich, aber sie zeigt die Verknüpfung von Leben und Werk und gibt eine neue Erfahrung von exemplarischer Bedeutung wieder. Eine weitere Erfahrung als reziprokes Abenteuer, als genauer Kehrwert zeigt sich bei den Jahr für Jahr stattfindenden Kompositionswettbewerben der Universität Oldenburg, die von der rumänischen Komponistin Violeta Dinescu ausgerichtet

werden. Bei den Ausschreibungen steht stets: *Schwierigkeitsgrad: leicht bis mittelschwer. Das Stück muss von Lehramtsstudierenden und Musikschülern aufgeführt werden können. Der Schwierigkeitsgrad wird nicht als Qualitätskriterium angesehen.*
Danach habe ich zweimal meinen Beitrag ausgerichtet. Als Ergebnis erhielt ich jeweils eine „Urkunde" *„in Anerkennung der Komposition ... von Günter Berger wird das Werk in das Repertoire des Carl von Ossietzky Kompositionswettbewerbs aufgenommen.* Preisträger aber wurde stets jemand, der sich nicht an die Ausschreibungsbedingungen hielt. Das musste ich in Anwesenheit der Uraufführung zur Kenntnis nehmen. Es erklang eine Komposition in total exaltierter Partitur, die nur ein Semiproficher nach intensivem Studium bewältigen kann, einer, wie er in den Händen des Dirigenten von Hoff liegt.
Daraufhin schrieb ich an die Professorin Dinescu: *Es ist frustrierend, wenn man wochenlang hin und her überlegt, wie weit man im Schwierigkeitsgrad gehen kann und wann eventuell bereits eine Grenzüberschreitung vorliegt. Die bei der UA dargebotene Komposition bestand fast nur aus Grenzüberschreitungen. Offenbar liegen hier verschiedene Vorstellungen von Schwierigkeitsgraden vor. Meine langjährigen Erfahrungen beruhen auf einer realistischen Basis.*

Was war die Antwort:
Ich hoffe Sie werden wieder etwas Wunderbares komponieren! Herzlichst Violeta Dinescu

Beruht so eine Antwort auf Diplomatie, auf Glattzüngigkeit, auf Offenherzigkeit, auf Naivität oder auf was sonst noch?

In der Kunst ist heut wirklich Raum für alle Gegensätzlichkeiten. Aber die angegebenen Kriterien – soweit solche angegeben werden – sollten eingehalten werden.

Jahresrückblicke waren die letzten Kapitel und Abschnitte, für mich einer so wichtig wie der andere. Fast hätte ich vergessen zu erwähnen, dass ich eines Tages die Geschicke des Delmenhorster Kunstvereins zu übernehmen hatte. Es galt, Jahresausstellungen mit einer bestimmten Thematik und entsprechend dazu musikalische Matinees für das KLEINE HAUS auszurichten. Als Bilanz des Jahres 1998 vermerkte die Lokalpresse: *Professor Günter Berger sorgte als Vorsitzender des Kunstvereins Delmenhorst für deutlich mehr Aktivität.* Das war das Echo auf die thematische Ausrichtung *Metamorphosen*. Im Jahr darauf folgten bildnerisch, figürlich, auch als Objektkunst und Fotografie *Gesicht-Gesichte-Gesichter*. Da ich nicht nur organisatorisch und musikalisch den Kunstverein betreute, sondern auch mit zahlreichen Bildcollagen selbst tätig wurde, konnte ich anlässlich meines 65. Geburtstags in der VHS Delmenhorst eine mit über 100 Bildern umfassende Ausstellung *Alltag und Transzendenz – Gewalt und Trost – Verlust und Gewinn* ausrichten. 10 Jahre später, zu meinem 75. Geburtstag konnte die Ausstellung in Edewecht, veranstaltet durch Edewechter Kunstfreunde, stattfinden. Die Thematik meines bildnerischen Schaffens ist vor allem gesellschaftskritisch zu sehen, ist also fernab von einer l'art pour l'art-Haltung. Als Komponist und bildnerischer Gestalter sehe ich meine Kunst zunehmend verflochten mit Soziologie, Theologie und Politik. Für mich ist Kunst ohne ein komplexes Zusammenspiel dieser Komponenten nicht mehr denkbar. Konzerte sind oft als Bild-Wort-Ton-MEDITATIONEN konzipiert, wobei die Bilder in Form eigener Collagen als Dias projiziert werden.

Im Jahr 2000 folgte die Expo mit dem Leitthema *Mensch – Natur – Technik.* Es galt, Wege zu zeigen, um Zukunftsfragen der Menschheit zu lösen. Der Kunstverein gestaltete ein Kunstkonzept mit dem Titel *Total vernetzte Maloche.* Maloche wurde bewusst als eine aus dem Osten kommende jiddische Vokabel für „schwere Arbeit" eingesetzt. Das Mammutunternehmen wurde bei der endgültigen Gestaltung ein drei Stockwerke erfassendes Gesamtkunstwerk in Metaphern für vergangene, gegenwärtige und zukünftige Sozialstrukturen. Der Arbeitskreis wählte als Ort den Lichthof der VHS. Im Hinblick auf das Innere und Äußere des Hofs wurde dabei auf ein Zitat von August Rodin zurückgegriffen: *Schöner als ein schöne Sache ist die Ruine einer schönen Sache.*

Aus dem Protokoll kann zitiert werden: *Der offene, dreistöckige Raum soll durch transparente Leinen und verdeckte Beleuchtung zu einem ephemeren Enviroment werden. Die durchaus durch Luftzug bewegliche Installation soll dabei ein Äquivalent zu den im Erdgeschoß platzierten Objekten, Skulpturen und zu den auf den Wandflächen der drei Stockwerke verteilten Bildwerken, bilden. Der Besucher, zunächst von dem Enviroment eingefangen, lenkt später seinen Blick auf die individuellen Werke, die Kritik üben an der Idee „Fortschritt durch Technologie". Fortschrittsglauben wird infrage gestellt. Skepsis gegenüber allen Behauptungen von Dauer, Geschlossenheit und Stabilität wird künstlerisch um-*

gesetzt. Der Künstler übernimmt dabei die Rolle des Stoikers Diogenes und versucht, die Wahrheit der sozialen, ökonomischen unmd politischen Strukturen mit der Kunst in Beziehung zu setzen und damit auch verborgwene Widersprüche aufzudecken und überkommene Ideen zu hinterfragen.

Das war ein gewaltiges Unternehmen. Gleichwohl folgte im darauffolgenden Jahr 2001 die Ausstellung mit dem Thema *Paare*. Dazu gab es in der musikalischen Matinee eine Gruppenimprovisation mit Texten aus dem Orient zum gleichen Thema. Wie schon bei den vorausgegangenen Matinees hatte ich nicht nur die Idee und strukturelle Konzeption, sondern saß auch am Flügel, an einem weiteren Flügel Sohn Michael. Wir gaben improvisierte Impulse und malerischen Ground zu den improvisierenden Solistinnen Angelina Soller aus Hannover und Balkis Mele aus Bremen. Es entstand dabei ein lebendiger, kommunikativer Informationsfluss zwischen allen hoch motivierten Beteiligten, zumal bei dem beseelten Text von Dschamil Sidki az-Zahawi (1863 – 1936) aus Bagdad:

„Die Schwestern“ – „Die Jüngere“:
Ich bin das Liebesvögelein, ich singe jeden Morgen,
Und wenn der Morgen anhebt,
dann weiß ich nichts von Sorgen.
’s ist Zeit, o liebe Schwester!
Wach auf vom Schlummer schnell –
Die Nacht ist doch zu Ende, der Morgen leuchtet hell.
Du, öffne doch die Augen, die du noch halb verschließt!
Sei froh, wenn du den Lichtglanz, die Luft erfüllend, siehst!
Schau nur! Denn Schönheit füllt ja das Auge morgens ganz!

Es leuchtet jedes Teilchen in einem heitren Glanz.
Wie zwischen Palmenhainen der Tigris drüben rauscht!
Es drängt mich, aufzustehen, wenn man so liegt und lauscht.
Den Nachtigallen lächeln die Blumen zu im Land,
Der Wind bewegt die Zweige an der Kanäle Rand.
Die Nachtigall erwachte vor uns - wie schön sie singt!
Auf! Dass wir es ihr gleich tun und horchen, wie es klingt!

„Die Ältere"
Was du da siehst, o Schwester, das ist der Morgen nicht.
Es ist, wie Silber fließend, vom Monde nur das Licht.
Nein, noch ist fern der Aufgang der hellen Morgenglut.
Wie schön die Nacht!
Ihr Schlummer tut meinem Auge gut.
Ach, laß mich schlafen, weil ich im Schlafe träumen kann:
O still! Der Liebste oder sein Traumbild spricht mich an!
Er war von mir gegangen, und nun besucht er mich –
Ach, laß an seiner Nähe mein Auge freuen sich.
Wie mir sein Traumbild lächelt! Und wie es näher zieht!
Wenn ich die Augen öffne, wie rasch das Bild entflieht!
Des Freundes Antlitz ist mir mehr als das Morgenlicht,
Denn wer den rechten Weg kennt,
fragt nach dem Irrtum nicht.
So lass mich mit den Freuden, die mich im Schlafe laben,
Und laß den Morgen denen, die gar nichts andres haben!

So eine innige Poesie, eine solch der Alltagssprache sich entziehende Wirkung, wie sie sich hier entfaltet, wer würde sie dort vermuten, wo in unserer Zeit ständig Menschen durch Bombenleger getötet werden, hinterhältig, in nicht erwarteten Augenblicken!

Augenblicke friedlicher Art waren das Kunstvereinsthema des Jahres 2002, auch in einer Matinee ausgerichtet mit Texten von Goethe, Friedrich Nietzsche und Hermann Hesse, darin musikalische Augenblicke von L. v. Beethoven, Franz Schubert, F. Chopin, mit Michael Müller als Sprecher, Michael Berger am Synthesizer und mir am Yamaha-Flügel im KLEINEN HAUS, Delmenhorst.
So ließe sich die Reihe von Aktivitäten weiter aufzählen, doch sollen Lesende damit nicht gelangweilt werden.

Es geht voran. Nur keiner weiß, wohin. Die Gegenwart ist nicht berauschend, nur privat manchmal durchaus. Die Musik betreffend gibt es zu viele Leute, die meiner Ansicht nach falscher und vor allem zu lauter Musik lauschen, nein, frönen, denn zu lauschen gibt es da nichts. Die Menschen werden überflutet und fortgeschwemmt, ohne es zu merken. Was es alles gibt an Konzertreihen mit Sänger-Starrummel, Gurgelgeräuschen, Kompositionen für Klangmassen und für Askese. Ich merke, ich gehöre nicht zum Club der genial abgedrehten Komponisten-Außenseiter, an denen die Musikgeschichte der letzten Jahrzehnte keinen Mangel hat, denn ich kann mich an noch so vielen Kompositions-Wettbewerben beteiligen, da ist kein Preis mehr drin – wie früher jährlich. Ein Informatikjahr, das ganz amerikanisch plötzlich zum Jahr der Computerwissenschaften mutierte, haben wir hinter uns. Und natürlich ein Mozart-Jahr anlässlich seines 250. Geburtstags. Du bist Mozart? Ach, lieber nicht, in Deutschland ist's doch nur ein kleiner Schritt vom Österreicher Mozart zum Niederländer André Rieu. Seine Produktionen sind musikalisch oberflächlich gängige Ohrwürmer und bekannte Melodien der klassischen Musik, die er gefällig zu präsentieren weiß. Oh, wie sind mir da Leute mit Tristanakkordkenntnis sympathisch! Das war eine Überraschung, als sich mir ein solcher Mensch namens Uli, Lebensgefährte meiner Tochter Andrea, in solcher Weise offenbarte. Das Einsteinjahr, das Wirsindpapst- und Dubistmerkeljahr sind längst Geschichte, und auch das Mozart-, Gödel-, Castro- und Goleojahr 2006 ging ganz schnell an mir vorbei.

Andrea, Uli und Murka

Offenbar war im Jahr 2006 der Augenblick günstig zu einer Begegnung mit der Person, die einst zu meinem „best gehütetsten Geheimnis“ gehörte. So gab es den Besuch der Katze Murka, den der Tochter Andrea (muss mich erst an die Tochterrealität gewöhnen!) und ihres Lebensgefährten Uli. Aber wieso die Katze ausgerechnet Murka genannt wurde, musste ich erst einmal hinterfragen. Ein Fantasiename sei es. Klingt aber sehr östlich, konkreter gesagt, russisch. Und im Internet wurde ich fündig in einem sibirischen Tagebuch, mit „Murka“ überschrieben. In einer langen, schlechten und verworrenen Übersetzung wird eine Königin Murka erwähnt, in Varianten auch Maruska, Manka und Mashka. Murka aber ist die mit den scharfen Zähnen und Greifern, schließlich der Name für eine Katze „von trügerischer Weichheit“. Ich taste mich vor und komme auf Adjektive wie schmusig, kuschelig, knuddelig. Letztendlich lande ich bei Kuscheltier und Schmusekatze. Und in dem Tagebuch ist Murka eine Kreuzung zwischen Zoya Speranskaya und Ada Korsakovich; auf hohen Fersen, blond, mit einem reizvollen, etwas prallen Körper und einer wohlklingenden niedrigen Stimme. Also wird in dem Tagebuch wohl ein weibliches Wesen gemeint sein. Ich verlasse diese Katzenversion mit einem angeblich berühmten Refrain eines russischen Liedes: *„Hallo, meine Murka, süße Murka; hallo, meine Murka und auf Wiedersehen“*, nachdem ich nun auch per Mail, schon im Neuen Jahr, die Bestätigung für meine Google-Expertise bekommen habe.

Afrika

Wenn ich diesen Kontinent erwähne, müsste ich von vielen beeindruckenden Reisen durch Tunesien, Marokko, Kenia und Ägypten berichten. Aber die Reise nach Südafrika im Jahr 2006, zusammen mit der „Besten aller Ehefrauen", bedarf besonderer Erwähnung. Es war eine Reise in den Winter, weil sich südlich des Äquators europäische Verhältnisse umkehren. Aber der dortige Winter benahm sich wie der beste europäische Sommer.

Die Vorsicht, die wir dort stets walten lassen sollten, schien uns unnötig, jedenfalls in den von uns besuchten Regionen. Womöglich wird dem Besucher vorgegaukelt, was dort überall an Bösem und Tödlichem lauert. Jedenfall die Townships wollten unsere mitgereisten englischen Verwandten nicht aufsuchen, obwohl die Möglichkeit dazu bestand. Dann hätten wir konkret gesehen, was diese Bezeichnung für die während der Apartheid in Südafrika eingerichteten Wohngegenden bedeutet, da, wo schwarze oder farbige Bevölkerungsgruppen als Habenichtse „wohnen", und zwar in Ausmaßen von ganzen Städten. Nur schnell, gar zu schnell vorbeigefahren waren wir an solchen Blechhütten und Bretterbuden. Es war der krasse Gegensatz zu den Lodges und deren Frühstücksbuffets, die wir aufsuchten, bei herrschaftlicher Bedienung. Dass es zum Mittag- oder Abendessen als Gemüse immer nur Kürbis, eine der ältesten Kulturpflanzen gab, verwunderte uns sehr. Erst später, zurück in Europa, stellten wir fest, dass der angebliche Kürbis eine Süßkartoffel ist.

Wir lernten die unangetasteten Weiten Afrikas kennen, wo an schönsten Orten Hotels eingebettet liegen. Naturnähe, Langsamkeit, Gleichmut, Genügsamkeit, die heitere Selbstvergessenheit, die wir früher einmal bei den Massai erlebt hatten, steckten uns hier an. Da kommt ein Lebensgefühl auf, welches allerdings bei den Massai – bei näherem Hinschauen – unter der Walze des Fortschritts begraben wird. „*Sie sind arm, aber glücklich*", hört man Touristen sagen. Aber ist es nicht eine Wahrnehmungsfalle der Moderne? Wir kranken am Überfluss und verklären die Existenz im Mangel. Schaut man nämlich genauer hin, dann wirken die Massai wie auch die Zulus in bestimmten Gegenden wie die letzten Zeugen einer unwiederbringlichen Vergangenheit. Sie stehen verloren am Wegesrand der Zivilisation, herausgerissen aus dem Zeitmaß der Natur, herabgewürdigt zu folkloristischen Fotomotiven. Und bei solchen Fotoaktionen machen sie einen durchaus unglücklichen Eindruck.
Ohne Elefanten, Gieraffen, Gazellen und Krokodile ist so eine Afrikareise nicht denkbar, aber auch nicht ohne Regengüsse, die bedrohlich werden können und auch wurden. Die Fahrt nach Kapstadt war vielleicht eine der spektakulärsten Wegstrecken Südafrikas, und letzter Höhepunkt der Tafelberg bei traumhafter Sicht auf Stadt, Hafen, die ehemalige Gefängnisinsel Robben Island, 12 km vor Kapstadt und die Weite des atlantischen Meeres. Kapstadt mit seinen Gebäuden, Geschäften und Menschen hat uns besonders beeindruckt. Hier hielt am 11. Februar 1990, nur Stunden nach seiner Freilassung aus dem Gefängnis von Robben Island, Nelson Mandela seine erste öffentliche Rede vom Balkon des Rathauses, in der er den Beginn einer

neuen Ära in Südafrika ankündigte. Aber was ist von dieser Ankündigung übrig geblieben?

Und wieder einmal kann ich als Quintessenz aus *Weisheit* 2,4 zitieren: *Unser Leben geht vorüber wie die Spur einer Wolke und löst sich auf wie ein Nebel, der von den Strahlen der Sonne verscheucht und von ihrer Wärme zu Boden gedrückt wird.* Und weil diese Lebensweisheit oft genug auch eigene Erfahrungen widerspiegelt, hatte ich sie vertont unter dem Titel *Embrumé (Verworren)*, wobei ich an all die Schrecklichkeiten von Dschihadisten im Irak und anderswo dachte. Dieses Orgelstück und einige andere, zusammengefasst unter dem Titel „SEPT MOMENTS MUSICAUX" waren Preisträgerstücke im Wettbewerb um den Georg-Muffat-Kompositionspreis 2003, ausgetragen in Salzburg und Passau, wobei meine Stücke zusätzlich einen Publikumspreis errangen. Das war allerdings sehr verwunderlich, da die Werke einen ausgesprochen zeitgenössischen Charakter haben. Es muss also dort ein sehr aufgeschossenes Publikum gesessen haben. Kantor Michael Voigt nahm sich des Werks 2006 in Neuss an, später in Delmenhorst.

werden sie bei uns mit lieben Freunden im Freien um ein Holzfeuer bei herzlichem Prosit seriös verhalten knallen, dann soll allerdings das Jahr 2007 aus Sicht der Astronomen bereits fünfeinhalb Stunden alt sein. Der astronomische Jahresbeginn fällt auf 18.30 Uhr. Just zu der Zeit wird meine Frau unsere Gäste zum Raclette an den festlich dekorierten Tisch bitten. Bei diesem Schmaus wird es uns nicht interessieren, dass gerade die Sonne jenen Punkt ihrer Jahresbahn, der 280 Grad östlich des Frühlingspunktes liegt, passiert, dem Beginn des sogenanten Besselschen Jahres. Diese Festlegung wurde durch den Direktor der Königsberger Sternwarte, Friedrich Wilhelm Bessel, bereits in der ersten Hälfte des 19. Jahrhunderts getroffen. Nach dem Gregorianischen Kalender ist das Jahr 2007 ein sogenanntes Gemeinjahr mit 365 Tagen. Erst das folgende Jahr 2008 wird als Schaltjahr 366 Tage haben. Dann hätte meine Mutter, sofern sie noch leben würde, wieder einmal Geburtstag, denn sie ist am 29. Februar 1908 geboren und wäre in dieser Lesart 25 Jahre alt.

In der großen Jahresvorschau heutiger Astrologen werden die Transite von Pluto aus seiner Stellung in Schütze, Neptun in Wassermann sowie Uranus im Fischezeichen individuell und auf unsere Epoche bezogen gedeutet. Davon halte ich gar nichts. Für mich ist das Humbug, Unfug, Schwachsinn. Bei den Astrologen gibt es noch viele Deutungselemente wie etwa Lilith- und Chiron-Transite. Hier allerdings muss ich innehalten, da meine Ehepartnerin Elke, die figürliche Keramikerin, eine Lilith geschaffen hat.

Lilith

die auf Hebräisch *die Nächtliche* heißt, wird meist geflügelt dargestellt, so auch in der Keramik-Schöpfung meiner Frau. Laut traditionellem Midrasch erschuf Gott Adam und Lilith aus dem gleichen Lehm, um Adam eine Partnerin zu schenken. Gott holte Lilith vor der ersten Nacht noch zu sich und sagte ihr, sie solle Adam untertan sein, was bedeute, dass sie beim Geschlechtsakt unten zu liegen habe. Dies wurde von Lilith nicht akzeptiert, denn der Lehm, aus dem Lilith erschaffen worden war, war durch den Speichel des verstoßenen Samael verunreinigt worden. Lilith stritt sich mit Adam und verschwand dann aus dem Paradies in die Wüste. Dort verkehrte sie jeden Tag mit tausend Dämonen und brachte tausend Quälgeister pro Tag auf die Welt.

Adam beklagte sich bei Gott über seine Einsamkeit, der ihm daraufhin Eva aus seiner Rippe erschuf. Die ursprüngliche Übersetzung war „Seite“ statt „Rippe“. Die Rippe ist im Gegensatz zur Seite ein verzichtbarer Teil, woraus in der ursprünglichen Version eine Gleichberechtigung von Adam und Eva, sprich Mann und Frau, abgeleitet werden kann. Lilith aber blieb unsterblich, da sie nie die verbotene Frucht vom „Baum der Weisheit“ aß, und vereinigte sich in einer Schlucht nahe dem Paradies mit Dämonen, um Dämonenkinder, genannt Lilim, zu gebären. Diese Lilim verführen in der Mythologie, wie ihre Mutter, schlafende Männer, wovon ich ja ein Lied singen kann, wie vorhin gebeichtet. Wer einmal von ihnen verführt wurde, konnte nie wieder eine andere Frau lieben. Gottlob, ich schon! Mit der Zeit soll Lilith selbst ein immer dämonischeres Äußeres angenommen haben.

In einigen jüdischen Sagen wird Lilith als der letzte Engel der zehn unheiligen Sephiroth beschrieben und gefürchtet; denn der Legende nach wurden alle Kinder der Lilith getötet, da sie sich mit der Flucht aus dem Paradies Gottes Willen widersetzten. Man sagt, Lilith raube aus Vergeltung des Nachts die Kinder der Menschen aus ihren Krippen und töte sie. Um sich davor zu schützen, befestigten die Menschen früher Pentagramme an den Krippen, auf denen die sieben Flüsse des Paradieses sowie die Namen der Engel Sanvai, Sansanvi und Semangloph, die Lilith einst im Auftrag Gottes jagten und ihre Kinder mordeten, zu sehen waren. Ein Abwehrzauber gegen Lilith findet sich übrigens im Talmud (Pesach 111 a).

In jüdisch-feministischer Theologie wird Lilith im Midrasch beispielsweise als eine Frau dargestellt, die sich nicht Gottes, sondern Adams Unterordnungswillen entzieht und im Gegensatz zu Eva resistent gegen den Teufel ist. Sie symbolisiert positiv die gelehrte, starke Frau. Diese Interpretation hat allerdings meiner Frau dermaßen imponiert, dass sie sich mit dem Material Ton, wie schon erwähnt, kreativ diesem „biblischen" Schöpfungsmythos hingab.
Es entstand eine 1,80 m große Figur, die in der Nähe unseres Teichs ihren Platz fand, in der Weihnachtszeit mit bläulichem Licht umrankt. Und diese Figur, wie alle aus Ton entstandenen Figuren, ist hohl. Da fragt jemand, warum? Irgendwo steht eine hier passende Antwort: *Damit die See-*

le und die Geheimnisse und die Stärken und Fehler der Menschen Platz haben.

für den, der warten kann. Den Satz von Leo Tolstoi habe ich mit herübergenommen in jenes Jahr, in dem eine Reise nach Sri Lanka geplant war. Wir standen zwei Tage vor dem Abflug. Eine Routineuntersuchung bei unserem Hausarzt ergab eine Diagnose, die mich anstatt in einem Flugzeug in einem Oldenburger Klinikum sah. Die Arteria carotis hatte nur noch einen Durchlauf von 30 %. Als ich mich unter Tränen von Elke verabschiedete, stellte ich mit Erstaunen fest, dass ich nicht an Hölle, klappernde Gerippe, Leichen in Särgen, an diesen widerlichen Geruch von Kränzen in Friedhofskapellen und an offene Gruben dachte. In der Situation ging es nicht um mich, sondern um mein Gegenüber, das ich eventuell in dieser Welt allein lassen muss. Vielleicht muss man erst so alt werden wie ich, um den anderen nicht zum Werkzeug der eigenen ichbezogenen Begierde zu machen, sondern zum Ziel hingebungsvoller Liebe. Das war eine völlig neue Erkenntnis.

Dass sich die Operation schwieriger gestaltete, als ursprünglich angenommen, erfuhr ich erst viel später. Im Rückblick schrieb ich folgendes Gedicht, das eigentlich vertont werden sollte:

Sing, sing, sing mir das Lied vom Anfang,
beReschith, vom Leben.
Sing, sing Bêth und Resch, Aleph und
Schin und Jod und Taw.

Wie sollte ich singen,
wie in Worte fassen den Zustand
im wühlenden Schwarz,
im sonnenlosen Gestein.
Ich weiß nicht, wo jetzt noch
ein Himmel sich findet
und wo ein Lichtstreif am Horizont ...

Wie sollte ich singen, wenn der Schrecken
in Lähmung endet,
wenn jegliche Schutzschicht erstarrt,
dann wieder in schmerzende Schwingung gerät.

Wie soll ich denn singen, wenn rundum
verwundbare Ratlosigkeit kreist,
wenn Stück für Stück die lichten
Blätter des Lebens,
die kreativen Impulse zur Erde sinken,
ein Trichtersog der Fatalität die Wirklichkeit
neu jetzt bestimmt ...

Wie, wie , wie soll ich denn singen,
wenn ich auf der Strömung
von Ungewissheit nun schwimme,
verheddert bin in Netzen der Ohnmacht,
in diesem Nichtwissen von Morgen,
wenn Bruchstücke der Leere
ein rostiges Rätsel bilden ...

Sing trotzdem das Lied vom Anfang,
beReschith, von Schöpfung, vom Leben,

sing, sing Bêth, Resch, Aleph,
Schin, Jod und Taw:

Das Leben, das Leben, wir hatten
es anders geplant, so anders gedacht,
so völlig anders gelebt.
Ich träumte von griechischer Sonne,
vom lybischen Meer und von
schnurrenden Katzen,
träumte von Rotwein und
purpurnem Saft granatiger Äpfel ...
und lebte dann jenes Leben
der Wärme und Düfte, der sonnigen Lüfte.

Da singe ich Taaaaw und Reeeeesch,
so weit und so lang wie das Meer,
das lybische ...
ich träume und singe und singe
und singe ...

Auf einmal großweinendes,
vernichtendes Grau.
Wo ist nun das Blau jenes Himmels?

Doch ich singe noch weiter von
Jod und von Taw
und schäle noch einmal Vergangenheit aus.
Im Vakuum unseres Jetztseins bleibst du
zurück nun im Dort
und ich zurück im schützenden Hort.

Und doch ziehn unsere Tränen
von Auge zu Auge ins Schwefelgesträuch.
Du weißt um das Messer, wenn es kreist
um mein pulsierendes Herz.
Doch bleibst du allein
im pochenden Schmerz.
Dies Wissen schlägt mir
ans Herz längst in Unrast,
in rasender Unrast schlägt es ans Herz mir,
in hastiger Unruh zittert das Herz.
Dich so nun zu wissen, das schmerzt,
das schwillt noch gewaltig im Schmerz.
Ich schreie nach Taaaaw und nach Reeeeesch,
nach Taaaaw und nach Reeeeesch.

Schmerz und Herz,
sie liegen so dicht beieinander
und sind eine glühende Wölbung,
als wär sie ganz neu,
eine pochende Wölbung von Herz
und von Schmerz, härter als Erz.
Herz, Schmerz, Erz, Schmerz,
Herz, Erz, rudernder Blutstrahl:
Ach, wär das doch nur ein Scherz.

Dreimal durchatmet, dreimal durchglänzt!
Dreimal Hiobs Leiden durchdacht ...
Ja, ihr Blut strömt längst auch in Adern von mir.
Da singt ihre Stimme in meiner,
und strömt auch ihr Blut in meinem.

Da singt sie, ich hör es wieder und wieder:
Bêth, Resch, dann Aleph und Schin,
Jod und ... und Taw.

Wir standen umschlungen im Krankenhausflur.
Doch Hoffnung blieb uns als schlingernde Spur.
Wir mussten uns trennen wie zersplitterndes Glas.
Denn Abschied, ich mag es nicht sagen, spaltet das Herz.

Dann war ich allein in verkieselter Stunde,
wollt danken dir im zerwühlten,
durchwühlten Lakengeknäul,
wollte dir danken, immer nur danken
im geronnenen Meer meines Herzens.

Doch du warst entschwunden
wie plötzlicher Abschied am offenen Grab.
„weg!" ist nicht Weg, da könnt man zurück,
weg ist weg, klingt eher wie Schreck
und so kalt wie das Eismeer.
Glühende Küsse gehen ins Leere,
verlieren sich unter der leinernen Decke.

Meine ringenden Stunden hatten
dein Bangen vergrößert.
Ich konnte nur hilflos wie tot
dann den Messern vertraun,
war doch die Welt unseres Diesseits
für mich ganz plötzlich entschwunden.

War das schon Jenseits,
wo man nichts spürt?
War ich im Diesseits schon eingesargt?
Nahm ich Schlaffarbe vom Diesseits
oder vom Jenseits jetzt an?

Obwohl im Hause behütet,
liefst du genervt auf und ab.
Und Hoffnung klimperte immerzu
Bêth und dann Resch,
dann Aleph und Schin und dann noch
von Jod und von Taw.

Endlich war es kein Klimpern,
sondern ein Klingeln.
Die Stimme am Ende,
die tanzte hell Polka,
sprach leichthin von Ausweg,
vom Leben, vom Anfang,
beReschith, vom Neusein.

Da pfückte ein Engel aus Winkeln
des Mundes ein Lächeln, ein Glück.
Nach wortlosen Rätseln der Erde
hörtest du wiedergewonnenes Leben,
konntest die Fahne vom Halbmast befrein,
konntest nun singen das uralte,
neue beReschith, beReschith.

Ich hörte, langsam erwachend,
Bêth und Resch, Aleph und Schin,

dann Jod und dann Taw,
langsam, wie ein Adagio von Haydn,
von Schubert, von Johann, dem Großen.
Nun konntest du singen vom Ausweg,
abseits von tiefer Verzweiflung,
konntest mit Frühlingsblüten
den Ausweg genießen,
am Weg, der kein AUS schrie,
sondern Jubel, nun Jubelquell wurde.

Ach, war das ein Halle-, ein Halle-,
ein luja erneut.
Noch heute tönt es mir
ostinat wiedergekehrt:
ein Bêth und dann Resch,
dann Aleph und Schin und
Jod und noch Taw.
Bêth und Resch, Aleph und Schin
und Jod und Taw …
Bêth und Resch, Aleph und Schin
und Jod und Taw …
Bêth und Resch, Aleph und Schin
und Jod und Taw …

Das Erwachen nach einer Operation und das Wiedersehen der Geliebten ist wie eine Neugeburt. Im Rückwärtsgang stelle ich fest: Zuerst verliebt man sich in den Körper des anderen, dann lernt man die Wärme seiner Seele lieb gewinnen und schließlich das Licht seines Geistes. Und endlich bin ich sehr glücklich über den künstlerischen Entwicklungsprozess meiner Angetrauten und verfolge mit großem Interesse diesen bewundernswerten Werdegang.

Was hatte sich bis dahin und danach alles entwickelt? Da gehört kein Fragezeichen hin, sondern ein mehrfaches Ausrufungszeichen. Da ich nun wieder um ein Jahr älter geworden bin und das realistisch feststelle, muss ich ohne Schönfärberei, aber auch ohne Resignation oder Fatalismus darüber nachdenken, wie das Ende sein soll. Ich hatte es immer ausgeklammert. Aber die „Beste aller Ehefrauen" drängte, dieser Auseinandersetzung nicht aus dem Weg zu gehen. So fragte Elke des Öfteren ganz konkret, wie ich einmal beerdigt werden möchte.

Schließlich besuchten wir hier ganz in der Nähe einen der ganz wenigen Friedwälder, eine Alternative zu Friedhofsbestattungen, wo der sogenannte Friedhofszwang aufgehoben ist. Vor Jahren hatte ich die fixe Idee, auf hoher See aus dem Leben zu verschwinden. Elke wollte nicht, dass ich ihr das antue. Sie wollte einen Ort der Trauer haben. Der Besuch im Friedwald mit seinem hohen Baumbestand gefiel uns beiden, sodass zumindest der Ort letzter Ruhe geklärt ist und meine Vorstellung, irgendwo im Meer heimlich zu verschwinden, als Kopfgeburt aufgegeben wurde.

Hinter all den Definitionen des Alters steht die Ansicht eines geradlinigen Verlaufs von hier nach da. Jedoch die Jahre nehmen zu, aber der Körper nimmt in seinen Funktionen ab und zwar tückisch unmerklich, jedenfalls bei mir. Auch wenn die Phasen in den verschiedenen Altersmodellen zeitverschoben ablaufen, so laufen sie doch alle auf dasselbe hinaus: Nämlich auf den Tod. In unserem herkömmlichen Interpretationsschema – und erst recht im Alltagsbewusstsein – hat man oft den Eindruck, alt werden heißt vor allem, dem Tod näher zu kommen. In den Vorstellungen Jugendlicher bin ich ein *Grufti*, vielleicht schon ein *Komposti*. Da ich nicht oder kaum tanze, kann ich jedenfalls kein *Mumienschieber* sein, wie Jugendliche alte Tanzpaare titulieren. Allerdings habe ich, Gottlob, für mich nicht den Eindruck, in diese Kategorien eingeordnet werden zu können, zumindest was meinen Mental-Status betrifft. Von dem, was alte Menschen tun, wie sie leben und welche Werte sie vertreten, kann ich mich dank meiner Kunst abheben.

Was das Alter definiert

Das ist nicht die Nähe zum Tod, sondern der Abstand zu den Neugeborenen. Je größer der Abstand ist zwischen mir und denen, die neu auf diese Welt kommen, desto älter bin ich. Und zwar unabhängig davon, wie alt oder jung ich mich fühle, wie gesund oder wie krank ich bin. Und ebenso unabhängig davon, welche sozialen Rollenerwartungen ich erfülle oder nicht erfülle. Mein Alter ist für mich nicht verfügbar. Es ist unmöglich, „jung" zu bleiben. Denn es sind die Neugeborenen, die uns alt machen – weil sie nämlich neu auf der Welt sind, während wir hier nicht mehr neu sind. Das stelle ich immer wieder in meinem Umfeld fest. Im wörtlichen und übertragenen Sinne nehme ich das gerade wahr. Da sehe ich auf einem zugemailten Foto eine junge, frische Frau, gut aussehend. Hanna heißt sie, wie meine um drei Jahre jüngere Schwester. Hanna, Tochter meiner Tochter Andrea. Nun bin ich Vater und Großvater zugleich. Das will erst verdaut sein. Bin ich wirklich so etwas oder bin ich es nicht? Also! „Großvater" und basta, zum Teufel! Wenn es nun ein kleiner Körper wäre! Und wenn es gälte, diesen an sich zu drücken und zu hören, wie es gurrt, wie bei einer Taube! Da wäre wohl etwas Weiches, Zartes auch in mir gewachsen! Aber damals, bei einem Besuch, da saß kein kleines Lämmchen, sondern ein aufsässiges Wesen, wie es durchaus natürlich ist, mir gegenüber. Da bekam ich, der Fremde, wie konnte es anders sein, patsch!, den Löffel Suppe ins Gesicht geklatscht. Das wurde als antiautoritäre Erziehungsmethode gewertet. Da konnten sich keine Großvatergefühle entwickeln, zumal ich vorher kein Wachsen und Entwickeln miterlebt hatte. Bei anderen sehe ich, dass da Glücksgefühle freigesetzt werden, vor allem, wenn sich spontane Zuneigung zeigt.

Vom eigenartigen Hochzeitsflug

Da muss ich an Zeiten zurückdenken, als ich selbst einen Großvater erlebte. Was haben meine Schwester und ich am Abend im Ferienbett immer auf das Geräusch der großväterlichen Hausschuhe „schlurf, schlurf, schlurf" gewartet, wenn Großvater mit seinen Betthupferln nahte. Die Zeit am Morgen war markiert durch ein ähnliches „schlurf, schlurf, schlurf", aber mit dem Klang über das Erdreich des Bauernhofs, mit dem stets gleichbleibenden Ziel, den Bienenstöcken. Da wusste ich, dass es 6 Uhr war. Großvater war gleichermaßen ein geduldiger wie kenntnisreicher Beobachter seiner 30 Bienenvölker. Für ihn galt: *„Willst du Gottes Wunder seh'n, musst du zu den Bienen geh'n."* Was beobachtete Großvater dort, bevor er zur Tischlerei ging? Er suchte im Bienengetümmel nach Jungköniginnen, denn etwa fünf Tage nach dem Schlüpfen verlassen junge Königinnen die Bienenstöcke für den Hochzeitsflug und nehmen männliche Bienen, die Drohnen, mit. Waren das nicht fliegende Liebesbotschaften? Am sogenannten Drohnensammelplatz nehmen Königinnen den Samen der Drohnen in ihrer Samenblase auf. Und dieser Zeitpunkt darf nicht verpasst werden, sonst sind die Drohnen mit der jungen Königin weg. Aber gerade die soll eingefangen werden zur Bildung eines neuen Bienenvolkes. Da der Hochzeitsflug immer in den Sommerferien passierte, war ich gefragt, den Flug zu beobachten. Meist ließ sich das Volk in Gartennähe auf einem Obstbaumzweig nieder. Dort hing es als dicke Traube und konnte in einen daruntergehaltenen Sack geschüttelt werden. Die Drohnen haben keine andere Aufga-

be als die der Befruchtung. Sie säen und ernten nicht, sie werden verzärtelt und führen ein regelrechtes Parasitenleben.
Eines schönen Morgens weckt eine mysteriöse Kraft die Arbeiterinnen im Bienenstock, die nun über die schlafenden Faulpelze herfallen und sie gnadenlos zerstückeln. Die Opfer werden schonungslos aus dem Bienenstock hinausgeworfen. Man könnte fast Mitleid mit den armen nutzlosen Männchen bekommen. Damals erklärte mir keiner den Zusammenhang. Ich hatte Großvater auch nicht danach gefragt. Hätte ich das getan, wäre ein Ausweichen nicht nötig gewesen wie bei der Sache mit den Ziegen und dem Ziegenbock oder den Sauen und dem Eber. Da wurde immer getuschelt, nie durfte ich zu den Aktionen mit. Das Gerammel galt als unkeusch, gehörte offenbar zum 6. Gebot. Aber wie soll man dann „*wachset und mehret euch*" verstehen?

Ich brauchte an den Sommermorgen in Schurgast nicht aus dem Bett geworfen zu werden. Längst hatte mich der Hahn wachgekräht. Da das Schlafzimmer zur ebenen Erde lag, bin ich öfter sehr früh zum Fenster hinausgeklettert und auf den taufrischen Wiesen im Nachthemd oder gar nackt herumgelaufen. Wehe, wenn das die frommen, keuschen Tanten gesehen hätten! Tell, der Schäferhund, wollte natürlich meine Morgenausflüge mitmachen. Wie war er enttäuscht, dass ich ihn nie mitnahm. Dann aber wäre meine kleine Abenteuerlust herausgekommen. Diese heimlichen Frühwanderungen wurden mir eines Tages zu riskant, deshalb wählte ich zum Ausstieg ein anderes Fenster an der Hinterfront des Hauses, da, wo Schäferhund Tell mich nicht freudig begrüßen konnte. Beim Zurückklettern hinterließ ich oft Spuren, die vom Barfußlaufen im taufrischen Gras herrührten. Die wusste ich anschließend sorgsam wegzuwischen.

habe ich alle registriert, habe die Sprache gelernt, halt, nein, die Sprachen, weil jeder Raum seine eigene Sprache hatte. Die Küche roch morgens intensiv nach einer Mischung aus Odol und Kaffee und klang stets nach sprudelndem Kochwasser und nach Fliegensummen. Ob winters oder sommers, im Ofen brannten dort knisternd die Späne aus der Tischlerei. Die alte, sogenannte gute Stube verbreitete heilige Stille, roch interessant muffig und kühl, weil stets ungeheizt. Dort stand in der Weihnachtszeit der Tannenbaum, dessen Anblick mich viel mehr erfreute als der elterliche mit Lametta, bunten Kugeln und einer besonderen Spitze. Nein, hier waren weiße Vögelchen mit wippenden langen Schwänzen, kleine rote Äpfelchen und Lebkuchen zu beschauen und auch zu riechen. Welch ein Duft ging von dem Baum aus. Und da es sehr kalt war, konnte ich an den Fenstern die Eisblumen betrachten. Ihre filigranen Blätter und Stängel glitzerten im Licht der Morgensonne. Die Frostblumen wirkten zerbrechlich wie Blüten. Ein Zimmer neben der neuen guten Stube roch dagegen intensiv nach Honig und frischen Äpfeln, die dort lagerten. Die Treppe zum Boden ächzte, ächz, ächz, und die letzte Stufe knarrte noch lauter. Das Schlafzimmer von Großvater und den Tanten roch nach abgebrannten Kerzen, weil dort der kleine Hausaltar stand, an dem am Abend endlos lange gebetet wurde. Ein „Gegrüßet seist du, Maria“ nach dem anderen wurde hier kniend gemurmelt und mit einem „Vater unser“ dazwischen verlängert. Aber was hat all die Beterei genutzt? Wie muss ein Glaube unerschütterlich, unverletzlich sein, wenn dasselbe Gebetsgemurmel auch nach Vertreibung, nach Verlust von Haus und Hof, nach so viel Unglück und Verzweiflung, nach einem solchen Einschnitt in das Leben und den Alltag 900 km weiter westlich weiterging? Und nicht nur das! Dort, weil kein eigner Blumengarten es möglich machte, die Altäre der bayrischen Dorfkirche üppig zu schmücken, nun als geheiligter Ersatz die Altar- und Priesterwäsche, als da sind Albe, Stola, Rochet und anderes, von „Hochwürden" gebügelt und gestriegelt wurde und damit bis zum bitteren Krebs-Ende auf extreme Weise das letzte Stück Leben durchgefrömmelt wurde. Soll oder muss man davor den Hut abnehmen? Wahrscheinlich!

Nun, das war nicht Großvaters Art, sondern das seiner Kinder, meiner ledigen Tanten. Was aber haben ein Großvater und sein Umfeld heute zu bieten? Meine ich dabei etwa mich? Wie eigenartig! Die dazugehörige Enkelin wohnt in Berlin, tischlert, was mich wiederum an den großväterlichen Betrieb von Georg Berger in Schurgast, Oberschlesien, erinnert. Wie oft und wie gern war ich dort und lernte Holz nicht nur als Material kennen. Dort erfuhr ich: Holz ist Leben, hat eine Seele. Es wurde nach ganzheitlich, harmonikalem Bauwissen gefertigt, kein Nagel wurde verwendet. Die ganze Werkstatt roch nach Knochenleim und Hobelspänen. Und im Maschinenraum roch es nach Sägemehl. Mit Großvater Berger war ein Meister am Werk, der mit Kraft, Liebe und tiefem Verständnis für das Material einmalige Qualitäten schuf. Ein Bett, eine Stube, eine ganze Hauseinrichtung konnten in seiner Werkstätte zu beseelten, harmonischen Objekten werden. *„Jede Holzart hat eine bestimmte Schwingung."* Bibliotheken wurden bevorzugt aus Nussbaumholz gefertigt. Es hatte eine eher männliche, geistig anregende Wirkung. Die weichere Zirbe hingegen galt als eher weiblich, harmonisierend, stärkend und schützend. Nicht jedes Holz war für die Verarbeitung zu Möbeln geeignet. Es wurde vom Altgesellen Paul immer sorgfältig ausgesucht. Viele alte Holz-Handwerksregeln hatten spirituelle Aspekte, die handfeste praktische Ergebnisse beinhalten: *„Wenn du Holz verarbeitest, vergiss den Baum nicht!“*, heißt zum Beispiel: *„Von der Wurzel zum Wipfel hobeln, sonst rupft's.“* Damals gab es keine Spanplattenschusterei. Und zusammengeknallt mit der Pistole wurde auch nichts. Dies Werkzeug war alles noch nicht erfunden. Ich durfte in der Tischlerei mit ihren 14 Hobelbänken meine Schiffchen bauen, die ich in der Glatzer Neiße schwimmen ließ, die mir dann der manchmal reißende Gebirgsstrom entriss.

Wir haben eine Geschichte hinter uns, sind geprägt von vielen Erlebnissen, und können daran rückwirkend nichts mehr ändern. Alt werden macht sich nicht nur am Nachlassen der Kräfte fest, auch nicht am nicht-mehr-Funktionieren des Körpers (das alles kann nämlich genauso jungen Menschen geschehen), sondern an der Tatsache, dass Altes nicht mehr neu ist. Oder anders gesagt: Es sind die Jungen, die uns „alt“ machen. Kinder machen uns zu Vätern und Müttern, und später, wenn sie selbst Kinder haben, zu Opas und Omas – egal, ob wir zustimmen oder nicht. Also bin ich (plötzlich!) ein Opa? Natürlich, das ist kein Fragezeichen! Das ist eine völlig neue Situation! Selbst wenn ich mich noch jung fühle, bin ich trotzdem ein Großvater. So spielen wir Zug um Zug das Spiel des Lebens. Und irgendwann sind wir vielleicht sogar neugierig darauf, was uns noch einfallen wird. Wichtig ist, dass wir im Spiel bleiben. Dass wir unsere Handlungsspielräume, die wir immer haben, realistisch einschätzen, die Möglichkeiten abwägen, und dann unseren nächsten Schritt tun. Dieser unser nächster Schritt ist niemals festgelegt. Wir sind niemals gezwungen, im Rentnerdasein etwas Bestimmtes zu tun. Es gibt immer auch eine andere Möglichkeit. Was die Zukunft bringt, das weiß nur Gott. Uns Menschen ist die Zukunft nicht verfügbar, niemand weiß, wohin der nächste Spielzug uns führt. Das haben alle Generationen gemeinsam, und das macht das Spiel des Lebens so interessant oder schutzlos, mit Schreckensphasen. Und deshalb sollte uns nichts davon abhalten, uns den Glückszeiten zuzuwenden. Dazu gehören für mich die Reisen. Und so sind wir am Planen.

Frühlingsreise Türkei

Rückblickend hatten wir schon viele Erlebnisse in dem großen Land der Türken, speziell in der größten Stadt der Türkei, dem griechischen Byzantion, dem späteren Konstantinopel, dem heutigen *Istanbul.* Auf dem Stadtgebiet leben rund zehn Millionen Menschen, in der Agglomeration fast zwölf Millionen, inzwischen 20 Millionen, muss ich beim Nachlesen 2011 korrigieren.
Istanbul erstreckt sich sowohl auf der europäischen als auch auf der asiatischen Seite des Bosporus und ist damit die einzige Metropole, die wir auf zwei Kontinenten erleben können. Aufgrund ihrer dreitausendjährigen Geschichte gilt sie als eine der ältesten noch bestehenden Städte der Welt.
Unvergesslich für uns der Besuch der *Topkapi Saray*, dem ehemaligen Sultanspalast, der *Hagia Sophia* und der *Dolmabahçe Saray*, einem früheren Sultanspalast, der im 19. Jahrhundert im neubarocken Stil erbaut worden war. Unvergesslichen Eindruck hinterließen auch die Großmoscheen, steter Ausdruck von Glaube, Macht und imperialem Willen der osmanischen Würdenträger.

Hamam-Erlebnisse darf ich in dieser Aufzählung nicht vergessen. Es ist eine Art Sauna, die man, außer in der Türkei, vor allem im arabischen Raum findet, und die dort ein wichtiger Bestandteil der islamischen Badekultur ist. Diese besondere Art von Sauna ist auch unter dem Namen *Türkisches Bad* bekannt. Der Hamam ist im Gegensatz zur finnischen Sauna keine Trockensauna, sondern ein Dampfbad, das meist aus Marmor mit einer kreisrunden Liegefläche in der Mitte des Raums, dem Nabelstein, besteht. Öffentliche Hamams werden nach Geschlechtern getrennt genutzt: Es sind entweder separate Räumlichkeiten vorhanden oder die Nutzungszeiten für Frauen und Männer sind verschieden. Der Besucher legt, was ich beim erstern Besuch nicht wusste, ein spezielles Handtuch als Lendenschurz an. Ich stand dumm da, als ich in nacktem Zustand angeglotzt wurde. Schließlich erbarmte sich ein Türke und gab mir ein ‚buntes Tuch'.

Ich ließ mich von einem *Tellak*, einem Bademeister und Masseur, behandeln und ahnte nicht, welche Prozedur mir bevorstand. Der ganze Körper wurde in einer Intensität gerieben und alle Muskeln wurden gereckt und gedrückt, dass es nur so krachte. Der Tellak kniete auf meiner Brust und fuhr mit dem Knöchel des Daumens über mein Rückgrat, dass ich dachte, es würde mir gebrochen. Alle Glieder, die Finger und selbst das Genick brachte er zum Knacken.

Als ich die Prozedur endlich überstanden hatte, wurde ich in eine große Halle geschickt. Hier sprudelte klares Wasser aus zwei Hähnen in Marmorbecken, warmes und kaltes. Der ‚Patient' wird nun demselben Verfahren unterworfen wie die türkischen Pferde beim Striegeln, indem nämlich der Tellak einen kleinen Sack aus Ziegenhaar über die rechte Hand zieht und damit den ganzen Körper anhaltend überfährt. Dies allerdings führt zu einer außergewöhnlichen Reinigung, und man möchte sagen, dass man noch nie gewaschen gewesen ist, bevor man nicht ein türkisches Bad genommen hat. Auch bei dieser Prozedur glaubte ich, nicht mehr mit heilen Knochen aus dem Bad herauszukommen. Aber nach dem überstandenen Akt fühlte sich mein

Körper, insbesondere die Haut, wie neu an, gab es ein subjektives Wohlbefinden besonderer Art, Muskelverspannungen waren weg und die Durchblutung der Haut enorm angeregt.

Welches Erlebnis hatte nun meine Frau in der Hamam?
Als ich mich ausgezogen hatte und den Baderaum betrat, trafen mich der vibrierende Lärm und das wogende weibliche Fleisch wie ein Schock. Warum starre ich, als hätte ich noch nie zuvor einen Frauenkörper gesehen, überwältigt von dem Anblick all dieser Frauen? Der Dampf wird dichter, steigt von den Kacheln auf, seifig, schweißig, er riecht nach Henna und Parfüm, trägt das Schwatzen der Badenden als Echo in die Kuppel. Hier sind die Frauen eifrig damit beschäftigt, ihr Fleisch zu kneifen und zu kneten, Wasser über sich zu gießen, ihr Haar auszuspülen, den Dampf aufzunehmen, der in jede Pore dringt.
Ich schaue auf ihre ausgesprochen molligen Körper, ihre Hängebrüste, die zahlreichen Hautfalten an ihren Bäuchen, das Fett, das das Fleisch an ihren Schenkeln in kreisförmigen Runzeln aufgehen lässt. Die Frauen konnten sich hier gegenseitig inspizieren. Im Dampfbad offenbarte sich, ob der Körper der Frau fest war oder nicht. Er musste wohlgerundet sein, selbst wenn das bedeutete, dass keine nennenswerte Taille vorhanden war, mit breiten Hüften und einem gewölbten Bauch, der zu den Oberschenkeln hin abfiel, durch keinerlei vorstehende Knochen gestört. Der Körper einer Frau war dazu da, Kinder zu gebären, ihnen so viel Milch zu geben, wie sie wollten, sie mit ihrem Fleisch warmzuhalten. Dünn sein ist in dieser Welt nicht begehrenswert, selbst bei jungen Frauen und heranwachsenden Mädchen nicht.

Das Erlebnis im Hamam hat meine Frau zu völlig neuen kreativen Schaffensprozessen in der Gestaltung mit Tonerde angeregt. Die Frau in ihrer Nacktheit als Objekt zu modifizieren, zu entwickeln und dadurch eine bestimmte Form, ein bestimmtes Erscheinungsbild zu erhalten, nahm sie ganz gefangen. Neben ästhetischer Gestaltung von unmittelbar Wahrnehmbarem zählte nun auch die Gestaltung von mittelbar Spürbarem, Persönlichkeitsgestaltungen, individuelle Körpergestaltung. Es ging meiner Frau um Formfindungen. So machte sie viele Aktstudien, um den weiblichen Körper anatomisch genau zu erkunden. Es ging ihr um ästhetische Erscheinungen und Zusammenhänge, also um unmittelbar sinnlich wahrnehmbare Phänomene. Auf diese Weise entstanden sehr witzige Frauenkörper. Diese spezielle schöpferische Phase scheint abgeschlossen zu sein. Elke wollte darauf nicht festgelegt und damit identifiziert werden, kreierte danach Figuren im Spannungsfeld zwischen Gegenständlichkeit und Abstraktion. Ihre Kunstobjekte suchten nun eine Trennlinie, oder besser einen Weg zwischen Abbild und Abstraktion. Aber immer wieder wird ein stabiles weibliches Publikum von Elkes dicken Plastik-Weibern angezogen.

Von Orten der Ruhe, auch einer endgültigen

Wir können sehr dankbar sein, nach all den jahrzehntelangen Unruhen einen endgültigen Ort der Ruhe gefunden zu haben, in dem nach all den Erschütterungen ein Heimischwerden möglich wurde, einen Ort im Künstlerdorf Dötlingen zu haben, an dem beidseitig geistiges künstlerisches Leben entspringt. Wenn ich mich frage, wie das gute Leben aussieht, kann ich sagen: Das lebe ich jetzt. In einer Partnerschaft ist mir weitgehend Symmetrie wichtig; Respekt, gegenseitige Achtung, selbstverständliche, unangestrengte Gleichberechtigung. So ist unsere Beziehung. Ich bin eher ein analytischer Typ, meine Frau eher ein bildlich-assoziativer, das heißt ein vernetzender, verknüpfender, verbindender Typ. Partnerschaftlich kann eine Beziehung nach meinem Empfinden nur sein, wenn beide intensiv Interessen verfolgen, auch im Rentenalter berufstätig sein können. Wir können jetzt die Früchte eines tätigen Lebens ernten. Für uns ist es kein Problem mehr, bei allem Hier und Dort dennoch Zeit füreinander zu finden. Und wenn ich die Zeit überziehen sollte, kommt ein häuslicher Telefonanruf in meine Computer-Klause im Souterrain, der mich an die fortgeschrittene Zeit erinnert. Entweder ist dann Espressotime – so gegen 12 Uhr –, oder eine Etage höher am wärmenden Kamin steht der Rotwein schon bereit und eine große Kerze brennt. Wie freue ich mich immer über die gemütliche Atmosphäre, die Elke stets herstellt.

Im Augenblick scheinen es Wochen zu sein, in denen mich Telefonate überraschen. Ich brauche nicht nach Vergan-

genheits-Anknüpfung zu suchen. Die Fortsetzung meiner Autobiografie ist dadurch gegeben, wenn auch anders als vorgesehen.
Diesmal ist es der Friedhofsgärtner aus Wadersloh, der am Telefon ist. Das Grab meiner verstorbenen Frau Katharina, die immer Nina genannt werden wollte, steht nach über 30 Jahren zur Disposition. Aus heiterem Himmel, einem endlich winterlich-sonnigen und sehr kaltem, werde ich plötzlich an Vergänglichkeit, an Zeitlichkeit, an Nichtigkeit, an Vanitas erinnert. Soll ich das Grab, das so weit weg von mir liegt, freigeben? Ist das plebejisch, lieblos, kalt, pietätlos? Ich gehe der Wortwurzel nach, wie ich es im Studium gelernt habe. Pietät stammt von lateinischen pietas und bedeutet Respekt, Ehrfurcht. Aber was ist nach über 30 Jahren an Pietät einzubringen, wo jetzt ein Ort des „Nichts" ist? Da möchte ich Äußerungen des Komponisten Dmitri Dmitrijewitsch Schostakowitsch (1906 – 1975) erwähnen, die er anlässlich der Uraufführung seiner 14. Sinfonie gegenüber Solomon Volkow machte:

Sie hören aus meiner Vierzehnten den Gedanken heraus:
Der Tod ist allmächtig.
Und sie hätten gern ein tröstliches Finale,
sozusagen: Tod – das ist bloß der Anfang.
Aber der Tod ist kein Anfang, er ist das absolute Ende.
Es wird nichts weiter geben. Nichts.

Ich selbst werde auf ein Grab verzichten, eine anonyme Stelle in einem Friedwald soll es von mir geben, Asche unter einem der vielen großen Bäume. Dann bin auch ich ein Komposti, in der Sprache heutiger Jugend formuliert. Was ist es anderes als Krümel mürben Erdreichs, das zwischen den Fingern zerbröselt. Auch wir werden verjagt werden, gleich wie ein Rauch von Winden. Andreas Gryphius sagt, was wir in unbekannter Zukunft sein werden: „ein verschmelzter Schnee, eine abgebrannte Kerze", eingetragen in das Totenbuch der großen Sterblichkeit. Schon im Buch Kohelet aus dem Alten Testament heißt es: *„Es ist alles eitel, nichtig."* Vor einiger Zeit hatte ich diesen Text vertont, darum ist er mir so präsent.

Wie nah sind mir in diesem Augenblick aber auch Verse aus dem 19. Sonett von Rainer Maria Rilke:

Wandelt sich rasch auch die Welt
wie Wolkengestalten,
alles Vollendete fällt
heim zum Uralten.
Nicht sind die Leiden erkannt,
nicht ist die Liebe gelernt,
und was im Tod uns entfernt,
ist nicht entschleiert.

Als jahrelanger Requiem-Spieler und Organist auf Friedhöfen habe ich noch viele andere Sprüche im Gepäck, denen ich aber zunehmend skeptisch gegenüberstehe. Alles, was der katholische Glaube diesbezüglich anbietet, ist mir mehr und mehr suspekt: so die Lehre, dass sich Seelen nach dem Tod im Fegefeuer bewähren müssen, bevor sie in das Himmelreich eingehen dürfen ...

Der Philosoph Peter Sloterdijk äußerte in einem Interview der Zeit (Nr. 7,2007) einen Standpunkt, dem ich mich inzwischen anschließen kann: *„An der Religion ist eigentlich nur eines wichtig, nämlich die Offenheit, die Erfahrungsbereitschaft. Wenn einer eine Rose richtig anschauen kann, dann hat er möglicherweise vom Wesentlichen mehr verstanden, als wenn er sich verbal zu Christus bekennt.“*

Ich stehe inzwischen in einer Situation metaphysischer Mehrsprachigkeit. Darum dürfte es nicht verwundern, wenn mir Buddha Siddhartha Gautama, auch durch meine östlichen Reisen, sympathisch wurde. Er hat es abgelehnt, über ein Leben nach dem Tod zu sprechen, weil es nicht zum Loslassen und zum inneren Frieden führt. Im Zen-Buddhismus ist der Tod nur ein Aspekt des Lebens. Es gibt nichts zu erreichen, also auch keine Wiedergeburt und keine Unsterblichkeit. Was wir als Leben und Tod bezeichnen, sind für den Zen-Buddhismus nur gleichberechtigte Konzepte, die auf einem eingegrenzten Bewusstsein basieren. Ewiges Leben ist das Bewusstsein selbst. Diese Wirklichkeit konkret zu erfahren, ist der Weg des Zen. Für den Erleuchteten ist die Vorstellung eines Todes als einem tristen Ende eine „Ungeheuerlichkeit“.
Eine Geschichte aus dem alten Japan zeigt diesen radikalen Lebensbezug deutlich: *„Meister, gibt es ein Leben nach dem Tod?“ „Das weiß ich nicht.“ „Aber bist du denn nicht der Meister?“ „Ja, aber kein toter Meister.“* Die Literatur ist voll mit Versen über den Tod. Ich möchte die Episode, die dem Leser und mir wieder bestätigt, dass das Vergangene nicht tot ist, mit kurzen Versen von Rainer Maria Rilke aus dem

Jahr 1900 beenden. *‚Schlußstück‘* nennt er seine Betrachtungen:*unennt er seine*

Der Tod ist groß. Wir sind die Seinen
lachenden Munds.
Wenn wir uns mitten im Leben meinen,
wagt er zu weinen
mitten in uns.

Während ich so meine Erinnerungsarbeit voranzubringen versuche, das Vergessene vor das Bewusstsein bringe, erreicht mich ein neuer Anruf. Ich soll in der Oldenburger Universität eine Vernissage-Rede zu Reinhard Rakows Bilderzyklus „Winterreise“ halten. Und auch hier werden mich Todes-Gedanken begleiten, denn dieser Zyklus ist voll von Todessymbolen, die im Rakowschen Bilderzyklus ins Auge springen. Die großformatigen Bilder illustrieren nicht, sondern basieren auf Assoziationen zu Texten von Wilhelm Müller, die Franz Schubert in seinem Liederzyklus *Winterreise* vertont hatte, so werde ich dem Publikum erläutern.

Rakow hat hier, wie schon öfter, einen Kampf gegen überkommene Sehgewohnheiten angetreten, genauso wie ich gegen überkommene Hörgewohnheiten. Wir stehen da und können nicht anders. Der einprägsame Titel „Winterreise“ sagt es eindringlich, worum es geht. Winter assoziiert Kälte, Schnee, Eis, Tod, Lebensunlust, und Reise bedeutet, aus dem Mittelhochdeutschen kommend, Aufbruch, Rastlosigkeit, Wanderung und als umgangssprachliche Umschreibung des Sterbens *„die letzte Reise antreten“*.

Bei Reinhard Rakows Schaffen geht es immer um die Erfahrung kulturellen Reichtums, um die durchaus anstrengende Auseinandersetzung mit dem Andersartigen, um politische und philosophische Themen. Er ist mit seiner Kunst am Puls der Zeit, am Puls des Lebens, genauso wie ich beim Komponieren. Wir beide schütten uns mit Arbeit zu. Reinhard Rakow hat das für das vergangene Schaffen von Franz Schubert durchaus erkannt und folglich formuliert:

Vielleicht wenn
Das Empfinden nicht wär,
Wär' alles leichter ...
Die Tränen sogar, vergossen
Aufs eigne, aufs Ende vor der Zeit: Ob sie noch flössen?
Die Töne, die Dich besetzten
Tollwütig im Rausch: Ob sie noch trügen
Hinab in den Hades? Die Straße entlang,
Die Du gehen musstest,
Von der noch keiner kehrte zurück? ...
Ich wünsch' Dir, dass Du sorgsam
Umgehn möchst mit Dir: Weil:
Du schreibst Dich zu Tod, Franz ...

Und den Rat, den Reinhard Rakow fiktiv Schubert leider zu spät ins Grab nachruft, habe ich dem Poeten und Kunstmaler in meiner Vernissage-Rede zurückgegeben, früh genug, so hoffe und wünsche ich es, stelle aber inzwischen fest, dass für ihn der neue Begriff workaholic nach wie vor zutreffend ist.

Stagnation?

Die Zeiten meiner Selbstausbeutung mit sieben verschiedenen Jobs an verschiedenen Arbeitsplätzen sind lange vorbei. Heut wundert mich, dass ein Burnout-Syndrom damals ausblieb. Ich gönne mir heut die kleinen und größeren Pausen, die ich mir versagte, als unsere Jungs vermutlich noch nach dem Vater fragten. Heut, in der Rückwärtsschau, lässt sich nichts mehr nachholen, nichts mehr gutmachen, nichts mehr zurückholen, nur noch zurücksehnen. So hocke ich zuweilen in einer Atmosphäre von Stagnation, die ganz treffend in einem Gedicht von Johanna Ambrosius wiedergegeben wird:

Mir zog das Glück vorüber
Mit seiner vollen Fracht.
Ich sah sie weithin schimmern,
Die märchenhafte Pracht.
Der Fuhrmann wollte halten,
Mein Herze klopfte schwer,
Schon reckt' ich aus die Hände,
Da war die Stelle leer.
Ich sah ihn in der Ferne
Hinjagen wie der Wind;
Nun sitze ich am Wege
Und weine mich fast blind.

Was die Verse aussprechen, es trifft so ganz die Situation um meinen Adoptivsohn Raphael, den ich vergeblich suche ...

Meinen Schreibtisch habe ich – nach asiatischem Vorbild – zum Ein-Quadratmeter-Schrein erweitert. Es heißt, so wird unter anderem Stress abgebaut. Da stehen mehrere Keramikfiguren von Elke und ihr Bildnis selbst. Und das Umfeld wie auch der Blick ins Freie bieten Abwechslung und Wohlbefinden.

In dieser Atmosphäre kann ich ein richtiges Buch schreiben, nicht nur schmerzliche Tagebücher mit ihren Erstickungsschreien und Passagen der Selbstverurteilung. Literarische Zitate habe ich hinreichend gesammelt. Es kommt schließlich darauf an, dass das Buch nicht nur spannend und vergnüglich ist, sondern auch lehrreich, oder? Gab es für das Vorhaben, ein Buch zu veröffentlichen, einen benennbaren Grund? Natürlich schreibe ich es nicht zum Zeitvertreib. Eher treiben mich Ehrgeiz und Bekenntnistrieb, auch die Lust, die Wahrheit religiöser Überlieferungen infrage zu stellen. Zu den merkwürdigen Folgen meines und eigentlich unseres Reisens zählt dieser Umstand. So erscheint mir inzwischen jede Art von Glauben relativer, weniger zwingend. Es will mir in der Tat scheinen, als ob das religiöse Empfinden in dieser oder jener Form zur Geschichte der Menschheitsentwicklung gehört.

Vom Schönheitsbegriff

Warum sollte es uns nicht erlaubt sein, uns einen Schöpfer zu denken, der die Welt aus reiner Freude daran schuf, die Vielfalt an Spezies zu gestalten, die gar nicht alle aufzählbar sind? Sollten wir uns nicht einen Schöpfer gerade deshalb so gut vorstellen können, weil es uns danach verlangt, Kunstwerke zu schaffen, deren Sinn darin besteht, der Schönheit, der Vollkommenheit zu huldigen.
Olivier Messiaen hat den Schönheitsbegriff an Kirchenfensterwirkungen festgemacht und die Vielfalt dortiger Farben in für ihn vorstellbare Klänge umgesetzt. Solche Messiaenschen Akkorde mögen für das ungeübte Ohr Dissonanzen sein, für den Hörgeübten offenbart sich hier ein ordnungsstiftendes Prinzip, somit Schönheit, somit das Gute, das Wahre. Messiaens Klänge habe ich mir zu eigen gemacht.

Aber Halt und nochmals Halt! Seit der Moderne ist die Kategorie der „Schönheit" auch für die Kunst kritisch angefochten. Das „Schöne" ist nicht mehr der „Glanz der Wahrheit", sondern im Gegenteil das „Schöngemachte", „Geschmeichelte" und von daher als „unwahr" apostrophierte. Der ganze Begriff der „Mode" und der „Moden" bekommt deshalb gerade in Bezug auf Kunst den Charakter des „Unernsten" und „Unwahren" und deshalb „Unkünstlerischen". Im Extremfall wird das zu schöne, dekorative Bild dem „Kitsch" zugerechnet. Alternative Ästhetiken wie die des „Erhabenen", „Hässlichen", „Interessanten" oder „Authentischen" ersetzen in der Kunst der Moderne zunehmend das „Schöne", von dem man sich keinen Begriff mehr machen kann. Und betrachten wir kritisch die sogenannte schöne, unendlich schöne Natur! Die Schöpfung, die wir so bewundern, scheint keinen Schöpfer zu besitzen, der über seine Geschöpfe wacht. Zähne und Klauen der Natur sind rot von Blut, nicht nur vom zahllosen Blut aus Menschenhand. Im Sein von Üppigkeit und Überfluss herrscht das Gegenteil, dort Paradiesvögel und da Löwen und Weiße Haie. Der Gegensätze sind so viele, dass sie hier gar nicht aufzählbar sind.

Apokalypse und Kunstbegriff

Als Kind las ich wie gebannt in der *Offenbarung des Johannes* vom Weltuntergang. Wer das Werk intensiv studiert, bleibt nicht unberührt. Es ist unmöglich, dieses Buch nicht aus dem Inneren heraus zu bewerten. Hier wird die Güte neben dem Dunkel gezeigt. Es ist somit schlechthin das Buch des Menschen. Mit welchem Anspruch gehen wir an ein solches Buch heran? Aufgewachsen damit, dass dies Gottes Wort sei, und damit unangetastet von allem Übel? Dies ist ein Buch des gefallenen Menschen, das Buch des Menschen, der über seinen Fall Auskunft gibt.

Die Schilderung des Weltenendes war für mich als Zwölf- bis Vierzehnjährigen eine äußerst aufregende Angelegenheit, die in Träumen immer wieder haften blieb, sehr lebendig und anschaulich. Ein großes Kreuz erschien meist an einem feurigen Himmel, dann kamen die himmlischen Reiter, die klappernden Gerippe standen alle aus ihren Gräbern auf, und ich dachte beim Aufwachen an eine fällige Beichte. Die Apokalypse hat mich bis heut beschäftigt, allerdings inzwischen ohne johannitisch deistische Auffassung. Würgegriff und Flammenschwert kommen für mich nicht mehr aus himmlischen Gefilden, entspringen inzwischen vielmehr menschlichen Gehirnen. Und ich stelle mich solchen Thematiken in der Musik, wie zum Beispiel in *Sequenzen unabweisbaren Befundes aus visionär vorhergesagtem und akutem Anlaß* mit dem Untertitel *Die Vernichtung der Menschheit hat begonnen*. Und ich befinde mich damit am Puls der Zeit, wie mein Freund Reinhard Rakow, worauf ich schon hinwies. Das Wort vom *Bekenntniskünstler*, das der große Bildhauer Alfred Hrdlicka für sich in Anspruch nimmt, gefällt mir in dem Zusammenhang sehr gut: „*Nur wenn die Meinungen aufeinanderprallen, entsteht etwas Schöpferisches. Kunst ohne Reibfläche ist für mich keine Kunst .. .Die Kunst gibt es ja nicht, damit es Kunst gibt, sondern damit sich etwas bewegt ...*"

Das ist ganz in meinem Sinne formuliert. Die Prophezeiungen von einst sind umzuwandeln und so vertonte ich *Hiroshima und Tschernobyl, Seveso und Harrisburg, Bhopal, Basel, Sahelland*, sprach also von den Schreckensorten, erinnerte daran, und führe den Menschen von heut die Apokalypsen der Jetztzeit vor Augen. In der Komposition wird ausgerufen: „*Kehrt zurück, ihr Adamskinder! Weg mit denen, deren Mund Wahnspiel redet.*" Martin Buber hat es poetisch formuliert: *Meinen Mund will ich öffnen im Gleichwort, Rätsel sprudeln von ureinst. Was wir hörten, dass wir's erkennen.* Und um diese Erkenntnis geht es mir. Darum fahre ich in der Komposition fort: „*Der Mund der Lügenredner werde gestopft!*" Und es geht weiter in der Aufzählung von Schreckensorten: *Guantanamo und Abu Ghraib ist überall, ist überall. Kehrt zurück, ihr Kinder Adams!* Ich hoffe auf eine überzeugende Uraufführung am 14. Juni 2007 in Neuss.

Was ich in der Tonkunst umzusetzen versuche, gelingt in hohem Maße dem Bildhauer Alfred Hrdlicka. Der sagt: „*Im Schmerzhaften, im Leiden, finde ich, zeigt sich, was den Menschen ausmacht.*" Das ist nicht anders in zahlreichen Gedichten bei Freund Reinhard Rakow. Er schreibt erschütternd von Grosny, vom Blut ohne Ende und von Abschied.

Da konnte und durfte dann auch in der Konsequenz nicht der Bildzyklus „Winterreise“ fehlen, angeregt durch die gleichnamige Komposition von Franz Schubert.

Theologie und Theologen, aber was für welche ...

Mein Bibel- und Glaubensverhältnis stößt sich an einer Frage, nämlich der, gibt es einen Heilsplan? Wenn ja, Gott hält sich nicht an den Vertrag, den die Alten überlieferten. Die Dinge sind anders. Die Bibel ist ein Produkt menschlicher Worte. Sie ist ein Zeugnis des Menschen in allen Facetten. Wer sich selbst erkannt hat, verwirft die Bibel nicht. Menschliches, allzu Menschliches zeigt sich in ihr. Die Freiheit des Glaubens bedingt, dass man dem Menschen auch zugesteht, dass er nicht glauben kann, weil wir nicht mehr die Bibel mit den Augen der Kirchenväter lesen, nicht mehr aus ihrem Zeit- und Lebensverständnis heraus interpretieren, und bei Weitem einen größeren historischen Horizont besitzen, den wir nicht als definitiv erachten, sondern als ein *Work in Prozess*.

Um es überspitzt zu formulieren: Früher gab es die Idee und den Anspruch, im Besitz des unfehlbaren Wortes Gottes zu sein und damit die Wahrheit zu besitzen. Daraus kam der Glaubensanspruch, der sich an dieser Wahrheit messen musste. Heute aber wissen wir, dass *Wahrheit* etwas ist, das im Menschen geschieht. Wir müssen damit leben, dass Zweifel über die religiösen Traditionen bestehen. Ja, wir wissen, dass alle Verpflichtung auf eine tradierte Wahrheit Taten hervorbringen kann, die dem Gewissen doch ziemlich widersprechen. Das Gewissen als die innere Bibel (mithin gar kein so unbewegliches Buch) hat heute die Glaubensgewissheit nach schriftlichen Traditionen weitgehend ersetzt.

Meine ablehnende Haltung gegenüber dem Glauben speist sich aus vielen Erfahrungen, Erlebnissen und Studien. In Büchern, die früher auf dem Index gestanden hätten, habe ich mich intensiv informiert, es waren jene von Eugen Drewermann, Hans Küng, Karl Heinz Deschner und anderen. Während meiner Kantorenzeit hatte ich Leichenpredigten mitnotiert, zuerst aus Kurzweil, später weil ich so viel unüberbietbare theologische Dummheit dokumentarisch festhalten wollte. Ich finde es unvorstellbar, dass man ein altsprachliches Gymnasium und ein langwieriges Theologiestudium erfolgreich absolviert haben soll, um dann Sentenzen wie nachfolgende von sich zu geben. Da hieß es zum Beispiel in der Delmenhorster Friedhofskapelle vor dem Sarg und den Trauernden: *„Liebe Trauergemeinde! Ich habe in einem Buch gelesen, dass so manche liebe Seele bis zu dreihundert Jahren im Fegefeuer büßen muss."* ... Ein anderes Mal hieß es vor Trauernden, die die Kirche nie von innen gesehen hatten: *„Welch ein Trost! Die Verstorbene wird bestimmt ins Himmelreich eingegangen sein, hat sie doch an jedem Herz-Jesu-Freitag die heilige Kommunion empfangen. Mögen wir uns ein Beispiel nehmen, um auch einmal in das Himmelreich eingehen zu können."* ... Dann wieder hieß es: *„Die Nazigröße Göring hat gesagt ‚Tot ist tot'! Freilich, dieser Nazi hat ja auch nicht an das Ewige Leben geglaubt. Aber wir glauben ..."*

Die Predigtformulare wurden, je nach Situation des Gegenübers, aus den verschiedensten Schubladen herausgezogen. Ich hatte Predigten erlebt, da würden auch dem Papst die Haare zu Berge stehen. Oft genug hätte ich mich gern, wie es einst Georg Friedrich Händel in Halle/Saale fertiggebracht haben soll, quer über die Tastatur gelegt. Wenn es wirklich passiert ist, dann hat er, musikgeschichtlich gesehen, den ersten Cluster produziert. Mir wäre dann sicher gekündigt worden. Einige Jahre später legte mir ohnehin der Pfarrer nahe zu kündigen, da ich nun schon über ein Jahr unverheiratet mit der „Besten aller Ehefrauen“ ohne kirchlichen Trauschein herumlief.

Brief an Seine Exzellenz

Eine Rückblende kann ich nicht auslassen, muss ich nachholen: In einer ZDF-Talkshow (08.11.1990) in der Alten Oper Frankfurt trat auch seine Exzellenz Erzbischof Dyba aus Fulda auf. Eine mir nicht mehr geläufige Thematik brachte den erzkonservativen Hardliner zu einem dümmlich-unglücklichen Vergleich mit einem Mistkäfer. Das steigerte meine Wut dermaßen, dass ich an Hochwürden Seine Exzellenz Herrn Erzbischof Johannes Dyba, Bischofshaus Michaelsberg 1, 6400 Fulda, am 10.11.1990 schrieb:

Exzellenz!
‚Das Psychogramm eines Ideals' (siehe Buchtitel bei E. Drewermann), das ohnehin das Bild des Klerikers zurechtrückt, schrumpfte unter der abendlichen Misthaufenschilderung zum Psychotrauma zusammen.
Die unerbittliche Kamera machte es sichtbar:
Hinter der Maske der Liebenswürdigkeit kochte nervös die Suche nach Argumenten, die sich so schwach und dümmlich herauskristallisierten, dass man aufs Neue hinterfragen muss, wann man heut zum Erzbischof avancieren kann.
Ich habe bisher nicht gewußt, dass dazu nur Kinderkatechismuswissen ausreicht (... "die frohen Kinder Gottes" etc.).
Der Schreiber dieser Zeilen kommt gerade aus Malta und Gozo zurück, wo er Katholizismus pur erleben ‚durfte'.
Wandern Sie nach dorthin aus, damit Sie sich an Statistiken hochziehen können. Sie dürfen dort von 5 Uhr morgens an jede Stunde eine Messe zelebrieren und werden immer die Kathedralen voll haben, obwohl die nächste um die Ecke

steht. Das öffentliche Leben wird dort beherrscht von Ihresgleichen. Quintessenz? :
Einerseits: Es beruhigt, wenn der Banker sich vor dem Bankgeschäft bekreuzigt (wie wir es beobachten konnten), wenn über dem Busfahrersitz das Papstbild thront (wie wir es gleichfalls sahen), wenn Männer in kurzen Hosen und Frauen in kurzärmligen Blusen als zu unkeusch gelten, wenn sie die brustentblößten Madonnen mit dem saugenden Jesuskind in der Darstellung berühmter Barockmeister bewundern (wie es uns erging).
Andererseits: Hier wird die Bibel ganz wörtlich genommen: „Machet euch die Erde untertan!", und zwar so gründlich, dass es Vogelfänger-Bittmessen gibt, damit die Zugvögel aus Europa keine Chance mehr haben. Was sagen Sie denn zum kirchlichen Segen für organisierte Fangarsenale?, zu den Abwässern, die das Meerwasser rücksichtslos verseuchen?, zu den fehlenden Katalysatoren, weil Benzin offenbar eine Gabe Gottes ist auf der superkatholischen Insel Malta und dem kleineren Satelliten Gozo?
Sehen Sie, der Mistkäfer, auf den Sie sich berufen, kann sich in solchen Situationen nicht mehr heimisch fühlen. Ja, dort müßten Sie in einer Talkshow ohne Mistkäfer argumentieren!!!!!!
Die Kirche hätte keinen Einfluß auf solche Entwicklungen?
Aber Exzellenz! Ich bitte Sie, in einem Land, wo die 40-jährige Wiederkehr der Verkündigung des Dogmas Assumptio Mariae öffentlich auf der Straße gefeiert wird (Is-Socjeta Filarmonika ‚Leone' ... B'Tifkira ta' 1-40 Anniversarju mid Domma ta' l-Assunta ... Pjazza Indipendenza, Victoria ... 4ta'), sollte die Kirche auf solche Entwicklungen keinen Einfluß haben?

Ja, was ist es denn dann mit dem Weihwasser für Vogelfänger?
Sie hätten lieber nicht von Pillen und Kondomen gesprochen, sondern von anderem!!!!? Dann ziehen Sie dorthin und predigen dort über Wichtigeres! Aber o weh, dann ginge ja die Kinderzahl zurück, die ach so große, die die Kirchen in Malta und der 3. Welt füllen hilft.

Machen Sie so weiter, dann wird es ohnehin keine Mistkäfer mehr – nirgendwo – geben. Dann werden nur noch Ratten überleben, so wie es Günter Grass in „Die Rättin“ schildert. Sollte das etwa eine kath. Vision sein?

Viele Freunde und Bekannte waren entsetzt über Ihren Auftritt und waren übereinstimmend der Meinung, dass Ihre Argumentationen Grund genug zu einem Kirchenaustritt wären. Ihre diesbezügliche geschönte Statistik werden Sie gewaltig korrigieren müssen!

Grüß Gott! Günter Berger

PS.: ‚Projekt Weltethos' von Hans Küng, R. Piper Verlag, ist übrigens lesenswert

Ich konnte nicht ahnen, drei Jahre später in Fulda den 1. Preis für *Meditazione sopra Veni Creator Spiritus* (gem. Chor, Holzbläserquintett und konzertierende Orgel) im internationalen Kompositionswettbewerb zu gewinnen, ausgeschrieben vom Fuldaer Domkapitel. Die UA war am 17.12.1994 im Dom zu Fulda, (Ausführende: Capella Liturgica, Holzbläser des Sinfonieorchesters des HR, Leitung RK Ludger Heskamp, Orgel Domorganist Prof. H.-J. Kaiser).

Bei dieser Gelegenheit sagte seine Exzellenz zu mir: „*Na, Herr Berger, Fulda meint es doch gar nicht so schlecht mit Ihnen!*“ Da wusste ich, er hatte damals meinen Brief zur Kenntnis genommen. Was hatte ich in meiner Replik auf die Laudatio anlässlich der Preisverleihung in Gegenwart von Joseph Ratzinger, dem späteren Papst, am 4. Juni 1994 in Fulda (hier in stark gekürzter Fassung) zu sagen:

Eminenz, Exzellenzen, meine sehr verehrten Damen und Herren!
Jury-Vorsitzender Domorganist Kaiser charakterisierte meine preisgekrönten Werke als „sehr modern“. Das ist richtig und falsch zugleich. Richtig aus der Sicht von Gemeinden, die nur gesättigt werden mit Bildern und Klängen aus der Vergangenheit, falsch aufgrund objektiver und musikgeschichtlicher Tatbestände. ...
Was nun meine Fuldaer Vokalkompositionen betrifft, habe ich versucht, nicht in die niederen Ebenen der E-Musik oder die höheren der U-Musik zu steigen, auch nicht der oft gestellten Forderung nach ‚Einfachem für das Volk‘ nachzugeben.

Theodor W. Adorno sah in einer solchen Forderung „die unverschämte Geringschätzung der Massen, einen hämisch-behaglichen Glauben an ihre naturgegebene Primitivität.“ (Th. W. Adorno, Gesammelte Schriften Bd. 14, Frankfurt 1973, S. 59)
Auch ich sah mich oft genug mit pastoralen Bedenken konfrontiert. Zu tief sitzt offenbar die Angst vor der Neuen Musik

sowohl in den Seelenhirten wie in denen, die ihnen eine zur Liturgie für tauglich befundene Funktionsmusik liefern sollen.

Nicht nur als Mensch, auch als Komponist habe ich mich zu fragen, was unserer Zeit nottue, was wohl als Gegenschöpfung gegen die jetzige, in vielem verunsicherte Welt gesetzt werden könnte, und was ein Komponist zumal im sakralen Raum und außerhalb zu bedenken hat. ...

Die literarische Thematik einer meiner preisgekrönten Werke galt dem Heiligen Geist. Lassen Sie mich darum zum Abschluß aus der Literatur zum Wesen des Geistes zitieren: „Die Freiheit des Geistes ist das höchste Gut." (aus „Der freie Geist" von Romain Rolland) ...

Ob die grauen, verknöcherten geistlichen Würdenträger in dem absichtlich eingestreuten Zitat meine Anspielung erkannt hatten? Kaum anzunehmen bei diesen Betonköpfen, diesen Mächtigen, bei diesen „Auserwählten"! Der Mächtige muss nicht umdenken. Er zwingt die anderen zur Anpassung. Der Mächtige hört auch schlecht. Was er hört, sind vor allem die Stimmen der Schmeichler. Ein Schmeichler war ich nie und kann ich nicht sein, es entspricht nicht meinem Naturell. Schon in den Sechziger- und Siebzigerjahren glaubte ein Freund, ein Würzburger Universitätsprofessor, mir den gut meinenden Rat geben zu müssen, ich solle meine Kräfte nicht als ein Andreas Hofer, als ein Rebell, als ein Auflehner und Ablehner bestehender Verhältnisse vergeuden. Und hier stand ich nun diesen violetten und roten Würdenträgern der Macht gegenüber, denen, die sich für kompetenter, weiser und besser als andere halten. Die Fehleinschätzung der Wirklichkeit treibt sie zur Borniertheit. Und was hasse ich diese Typen! Wer die kirchlichen, oder besser gesagt die katholischen Sünden allgemein und die kirchengeschichtlichen Sünden im Besonderen nicht vor Augen hat, der kennt auch kaum Schwierigkeiten mit seiner Kirche.

Ich bin ja nur ein sehr kleiner Andreas Hofer oder Michael Kohlhaas gemessen etwa an Hans Küng oder gar dem bewundernswerten Eugen Drewermann, der die Kirchen füllt, der buchreif ohne Manuskript stundenlang redet und dabei noch auf Quellen verweisen kann. Diese Männer gerieten nicht wegen Häresie oder Untreue mit ihrer Kirche in Konflikt, sondern weil sie konsequent an Jesu' weltweites Programm von Frieden und Liebe erinnern. Jesus selbst hätte heute keine Chance, die kirchliche Lehrerlaubnis zu erhalten. Die Strukturen einer autoritären Männerkirche haben die humanitären und religiösen Ideale des Programms Jesu entsetzlich entstellt.

Vogelfängermessen und Garden Eden

Und was hätte wohl Jesus bei einem Besuch auf Malta im Angesicht von Vogelfängermessen, speziell forciert in der Kapelle *Ta'Kaccaturi bei Ta'Qali,* gesagt? Nur nebenbei eingestreut: Stolpert da nicht fast jeder über solche Namen? Das klingt ja irgendwie arabisch. Ich mache mich klug und richtig: Die maltesische Sprache, das Malti, gehört zum nordarabischen Zweig der semitischen Sprachen, einer Gruppe innerhalb der afro-asiatischen Sprachen. Während der arabischen Eroberung und Neubesiedlung ab 870 ging das Malti aus dem Arabischen hervor. Aber in solch arabisch klingende Orte kommen keine Touristen. Und die Reise- und Ferienprogramme klammern erst recht jene Zonen aus, die sich „Garden Eden" nennen. Es konzentriert sich alles auf die sonnigen Badestrände.

Wir aber wollten bei unserem Besuch im Spätherbst 1990 wissen: Was ist das für ein Paradies, der *„Garden Eden"*? Wir gingen dem gleichermaßen bezaubernden wie verzaubernden Gezwitscher in einem vermeintlich menschenleeren Gelände nach. Unser Blick ging zum Himmel, ging zum Buschwerk, aber wir sahen keine Vögel. Eigenartig! Wo waren diese Geschöpfe, die Stieglitze, Girlitze, Zeisige, Hänflinge, Kampfläufer, Kiebitze, Pfeifenten und Zwergschnepfen? Waren es etwa Geisterwesen, die uns betören wollten? Schließlich war unser Entsetzen groß, als wir auf dem Boden versteckte Käfige entdeckten, dann auch riesige Flächen mit gespannten Schnüren sahen. Später konnten wir uns kundig machen. Und heut wissen wir, dass für den Vogelmord auf Malta ganz offiziell mehr als 6.000 bis zu 50

Quadratmeter große Fangnetze für den Fang von Singvögeln, Turteltauben und Goldregenpfeifern aufgestellt werden. Uns usprünglich ahnungslos Wandernde bedrohte schließlich jemand mit einer Flinte, schimpfte wütend und gestikulierend hinter uns her. Wir sollten uns schnellstens verpissen! Uns wurde richtig mulmig zumute.

Wer es wissen möchte, kann sich beim Komitee gegen den Vogelmord e. V. kundig machen, wie sich Maltas Küste zur Vogelflugzeit in eine tödliche Falle verwandelt, trotz Vogelschutzgesetz aus dem Jahr 1980. Immer ab dem 1. September dürfen etwa 12.000 registrierte Jäger mit der Flinte auf die Vogelpirsch gehen, trotz massiver Proteste von Naturschützern aus ganz Europa. Rund 600.000 Zugvögel geraten alljährlich ins Gewehrfeuer der Jäger und in die Netze der Vogelfänger. Nach einer Hochrechnung maltesischer Ornithologen sind darunter unter anderem 3.400 bis 5.800 Reiher, 25 bis 50 Fischadler, 1.650 bis 3.050 Falken, 500 bis 1.000 Eulen, 1.500 bis 2.500 Wiedehopfe, 50.000 bis 100.000 Feldlerchen und mindestens 200.000 Singdrosseln. Kein katholischer Prediger auf der Kanzel, kein Politiker auf Malta und Gozo kann es sich leisten, ernsthaft gegen die Vogeljagd vozugehen, denn es ist ein Volkssport der Malteser. Und was das Ausstopfen nicht wert ist und auch nicht schmeckt, wird verfolgt nach der Devise: runterholen und liegenlassen. Malta ist seither für uns ein Ort ständiger und spezieller Provokation, kann darum für uns kein Feriendomizil mehr sein.

Aber das Leben ist auch sonst oft eine Provokation im ursprünglichen lateinischen Sinne. Entstanden aus *pro = her-*

vor und vocare = rufen, wird im Leben ständig etwas hervorgerufen, was wir eigentlich nicht herbeigerufen haben. Aber wir müssen uns dem stellen, was uns zeitlich und räumlich sozusagen vor die Füße oder in die Hände oder gar in das Herz fällt. Überspitzt formuliert, gestaltet sich unser Leben als eine Art Zu-Fall, für die meine liebe Frau eine besondere Philosophie hat. Zu welchem Zeitpunkt unseres Lebens uns was zu-fällt, wie viel Zeit wir brauchen, um zu erkennen und zu fühlen, welche Möglichkeiten und Schwierigkeiten darin enthalten sind, ist ungewiss.

Die mir zugefallenen 70er Jahre

Die Welt hat sich wie in allen Jahrzehnten davor und danach sehr verändert, und zwar rasant. Und was habe ich begonnen, in jenen Jahren abzulegen und zu verwerfen, was ich vorher alles geglaubt und glaubend übernommen hatte! Vorbei ist es mit dem Glauben an das Inferno von Hölle, Fegefeuer und himmlischem Paradies! Nicht daran glaubend, muss ich mich dennoch, jetzt allerdings musikalisch, damit auseinandersetzen für einen Kompositionswettbewerb, anknüpfend an Dantes Komödie, die 20 Jahre nach seinem Tod das Attribut „göttlich" erhielt. Ich würde die epische Dichtung eher „göttlich verrückt" nennen. Anknüpfend an das Genre mittelalterlicher Jenseitsvisionen schildert die Komödie in der Ichform eine Reise durch die drei Reiche der jenseitigen Welt: Durch die Hölle (Inferno), die als ein gewaltiger unterirdischer Trichter bis zum Mittelpunkt der kugelförmig vorgestellten Erde reicht und in ihren in neun Höllenkreise unterteilten Strafbezirken der Aufenthaltsort derer ist, die für ihre Sünden zur ewigen Verdammnis verurteilt sind. Die Reise geht weiter zum Läuterungsberg (Purgatorio, eigentlich Fegefeuer), vorgestellt als ein am westlichen Pol der Erde aus dem Ozean aufragender Berg, auf dem die Seelen derer, die für ihre Sünden noch Vergebung erlangen konnten, auf einem spiralförmigen Weg durch sieben Bußbezirke zu dem auf dem Gipfel des Berges gelegenen irdischen Paradies aufsteigen. Dante erreicht schließlich das Paradies (Paradiso) *mit* seinen neun Himmelssphären, über denen im Empyreum die Geretteten im Angesicht Gottes die Freuden der ewigen Seligkeit genießen. Aus dem umfangreichen Text muss ich Passagen herausfinden, die für eine Vokalkomposition besonders reizvoll sind. Es müssen eindringliche Bilder sein. Das musikalische Material muss sich daraus entwickeln können. Im Text müssen bestimmte Ausdrucksimpulse einfangbar sein, um sie dann musikalisieren zu können. Wichtig scheint mir, jedenfalls an meiner Kunst, dass sie eine Erkenntnisform ist, die prall gefüllt ist mit sinnlicher Erfahrung. Das Verhältnis von Herz und Intellekt muss in meinem OEuvre stimmig sein. Wo immer eine der beiden Pole vernachlässigt wird, rutscht die Kunst meines Erachtens ins Ideologische ab.

So werde ich wohl zwischen den göttlich verrückten Dante-Texten und den eigenen Verrücktheiten jener Jahre hin- und herpendeln. Der Unterschied zwischen damaliger Arbeit und heutigem Fleiß ist allerdings der, dass jener auf die Bewältigung des eigenen Lebens hin orientiert war, während heut ein künstlerischer Drang dahintersteht. Ohne Zweifel die bessere Inszenierung. Und schon haben bei der Textfestlegung die anhaltenden Tagesereignisse aus dem Vorderen Orient geholfen. Heißt es doch im achtundzwanzigsten Gesang der Dante-Hölle:

Wer könnte je, auch mit dem freisten Wort,
Das Blut, das ich hier sah, die Wunden sagen,
Erzählt' er auch die Kunde fort und fort.

Ja, Schreckliches hatte ich damals, in den Siebzigerjahren, persönlich zu tragen und zu ertragen. Und da passen jene Dante-Worte in ganz anderem Sinne auf meine damalige Situation. Es waren jene Tage, Wochen und Monate, in denen ich immer empfangen wurde mit Sätzen wie diesen: *„Ach, du kommst schon, ich wollte mir gerade das Leben nehmen!“* Dieser Satz und ähnliche Sprüche waren auf die Dauer derartig zermürbend, dass ich manchmal nahe daran war auszusprechen: Dann mache es endlich! Wie oft kam ich mit der sich ständig verdichtenden Angst nach Hause, einen baumelnden Leichnam vorzufinden. So rief ich beim Aufschließen der Haustür gleich den Namen meiner Frau, um nicht auf andere Weise überrascht zu werden. Dem Tod und erst recht dem Tod in dieser Gestalt wollte ich nicht begegnen. Als dann wirklich jenes Ereignis einzutreten schien, war die Situation eine ganz andere.

Es war ein sehr früher Morgen, und Nina hatte einen großen Sessel vor dem Eingang zu ihrem Schlafbereich aufgestellt. Da wusste ich, was das zu bedeuten hatte. Ich stürmte an ihr Bett, zerrte sie, die wie ein schwerer Sack schlaff dalag, heraus und wollte sie in der Toilette zum Erbrechen bringen, weil mir klar war, dass sie eine Überdosis ihrer Medikamente genommen haben musste. Meine Spontanreaktion war zwecklos, weil völlig erfolglos. Also griff ich zum Telefon und alarmierte den Notarzt. So kam Nina in die Intensivstation des nahe gelegenen Krankenhauses und wurde gerettet. Ich kam gar nicht auf die Idee, Hilfe zu unterlassen und den Dingen freien Lauf zu lassen, zukunftsträchtige Gedanken zu entwickeln, um der verzweifelten Lage ein ‚gnädiges‘ Ende zu bereiten. Was einen Menschen im Inneren seiner Seele bewegt, ist in dieser Situation der soziale Organismus, das menschliche Pflichtgefühl, das gemeinschaftliche Füreinander. Ich blieb auf das irgendwie

erwartete und trotzdem unfassbare Dilemma fixiert, auf eine Grenze zwischen Existenz und Nichtexistenz.
Nina wurde mithilfe und unter Zutun meiner Schwester Hannchen, der Amtsärztin in Herford, in eine psychatrische Klinik eingewiesen.
Nach Monaten des Beobachter-Gewahrseins konnte ich aufatmen, denn das *Gewahrsein* war aktiver als Wahrnehmung und passiver als Bewusstsein.

Nun war es jene Zeit, in der ich meine heutige Lebensgefährtin Elke näher kennenlernte und damit nicht nur den neuen Frauentypus der 60er und 70er Jahre, sondern auch eine Frau, die Psychologie studiert hatte. Von Elke erfuhr ich, wie mit der Depression meiner Ehefrau umzugehen, wie die Krankheit zu beurteilen sei, und wie ich mein Handeln besser an der Wirklichkeit zu orientieren habe.

Als Nina angeblich geheilt, nicht mehr suizidgefährdet und somit kuriert aus Bad Salzuflen zurückgekommen war, ging innerhalb kurzer Zeit das ‚Dilemma' von Neuem los. Ihr Blick ging ins Leere, so, wie wenn es für sie in dieser Welt kein akzeptierbares Ziel mehr gäbe. Nina lief umher, als wenn ihr ‚Selbst' nicht existierte, ihre persönliche Identität von ihr abgefallen wäre. Selbst-losigkeit, wie sie im Buddhismus vorkommen soll, ist sicher etwas ganz anderes. Das Nicht-Selbst, das dort beschrieben wird, gilt als ein positives Ziel. Ninas gleichzeitige Präsenz von Funktion und Nicht-Funktion, Existenz und Nicht-Existenz spiegelte sich vor allem in der Leere der Augen wieder, die, wenn ich mich nicht täusche, unendliche Angst ausstrahlte. Die schlimmste Angst, die es für den Menschen gibt, dürfte die Angst

sein, ausgelöscht zu werden. Hatte sie davor Angst oder strebte sie gar erneut dorthin?
Die schwierige, schier ausweglose Situation war inzwischen nicht nur ein Dilemma, sondern zu einem Trilemma wenn nicht gar Polylemma für mich geworden. Wie denn das?
Wie schon öfter, werde ich nach dem Vorbild der Knoblauchenthäutung das Wort ‚Dilemma' enthäuten. Beim Knoblauch widme ich mich, wie früher erwähnt, während des Frühstücks der Zeremonie des Knoblauchenthäutens. Diese Gewürz- und Heilpflanze von ihren mehrschichtigen Schalen zu befreien, ist für mich ein besonderer Akt. Nun will ich, in übertragenem Sinne, auch mein ‚Dilemma' von Schalen lösen. Das griechische Wort Lemma geht auf das Verb ‚festhalten' zurück. Dilemma ist demnach ein doppeltes Festhalten, eine lähmende, weil doppelte Bindung eines Menschen, ein tatsächlich weit verbreitetes Risiko der Alltagskommunikation.
Ich befand mich in einer schwierigen, ausweglosen Situation, weil sich bei mir in der Zwischenzeit eine intensive Bindung an Elke entwickelt hatte. Die Erfahrung der Liebe geht wohl immer einher mit der Erfahrung von Tod und Neuanfang. Welche Wahlmöglichkeiten hatte ich also?
Meine Geschichte wurde die

„Vom Vater, Sohn und einem Esel“

Hodscha geht mit seinem Sohn auf einen Viehmarkt, um dort einen Esel zu kaufen. Nachdem sie nach langer Suche einen Esel gekauft haben, machen sie sich auf den Weg nach Hause. Zunächst gehen sowohl Hodscha als auch der Sohn zu Fuß neben dem Esel her, bis sie ein entgegenkommender Wanderer auslacht und fragt: „Ihr habt einen Esel, aber warum reitet keiner auf ihm?“ Nach kurzer Überlegung setzt sich nun der Sohn auf den Esel, und so setzen sie ihren Heimweg fort, bis ihnen der nächste Wanderer entgegenkommt und zu dem Sohn sagt: „Junger Mann, du solltest dich schämen. Du hast junge Beine und reitest auf dem Esel, während dein Vater laufen muss!“ Nun setzt sich der Vater auf den Esel und der Sohn geht zu Fuß. Eine Weile und sie treffen einen weiteren Wanderer, der zu dem Vater sagt: „Du solltest dich schämen, du mit deinen starken Beinen reitest auf dem Esel, während der zarte Junge zu Fuß gehen muss!“ Nun setzen sich beide auf den Esel und so setzen sie den Heimweg fort, bis ihnen der nächste Wanderer entgegenkommt, der sie wütend beschimpft: „Ihr solltet euch schämen! Ihr beide sitzt faul auf dem Esel und das arme Tier muss die ganze Strecke die schwere Last von euer beider Gewicht tragen!“ Daraufhin entschließen sich Vater und Sohn, den Esel an eine Stange zu binden, und tragen nun den Esel bis nach Hause. Als sie dort ziemlich spät und völlig erschöpft ankommen, sagt die Frau des Vaters: „Ihr seid vielleicht zwei Dummköpfe! Warum lasst ihr den Esel nicht selber zu seinem neuen Stall laufen?“

Bei dieser Erzählung handelt es sich im eigentlichen Sinne nicht um ein Dilemma, sondern um ein Polylemma, da der Vater und sein Sohn zwischen folgenden 5 Möglichkeiten zu entscheiden haben:

1. Möglichkeit: Keine Person reitet auf dem Esel.
2. Möglichkeit: Der Sohn reitet auf dem Esel.
3. Möglichkeit: Der Vater reitet auf dem Esel.
4. Möglichkeit: Der Vater und der Sohn reiten gemeinsam auf dem Esel.
5. Möglichkeit: Der Vater und der Sohn tragen den Esel.

An diesen Beispielen zeigt sich, dass es keine unfehlbaren Sätze gibt, sondern allenfalls Sätze, deren Unfehlbarkeit dogmatisch behauptet wird. Der Philosoph Hans Albert geht scharf mit jenen ins Gericht, die für sich oder für eine bestimmte Gruppe einen privilegierten Zugang zur Wahrheit beanspruchen. In seinem Traktat über kritische Vernunft (1968) schreibt der Philosoph hierzu: *Es gibt weder eine Problemlösung noch eine für die Lösung bestimmter Probleme zuständige Instanz.*

Das musste ich bitter erfahren. In meiner Ausweglosigkeit schrieb ich an einem Ostersonnabend einen Brief an Elke. Was einen Menschen im Inneren seiner Seele bewegt, wird auf den Flügeln der Worte nach außen getragen. Aber was war das für eine Botschaft? Es konnte nur eine solche sein, wie ich sie im 28. Gesang des Inferno der Komödie von Dante zu lesen fand: *Sieh, wie ich mich zerreiße*! Die Kluft, die ich vor mir sah, ein wahrer Höllenschlund, schien unüberbrückbar. Das moralische Gewicht erdrückte mich. Und Elkes Reaktion machte die Sache nicht leichter. Ihre Mutter Anneliese konnte die Tochter nicht weiter leiden sehen, griff zum Telefon und hatte mich am Hörer. Nicht lange, und zwei Liebende lagen sich in den Armen. Wer liebt, weiß um das Geheimnis der Untrennbarkeit von Leid und Liebe.

War der Zustand zu ändern? Ich entschied mich für die „Kohlsche Lösung" des Aussitzens. War das nun eine Art Wahlspruch? Da wäre mir schon Ulrich von Huttens Wahlspruch, den die Stanford University gewählt hatte, lieber gewesen: *Die Luft der Freiheit weht*, oder der Wahlspruch von Turnbewegungen: *Frisch, fromm, fröhlich, frei*! Irgendwie musste das Leben weitergehen und irgendwann, so war ich zuversichtlich, würde eine Lösung auftauchen. Das war nun meine Lebensdevise. Man kann nicht lieben, ohne zu wählen, und wählen heißt immer, auf etwas zu verzichten. Jedes Mal, wenn man etwas hinter sich lässt, stirbt man innerlich ein wenig, ein Teil des Menschen bleibt zurück.

Ninas Krankheit war von Hochs und Tiefs gekennzeichnet. Das alles war schon einmal Tag für Tag, Woche für Woche, Monat für Monat durcherlebt und also gewusst. Mittlerweile war Nina frühpensioniert worden. Es ging nicht an, dass Kollegen ihren Unterricht immer irgendwie mit durchzogen. Ich brauchte also nicht mehr die peinlichen Absagen an die Schulleitung durchzugeben. Ninas Hochs waren meine Verschnaufpausen.

Es war an einem sonnigen Morgen, als ich zum Wochenendgrundstück wollte und Nina zum Mitkommen zu überreden versuchte. Vergeblich. „*Fahr du nur ruhig, ich fühle mich hier wohl!*" Das war so beruhigend gesagt, dass ich in der Tat das stets latent vorhandene Gefühl eines Damoklesschwertes über meinem Kopf vergaß. Ich genoss also die Ruhe und sog die Waldluft in mich ein. Atmen verbindet Leib und Seele, stellt gleichsam eine Brücke zwischen beiden dar. Mit jedem Atemzug strömte Lebensenergie in mich hinein. Ich fühlte befreit, dass der Atem der Rhythmus des Lebens selbst ist. Zudem erwartete ich hier draußen, frei von familiärer Pflicht, die „freie Liebe". Versuche der Entsagungsbereitschaft waren mehrfach gescheitert. Es war nun einmal so, dass jeder den anderen fragen konnte: „Brennt nichts heißer als meine Liebe zu dir?" Jede Frage ruft eine Ant-Wort hervor, sie sehnt sich nach dem Wort, das von dem anderen Menschen zurückkommt und beiden die Gemeinsamkeit im Denken erlebbar macht.

Ich sehnte mich nach einer Zeit unangefochtener Hingabe, nach einer warmen Umarmung in der Nacht, nach einem lächelnden Kuss am Morgen, dem Blick Auge in Auge, sehnte mich nach einem langsamen Streicheln der Wange, einem gemeinsamen Frühstück, nach Teilnahme der Gedanken. Jeder kann nur gewinnen, wenn er seine Gedanken durch die des anderen ergänzt. Die Wege und die unzähligen Schritte, die ein Mensch in seinem Leben zurücklegt, tragen den Stempel seiner einmaligen Individualität. Bei jeder unserer Begegnungen musste ich das feststellen, nämlich ein für Elke typisches Handeln und Verhalten, ein Agieren und Reagieren. Ihre gesamte individuelle Lebensauffassung, potenziell also „das Gesamt" aller für sie relevanten Aspekte ihres Lebens, faszinierte mich. Ich kannte ja Elke als junge Sängerin in meinem Mädchenchor, ihre damalige besondere Individualität: ihr Engagement, ihr Temperament, ihre musikalische Sicherheit. Dieses ‚Alphatier' hatte damals Verhaltensäußerungen, die mich als unerfahrenen jungen Dirigenten aus der Fassung brachten. Dass mich viel später diese Person auf einer hohen Integrationsebene fesseln könnte, war nicht vorauszusehen. Sicher hatten wir beide im Laufe von zwei, drei Jahrzehnten Verhaltensänderungen durchgemacht. Individuen verändern sich. Trotzdem ist wahrscheinlich, dass einige charakteristische Eigenschaften sowohl bei Elke als auch bei mir konstant blieben. Was jetzt für mich neu hervortrat, war Elkes ausgeprägte Geschmackssicherheit und Urteilskraft.

Wie dem auch sei, unser geistiger wie erotischer Austausch wurde an diesem Frühlingsnachmittag abrupt unterbrochen. Mein Sohn Michael rief an, um mir mitzuteilen, Nina hätte sich eingeschlossen und würde auf Klopfen und Rufen nicht reagieren. Ich machte mich sofort auf, und unsere Idylle, dieses harmonisch verklärte ländliche Leben, erlitt einen Schock. Mir schwante etwas, das ich nicht zu Ende denken wollte, und das sich doch einnistete. In der Tat, Nina reagierte hinter verschlossener Tür in keiner Weise. Ich dachte, dass es nicht gut sein würde, die Tür aufzubrechen. Das überließ ich der Polizei, die die schnell nachgebende Tür mit breiter, robuster Schulter einrannte. Einer der Polizisten verlangte von mir ein Küchenmesser (!), um den Strick zu durchschneiden. Sicher war das Verlangen des Polizisten richtig. Wie anders sollte er sein Vorhaben ausdrücken. Trotzdem empfand ich es als brutal, auch noch heut. Aber es muss sein, diese schrankenlose Mitteilung persönlicher

Erlebnisse. Soll ich dem Leser diese seelische Erlebnisschicht nicht zugänglich machen? Zumal, welch Zufall – auch wenn meine neue Lebensgefährtin nicht von Zufällen sprechen mag –, ich das Bild aus Dantes *„Göttlicher Komödie"* vor mir habe, wo es im 40. und 41 Vers des 28. Gesanges heißt:

Ich sah – noch ist das Schreckbild mein Begleiter –
Ein Rumpf ging ohne Haupt mit jener Schar
Von Unglücksel'gen in der Tiefe weiter.

Er hielt das abgeschnittne Haupt beim Haar
Und ließ es von der Hand als Leuchte hangen
und seufzte tief, wie er uns nahe war.

Michael und ich, wir beide saßen wie gelähmt in der Küche. Ich weiß nicht, wie das im Buch des Lebens zu buchen sei, jedenfalls hatte ich in der Situation keine Gefühle, weder Mitleid noch Dankbarkeit oder Liebe. Die Realität hatte uns total überfahren. Wir waren wohl in einem Schockzustand. Obendrein wurde uns jegliches Handeln abgenommen. Ich glaube, ich wurde nur nach dem gewünschten Beerdigungsunternehmen gefragt. Das Unternehmen war mit dem Abholen der Leiche schneller, als es mein Zeitverständnis zuließ. Als Polizei, Arzt und Leichenbestatter weg waren, trat eine Stille und Leere ein, die ich nicht fassen konnte. Weder Michael noch ich betraten den Raum, der mit dem Tod geteilt wurde. Wir waren von Tragweite und Folgen der Handlung überrumpelt. Ich konnte und wollte in dieser Wohnung nicht die Nacht zubringen, schon gar nicht das Tatzimmer betreten. So fuhren wir zu Elke, meiner späteren Lebensgefährtin. Sollte so der Ersatz für versäumtes Leben, für versäumte Liebe beginnen?

Jener Satz aus Dantes Inferno, den ich gerade vertone, passte in die Situation: *Jedwede Zunge muss den Dienst versagen, da Sprach' und Geist zu eng und schwach erscheint, so Schreckliches zu fassen und zu tragen.*

Da lese ich bei Pietro Archiati das ganze Gegenteil: *Was einen Menschen im Inneren seiner Seele bewegt, wird auf den Flügeln der Worte nach außen getragen.* Gewiss, aber nicht in dieser Situation. Nein, und nochmals nein! Das kann nur einer schreiben, der dem Tod keine objektive Wirklichkeit zugesteht, sondern ihn als eine Illusion des menschlichen Bewusstseins versteht, wie Pietro Archiati. Unsterblichkeit? Nur die Liebe kann die Seele unsterblich machen. Und da musste ich eine sehr lange Zeit vergehen lassen, bis aus früheren Zeiten das zurückgeholt werden konnte, was über den Tod hinaus unversehrt bestehen kann. Das waren nicht Träume. Von meiner ersten Ehefrau Nina, der Toten, träumte ich nie, wie auch nie von den verstorbenen Eltern, weder von Vater noch von Mutter, auch nicht vom Großvater und den Schurgaster Tanten. All diese Toten verfolgten mich nie, da nistete sich nichts ein. Es kamen keine Missbilligungen aus dem Jenseits, auch nicht von Anneliese, meiner Schwiegermutter, Elkes Mutter. Ich nenne diese liebenswerte, verständnisvolle Frau einfach Schwiegermutter, obwohl ich damals mit Elke nicht verheiratet war. Ihr Tod kam wie eine überraschende Ohrfeige. Und dass ich mich nicht von ihr am Totenbett verabschiedete, kann ich mir bis heute nicht verzeihen. Erst nach einiger Zeit habe ich bemerkt, wie falsch meine Abwesenheit war. Niemals mehr, schwor ich mir, will ich dem Tod als Feigling gegenüberstehen. Man ist in eine Zusammengehörigkeit eingebettet und aus der kann man sich nicht ohne Eigenverlust herausschleichen. Ich hoffe, dass mein Orgelspiel beim Requiem den Tunnel der Totenwelt passierte und Anneliese am Ende des Tunnels die Sphärenklänge vernahm und dabei in ein wunderbares Licht der Liebe und Vergebung schwebte.

Im Gefolge meines Widerstands gegenüber Toten, Särgen und Leichenhäusern blieb mein Verhalten nicht ohne Folgen: Es waren Träume, gelegentlich wohl auch Wachträume. Es gibt da Momente, in denen ich die tote Hand meiner lieben Frau nehme, eine Hand, die ohne Widerstand ist, und sie an mein Gesicht hebe, oder ihren Kopf langsam und vorsichtig versuche, an mich zu legen. Dann sage ich: Öffne noch einmal deine Augen, bitte, noch einmal ... aber da kommt keine Reaktion, keine Aufmunterung, kein Hinweis, wie ich mein Lebensschiff zu navigieren hätte. Nur die Schurgaster Grabsteine stellen sich ein, einige steiler, andere schräger, vielleicht, um für ihre zu Staub gewordenen Toten etwas Sonne einzufangen. Und da krabbeln dann wieder um die Grabsteine jene Käfer, die rot gekennzeichnet sind, deren Namen ich aber nie erkundete. Das waren wohl jene Käfer, die die Leiber in den Särgen zerfraßen, so dachte ich schon immer. Diese Tierchen mit schwarzen Punkten waren mir nicht geheuer.

Ebenso wenig waren mir die Pauschalbestrafungen in der katholischen Volksschule für Jungen geheuer, von denen ich öfter träume. Den Lehrer Karsten sehe ich gleichfalls mit schwarzen Punkten vor mir. Mein ansonsten schlechtes Personen- und Namensgedächtnis, hier versagte es nicht. Vielleicht muss man jemanden erst so hassen, um dessen Visage eingebrannt zu bekommen! Lehrer Karsten verteilte die Kopfnüsse pauschal, ebenso die Bestrafungen mit dem Rohrstock auf den stramm gezogenen Hintern. Ich kann mich nicht erinnern, ob und wie wir jenen Lehrer überhaupt zur Weißglut gebracht haben könnten. Was Lehrer Karsten realiter sagte, das träumte ich weiter: dass die Ohren Löffel, die Hände Tatzen, der Kopf Rübe oder Poetenkasten, der Hintern Register hieß. Ich fand es äußerst ungerecht, dass für einen fraglichen Täter die ganze Klasse zur Bestrafungsorgie herangezogen wurde. In Abwandlung aus Dantes „Göttlicher Komödie“ hatte ich ein Bild vor mir, wie es im 28. Gesang, Vers 13 der Höllenbeschreibung heißt: *Ein wilder Teufel, der dort hinten steht, er ist's, der jeglichen zerfetzt und schändet, mit scharfem Schwert, der dort vorübergeht.* Und dann träumte ich, zum Rektor der Schule, ein Stockwerk höher, gegangen zu sein, um meine Beschwerde wegen der Ungerechtigkeit vorzutragen. Beim Wachwerden ärgerte ich mich, es damals nie wirklich getan zu haben.

Von Kafeneions und Bergdörfern

Gottlob, diese Träume sind seltener geworden. Stattdessen habe ich andere, liebenswerte. Da will ich das Gräsige schnell mal verlassen, um in mein Traumland einzutauchen. Es sind biblische Szenen, denen ich nachhänge, nicht religiöse, nein, ganz profane. Platanen mit Kafeneions und wackligen kleinen Stühlchen am Dorfplatz laden zum Sitzen ein. Warum sind die hier auf ihre Art bequemer als die gepolsterten Sessel zu Hause? Abgeschiedenheit, Alleinsein, Stille, unterbrochen nur von einem Ziegenmeckern ersetzen hier Fernseher und CD-Player. Die Einheimischen sprechen auch nicht viel miteinander, man kennt sich ein Leben lang, sitzt da, spielt Karten. Griechen sind so. Da sitzen sie mit zerfurchten Gesichtern und Augen, in denen schon ein wenig der Tod schimmert. Meditieren diese Alten? Beten sie? Es scheint, als ob sie nachsännen, als ob sie sich an etwas erinnern wollten. Als ob sie sich und der Welt in der Erinnerung schon verloren gegangen wären. Aber vielleicht ist es auch nur ein und dasselbe: das Beten und das Nachsinnen, und aller Glaube nur eine Form der Erinnerung. Doch an was? Sie verweigern sich der Formel, unterlaufen die Gewissheit, Übriggebliebene mit Übriggebliebenem. Da kaut einer, weiß nicht was, mit seinen wenigen Zähnen, so gut es geht. Der Wind öffnet und schließt unaufhörlich Stalltüren. Wen stört es? Die Wege in Gärten sind untergegangen, alle Pflanzen verstrickt und verknotet, dazwischen schwangere Katzen, die keinem gehören. Trägheit umgibt alles. Kaum rührt sich Lebendiges hinter den Mauern, wo ab und zu historische Fassaden zwischen stillosen, kunst- und schmucklosen Anbauten überraschen. Nur wo Wäsche auf den Leinen flattert, ahnt man noch Menschen dahinter. Kein Auto kommt hierher, weil die Wege und Gassen zu eng sind. Esel übernehmen das Geschäft seit Jahrhunderten. Kann einem etwas Besseres passieren als die sonnenbeschienene Unaufgeregtheit zwischen Zypressen, Olivenbäumen, Margeriten und Chrysanthemen? Die hier noch wohnen, werden nicht so denken.

Ob hier jemals der Fortschritt Einzug halten wird unter herzlos nützlichem Blech? Für uns allerdings ist es wunderbar, noch in einen Gemischtwarenladen einzutreten, wo alles durcheinander gestapelt riecht, was man so zum Leben braucht: Reis, Nudeln, Zucker, Heiligenbilder, Seife, Stoffe, Mörser, Patronengürtel, Steigbügel, Glocken für die Ziegen, Klopapier, Teller, Messer, Eimer, Glühbirnen, Zwirn, Korbflaschen, Angelhaken und Petroleumlampen. Granatäpfel hängen am Wegesrand. Kein Mensch kümmert sich um die überreifen Früchte. Weintrauben, oft schon zu Rosinen verdorrt, wollen gepflückt werden an alten, verlassenen Hausfassaden und zusammenbrechendem Gemäuer, an bröckelnden Gebäuden. Knoblauch und Zwiebeln in Kleingärten, rund um weiß getünchte Häuschen, wollen geerntet werden. Predigen diese Gärtchen Genügsamkeit? Erzählen sie von den geheimen Freuden der Askese? Oder steht hier nur die immer wiederkehrende Frage im Raum: Was braucht der Mensch, wovon er lebt? Worauf er sich reduzieren lässt, zieht man die Liebe ab, Hass, Lust und Schmerz. Hier sind die Menschen vom persönlichen Fortschritt abgekoppelt, werden von heutiger Gesellschaft ignoriert. Müßig zu fragen, ob sie es so wollen. Ihr Leben geht dem Ende zu.

Frohsinn ist da sicher weggefegt, Bitternis und Trauer vermutlich gegenwärtig. Jugend gibt es hier nicht. Aber weiter unten, an der Küste, da, wo sich die Touristen eingenistet haben, gibt es längst die anderen Läden mit Sonnencreme, winzigen Bikinis, riesigen Hüten und Souvenirs mit viel Plastik.

Nun muss ich wohl meinen Wachtraum abschütteln, die gelegentliche Bequemlichkeit, die ich mir gönne, um wieder in eine fordernde Wirklichkeit einzutreten. Oder sollte ich schläfrig bleiben, in einer Selbstzufriedenheit eilig segelnden Wolken nachsinnen? Warum muss ich denn an dieser Autobiografie weiterschreiben? Wo mich doch die überbiografischen Aspekte im eigenen Lebenslauf mehr interessieren. Etwa weil die Knoblauchknollen, von denen ich schon wieder welche in der Hand halte, weiter enthäutet werden sollen? Muss ich den Tod aus dem großen Abgrund wieder hochwürgen, damit die Figuren noch einmal in der biografischen Lebenslinie leben dürfen?

Eine lieblose Beerdigung

Lass dich nicht irren die Zeit: was ist nah, was ist fern?
Hören wir nicht dieses Herz, wie es hinging zum Herrn?
Wie es uns, über vieles Geschehne, berührt und erreicht:
so erreichen wir unsere sichere Seele vielleicht.
Rainer Maria Rilke, Ende Juli 1911, Paris
Gedichte 1906 bis 1926.

Ich, der Organist Günter Berger, spielte selbst die Orgel zum Requiem meiner Frau Nina. Ich, der ich unzählbar viele „Beerdigungsämter“ an der Orgel zelebrierte, weiß heut nicht mehr, wie die Situation war, die eigene Frau unter die Erde zu spielen. Nur der schweigsame Tod wird wissen, was wir Vergänglichen denken und fühlen. Das ist des Menschen Lauf, auch der meiner ersten Ehefrau, die ich nach ihrem Ableben im Sarg nicht mehr sah, nicht mehr sehen wollte nach diesem freiwilligen, zugleich zwanghaften Endgang. Den hatte sie offenbar schon lange vorbereitet. Selbst die Anzüge, die ihre Jungen Raphael und Michael sowie auch ihr Mann bei der Beerdigung tragen sollten, hatte sie irgendwann davor ausgesucht. Es war eine bewusste Selbstinszenierung. Die Ihrigen sollten bei ihrer Beerdigung ins rechte Licht gerückt werden. Es sollte nicht heißen, dass sie ihre Männer vernachlässigt habe, gerade so, als galt es, die Öffentlichkeit, das Publikum zu beeindrucken.

Da standen in neuen Anzügen Michael, Raphael, der Ehemann und seine Mutter im Angesicht von vier Seilenenden, mittels derer vier routinemäßig ernst aussehende Männer langsam einen Sarg in die Tiefe ließen. Ich weiß gar nicht, ob Erregungen, Erinnerungen, Selbstpeinigungen und Anklagen mit in die Tiefe gingen. War da etwa eine Stimme, die eher etwas von Heilung, Zuflucht und Wohltat von sich gab, sprach vielleicht das innerste Ich jenseits von Entschuldigungen und Komödien? Hat gar eine fremde Macht meine Schritte gelenkt? Jedenfalls, vorbei war ein Leben mit lobenswertem zweitem Staatsexamen, mit einem sehr guten Abiturzeugnis, mit einem kurzen, sehr früh begonnenem Klosterleben, einem ersten Unterrichten polnischer Schüler, denen das Deutsch beigebracht werden sollte, vorbei war ein Verjagen aus dem Klosterleben durch die Nazis, vorbei ein Eingliedern in ein normales Bürgerleben mit Junglehrerinnendasein nach dem Krieg, vorbei das räumlich und qualitativ einmalige Einzelwesen mit scheinbar intakter Ganzheit, später zunehmend zerstörter Ganzheit, die in der Familie zu Gefühls- und Meinungskonflikten, zu Spaltungstendenzen und Widersprüchen führte, vorbei der fortwährende Versuch ihrer Bewältigung, vorbei das Aufeinanderprallen von verschiedenen Ansichten und Sachverhalten, vorbei die Ängste und Nöte und vieles Unbeschreibliche mehr. Vorbei auch das Rauchen von Zigaretten, deren Marken ich nicht erkundete, wohl aber versuchte, durch Einziehen von Haaren der Süchtigen das Rauchen zu verekeln. Vergeblich! Auch Kussverweigerung half nicht! Was jetzt an Rauch zu mir herüberwehte, war Weihrauch. Die alten Ägypter nannten die Harzperlen „Schweiß der Götter“. Ich stand jedenfalls weder schweißgebadet noch tränenreich da. Und meinen Jungen, Raphael und Michael, muss es ähnlich gegangen sein. Kann jemand verstehen, warum bei uns keine Tränen flossen, dass wir geradezu neben uns standen? Es lief ein Film ab. Wirklich? Das mag alles sehr gleichgültig klingen, kann es aber nicht gewesen sein. Jedenfalls hatte ich an den Dechanten, der den Beerdigungsritus vollführte, einen geharnischten Brief geschrieben, weil er diesen Ritus völlig geschäfts- und routinemäßig, kein bisschen behutsam abgewickelt hatte. Wieder einmal dachte ich, es wäre höchste Zeit, aus dieser Kirche auszutreten.

Wieder zu Hause, denn die Beerdigung fand im Geburtsort meiner Frau statt, im westfälischen Wadersloh, muss ich irgendwann doch das Tatzimmer betreten haben. Befangen schaute ich um mich, sah den Haken, an dem einst immer der Adventskranz hing. Dass dieser Haken das Gewicht eines Menschen halten konnte! Kein Abschiedsbrief lag auf dem Tisch oder sonstwo in einer Nische. Geradezu begierig, dergleichen zu finden, suchte ich an unmöglichen Stellen.

Eine seltsame Entdeckung

Mein Suchen führte zu einem völlig anderen Ergebnis: Ein Schrank quoll über mit neuen, nie getragenen Damenstiefeln, mit Kostümen und vorher nie gesehenen Kleidern. Wie war ich überrascht von dieser unvorhersehbaren Situation. Ich hatte weder von Ninas Kaufsucht noch von dieser Art Krankheit etwas gewusst. Jetzt machte ich mich kundig und erfuhr mehr über diese psychische Störung. Ich las begierig wie in einem Krimi: *... von zwanghaftem, episodischem Kaufen von Gütern. Diese Krankheit wird ähnlich wie die Spielsucht oder die Arbeitssucht nicht als eigenständig gesehen, sondern zu den Zwangsstörungen gerechnet. Für die psychiatrische Diagnose wesentlich ist, dass nicht mehr der Besitz der Güter Handlungsziel ist, sondern die Befreiung von einem imperativen Drang durch die Kaufhandlung selbst. Die Sinnlosigkeit des Handelns ist den Betroffenen klar. Willensanstrengungen („Zusammenreißen") helfen gleichwohl nicht. Wird die Kranke an der Kaufhandlung gehindert, entwickelt sie Entzugserscheinungen, z. B. vegetative Erregung. Meist wird eine bestimmte Warengruppe (z. B. Schuhe) bevorzugt. Die weit über den Bedarf hinaus gekauften Gegenstände werden oft unausgepackt in der Wohnung gelagert.*

Was ich da las, waren alles Bestätigungen für meine Entdeckungen, die sich als einzelne Puzzleteile zu einem erschreckenden Ganzen zusammensetzten. Was für eine Geldverschwendung, die auf Dauer unweigerlich zu finanziellen Problemen geführt hätte! Jetzt wurde mir klar, warum Nina so wenig oder kaum zur Schuldenabtragung unseres Wochenendgrundstücks beitrug und nicht beitragen wollte.

Nun musste ich natürlich noch mehr über die Krankheit erfahren und so las ich: *Der Kaufsucht liegt eine Persönlichkeitsstörung zugrunde, die nach Ansicht der meisten Autoren durch ein vermindertes Selbstwertgefühl gekennzeichnet ist. Negative Gefühle und Frustrationen sollen dabei verdrängt werden. Nach längerem Verlauf treten Ängste, Schuldgefühle und Depressionen hinzu, die durch die unweigerlich eintretenden finanziellen Probleme verschärft werden.*

Mein neues Leben

Was sich da alles in meinem Gehirn quasi wie in einer Datenbank anlegte, reichte endgültig, um jegliche Trauer zu vergessen, sodass ich zielgenau auf ein neues Leben zuging. Eine heimliche Macht zog mich zu ihr, eine Schicksalslinie, ein unbewusster Drang. War es das Einmalige, das Geheimnisvolle, das Echte, das Unwandelbare? Joseph von Eichendorff hat es formuliert:

Ich wollt in Liedern oft dich preisen,
Die wunderstille Güte,
Wie du ein halbverwildertes Gemüte
Dir liebend hegst und heilst auf tausend süße Weisen,
Des Mannes Unruh und verworrnem Leben
Durch Tränen lächelnd bis zum Tod ergeben. ...
Und alles laß ich, wenn ich dich so schaue –
Ach, wen Gott lieb hat, gab er solche Fraue!

Hier stand eine völlig andere, lebensbejahende Frau, bei der ich richtig auflebte, die aber auch wusste, wo es langgeht. An ihre schnoddrige Sprache konnte ich mich erst nach und nach gewöhnen, war manchmal regelrecht geschockt und musste lernen, eine völlig unterschiedliche Streitkultur zu überstehen. Um dies selbst zu verstehen und anderen zu erklären, muss ich wohl die Frage stellen: Wie ging und geht Elke mit der Wahrheit um? Albert Schweitzer hilft hier weiter: *Vom Wahrheitsbegriff ist die Wahrhaftigkeit zu unterscheiden, die als das subjektive Für-*

Wahr-Halten der eigenen Aussage in einem konkreten Kontext bestimmt werden kann.
Albert Schweitzer sieht in der Wahrhaftigkeit vor allem die Treue zu sich selbst: *Tatsächlich aber ist es die Ehrfurcht, die wir unserem eigenen Dasein entgegenzubringen haben, die uns anhält, uns immer selber treu zu bleiben, indem wir auf jede Verstellung, von der wir in dieser oder jener Lage Gebrauch gemacht hätten, verzichten, und im Kampfe, durchaus wahrhaftig zu bleiben, nicht erlahmen.*

Nach Immanuel Kant steht mit der Wahrheit zugleich die Würde des je anderen auf dem Spiel. Da habe ich viel von Elke lernen können und lernen müssen. Elke kann ehrlich zeigen, was sie denkt und fühlt, weil sie ihre Bedürfnisse und Gefühle nicht unterdrückt. Sie wird von ihrem eigenen Werteempfinden gesteuert, statt von äußerlichen Regeln. Da kann man sich wohl vorstellen, dass hier oft genug eine Beziehungsarbeit lief. Ich bin froh, dass wir sie geleistet haben, und darum heut da stehen, wo uns ein geradezu absolutes Glück vereint.

Die Last der Verantwortung für Beziehungen verdoppelt sich zu bestimmten Zeiten im Leben. Elke hatte für ihre schwer gehbehinderte, pflegebedürftige Mutter zu sorgen. So war sie einer dreifachen Belastung ausgesetzt: als berufstätige Frau, als pflegende und sehr verantwortungsbewusste Tochter einer allerdings bewundernswerten Mutter und obendrein als Geliebte in einer Wochenendbeziehung. Das bedeutete, zwei Haushalte zu versorgen. Zwar hatte sie Haushaltshilfen, aber was bedeutete das schon! Doch nur eine teilweise Entlastung, weil die Haushaltshilfe nur einen genau umrissenen Job hatte und nicht für Menschen zuständig war. Der Großteil der Hausarbeit blieb Elke vorbehalten. So war das Zuhause eben auch eine Arbeitswelt. Und die eigentliche Arbeitswelt im Jugendamt war auch kein Zuckerschlecken, umfasste nicht nur konkrete Aufgaben, sondern auch die Auseinandersetzung mit den Menschen an ihrem Arbeitsplatz, auch auf der Beziehungsebene in ihrer gehobenen Stellung. Obendrein galt es, alle möglichen privaten Interessen und Beziehungen unter einen Hut zu kriegen. Wie war all dies zu schaffen? Erst als sich Elke einmal unter Tränen beklagte, wurde mir erschreckend und zugleich beschämend bewusst, dass ich zur Seite zu stehen und nicht nur auf Bedienung zu warten hatte. Aber konnte ich, bei allem guten Willen, eine wirkliche Hilfe sein? Mit der Zeit schälten sich so bestimmte Aufgaben heraus, denen ich gewachsen war: Feuer machen im Kamin, Abfall zum Container bringen und andere kaum nennenswerte Handreichungen. Nun ja, zumindest mache ich jetzt regelmäßig das Frühstück und den Espresso zu unserer geliebten Espresso-time! Das gute, gesunde und sehr schmackhafte Kochen muss ich meiner Frau, die ein hervorragendes „Küchenabitur“ gemacht hatte, überlassen. Was sollte daran etwa abwertend sein?

Machte sich bei uns in den ersten Jahren eine existenzielle Scham breit? Wo doch Elkes Mutter in ihrer Akzeptanz eines solchen Schwiegersohnes freche Anrufe katholischer Gemeindeglieder entgegennehmen musste ob der trauscheinlosen Beziehung ihrer Tochter zu diesem Organisten! In der religiösen Tradition – man denke nur an die Geschichte vom Sündenfall – gilt die Frau als Wurzel allen Übels, als das Hindernis, das „der Gotteswerdung des Mannes“ (!) im Wege steht. Der Pfarrer hatte mir sogar empfohlen, eine Kündigung auszusprechen, ohne den Grund zu nennen, der natürlich im fehlenden Trauschein lag. Bei der nächstmöglichen Gelegenheit machte ich mich tatsächlich vom Kantorenamt frei, konnte aus dem Milieu heraustreten, mich von dort herrschenden gesellschaftlichen Normen befreien. Wir mussten nicht mehr ein Leben nach verlogenen moralischen Maßstäben, in schamgebundener Identität führen. Nach 30 Jahren „wilder Ehe“ bestimmten wir selbst den Zeitpunkt einer standesamtlichen Trauung. Zu einer kirchlichen Trauung konnten wir uns dann bewusst nicht mehr entschließen. Weil ich es bereits 30 Jahre erfahren hatte, wusste ich, ohne es aus dem Mund eines Geistlichen verkündet zu bekommen, was im Buch der Sprichwörter aus dem Alten Testament steht:

Eine tüchtige Frau, wer findet sie?
Sie übertrifft alle Perlen an Wert.
Das Herz ihres Mannes vertraut auf sie,
und es fehlt ihm nichts an Gewinn.
Sie tut ihm Gutes und nichts Böses
alle Tage ihres Lebens.
Sie sorgt für Wolle und Flachs
und schafft mit emsigen Händen.
Sie überlegt es und kauft einen Acker,
vom Ertrag ihrer Hände pflanzt sie einen Weinberg.
Sie gürtet ihre Hüften mit Kraft und macht ihre Arme stark.
Sie spürt den Erfolg ihrer Arbeit,
auch des Nachts erlischt ihre Lampe nicht.

Sie öffnet ihre Hand für den Bedürftigen
und reicht ihre Hände dem Armen.
Öffnet sie ihren Mund, dann redet sie klug,
und gütige Lehre ist auf ihrer Zunge.
Sie achtet auf das, was vorgeht im Haus
und ißt nicht träge ihr Brot.
Ihr Mann erhebt sich und rühmt sie:
Viele Frauen erwiesen sich tüchtig,
doch du übertriffst sie alle.
Trügerisch ist Anmut, vergänglich die Schönheit,
nur eine gottesfürchtige Frau verdient Lob.
Preist sie für den Ertrag ihrer Hände,
ihre Werke soll man am Stadttor loben.

Auch wenn dieser Text längst vergangener Zeiten aus dem nordarabischen Massa überliefert ist und in der Bibel Aufnahme fand, könnte ich ein solches Lob der tüchtigen Frau, meiner Frau, nicht besser aussprechen. Leicht lässt sich einiges in unsere heutige Welt übersetzen. Darum habe ich den Text so belassen und meiner Frau zu ihrem 65. Geburtstag überreicht. Dass auch andere so über über Elke dachten, zeigte sich in den Zuschriften, die dieser Tage eingingen. Freund Reinhard Rakow, dieser tiefsinnige Poet, Dichter, Schriftsteller und Maler sah sie *„strahlend und schön wie eine Blüte …“*. Die Yoga-Lehrerin Hildegard Weniger formulierte es so: *„Genieße Deine Einmaligkeit, die über Dich auf die Erde gekommen ist. Ich erfreue mich jedenfalls immer wieder daran.“*

Elke hat, mehr als ich, im Laufe der Jahre ein Geflecht aus menschlichen Beziehungen gespannt. Ein derartiges Netz kann viel Freude und Entspannung bringen. Wir bedauern sehr, dass wir viel zu wenig Zeit haben, den Bekannten- und Freundeskreis intensiver zu pflegen. Es ist ein Opfer unseres umfangreichen künstlerischen Schaffens, unseres inneren Getriebenseins für das Schöpferische. Daraus ergibt sich eine ungestillte Sehnsucht nach mehr Zeit. Ich hoffe, eines Tages werden meine Frau und ich die Zeit haben, nach der ich mich heute sehne. Doch in meine Vorstellung schleicht sich die leise Sorge ein, ob wir nicht beide zu sehr darauf vertrauen, dass wir dann auch gesund und geistig voll da sein werden. Immer stärker wird mir bewusst, dass Lebenszeit nicht bedingungslos in die Zukunft zu verschieben geht.

In den Siebzigerjahren entstand eine neue Frauenbewegung. Nur indirekt werde ich sie wohl damals zur Kenntnis genommen haben, denn bei mir galt nie: *„Das Weib sei willig, dumm und stumm – diese Zeiten sind jetzt um.“* Für mich waren Frauen immer gleichberechtigte Menschen. Trotzdem brauchte ich eine „Klick“-Erfahrung, die war mir ermöglicht durch Elke. Sie hat mir das Rollenbild der Frau nahe gebracht. Ich schreibe meinen Part im Leben neu, erfahre dabei, welche Macht unsere Gefühle entfalten, wenn wir ihnen eine Stimme geben. Kreativ sein ist ein wesentlicher Aspekt unserer Ganzheit und unseres Wohlbefindens.

Ein Honorarprofessor

Und wenn dann und wann Anerkennungen hinzukommen, bin ich Ahnungsloser manchmal überrascht, wie bei einem Telefonanruf von Prof. Hans Joachim Kauffmann, der mir an einem Abend mitteilte, dass meine Lehrveranstaltungen durch die Amtsbezeichnung Professor gewürdigt würden. Bei der Verleihung im Jahr 1986 ließ ich dann vor dem Senatsrat, dem Hochschulrektor und den anwesenden Professoren in meiner Replik unter anderem folgende Sätze verlauten: *Alle riechen womöglich den Weihrauch gern, der ihnen gestreut wird. – Aber von Weihrauch wird man nicht satt, meint Molière in seiner Komödie ‚Der Bürger als Edelmann' und setzt darin fort: „Bloßes Lob allein nützt einem nicht viel; da muss noch etwas Solideres hinzukommen." Jedoch – die Bremer Haushaltskasse gestattet nichts Solideres. So hat der Herr Senator für Bildung, Wissenschaft und Kunst oder eine andere schlaue Instanz nach einem Ausweg gesucht und hierfür eine optimale Lösung gefunden, wissend einerseits um die Eitelkeit von Künstlern, andererseits um Rollands Ausspruch: „Der wahre Künstler wird niemals aufhören, seiner Kunst zu dienen, selbst wenn er keinen Gewinn dabei hat."*

Ich finde es jedenfalls erstaunlich, dass Molière beispielsweise schon vor 300 Jahren die Bremer Haushaltsverhältnisse vorausahnte. Sonst hätte er nicht schreiben können: „Nichts nützt dem Staat so wie die Musik." Warum? Weil Musiker dieses Stadtstaates selbst in vertragslosem Zustand mit ganzem Herzen ihrer Lehrtätigkeit nachhängen. Der Herr Senator weiß eben, was Rilke in einem Brief an einen jungen Dichter schrieb: „Künstler sein heißt: nicht rechnen und zählen; reifen wie der Baum, der seine Säfte nicht drängt und getrost in den Stürmen des Frühlings steht ohne die Angst, dass dahinter kein Sommer kommen könnte. Er kommt doch."

Ich ließ dann noch mehr vom Stapel und leitete zu folgenden Schlussgedanken über: *Da der Akt der Urkundenüberreichung in einen Umtrunk übergehen wird, wie der offiziellen Einladung zu entnehmen war, so ist es doch nichts Dauerhaftes mit der Narretei. Warum? Die Erklärung gibt der zu Beginn zitierte Abraham a sancta clara:*

„Music ohne Wein / gehet mir selbst nicht ein.
Discant ohne Kant / Paß ohne Faß / ohn weiß und roth /
Cincken ohne Trincken / Flauten / Huben ohne Trauben /
Will gar übel lauthen / und macht der Wein der Music
Den besten Resonantz / zur Fröhlichkeit und Tantz.
Diese Künstler seynd auch nicht so gern in Sachsen /
Allwo keine Wein-Reben wachsen /
in diesem Fall sind's keine Narren /
Nur Weise haben er erfahren:
Vinum et Musica laetificant Cor."

Und dazu gehören auch unsere Reisen in die weite Welt. Nur wenige Reisen führten früher ins Ausland, nach Paris und nach Rom. Wahrscheinlich wusste ich noch nicht einmal etwas von Flugreisen. Bei so vielen Jobs, wie ich sie schon erwähnte, konnte sich kein derartiger Wunsch entwickeln. Das wurde nun alles anders.

Eine geplante Syrienreise

Unlängst überraschte mich Elke mit einem solchen Plan, vorgesehen für November 2007. Da war ich sofort Feuer und Flamme, träumte von *Damaskus*, der uralten und vielleicht orientalischsten Stadt, von der *Omajaden-Moschee*, von engen Gassen, schmalen Durchgängen, von Minaretten über den Dächern, von Innenhöfen, in denen Brunnen leise plätschern. Man hört den Muezzin zum Gebet rufen und der Mond steht voll am Himmel. Neben dieser romantischen Altstadt mit ihren Basaren und verwinkelten Gassen kann man sich den *Azeem-Palast*, die *Gerade Straße* mit dem christlichen Viertel und der *Ananaias-Kapelle* anschauen. Wir werden uns sicher auch nicht die beiden Moscheen im persischen Stil entgehen lassen: Die *Saida Ruqqaya Moschee* in der Altstadt, die *Saida Zeinab Moschee* 10 km außerhalb von Damaskus, und noch vieles mehr. Wir werdem an Tischen sitzen, während für das Abendessen endlos Teller herangeschleppt werden: Kleine Schalen mit grünen Oliven, mit kleinen schwarzen Oliven, mit großen schwarzen Oliven, rote Peperoni mit Schafskäse, gebratene Auberginen, Olivenmousse, eine Schale Sellerie, Zucchini in roter Sauce, Schalen mit Joghurt, Blätterteig in Zigarrenform, dicke weiße Bohnen, Köfte, Fleischspieße, Schüsseln mit Reis, Körbe mit Fladenbrot, Sesamkringel, Börek, extra Schafskäse und Salatschüsseln, obendrein Kartoffeln. Sicher habe ich noch etwas vergessen. Wer sollte das alles essen? Vorweg sei festfestellt: All dies wurde tatsächlich realisiert, bevor das Unheil über Syrien einbrach. Ein Unheil, das wir als dort Gewesene besonders zu beklagen wissen. Walter

Biemel hatte recht: *Ort ist sehr selten. Man meint, mit Gewalt seinen Platz auf der Erde zu gewinnen. Aber die Gewalt schenkt keinen Ort, sie zerstört die Möglichkeit des orthaften Wohnens. Es ist erschütternd zu sehen, wie die Gewalt auf der Erde ständig zunimmt und ihre zerstörerische Kraft wächst.*

Aber vor unserer Syrienreise hatten wir noch ein ganz anderes Urlaubs-Märchen vor uns:

Eine Wassermühle in der Südwesttürkei

Die hellen Tage,
da Grün nicht enden will ...
aus „Taubentage" von Reinhard Rakow

Ein Bilderbuch-Landeanflug: Unter uns blaues Meer, vor uns eine Bergkette, dann eine Landepiste direkt hinter dem Wasser, rechts und links gelbes Gras in schütteren Büscheln. Da weiß man sich bereits in einem südlichen Land. Dann eine Flughalle moderner Bauart. Beginnt hier ein Märchen oder eine neue Wirklichkeit? Ich weiß, wir können immer nur einen kleinen Teil der Wirklichkeit erkennen. Diese hier erfahren wir Ende Mai, Anfang Juni des Jahres 2007, als wir uns einer neuen Wirklichkeit bereits nahe glaubten. Mit einem Mietwagen ging es durch mit Kiefern bewaldete Täler und Hügel, mit gelegentlichem Blick auf das *Ägäische Meer*. In *Fethiye* kommst du mit einer Karte 1:800.000 nicht weiter. Ich weiß nicht mehr, wie wir uns in dem Gewirr der einst kleinen, inzwischen zu 70.000 Einwohnern angewachsenen Stadt mit einem Vielfachen an Touristen zum nächsten Ort *Ölüdeniz* durchwurstelten. Schließlich hatten wir eine atemberaubende Aussicht über die berühmte Bucht. Aber das war noch längst nicht unser Ziel. Der Wagen schraubte sich in Nadelkurven immer höher. Wehe dem, der hier nicht schwindelfrei ist. Irgendwann hatten wir wohl den höchsten Punkt erreicht. Und dann musste es wieder bergab gehen. So fuhren wir, fuhren wir scheinbar endlos, fuhren immer an der Steilküste entlang am 2.000 m hohen Berg *Babadag*, wo Gleitflieger die Aufwinde nutzen. Wir waren nahe einer gewaltigen Felsenbucht, *Kelebek Vadisi*, als Schmetterlingsbucht ein Insidertipp. Da meinten wir, die *Wassermühle* kann nicht mehr kommen, zumal es vorher eine Abzweigung in höhere Lagen gegeben hatte. Wir wollten schon umkehren. Nur war die Straße, wenn man sie als solche bezeichnen will, viel zu eng für eine Kehrtwende. Rechts lag ein Abgrund, auf den man nur schauen durfte, wenn man nicht lebensmüde war.

Da entdeckten wir ein Schild, auf dem das gesuchte Landhotel samt Ort *Faralya* angekündigt wurde. In einer halsbrecherischen Linkskurve ging es auf einem noch schmaleren Weg steil hoch. Wer hätte gedacht, dass da noch ein Parkschild und dann tatsächlich ein schattiger Parkplatz kommen würden! Nun Steintreppen, ein Eisentürchen und wieder Treppen, ein Schild *Rezeption* und wieder Treppen, aber nicht gleichmäßig abgemessen. Du musst schon sehen, wohin du nach jeder Stufe trittst. Dann eines von mehreren Häusern, erbaut mit dem dortigen Steinmaterial der Berge. Schließlich ein freundlicher, ja herzlicher Empfang.

Wir sind angekommen, beginnen uns umzuschauen und blicken in eine verschwenderische Flora mit betörendem Duft. Dann, vom eigenen Balkon aus, kleine Durchblicke in das Tal, glitzernde Meeresausschnitte, mehr zu ahnen als zu sehen auf mehreren Ebenen die Dorfansammlung *Faralya*. Gegenüber bewaldete Ausläufer der *Tauros*-Gebirgskette. Das Terrain der Wassermühle, 400 m oberhalb der tiefblauen Ägäis an der traumhaften lykischen Küste, terassenförmig angelegt, ist so gestaltet, dass man den Eindruck mitnehmen kann, hier haben Mensch und Natur harmonisch Hand in Hand gearbeitet. Die Kanalisierung des Bergwassers zwischen den Landparzellen ist so natürlich wie irgend möglich angelegt, wirkt wie ein natürliches Phänomen und ist voller Überraschungen durch die pflanzliche Fruchtbarkeit von wuchernden Hecken, Oleander, Bougainvillea, diesem kletternden Strauch mit Sprossdornen und breiten, meist rotvioletten oder lachs-orangefarbenen Hochblättern, üppigen Blumenbeeten und Efeugewächsen. Funkelndes Bergwasser, sich ausbreitend in vielen Rinnsalen, wirkt kühlend, wenn es mit sanftem Gemurmel aus den Steinwänden hervortritt und diese mit grünen Moosgewändern bekleidet, herabplätschert und darüber tausend und abertausend Blätterhände der Platanen sich wie Domgewölbe ausbreiten. Beglückend der Klang des sanft rieselnden Elements. Da rückt in Erinnerung eine römische Brunneninschrift in der Villa Borghese: *Murmute suo fons canit vitae laudem – Mit seinem Murmeln singt der Quell das Lob des Lebens.* Und wie Säulen des Himmels wirken hohe Zedern und Bäume, wie schwebende Kronen aus der Familie der Kieferngewächse, bringen den Gästezimmern Schatten, wo die Türkin Nurgül für Ordnung sorgt.

Auf einem Rundgang immer wieder Olivenbäume, darunter sehr alte, verknorrt und verrunzelt, gespalten und hohl. Hier kannst du nicht vorübergehn, wenn junge Kätzchen darin spielen und das Klettern erlernen. Ja, die Katzen, die nicht erziehbaren, nicht kontrollierbaren, sanften Freien! Du verharrst auch bei den weit ausholenden und überhängenden Weintraubentrieben der Terassen mit schattigen

Liegeplätzen, hörst das Summen darin und Flüstern, nicht nur beim Frühstück, eigentlich einem Spätstück an sonnendurchfluteten, trotzdem schattigen Balkontischen, und genauso im Abendrot beim fünfgängigen, sinnvollerweise in kleinen Portionen gereichten Abendmenü, das übergeht in ernsthafte oder lustige Kamingespräche. Immer ist es abends der flinke, freundliche Türke Sadetin, der uns lautlos charmant bedient, mit Rotwein natürlich ... Die ruhige Nacht durchbricht nur der Ruf eines Käuzchens, das irgendwo in den Ästen sitzt und leidend, wie durch hohle Hände, dem Mond Gesellschaft leistet. Morgens ist es die schlanke Medine, die mir als meinen speziellen Sonderwunsch klein geschnitzelten Knoblauch bringt. Ich muss also die Knolle nicht enthäuten, bin meinem diesbezüglichen Zeremoniell entledigt und damit des Gedenkens an Günter Grasssches Zwiebelhäuten in seinem neuesten Buch, einer Autobigrafie. Die Tomaten, reichlich, hole ich mir am Frühstücksbuffet. Für Nachschub wird immer gesorgt. Ab und zu weiß Medine mit mir zu scherzen. So bekam ich einmal statt eines gewünschten weichen Eis den leeren Inhalt umgedreht, was man ja nicht gleich erkennt. Ich revanchierte mich auf andere Weise. So war der Umgang mit dem Personal gelöst, leger, natürlich, zwanglos, locker, familiär, auch mit der assistierenden jungen, schon üppigen Türkin Hatice, alle der deutschen Sprache irgendwie zugewandt. Im Hintergrund hielt sich der Türke Ibo, der für handwerkliche Arbeiten und für das Wässern von Blumen, Pflanzen, Sträuchern und Bäumen zuständig war.

So wie das Personal Deutsch spricht, müsste man zumindest einige Happen Türkisch können. Nicht nur merhaba, iyi aksamlar, Allaha ismarldadik, tesekkür ederim und vielleicht noch defol, um eventuelle Belästigungen abzuwehren. Paradiesisch darf man, ja, muss man den großen Überfluss an Naturschönheit nennen, Ergebnis vieler klarer Rinnsale, die die felsen- und steinreiche Bergwelt freigibt. Ganz weit im Hintergrund, fast weiß strahlend, der Dreitausender *Ak Dag*, dagegen handnah der sich verbreitende Duft im Kreislauf der vielfältigen Flora. Hier kannst du dich nach orientalischer Art auf bunten Matratzen und noch bunteren Kissen lagern, nimmst ein Buch aus der interessanten, guten kleinen Hausbibliothek zur Hand oder träumst versunken auf einem Liegestuhl in den endlos blauen Mittelmeerhimmel, in vielleicht verwirbelte Wölkchen darin. Der Pool, nicht protzig, sanft eingepasst in die Umgebung wie ein übergroßer Trog, flimmert das reine Himmelslicht blau und grün in der Mittagsstunde zurück, regte meine Fantasie an, so, als wäre es ein Auge, das von Zeus golden und rund erfüllt ist als das Auge einer göttlichen Hälfte. Zuweilen kommt die Realität zurück, wenn die Zikaden zirpen und der Rüde Gipsy, ein Mischling von Schäferhundgröße, unaufdringlich nachschaut, ob alles seine Richtigkeit hat. Mal ist er hier, mal dort, etwas zigeunerhaft. Offenbar sieht das seine Herrin auch so und gab ihm den Namen, vielleicht in Anlehnung an Radio Gipsy. Der Sender arbeitet an der Vernetzung der in der ganzen Welt zerstreut lebenden Roma, vermittelt Zusammengehörigkeit, fördert die Integration in den jeweiligen Ländern, ermöglicht Kommunikation mit Zugehörigen und Interessierten in verschiedenen Bereichen und liefert live Unterhaltung und Nachrichten. Das passt genau zu der Einstellung und dem Verhalten des Rüden, der von allen Gästen geliebt und akzeptiert wird.

Wo ist das Wassermühlenrad?

In heimatlichen norddeutschen Gefilden hatte sich vor der Anreise unaufhaltsam ein schönes Mühlrad in meinem Kopf gedreht. Mit seinen Schaufeln hob das Getriebe stöhnend Versunkenes hervor, sozusagen eine Vorschuss-Ballade. Elke, die Beste aller Ehefrauen, erinnerte mich daran, dass es noch nirgends so war, wie ich es mir vorher ausgemalt hatte. Es war wirklich kein Unglück, dass das Mühlenrad schließlich zum wirbelnden Gelächter wurde und der außengesteuerte Schriftsteller sich als Lebenssteller wiedersah. Du, liebe Leserin, lieber Leser, lass dich von diesem Leben hier auch durchpulsen. Denn Heiterkeit umgibt dich leuchtend und prunkvoll, und übermütig wechselt das Grün von heller zu dunklerer Anmut. Und du vermisst kein Wassermühlenrad. Dafür hörst du in schöner Erinnerung aus Ferienkindertagen des großväterlichen oberschlesischen Bauernhofs früh morgens in der Ferne Hähne krähen und Hundegebell am Rand des Bewusstseins. Mittags holt die Sonne kräftig das Licht hervor aus den Bäumen. Da kannst du wählen zwischen Sonnenbräune und hautschonendem Schatten. Eine Uhr als genauen Zeitmesser vergisst du hier schnell. Das Ausruhenkönnen empfindest du als Gnade. So viele hässliche Dinge der Vergangenheit und Gegenwart sind wie weggeblasen.

Obendrein freust du dich, als Erholungssuchender nicht im 8 km entfernten Tourismusgewühl von *Ölüdeniz*, einem nach Angaben der Tourismusbranche „idealen Urlaubsort", gelandet zu sein. Im Gegensatz zu dem, was der Name *Ölü*

Deniz = Totes Meer nahelegt, ist die Lagune alles andere als ausgestorben. *Totes Meer* wurde die Bucht nur genannt, weil kein Windhauch und kein Wellenschlag die Idylle stört. Der Strand wurde übrigens zum Naturpark erklärt und ist daher kostenpflichtig. Wir haben ihn gemieden.

Zahlreiche Hotels, Bars und Restaurants bilden inzwischen den touristischen Kern dieser einst verträumten Ortschaft, wo die weitgehend englischen Urlauber fettleibig und vulgär in Minibekleidung das Ortsbild beherrschen und den Ort, wie auch den Nachbarort *Belcegiz*. Touristen dieses Milieus sollten in ihren Heimatländern einen Knigge-Kodex erlernen müssen, ein Regelwerk, das vor allem Verhaltensempfehlungen für den Orient, für islamische Länder enthält. Uns ekelte dieser Verlust an Ästhetik. Auch *Fethiye*, das wir vor 30 Jahren schon einmal besucht hatten, ist nicht mehr die ehemalige lykische beschauliche Stadt. Allerdings fesseln dort noch immer die lykischen Felsengräber, wie auch die in *Dalyan* gegenüber dem großen Binnensee, gesäumt von einem grünen Schilfgürtel. Der Brutplatz der Caretta-Meeresschildkröte in der Nähe ist eine besondere Attraktion. Zwischen Mai und Oktober schlüpfen die Jungen aus den Eiern, bewacht von „Hütern", damit sie wohlbehalten das Meer erreichen. Die antiken Stätten von *Kaunos*, die paradiesische Bucht von *Ekincik* und die Thermen von *Sultaniye* waren für uns lohnenswerte Ausflüge in die Umgebung, ebenso die südlich von Fethiye liegende Ruinenstadt *Kayaköy*.

„In fremde Hände fällt die schwere Stadt“

... wehe, wie fremd sind die Gassen der Leid-Stadt,
wo in der falschen, aus Übertönung gemachten
Stille, stark, aus der Gußform des Leeren der Ausguß,
prahlt der vergoldete Lärm, das platzende Denkmal...
Rainer Maria Rilke, aus der X. Duineser Elegie, 1912

So dichtete Rainer Maria Rilke 1906 in Meudon. Aber in welcher Stadt *„die Menschen gehn. Die Ferne flieht und fließt“*, das verriet Rilke nicht. Anwendbar sind die Dichterworte auf *Kayaköy*. Bis 1922 hatten hier Griechen und Türken friedlich nebeneinander gelebt. Aber wie in anderen Regionen wusste auch hier die Politik Kräfte des Hasses zu entfesseln, zeigte sie ihre eigene Moral. Die nennt sich dann harmlos „Bevölkerungsaustausch“, das Ganze als ein „Ergebnis“ der Lausanner Friedenskonferenz. Die Griechen mussten die Türkei verlassen. Die Stadt wurde sich selbst überlassen ... und ist heute verfallen. Sie gleicht einem großen Museum oder mehr noch einer Geisterstadt oder einer geschleiften Bergstadt, aus der alles, was Holz war, weil wertvoll, demontiert, abgetragen, abgerissen worden war. So ist sie reduziert auf versteinerte Erinnerungen, eine bedrückende Wirklichkeit, eine Stätte der Einsamkeit, die übrig gebliebenen Reste einer furchtbaren Erfahrung, und ein Ort, wo die Zeit stillzustehen scheint, weil menschliches Leben fehlt, auch heute noch. Das Ortsschild – ich weiß nicht mehr, ob es eins gab – war, wenn überhaupt, ein Schild gegen den Angriff des Neuen, gegen den Anhauch des Wandels und Werdens. Nur Stille, stehende, abgestandene Stille, eine solche von Brackwasser, eine, die sich aus der Abgetrenntheit vom lebendigen Lauf der Welt ernährt, eine tödliche Stille herrschte hier. Und selten verlaufen sich hierhin Touristen, und solche mit hochhackigen Schuhen verlassen sehr schnell die sonnenheißen steilen Stufen. Hier wurde ich an Sätze aus Gedichten unseres Freundes Reinhard Rakow erinnert, an geheimnisvolle Textbilder, unendlich Gewagte von Rilkescher Qualität, wie geschaffen für diesen Ort:

An den Hängen die Häuser,
Sie kriechen hinab wie hungrige Affen grau,
Zu umzingeln, den anzufallen,
Der sich in Winkeln versteckt, unerwartet ...

Das Wesen der Steine ist Härte,
So vieles ertragen durch stete Gewalt,
Die mit der Zeit hinterließ ihre Fährte
In mählichen Lagen sedimentig Gestalt ...

Die hohen Flure schlucken Geräusche.
Der Schimmer des Tages bricht sich im Nichts.
Am besten ist, der sich verirrte, der Falter
Bleibt ohne Regung. Lösch gnädig das Licht ...

Folgende Sätze aus einem *Nordischen Sonett* mailte er mir dann noch zu:

Ein Wind ... dann Nacht! – Verlor'ne, die wir sind,
Denen Erstarrung sacht zum Tod gerinnt,
So sollt' uns nun das Licht verloren gehen?

Bei unserem Rundgang durch die Geisterstadt begleiteten uns unsere neuen Kunstmalerfreunde Gerhard und Imke Helmers aus Badenweiler. Bildhauer Gerhard skizzierte unermüdlich, wo er nur konnte, was ihm sehenswert schien, in seinem kleinen Notizblock. Er war diesbezüglich ein richtiger Arbeiter. Das erinnert mich an die Aussage des Bildhauers Alfred Hrdlicka: *„Ich bin ein Arbeiter, denn Kunst ist Arbeit."* Ob er wohl, wie es der jüngst verstorbene Jörg Immendorff formulierte, *„entfernt vom Tüll der Ideologie oder der Kunstkritik"* all dies farbig verarbeiten wird? Faszinierende Beispiele im Kleinstformat waren in der *Wassermühle* von ihm zu sehen, darunter solche, die bei uns zu Hause inzwischen ihren Platz gefunden haben. Rot auf blaugrünem Berg, ein violetter Damm, fast rosige Ränder, dann ein leuchtendorangenes Minarett mit Halbmond auf der Spitze, dahinter bläulicher Himmel, kühlhelles Baumgrün, dunkelblau umrandet. Dann wieder Braunrot, um keine kleinste Tönung, um keine kleinste Schwingung gefälscht oder missglückt. Grimmig wühlte er im Kadmium, wild im süßkühlen Kobalt, zog schwarze Striche oder blaue, die sich im Grün auflösten. Lache grell, Zitronengelb! Ich trinke euch, ich schlucke, ich fresse euch, holde Erscheinungen! Ja, er machte sich nicht abhängig von anderen Meistern, war nicht mit der Nachahmung eines anderen verkleidet, nicht mit den Lichtern und Farben eines dritten. Die kleinen Bildchen, auf Postkartengröße minimiert, waren nicht plakathaft, nicht spannungslos, nicht konstruiert. Sie waren, so sah ich es, emotional konzipiert.
Dieses Künstlerehepaar Helmers, aber auch viele andere Gäste, waren begeisterte Wanderer des lykischen Weges oder anderer Pfade in jeglicher Richtung.

Traumbucht Kabak

Immer wieder, ob wir der Liebe Landschaft auch kennen
und den kleinen Kirchhof mit seinen klagenden Namen
und die furchtbar verschweigende Schlucht, in welcher die andern
enden: immer wieder gehn wir zu zweien hinaus
unter die alten Bäume, lagern uns immer wieder
zwischen den Blumen, gegenüber dem Himmel.
Rainer Maria Rilke, aus letzte Gedichte

Da, wo die Schotterstraße endet und nur noch auf Esels- und Ziegenpfaden ein Weiterkommen ist, da, wo vor letzten Häusern Bienenhonig und Olivenöl angeboten wird, da, wo hundert Meter abwärts ein Olivenhain angezeigt wird, da, wo sich die Verzauberungen fortsetzen, da ist ein paradiesisch ruhiger Platz mit überdachten Liegeplätzen. Dort, ich werde es nie vergessen, saß ich ganz allein, umgeben von einer Stille, die selbst die Gedanken erfüllt, Stille des Herzens, Stille der Sinne, Stille der inneren Worte, denn es ist gut, wenn du Gott wiederfindest, der die Stille im Ewigen ist. Die Stille hier bewirkt Erhabenheit. Langsam wächst die Erkenntnis, dass der Körper zum Freund wird auf einem spirituellen Weg. Er ist ein Instrument, in dem Gott erklingt. Ohne Instrument kann keine Musik erklingen. Es mag eigenartig anmuten, aber das Bewusstsein spielt viel reiner auf dem Instrument Körper als auf dem Instrument Verstand. Der Verstand schiebt sich womöglich mit eigenen Tönen störend dazwischen.

Der Blick von hier oben auf die Wasserbucht *Kabak* ist wie ein Ankommen am Ufer eines neuen Lebens, bewirkt durch vielerlei, durch die Felsen am anbrandenden steilen Meeresstrand, bewirkt durch Schattierungen von Blau und Blaugrün, dem Kleid der Hügel, der Gräser und Blüten. Dabei mag die Farbe Indigoblau eine verstärkte, tiefe Wirkung auf das menschliche Nervensystem haben, aber auch auf Bewusstsein und Geist. Diese Farbeindrücke sollen negativen Schwingungen begegnen und positive Gedankentätigkeiten fördern. Das Bewusstsein soll sich erweitern und größere Tiefen erreichen. Jedenfalls habe ich hier, in der äußeren Ruhe und Naturstille, Harmonie, Ausgeglichenheit und Zufriedenheit besonders empfunden. Lässt sich so die Zeit beeinflussen? Erfährt man hier in gewisser Weise die Relativitätstheorie? Was passiert, wenn nichts passiert –, wenn ich nur still dasitze? Erlebe ich hier auf den orientalischen Kissen eines schlichten Bänkchens, das mir zum Meditationsbänkchen wurde, einen veränderten Bewusstseinszustand? Erlebe ich hier eine Selbstveränderung durch Selbstbeobachtung? Ich lese, dass in der Konzentration auf den Augenblick Glücksgefühle entstehen sollen, regelmäßiges Meditieren die Architektur des Gehirns verändert, der Geist konditioniert wird. Mein Empfinden an diesem Ort entsprach dem.

Meditation ist etwas ganz Außergewöhnliches,
und wenn Du sie nicht kennst,
bist Du wie ein Blinder in einer Welt
von leuchtenden Farben und dem
Wechsel von Licht und Schatten.

Sie ist nichts Intellektuelles,
doch wenn das Herz Zugang zum Geist findet,

hat der Geist eine ganz andere Qualität.
Er ist dann wirklich grenzenlos,
nicht nur in seiner Fähigkeit zu denken,
effizient zu wirken,
sondern ebenso in seiner Empfindung,
in einem weiten Raum zu leben,
wo Du Teil von allem bist."
Jiddu Krishnamurti(1895 – 1985)

Zu Hause – und das will ich gleich hier einschieben – informierte ich mich über Vipassana, eine der ältesten Meditationstechniken Indiens, wo *die Dinge gesehen werden, wie sie wirklich sind*. Vipassana bedeutet also „*klar sehen*". Es handelt sich um eine Methode der introspektiven Meditation, mithilfe derer der Mensch zu einer klareren Sicht der Realität gelangen kann. Vipassana wurde in Indien vor über 2.500 Jahren von Gotama, dem Buddha, wiederentdeckt und von ihm als ein universelles Heilmittel gegen universelle Krankheiten, als eine *Kunst zu leben* gelehrt. Diese jedem Menschen frei zugängliche Technik, die nichts mit Religion oder Weltanschauung zu tun hat, strebt die vollständige Beseitigung geistiger Unreinheiten und letztendlich vollkommene Befreiung an.

Dieser Ort, der mir den Weg zur Meditation gewiesen hat, hat sich in mein Herz eingegraben. Ich, der ich nicht mehr so wanderfähig bin, habe den Ort mit dem Sammeltaxi, einem Dolmus, aufgesucht. Dolmus ist ein preiswertes, sehr praktisches Gefährt, da es überall da hält, wo du willst, auch auf dem halben Weg zwischen der Wassermühle und der Traumbucht Kabak. Hier begegnet dir ein Friedhof, eigentlich ein Friedwald, mit uralten, knorrigen Kiefern, Bäume, die unschlagbar den eigenen Leib lange überdauern. Diese Riesen, ein erhabener schmerzloser Anblick! Sie haben die Stürme des Lebens bisher überstanden. Was haben sie im Lauf ihrer Zeit für existenzielle Erfahrungen gemacht? Kennen sie auch Verlust, Schmerz, Einsamkeit, Ausweglosigkeit? Wer redet hier über die Gräber heraus? Das Gras? Das Gras über den Wurzeln ist Ende Mai, Anfang Juni schon vergilbt, malerisch goldgelb, liest sich wie „Gras" rückwärts oder auch wie „Leben" von hinten. Ein Zeichen der Vergänglichkeit allen Geschehens, dass es nahezu banal ist, davon zu sprechen. Dass Vergänglichkeit unser steter Begleiter ist, und dass selbst im Bruchteil einer Sekunde eine Veränderungsfrequenz abläuft, die sich dem normalen Beobachtungs- und Vorstellungsvermögen entzieht, wurde mir hier erneut bewusst. Nicht zum erstenmal erlebte ich hier die wirkliche Beschaffenheit der Welt, ihre restlos dynamische Natur. Und so mögen in diese Gedankenwelt einige Zeilen passen aus dem Gedicht *Himmelfahrt* von Reinhard Rakow, meinem verehrten Freund:

Der gelbe Tag atmet kaum noch, doch licht.
Still schweigen die Blätter
und schwarz weisen die Spuren ins Jenseits,
was ist gewesen.
Was aber wird sein?

Mit meiner Lebenspartnerin, der geliebten Elke, konnte ich aufs Neue Gedanken an letzte Stunden, an das Wie und an das Wo anstellen, an eine letzte Ruhestätte denken, an einen möglichen Friedwald, nicht an einen Friedhof. Schon der Name weckt ganz andere Vorstellungen. Doch denken die meisten Menschen nur dann an das Ende, wenn die Vergänglichkeit sie ganz plötzlich und persönlich schmerzhaft berührt.

Liebe Leserin, lieber Leser, hier ist zu sehen, wie viele Gedankengänge durch einen Ort, genannt *Wassermühle,* angestoßen werden können.

Ich kann die Schilderung eines solchen Urlaubs nicht abschließen, ohne die Chefin des Minihotels zu erwähnen: Brigitte, eine Soziologin aus Hamburg. Ihr Ehemann Ferruh Özbali, ein Tourismusfachmann aus Ankara, tritt aber nicht in Erscheinung. Warum sollte er? Die Frau steht ihren Mann! Eine Frau mit offenem, freundlichem Gesicht, um die Augen liegt Witz in Bereitschaft. Sie strahlt Behaglichkeit und Würde aus, wie man sie nur bei Menschen findet, die ganz wach die Jahreszeiten ihres Lebens erkennen. Die stets anderen überraschenden Abendessen wusste sie in Details zu erklären, zu schildern und darauf neugierig zu machen. So wurden das richtige kleine Vorträge, denen man gern zuhörte.

Was wäre ein solcher Ort ohne dazugehörige Gäste? Eine Atmosphäre, wie in der Wassermühle von Faralya, kommt nur zustande durch eine solche Gastgeberin und solche Gäste, durchweg anspruchsvolle Kulturfreunde oder gar Kunst- und Kulturschaffende. So entsteht dann mehr als nur ein nettes Ambiente. Die Gastgeberin wusste nicht nur, wie man Augen und Ohren, Gaumen und Bauch, Geist und Seele verwöhnt. Sie hielt auch Überraschungen bereit wie Bootsfahrten in Buchten, wo wellenloses, warmes Gewässer zu einem gefahrlosen Meeresbad einlädt, oder sie gab türkische Abende bei Kaminfeuer. Ohne die Schwierigkeit vorher gewittert zu haben, konnte, wer wollte, selbst versuchen, eine Teigkugel zu einem Fladenbrot zu formen. Das passierte bei viel Gelächter der Anwesenden. Wie schwungvoll das geübte türkische Köchinnenhände vollführen, wurde staunend und respektvoll beobachtet. Aber unzählbare Generationen haben das im Orient schon immer getan! Wir beschränkten uns auf den Genuss der gefüllten Fladen, natürlich bei türkischem Wein und türkischer Musik. Fast war es ein Abschiedsabend, der bald wehmütig folgen sollte.

Vom rastlosen Schaffen

Zu Hause angekommen, stellten wir alsbald fest, dass uns die Wirklichkeit im Griff hatte, und zwar entschieden. Haben die vielen Termine im Rentenalter noch etwas mit Arbeits- und Schaffensfreude zu tun? Sicher wohl, jedenfalls bei uns! Da hat offenbar der russische Prosadichter und Dramatiker Anton P. Tschechow (1860 – 1904) recht:

Wer die Befriedigung des Schaffens
einmal erfahren hat,
für den sind alle anderen Befriedigungen
nicht mehr vorhanden.

Wenn man weiterfragt, warum nach etwas zu streben mehr Freude macht als alles, was man schon hat, kann die Antwort offenbar nur lauten: Im Streben, im Suchen, erlebt der Mensch im höchsten Maße seine Freiheit, seine schöpferische Fantasie.

Und so ist Elke in Kunst- und Gartenideen aus Dötlingen eingebunden, speziell in einem „Rosenfest“ mit Plastiken. Und bei mir geht es alsbald (14. Juni 2007) mit der Uraufführung eines aktuellen Themas in der Christuskirche von Neuss, los. *Die Vernichtung der Menschheit hat begonnen* mit dem Untertitel *Sequenzen unabweisbaren Befundes aus visionär vorhergesagtem und akutem Anlaß* wurde von mir als Ausducks- und Bekenntnismusik geschrieben. Die Apokalypse, diese dunklen, den Untergang malenden Bilder des Johannes, des neutestamentlichen Sehers und Wanderpredigers, hatte mich schon als 13-Jährigen fasziniert. Wer aber hört auf diese prophetischen Visionen, die sich zwei Jahrtausende später auf andere Weise fortsetzten in den Berichten des „Club of Rome“? Die bedrohliche Atmosphäre der Apokalypse, die eine existentielle Not par excellence schildert, wurde für mich, als dem Komponisten, eine Parabel, eine Gleichniserzählung, führte über „das Daneben-Gehende“ (parabolé, altgriech.) zu einem Analogieschluss und damit zur Verschränkung von Kunst und heutiger Politik.

Ich glaube, dass ich mich als Künstler nicht unberührt von den Nöten und Wirren dieser Zeit weltfern eigenem Schaffen widmen sollte. Darin folge ich vielen Kunstschaffenden. Rudolf Steiner brachte es auf den Nenner: *„Durch das Künstlerische erlangt der Mensch ein totales menschliches Verhältnis zur Welt.“* Vielleicht gelingt es für einen Moment, die Hand in die Speichen dieses beständig sich drehenden Schicksalsrades zu legen: vielleicht, um es ein paar Sekunden lang anzuhalten – wie ein universelles Atemholen in der geläuterten Verzückung einer göttlichen Vision: In der Partitur werden darum charakteristische Themen und Harmonien aus der IX. Sinfonie von Anton Bruckner zitiert und bekommen in blechschimmernden Partien kontrapunktische Strukturen, gepaart mit der berühmten mittelalterlichen Sequenz *Tag des Zornes, Tag der Zähren, wirst die Welt in Asche kehren*, aktualisiert mit Orten des Schreckens wie Hiroshima und Tschernobyl, Soveso und Harrisburg, Bhopal, Basel, Sahelland, Guantanamo und Abu Ghraib, Kabul und Bagdad und, und, und ...

So vermengen sich die Sphären von Krieg und Elend, von Verantwortung und Kunst, Glauben und Emotionen in dem Werk. Musik weist so beim Hören über ihre buchstäblich besessenen Strukturen hinaus. Musik verstehen heißt hier unter anderem, ihre Strukturen auf anderes zu übertragen, auf Außermusikalisches – auf Welt, auf Selbst, auf Wirklichkeit, selbstverständlich auch auf Gefühlsprädikate. Wie kann man die Frage nach dem Sinn von Kunst mit einem Satz beantworten? Vielleicht mit einem Ausbruch von Jörg Immendorf: *„Kapieren Sie es endlich, Kunst bedeutet Menschwerdung, weiter nix!“* Und ich füge hinzu, der Künstler will gezwungenermaßen die Konfrontation mit der Welt, das Anstrengende. Die „Leute“ jedoch wollen die Entspannung, eine Gegenwelt. Welcher heutige Künstler hat das nicht erfahren?

Die Brisanz meines Themas ist, gerade vor dem zeitgeschichtlichen Hintergrund des offensichtlichen Klimawandels, hoch aktuell. Längst ist das Buch der „Sieben Siegel“ aufgeschlagen, das Orakel kein Geheimnis: Die Vernichtung der Menschheit hat bereits begonnen, wie Günter Grass in seiner Römischen Dankesrede 1982 feststellte: *Sachlich und unserer Zeit gemäß schlagen zu Buche: Zahlenkolonnen, die den Hungertod bilanzieren, die Statistik der Verelendung, die ökologische Katastrophe zur Tabelle verkürzt, der ausgezählte Wahnsinn, die Apokalypse als Ergebnis eines Geschäftsberichtes. Strittig sind allenfalls noch die Stellen hinterm Komma, nicht mehr der unabweisbare Befund: Die Vernichtung der Menschheit durch die Menschen auf vielfältige Weise hat begonnen.*

Vom Untergang des alten Kulturbegriffs

Ein Pendant, geradezu ein klassisches Gegenstück zu meinem Werk, hörten wir einige Tage später im Bremer Stadttheater durch die Aufführung der „*Petite Messe Solennelle*“ von Gioachino Rossini. Seine eindrucksvoll komponierte Friedensbitte darin im *Agnus Dei* ist, wie sich zeigte, zu allen Zeiten akut.

Die ungewöhnliche Besetzung der Messe für Singstimmen, zwei Klaviere und Harmonium steht in der neapolitanischen Cembalo-Tradition des 18. Jahrhunderts. Drei Jahre nach der Komposition arbeitete Rossini auch noch eine Orchesterfassung aus – hauptsächlich aus der Sorge heraus, die Messe könnte nach seinem Tod durch die Bearbeitung eines anderen entstellt werden: *... findet man dieselbe nun in meinem Nachlass, so kommt Herr Sax mit seinen Saxophonen oder Herr Berlioz mit anderen Riesen des modernen Orchesters, wollen damit meine Messe instrumentieren und schlagen mir meine paar Singstimmen tot, wobei sie auch mich glücklich umbringen würden.*

Und in der Tat ist diese Vermutung eingetreten, schlimmer noch, als es Rossini je ahnen konnte, dabei mit der Begründung einer eigenen Tiefenschärfung. Aber den Navigatoren geht es um die Totale künstlerischer Freiheit und damit um Grenzüberschreitungen, um das Karussel eigener Profilierung, um gepfefferte Ambivalenz, Projektionsflächen des Agnostizismus und Imaginationen der Verstörung, um Glaubensbekenntnisse des 21. Jahrhunderts. So in Erfurt mit

der Ausdruckswucht effektsicheren Erlaubtseins in einem „Oratorium als Bildtheater". Und in einer Bremer Inszenierung des Choreographen Urs Dietrich entstand eine Art Theatertheologie, ganz entgegen den Intentionen des Komponisten und den liturgischen Texten einer Messe. Der Choreograph sieht darin nur Gedichte. Folglich vertritt er die Meinung: *„Gedichte kann man interpretieren, wie man will."* (foyer/Das Kulturjournal 05.2007)
Auch wenn man, wie früher einmal, alles schriftlich Abgefasste als „Gedicht" bezeichnet, kann man den Messtext nicht beliebig interpretieren. Die Kommunikation bricht sofort zusammen, wenn der kulturelle Kontext zwischen Sender und Empfänger nicht geteilt wird. Nehmen wir zum Beispiel die Atmosphäre des „dona nobis pacem", die durch einen auf die Leinwand projizierten kläffenden, winselnden Hund geradezu konterkariert wurde, hätte aber ersetzt werden können durch Bilder hungernder Kinder aus Kalkutta oder durch Soldatenkinder aus dem Sudan, von Flüchtlingen in Darfur oder vielen anderen Orten. Symbolische und emotionale Kommunikation als ästhetisch organisierte Interaktion bedeutet mehr als ein bloßes Bebildern, mehr als nur Schaufunktion. Urs Dietrich bestätigt mit seiner persönlichen Sichtweise der Inszenierung, was Franz Grillparzer 1856 im *„Kunstverderber"* schrieb: *„Nur die Künstler verderben die Kunst."*

Just hier – wieder (k)ein Zufall? – bekomme ich ein Kärtchen mit einem Spruch der Lyrikerin Hilde Domin in die Finger:

Ich verlange vom Kunstwerk, dass es tut,
was Kunstwerke zu tun vermögen:
Dass sie den Menschen im Betrachter mobilisieren.

Bleiben wir also besser bei dem 72-jährigen Rossini, der auf der letzten Partiturseite der Messe dem Allmächtigen eine skurrile Widmung hinterließ:

Lieber Gott – voilà, nun ist diese arme kleine Messe beendet.
Ist es wirklich heilige Musik [musique sacrée],
die ich gemacht habe
oder ist es vermaledeite Musik [sacrée musique]?
Ich wurde für die Opera buffa geboren.
Wenig Wissen, ein bißchen Herz, das ist alles.
Sei also gepriesen und gewähre mir das Paradies.

Was ist nun dieses Werk, das Rossini ironisch als die „leider letzte Todsünde seines Alters“ bezeichnete, wirklich? Eine kleine Messe eines ungelehrten Komponisten ist sie keineswegs, stellt sie doch allein mit beinahe 90 Minuten Dauer Rossinis umfangreichste geistliche Komposition dar und steht ihren äußeren Ausmaßen nach in der Tradition der *Missa solemnis*. Sie zeugt in der Melodiebildung bei Arien und Chorstimmen von Rossinis Fähigkeit, klangvoll und expressiv für die menschliche Stimme zu schreiben, wobei die Selbstbezichtigung „wenig Wissen“ ironisch zu verstehen sein dürfte: Rossini, der sich gerade in seinen letzten Lebensjahren, wie auch Franz Schubert, stark mit dem Bachschen Kontrapunkt auseinandergesetzt hat, schreibt gleich im „Christe eleison“ einen Kanon in der Oberquart, ganz im alten Stil, als alla-breve-Takt notiert und a cappella zu singen. Und die Sätze „Gloria“ und „Credo“ enden in alter Tradition mit umfangreichen Fugen als Beweis für die Beherrschung des Kontrapunkts. Dabei benutzt Rossini augenzwinkernd die alte Technik der Quintfallsequenz, oft in überraschende Tonarten modulierend, um diese als „Organistenzwirn“ gerade von weniger inspirierten Komponisten überstrapazierte Satztechnik virtuos zu karikieren.

Auch Rossinis eigene Frage nach der Heiligkeit seines Werks wird durch die Musik selbst eindeutig beantwortet. In jedem Takt der Messe wird die persönliche und von einer tief religiösen Auseinandersetzung mit dem Messtext geprägten Umsetzung der Glaubensinhalte in Musik deutlich. So ist es bestimmt kein Zufall, dass das „Gloria“ mit einem Fanfaren-Thema, von den Chorsopranen a cappella vorgetragen, eingeleitet wird. Ist die Assoziation mit dem Bild der mit dem Ruf „Gloria in excelsis Deo“ die Geburt Christi verkündenden Engeln zu weit hergeholt? Und finden sich nicht im „Credo“ Unmengen altbekannter „rhethorischer Figuren“ wie das Unisono bei „in unum Deum“, die jedoch durch die Harmonik, Dynamik und geschickte dramaturgische Platzierung ganz neu und persönlich wirken? Ergreifendster Ausdruck der Rückschau auf ein vollendetes Leben, geprägt auch von der Auseinandersetzung mit Krankheit und der in Ungewissheit und Angst zu erwartendem Tod ist das Agnus Dei. Über einer trauermarschartigen Musik fleht die Altistin beim Lamm Gottes, welches die Sünden der Welt hinwegnimmt, um Erbarmen und Frieden. Der Chor setzt diese Bitte zweimal im pianissimo fort, um beim dritten Mal seine Friedensbitte mit dem verzweifelnd stammelnden „Miserere“ der Altistin im fortissimo zu vereinen.

Warum ich mich so lange bei diesen musikalischen Vorgängen aufgehalten habe? Weil ursprüngliche Intention und heutige Aufführungspraktiken zuweilen bis ins Unerträgliche auseinanderklaffen – wie wir gesehen haben, weil kein Komponist sicher ist, dass sein Werk nicht doch irgendwann irgendwo und irgendwie verhunzt wird. Da erinnere ich mich an die Abschlussfeier der Landeskirchenmusiktage 1999 der Kirchenmusiker der Evangelischen Kirche von Westfalen in Gelsenkirchen, bei der meine *Messe der Hoffnung* als 3. Preis des Kompositionswettbewerbs uraufgeführt wurde und es dabei an Verve, an rhythmischer, künstlerischer Leichtigkeit und Lebendigkeit fehlte, obendrein mehrere Sätze gestrichen waren. Ähnlich erging es meinen preisgekrönten *Echos et couleurs* in 9 Sequenzen für Alt-Saxophon und Orgel 2008 bei der UA in Düsseldorf, wo es an sorgfältiger Registrierung und an einer künstlerischen Symbiose von Saxophon und Orgel fehlte.
Anders erging es mir am 14.06.2007 in der Christuskirche Neuss, wo meine *Sequenzen unabweisbaren Befundes aus visionär vorhergesagtem und akutem Anlaß* aus der Taufe gehoben wurden und die erzeugte Intensität zwei Zuhörern unerträglich wurde und sie den Raum verließen. Beim Jüngsten Gericht werden sie nicht ausreißen können. Die anspruchsvolle, schwierige musikalische Realisierung wurde vor allem durch die spanische junge Sopranistin Elisabet Muro und die venezuelanische Hornistin Ana Carolina Dulcé Ramirez zu einem Erlebnis, unterstützt durch das Trompetenspiel der Kölnerin Angela Fliege, der Rezitation durch Dan Hieronimus und durch den unermüdlichen Initiator Michael Voigt an der Orgel, also einer solistischen Besetzung.

Bindungsverhalten

Ein überraschender Anruf holt mich in die eigene Gegenwart zurück. Mein Sohn Michael, der gefragte Jazzer und Songbegleiter, hatte seinen Daddy angerufen, um begeistert von seiner pianistischen Nordseeinsel-Tournee zu berichten und völlig andere Erinnerungen als Vermächtnis aus hellen Kinderstunden zu erwähnen, aus jenen Wangerooger Ferientagen, die 46 Jahre zurückliegen.
Beim Anblick des Wangerooger Strands hatte sein Gehirn abgespeicherte Informationen lebendig werden lassen: Der Dreijährige rannte damals zum Strand und hinein ins Wasser, ohne eine Gefahr zu ahnen. Brachten vielleicht elterliche Nähe und Geborgenheit Urvertrauen? Ist der Vater jemals schneller zum Strand gerannt als in der Situation? Dieses Ereignis und die positive Beantwortung durch verlässliche Zuwendung führten offenbar zur prägenden Erfahrung einer positiven Beziehung, damit zu einem sicheren Bindungsverhalten. Das hätte aber 7 Jahre später beinahe zu einer Katastrophe geführt. Da steht der Zehnjährige mitten auf der Landstraße 200 m vor unserem neu erworbenenen Wochenendgrundstück. Der Vater kommt arbeitsmüde in hohem Tempo an in der Vorfreude, bald bei der Familie zu sein. Der Heimweg ist der Weg, den er am liebsten fährt. Und Vater geht davon aus, dass der Junge zur Seite gehen wird. Aber der bleibt in seinem Urvertrauen stehen: Vater kann mich nicht überfahren.

Nie mehr im bisherigen Leben habe ich stärker auf die Bremse gedrückt. Nur ein Zentimeter entschied über mein

Glück oder Unglück. Wann kann ein Zentimeter entscheidender sein als dann? Mit schlotternden Knien wankte ich ins Haus. Tagelang ließ mich das Ereignis nicht los. Konnte man das einen Schock nennen? Manchmal braucht man viel Zeit, um das Glück zu begreifen.

Ein anderes Ereignis ist gleichfalls noch lebendig: Raphael, ein geschickter Kletterer, eroberte eine Kiefer bis in höchste Wipfel. Eine tolle Leistung, aber mir wurde schlecht bei dem Gedanken eines Absturzes. Ich bat um seinen Rückzug, den er geschickt antrat. Das menschliche Gehirn speichert im Laufe des Lebens eine Unmenge an Ereignissen, die eine Bleibe im Gedächtnis haben. Christoph Hein, der sein letztes Buch *Landnahme* autobiografisch bis zum 20. Lebensjahr anlegte, antwortete meinem Schriftstellerfreund Reinhard Rakow nach dessen Bremer Lesung, „mehr sei nicht nötig, denn der Mensch sei bis zum 20. geformt, was danach komme, sei nicht mehr spannend".

Welch ein Irrtum! Ständig gibt es Impulse zur Veränderung in der Umwelt, im Mikro- und Makrokosmos, im Selbst, in Lebensprozessen, in neuen Erkenntnissen, gar in so etwas Banalem wie dem Weg zu unserem Waldhaus. Einst war die Straße ein Sandweg, heut ist sie gepflastert. Und wurde darum für manche Motorisierte zur Rennstrecke, dagegen für Frösche, Blindschleichen und Ringelnattern zur tödlichen Falle. Immer hat das Leben zwei Seiten: Schatten und Licht.

Von der Geburt einer außergewöhnlichen Konzertlesung

Sie sind es nicht. Sie sind nur die Nicht-Reichen,
die ohne Willen sind und ohne Welt;
gezeichnet mit der letzten Ängste Zeichen
und überall entblättert und entstellt.
Zu ihnen drängt sich aller Staub der Städte,
und aller Unrat hängt sich an sie an.
Sie sind verrufen wie ein Blatternbette,
wie Scherben fortgeworfen, wie Skelette,
wie ein Kalender, dessen Jahr verrann, ...
Rainer Maria Rilke, 17.4.1903, Viareggio

Außergewöhnlich war das Wirken und Leben der polnischen Sozialarbeiterin Irena Sendler, der wir in diesem autobiografischen Abschnitt gedenken. 1965 wurde sie von der Gedenkstätte Yad Vashem mit dem Titel *Gerechte unter den Völkern* ausgezeichnet. In der Übersetzung fanden wir treffender den obigen Titel. Aber wir wollen nicht vorgreifen, sondern chronologisch der Sache nachgehen.

Jörg Immendorffs Auspruch „*Kunst ist Menschwerdung*" assoziiert Geburt, Geburtswehen und Nachgeburtswehen. Was hier ein mehrere Stunden dauernder, unerträglicher Prozess ist, kann in der Kunst ein ebenso schmerzhafter, tagelanger, ja wochenlanger Prozess sein, immer individuell, immer lebendig, immer in Bewegung, nach allen Seiten offen, niemals abgeschlossen oder starr, bekommt dadurch eine einzigartige Prägung. So kann auch meine Frau von sich selbst sagen, dass Kunst Menschwerdung ist. Außerdem sagt sie bescheiden von sich: „*In meinen Arbeiten bin*

ich authentisch, es gibt keine Trennung von Künstlerin und Frau. Träume, Visionen und lebensbejahende Ressourcen einer Frau möchte ich sichtbar machen. Meine sinnlich-ästhetischen Erfahrungen, die in den Plastiken zum Ausdruck kommen, sollen auch Betrachter gefangen nehmen.“ Und das ist Elke Tholen neulich in besonderer Weise gelungen durch eine Plastik in der Darstellung eines dramatischen Unternehmens. Die Polin Irena Sendler hatte 2.500 jüdischen Kindern aus dem Warschauer Ghetto das Leben gerettet. Einen solchen Vorgang hat meine Frau durch eine Tonplastik in abstrahierender Reduktion realisiert. Sie selbst sagte dazu: *„Ich war besessen von der Thematik und der Gestaltung. Jeden Tag entstand eine Kinderfigur, mit der ich in eine lautlose Kommunikation voller Trauer und Entsetzen trat.“*
Pietro Archiati nennt das *„eine Begegnung zwischen Ich und Ich“*.

Es war nicht vorauszusehen, was Elke mit ihrer Plastik auslöste. Nach Fertigstellung des Werks war sie sichtlich erschöpft, aber festen Willens, die Geschichte der Irena Sendler in ihrem überschaubaren Bereich bekannt zu machen, denn wer wusste von der Heldin und ihren Taten? Schindlers Liste kennt die ganze Welt. Von Sendlers Liste wusste bislang dagegen kaum einer. Dabei ist die Geschichte, die sich dahinter verbirgt, mindestens ebenso unfassbar und heldenhaft. Durch das große Interesse während einer Delmenhorster Ausstellung anlässlich des Internationalen Frauentags festigte sich die erste vage Idee einer Veranstaltung als Konzertlesung, zu der ich den musikalischen Anteil liefern wollte. Mehr durch Zufall stieß ich auf den *Großen Ge-*

sang vom ausgemordeten jüdischen Volk des jüdischen Dramatikers Jichzak Katzenelson, der sein Epos im Internierungslager Vittel verfasst hatte, bevor er nach Auschwitz deportiert und ermordet wurde.

Natürlich weiß ich um die umstrittene und später relativierte These Adornos bezüglich einer Kunst nach Auschwitz. Im Bewusstsein, dass Leid nicht gemessen werden kann, bei aller Gefahr ästhetischer Stilisierung aber nach wie vor ein Recht auf Ausdruck hat, komponierte ich spontan den ersten Satz aus diesem großen Epos. Der paradoxe Gedanke in Adornos *Ästhetischer Theorie*hat sich erhalten, dass die Situation von Kunst nach Auschwitz zwar der Aporie anheim fällt, sie aber dennoch notwendig bleibt, um dem „Grauen“ Ausdruck zu verleihen. Welche Sprache aber würde diesem „Grauen“ überhaupt gerecht?
Zu meiner Überraschung nahm der Münchner Strube-Verlag meine Komposition sofort an. Ich bin dem Verlag dankbar, dass er der logischen Schwierigkeit (*aporia logikê*), dem oben erwähnten Denkhindernis, ein klangliches Dokument gegenüberstellte.

Das Gerüst für eine Konzertlesung war somit geboren. Ganz bewusst im einstigen Gau-Musterdorf der Nazis, dem heutigen Künstlerdorf Dötlingen im Oldenburger Land, sollte diese Konzertlesung stattfinden, 75 Jahre nach der Machtübernahme durch Hitler und seiner national-sozialistischen Gefolgschaft, zugleich 63 Jahre und 3 Tage nach dem Holocaust-Gedenktag *Jom Ha Shoa*, dem Tag der Befreiung der Überlebenden des KZ Auschwitz. Die Uraufführung am 30.01.2008 wurde bei vollem Haus, sogar mit Sitzenden auf Treppen zum oberen Raum, von etwa hundert Zuhörern zu einer Demonstration gegen das Vergessen. Spätkommer mussten leider wegen Überfüllung abgewiesen werden.

Bei ihrer Einführung sagte die Initiatorin der Veranstaltung, mein Lebensgefährtin Elke: *Wir alle, die wir hier anwesend sind, stellen uns der Vergangenheit, die vor 75 Jahren mit der Machtübernahme begann; sie lebt weiter und muss auch zukünftig lebendiggehalten werden. Es darf niemals verschwiegen und vergessen werden, was an Unaussprechlichem und Unbegreiflichem geschah. Wir trauern, weil uns die Ermordeten fehlen ... An dieser Stelle möchte ich Irena Sendler aus einem Brief an mich sprechen lassen:*
‚Ihr Engagement hat mich tief beindruckt. Ihre Vorstellungen decken sich mit meinen Idealen. Ich habe angesichts Ihrer Arbeit große Hoffnung, dass durch Menschen, die so denken und handeln wie wir, das Gute in dieser Welt die Oberhand gewinnen und siegen wird über das Böse.‘
Zwei Stunden lang verharrte das Publikum in sichtlich ergriffener Haltung, oft mit Tränen in den Augen, verstummt und fassungslos. Nach dem letzten bitonalen Akkord minutenlange erstarrte Stille. Dann erst zögernd ein verdienter langer Beifall für eine engagierte und hingebungsvolle Gestaltung, für eine überzeugende Würdigung der 93-jährigen Polin Irene Sendler, der „*Mutter der Holocaust-Kinder*“ und die ergreifende Uraufführung meines Klageliedes mit Texten von Jizchak Katzenelson.

Hat Katzenelson bei seiner Arbeit an die Klagelieder des Jeremias, jenes großen Schriftpropheten des Tanach, der Hebräischen Bibel gedacht? Viele seiner Texte erinnern an die Klage über das hereingebrochene Elend in Jerusalem, die Hoffnungslosigkeit, die Verzweiflung, erinnern an Zions Schreien nach Gottes Erbarmen:

Wehe, wie sitzt so einsam da die einst volkreiche Stadt! ...
ist zur Zwangsarbeit erniedrigt!
Sie weint und weint des Nachts,
und ihre Tränen laufen über ihre Wangen.
Sie hat keinen Tröster unter allen, die sie liebten;
alle ihre Freunde haben treulos an ihr gehandelt,
sind ihr zu Feinden geworden ...
Seine Hand hat der Gegner ausgestreckt
nach all ihren Kostbarkeiten.
Ja, sie musste mit ansehen,
wie Nationen in ihr Heiligtum kamen, ...
All ihr Volk seufzt auf der Suche nach Brot;
sie geben ihre Kostbarkeiten für Nahrung hin,
um sich am Leben zu halten.
Siehe, HERR, und schau, wie verachtet ich bin! ...
Schaut und seht, ob es einen Schmerz gibt wie
meinen Schmerz,
der mir angetan worden ist,
mit dem mich der HERR betrübt hat am Tag seiner Zornglut!
... Aus der Höhe sandte er Feuer
in meine Gebeine und zertrat sie.
Er spannte ein Netz für meine Füße,
zwang mich zur Umkehr.
Er machte mich einsam und allezeit krank ...

Katzenelsons Textgestaltung ist noch eindringlicher, geht weit mehr unter die Haut, schneidet da tief ein, macht nicht nur kleine Ritzer, ist ein einziger Aufschrei von Hunderttausenden, die an der Schwelle zwischen Leben und Tod vegetieren, die ein unvorstellbares Ausmaß an Entwürdigung hinnehmen müssen. Kein Dokument vermag das wiederzugeben, und doch sind es sowohl die junge spanische Sopranistin Anna Elisabet Muro als auch der Rezitator Reinhard Rakow, ein Lyriker und Essayist aus Oldenburg, die die musikalische Umsetzung in die Herzen der Zuhörer einbrennen. Akkordik, die sich durch Messiaensche Modi erklären lässt, zieht sich als Ausdruck zeitgenössischer Musik durch meine Komposition, mal dem Text Vorrang gebend, mal ihn instrumentaliter kommentierend, dabei weit ausholend in Tiefen und Höhen, keine Cluster und keine weit gespannten polytonalen Arpeggien scheuend. Das bezüglich zeitgenössischer Musik weitgehend unbedarfte Publikum hatte begriffen, dass hier nichts geschönt werden kann. Jüngere Jahrgänge, darunter auch eine Schwedin, bekannten mir gegenüber, dass ihnen erst durch die Aufführung das Ausmaß des Naziübels bewusst geworden war. Es kam kein Dörfler aus dem Publikum auf die Idee, sich über sogenannte Dissonanzen zu ereifern, wodurch wieder einmal meine These Bestätigung fand, dass eine Musik von heute angenommen wird, wenn der geistige Hintergrund dazu stimmig ist.

Auch die Presse vom 01.02.2008 hatte das begriffen und soll hier in Auszügen zitiert werden:

WESER KURIER online: .... *Das ganze Ausmaß des Leidens der jüdischen Bevölkerung spiegelt sich in „Dos lid vunm ojs-*

gehargetn jiddischen folk" wider ... ergreifende Uraufführung ...
NWZ: ... *Emotional aufrüttelnd zeichnete Reinhard Rakow in seiner Lesung die großen menschlichen Taten Irena Sendlers nach. ... Mit abgründiger, manchmal eruptiv ausbrechender Klanglichkeit hat Berger Katzenelsons bitter tragischen Text vertont und damit ein klingendes Monument der Erinnerung geschaffen.*
Wildeshauser Zeitung: *Tiefes Schweigen ist manches Mal die richtige Antwort für tiefen Dank. So gab es nach zwei kompakten Stunden ... statt donnernden Applaus für die Konzertlesung ... zunächst minutenlanges Schweigen. Und nichts wäre passender gewesen. Die Akteure des Abends ... entführten das Publikum sensibel und zugleich fordernd in die unbequeme deutsche Vergangenhei ... Ergriffen, aber bereichert verließ das Publikum diese Konzertlesung.*

In dem Büchlein „*Glanz und Elend der Musikkritik*" untersuchte der sowohl gefürchtete als auch gefragte Berliner Musikhistoriker und Kritiker Prof. Dr. Hans Heinz Stuckenschmidt (1901 – 1988) die Schwächen und Stärken von Rezensionen im Feuilleton. Was konnte ich also von den Provinzblättern erwarten? Ich weiß, wie Rezensenten von ihren Chefredakteuren beschnitten werden, wenn sie sich eine Kombination von hoher Intellektualität und unkonventionell origineller Schreibweise erlauben. Darum durfte ich auch keine Erwähnung von Details aus dem Gesangspart der Vokalsolistin erwarten, etwa die eng am Text orientierte Aussage, wo Sprechgesang, Tonoszillation, Flatterzunge, improvisierte Lautmalerei, Murmel- und Flüsterstimme, Mikrointervalle, Aufwärts- und Abwärtsglissandi verlangt wurden, wo unterschieden wurde zwischen martellato, leichtem staccato, portato, einer gewünschten Akribie der Agogik und Dynamik und anderer stimmlicher Gestaltungsfeinheiten. Immerhin wollte ein Zuhörer nach der Aufführung die Fixierung in der Partitur sehen. So fasziniert nahm er die sängerische Umsetzung und Leistung auf.

Ich darf froh sein, dass in einigen Zeitungen sogar halbseitig Raum gegeben wurde für allgemeine und von Herzen kommende Betrachtungen nebst Bildmaterial, dass Seichtes, Oberflächliches, Unernstes, Halbgebildetes fern blieb. So musste ich nicht dem oft zitierten und bekannten Ausspruch Max Regers nacheifern, der an einen Kritiker schrieb: „*Ich sitze hier im kleinsten Zimmer und habe Ihre Kritik vor mir. Bald werde ich sie hinter mir haben ...*“ Ich weiß nicht um die Authentizität einer Erwiderung seitens des Kritikers, die angeblich so gelautet haben soll: „*Wenn Sie das öfters machen, ist Ihr Hintern bald gescheiter als Ihr Kopf!*” Kritiker sind oft Götter. Mit Göttern soll man sich nicht anlegen, wohl aber mit Engeln. Engelbriefe haben wir dankbar empfangen, wie den: „*Was uns da am Mittwochabend geschenkt wurde, geht weit über alle Erwartungen hinaus ... Von Anfang bis Ende haben wir gebannt und fast atemlos zugehört – vor Ergriffenheit wollten Tränen aufsteigen – immer noch reden wir davon – es klingt lange nach ...*“

Was kann einen Komponisten mehr erfreuen, als die Bestätigung der Lebendigmachung seelischer Zustände?

Am abendlichen Kamin

Die Leidenschaft flieht,
die Liebe muss bleiben.
Die Blume verblüht,
die Frucht muss treiben.
Friedrich Schiller

Was werde ich jetzt unternehmen? Bei einem Glas Wein werden sich die Stunden hinter der Kaminglasscheibe strecken in das glimmernde Holz, das den Raum wohlig erwärmt, während draußen der Sommerregen kein Ende nehmen will. Wer in seiner Jugend dem Tod ins Auge gesehen hat, der spürt das Glück eines aktiv gestaltbaren Alters womöglich noch intensiver. Meine Schutzengel, wenn es sie geben sollte, haben jedenfalls Schwerstarbeit geleistet. Kurioserweise wird im *Nachtcafé*, einer Talkshow, über das Glück diskutiert. Meinen Beitrag über Glück und Glücksgefühle habe ich schon öfter dieser Biografie anvertraut. Und jetzt fast „Handinhand" erlebe ich Glück als subjektives Wohlbefinden. Dankbarkeit legt sich wie ein wärmendes Tuch über uns. Wie viel Glück bedeutet die Gegenwart der Lebensgefährtin, das subjektive Erleben der Angetrauten, wie viel Glück verbreiten ihre Figuren im Haus und im Garten, wie viel Glück die Blumen, liebevoll behandelt in und aus Elkes Hand! Glück empfinden hat offenbar zwei mögliche Varianten: Das Erleben in einem Glücksmoment oder in einem dauerhaften Gefühl des zufriedenen Lebens. Ich bin mir bewusst, dass es sehr schnell zerbrechen kann. Feuerrote Blüten glühen, durchleuchten nun das Grün. Und noch ehe diese Farbenpracht endet, kann das Glück erloschen sein. „*Doch alle Lust* – denn Lust ist ja wohl Glück – *will Ewigkeit, will tiefe, tiefe Ewigkeit*", so heißt es im *anderen Tanzlied* bei Zarathustra von Friedrich Nietzsche, gerade von einer Altistin gesungen im 4. Satz der 3. Sinfonie von Gustav Mahler. Wieder dieser „Zufall", gesendet im Sender Sat 3, eine Aufzeichnung aus dem Kloster Eberbach. Da zeigte sich wieder, was wir beide übereinstimmend meinen: Kunst tut der Seele wohl, ist für die Existenz notwendig. Und wenn ich Elkes keramische Figuren betrachte, weiß ich einerseits, dass Peter Handkes Ausspruch stimmt, dass Kunst der Beweis für die wirklich menschliche Existenz des Menschen ist. Ich weiß aber andererseits auch: Die Liebe hört niemals auf, über die Geliebte zu staunen. Die Liebe ist jeden Tag für neue Überraschungen empfänglich, bereit für immer neue Entdeckungen. Die Fähigkeit zu staunen erzeugt Herzensinteresse. Das Interesse erhöht die Aufmerksamkeit, und die Aufmerksamkeit ist der unversiegbare Quell für die Liebe. Das beruht auf Gegenseitigkeit. So wie ich Elkes Kunst aufmerksam und mit Liebe aufnehme, so ist es mit meiner neuen Musik, die von Elke, der Musikfreudigen, aufgesogen wird. Und mit jedem Jahr des Älterwerdens lassen wir hinter uns die erste Stufe der naturgegebenen Liebe, wo das Herz noch sozusagen ohne Kopf zu lieben sucht. Weil alles Körperliche früher oder später stirbt, kann von der Liebe nur das absterben, was auf den Körper beschränkt ist. Wenn ich zurückdenke, so muss ich mir eingestehen, dass der unfreie Drang des Triebs beherrschende Kraft war. Diotima sagte es bereits zu Sokrates: *Zuerst verliebt man sich in den Körper des anderen, dann lernt man die Wärme seiner Seele lieb gewinnen und schließlich das Licht seines Geistes.* So war es und so ist es. Und es wächst immer mehr eine Liebe, offenbar aus der Tiefe der Lebenserfahrung, aus Bereichen, in denen man mit dem Verstand allein nicht weiterkommt.

Hier ist es komodig

Alles das Eilende
wird schon vorüber sein;
denn das Verweilende
erst weiht uns ein.
Alles ist ausgeruht:
Dunkel und Helligkeit,
Blume und Buch.
Rainer Maria Rilke, aus dem XXII. Sonett, 1922

Erlebe ich inzwischen so etwas wie eine Lebensbilanz, die sich aus dem Ausgleich zwischen Vergangenheit und Zukunft ergibt? Hatte ich nicht auch gesagt, weitere Kompositionspreise bleiben aus? Und hatte ich es nicht begründet? Aber da gab es einen Kompositionswettbewerb anlässlich des 3. Internationalen Düsseldorfer Kompositionswettbewerbs. Drei Preise waren zu vergeben. Den ersten erhielt ich für „*Echos et Couleurs*", ein Werk für Saxophon und Orgel. Als Kuriosum ist zu vermerken, dass die Jury aus 16 Mitgliedern bestand. Die Uraufführung war am 14.Oktober 2008 in St. Franziskus-Xaverius, Düsseldorf.

Noch ist Gegenwart, in der gelassen meine stillen Stunden fluten, während die Erinnerung in mir sachte zu schwingen beginnt. Wieder muss ich eine neue Knoblauchknolle beim nächsten Frühstück von ihren Schalen befreien. Dann kann ich das Gestern weiter enthüllen.

Und es beginnt mit Zicke, zacke, zicke, zacke, hoi, hoi, hoi, diesem zwischendurch harmlosen, wenn auch nivellieren-

den Ruf beim Jungvolk. Das liegt lange zurück. Heut ruft es die hiesige Landjugend, aber unter anderen Zeichen, ohne Blutdepeschen und Scherbenhaufen, jedenfalls in diesem schönen Dorf, nicht nur, aber auch einem Künstlerdorf. Hier leben wir in einer beschaulichen Welt in der Nähe von Kuh- und Schafweiden und Moorflächen. Im Sommer wogt das Getreide, mehr noch der Mais. Der Verkehr hält sich in Grenzen, das merkt man vor allem, wenn wir uns im PKW durchs Ruhrgebiet quälen. Mähdrescher und Trecker zur Erntezeit bei uns sind dann als harmlos einzustufen.
Neuerdings gibt es Scheunenkinos, eine lobenswerte Initiative von Dörflern. Die Besucher wurden vor allem von lustigen, aber auch tiefsinnigen Filmen wie zum Beispiel von *Wie im Himmel*, *Emmas Glück* oder *Kalendergirl* angezogen. So ein Scheunenkino-Erlebnis ist durchaus nicht nur etwas für warme Sommerabende. Beim „Adventsscheunenkino" wärmen Heizstrahler von außen und heiße Getränke von innen. Wolldecken und Kissen sorgen für eine kuschelige Atmosphäre, und die Pause kann zu Kontakten genutzt werden. Da höre ich dann gern zu beim Oldenburger Platt. *Wat en Freud* für mich, wenn die dann sagen: „*Moin, moin un willkamen bi de Plattsnackers.*" Ein wenig davon verstehe ich nun schon. Es ist einfach *komodig* anzuhören. Wie sagt man gern in Norddeutschland? „*Do wat du wullt, de Lüüd snackt doch.*" So etwas verstehe ich schon: „*In Kööm versuupt mehr Minschen as in Water.*" Wenn ich den Text schriftlich vor mir habe, verstehe ich ihn noch besser: *Weeßt Bescheed?*

Unsere weihnachtliche Schiffsreise mit der Vistamar

Bei fast sommerlichen Temperaturen landeten wir in Athen, Sonnenschein, wie gewohnt. In der Ferne lag die Akropolis. Per Bus steuerten wir den Hafen Piräus an. Dort lag stolz unser Schiff *VISTAMAR*. Vorbei am begrüßenden Besatzungspersonal brachten Hilfskräfte das Gepäck in die Kabine, die wir voller Vorfreude inspizierten: großzügig, geräumig, breite Betten, viel Ablage und ein großes Bullauge als Ausguck. Eine Liegeprobe bestätigte die Güte der Schlafstätte. Der Abend näherte sich. Per Lautsprecher wurden wir zu Tisch gebeten. Dort empfingen uns ein Buffet und ein mehrgängiges Menu. Um das Älterwerden auch weiterhin genießen zu können, suchten wir inmitten verführerischer Kulinaritäten nach cholesterinarmen Möglichkeiten. Es gab keine Enttäuschung. Nicht nur das lief gut an, auch uns bislang unbekannte Tischnachbarn waren sympathisch, differenziert, zu ernsthaften Gesprächen aufgeschlossen, Ehepaare, ganz in unserem Sinne ...
So warteten wir schließlich auf das Kommando „Leinen los“. Nichts tat sich. Stunde um Stunde verging. Ein wichtiger, sehr wichtiger griechischer Inspekteur hatte seine Stempel vergessen, irgendwann kamen auch die und dann wurde wichtig, ganz wichtig Punkt für Punkt das Schiff am Schreibtisch (!) noch einmal untersucht. So berichtete uns die Schiffsleitung.

Nach Mitternacht wurden die Schiffsschrauben lebendig. Wir lagen in großzügigen Betten, während Kreta angesteuert wurde. Das Schiff schaukelte ganz sanft bei erstaunlich leiser Motorentätigkeit. Im Bett war nichts zu hören. Die Atmosphäre wirkte wunderbar einschläfernd, und im Traum sahen wir schon das antike *Knossos* in der Nähe der Hauptstadt *Heraklion*. Als wir anlegten, die Anker in die Tiefe fielen, schloss Knossos seine Tore um 15 Uhr. Wir wurden also nur zu einem kleinen Stadtbummel bei angenehmen Temperaturen an Land gelassen, mehr war nicht drin.

Dann hieß es wieder „Leinen los". Vergnügt begab sich alles in das Restaurant zum mehrgängigen Abendmenü mit griechischem Tischwein rot oder weiß, gratis, wie angekündigt, dafür Tafelwasser dreifach so teuer. Ein großartiges Salatbuffet guckte uns an. Wer da meckerte, wird ein immerwährender Nörgler sein. Die Kellner aus Bulgarien, aus der Ukraine und dem fernen Osten waren ganz auf Dauerlächeln eingestellt und schenkten nach und nach und nach ..., sodass wir wieder einem gesicherten Schlaf entgegensahen.

Jedoch urplötzlich war das Licht weg. Totenstille, eine Stille ohne Antworten, eine gewisse Leblosigkeit ging vom Schiff aus. Keine Motoren waren zu hören, einzig die Wellen schlugen an die Schiffswand, allerdings harmlose Wellen, nicht die, die Paulus, der einstige Saulus, seinerzeit mehrfach erleben musste, sich an Schiffsplanken festhaltend, dann – mit Gottes Güte? – an griechische Strände gespült wurde, lange her. Wir aber schlingerten auf einem ruhigen Meer, offenbar immer auf gleicher Stelle. Die Dinge verschieben sich ohne Licht. Du fühlst dich wie ein Blinder, bist ganz auf Hören eingestellt. Die Bewegungsunfähigkeit des großen Schiffsleibes übertrug sich, wurde zur verstörenden Irritation.

Dann endlich kam es wieder, mit Hilfsaggregaten schipperten wir gen *Port Said*, dem Eintritt in den *Suezkanal*. Dort wurde geankert. Große Schiffe fuhren an uns vorbei, noch größere und noch größere ... Wir machten uns zur Morgentoilette bereit. Doch es kam nur kaltes Wasser. Ist ja nicht schlimm zur Erfrischung, jedoch aus der Dusche kam gar nichts. Es wurde gebastelt und Verkleidungen wurden abgenommen, man sah ins Innere des Schiffes, das just vorher zur gründlichen Restaurierung im Dock lag. Wir wurden zwei Stockwerke höher verfrachtet in die vornehmeren, um tausend Euro teureren Kabinen. Da mussten wir feststellen, dass sich ein Aufpreis für jene Regionen gar nicht lohnt. Denn was war hier anders? Es gab richtige Fenster, keine Bullaugen. Hier aber kam heißes Wasser, auch aus der Dusche, weswegen wir ja wechseln konnten. So ging ich frisch rasiert und frohgemut, nach kurzem Aufenthalt am sogenannten Fahrrad im Fitnessraum, zum Frühstück, um mein Idealgewicht zu vergessen! Zwischendurch warteten wir das Ergebnis der Monteure ab, die fieberhaft in der Tiefe des Schiffsbauchs arbeiteten, jedenfalls hieß es so.

Wer wollte, konnte sich zurückziehen in den gemütlichen Bibliotheksraum oder in eine der vielen Nischen mit Liegestühlen, die zuhauf vorhanden waren, auch mit Wolldecken, wenn nötig. Inzwischen konnte ich das mitreisende Publikum beäugen, ohne näher am entstehenden Gesellschaftsleben teilzunehmen. Es waren vorzugsweise Senioren, offenbar gut betuchte Rentner, auch solche, die Treppenlift, Hörgerät und Kukident benutzen. Vielleicht war das die spezielle Zielgruppe der Schifffahrtsgesellschaft. Ich entdeckte einen Flügel und ließ meinen Klavier-Improvisationen freien Lauf. Selten kam jemand für kurze Zeit, um sich diese Kunst anzuhören.

Schließlich wurden wir durch Bildmaterial eingestimmt auf das, was wir alles zu sehen bekommen sollten. In der Zwischenzeit wurden Ersatzteile eingeflogen, Hoffnung machte sich breit. Hoffen heißt: die Möglichkeit des Guten erwarten, wie Sören Kierkegaard feststellte. Die Hoffnung ist unsere Zukunft, ohne Hoffnung haben wir keine Motivation, in die Zukunft zu blicken. Das meinte ich, als die Schiffsschrauben zu hören waren. Es war aber nur ein Probelauf. Mit den schweigenden Schiffsschrauben sank die Hoffnung jedoch noch nicht ganz ... Wir gingen an Land, wurden in eine Kutsche gebeten, verzichteten darauf, wollten zu Fuß die Gegend erobern, waren in Straßen mit westlich ausgestatteten Boutiquen – kaum zu glauben, welche Auslagen in den Schaufenstern: gar nicht burkamäßig, sehr freizügig, (wie passt das zum Islam?). Die Seitenstraßen strotzten vor Dreck, dann standen Elke und ich vor einer beeindruckenden Moschee, wollten sie auch betreten, unbeschuht. Elke war schon bedeckt, fast in Burka gekleidet, um in das Heiligtum eintreten zu können. Wurde aber nichts, denn ein wichtiger Mann mit noch wichtigeren Männern kam, ließ sich die Hand küssen und lief in das Gebäude, wo schon das Fernsehen wartete. Draußen auf dem Minarett hörte man einen Muezzin, hervorragend war sein verschleifender Gesang mit Vierteltönen. Ich konnte schwelgen in solchem

Melodienreichtum. Kleine Entschädigung für bisherige Pannen ...

Die Schiffsbesatzung wartete noch einen Tag auf neue Ersatzteile aus Deutschland. Die waren aber nicht auf Lager, mussten erst angefertigt werden! Unserer hervorragenden weiblichen Reiseleitung gingen schon die Nerven durch. Mit Tränen kämpfend, schilderte sie die Situation. Wir mussten also den Besuch des berühmten *Katharinenklosters* im *Sinai* streichen, um den zeitlichen Reiseplan einzuhalten. Auch ein Badetag im *Roten Meer* mit Schnorcheln in der Meeresunterwelt fiel dem Zeitplan zum Opfer.

Und immer fuhren Riesentanker, hell beleuchtet, an uns vorbei in den Suezkanal, wohin sich mein Herz ebenfalls drängte. Und noch ein Riesenschiff, ein Farbenspiel des Nachts, fast wie Geisterschiffe glitten jene vorbei. Ein noch größeres Farbenspiel an Sonnenaufgang wie Sonnenuntergang. „Und Gott sah am siebenten Tag, dass alles gut war.“ Unser inzwischen siebenter Tag sah nicht so aus!, trotz guten Frühstücks und immer lächelnden Kellnern, die sogar die Stühle zurechtrückten, so viel Aufmerksamkeit war mir zu viel. Es erhöht natürlich oder sollte erhöhen die Trinkgelder ...

Dann wurden alle Schiffsgäste in den Salon gerufen zu einer höchst wichtigen Information. Die Schiffsleitung hatte sich entschlossen, die weitere Reise aufzugeben.
Am nächsten Morgen um 3 Uhr wecken, frühstücken und in 5 Busse verteilen, im Konvoi mit Polizeieskorte ab nach

Alexandria, weil die gecharterte Air Berlin für *Kairo* keine Landeerlaubnis erhalten hatte.
Fünf Stunden Fahrt durch das *Nildelta*. Wer weiß oder wusste, dass ein Delta dermaßen groß sein kann, ein fruchtbares Schlemmland, das die meisten Busreisenden verschliefen. Ich jedoch sah die Fellachen auf ihren Flächen arbeiten, sah die vielen Wassergräben, die das Wachstum auf den Feldern beschleunigen, sah Grün endlos.

Dann kam schließlich der Moloch von *Alexandria*, diese einstmals herrliche antike Stadt, und schließlich ihr internationaler Flughafen, geschrumpft zur Größe eines Nordseeinsel-Flugplatzes. Was dann folgte, war ein Schauspiel oberwichtiger Männer, die sich gegenseitig anschrien. Waren wir der Grund? Offenbar war man einem Ansturm von nahezu 200 Europäern nicht gewachsen. In allem Ernst wurde gesagt, dass man dafür einen Vorlauf von einer Woche brauchen würde. Dementsprechend war die Prozedur. Dem Durcheinander konnte sich auch das Durchleuchtungsgerät nicht entziehen und versagte den Dienst. Ein zweites Gerät dieser Art, das herumstand und woran man sich schließlich erinnerte, wurde endlich in Gang gesetzt. Inzwischen wartete die Air Berlin geduldig auf der Landebahn und verpasste dadurch die Anschlussflüge von München nach überall hin. Wir kamen trotzdem in Bremen an. Ein seltsames Wunder! Wohltuend die schnelle Abfertigung am Gepäckband. Man war wieder in der Zivilisation!

Den Oman zu erreisen, blieb aber unser Ziel, der beim nächsten Jahreswechsel verwirklicht wurde.

West-östlicher Divan heut

„Ahlan wa sahlan“ – „Willkommen im Sultanat von Oman“, so wird man in einem der modernsten Flughallen begrüßt, nicht nur auf Transparenten, sondern auch an der Visa-Abfertigung, reibungslos, mit kürzester Wartezeit. Gleiches beim Geldwechsel von Euro in Omani Rial OMR. Das ist das erste Wunder, wenn man andere arabische Länder zum Vergleich heranzieht. Dann nimmt das Wundern kein Ende. In großzügig angelegten, mehrspurigen Highways, an den Straßenrändern endlose Blumenbeete, geht die Fahrt non stop in das ausgewählte Hotel. Rechts und links huschen PKWs, teuerste, meist japanische Modelle, vorbei.

„Dear All, our in-house band along with our colleagues will be singing Christmas Carols ... All are invited to come and celebrate the spirit of Christmas.“ Das ist die Begrüßung im Hotel als weitere Überraschung: Das moslemische Management eines Hotels in der Hauptstadt *Muscat* des legendären Weihrauchlandes *Oman* zeigt, dass es gegenüber Besuchern anderer Kulturen und Religionen traditionell offen ist und keinerlei Berührungsängste hat. Die unverdorbene, berühmte arabische Gastfreundschaft wollte dem westlichen Gast Heimatgefühle geben durch ersatzweise glitzernde Kunsttannenbäume, Kunsttannengirlanden, Weihnachtsmänner und ähnlichen Tand. Dabei durfte keineswegs „Holy night, silent night“ fehlen, das nicht nur in der Lobby in allen möglichen Versionen erklang.

Wer dem westlich-europäischen weihnachtlichen Spektakel entgehen wollte, musste das jeweilige Hotelgelände verlassen. Kilometerweite weiße Strände, Sandwüsten mit goldfarbenen Dünen, Wadis mit ihren tiefen Schluchten, grünen Oasen und kleinen Seen oder die aufregenden Berglandschaften des *Hajargebirges* waren eine unverzichtbare Alternative. Wer nie den Swimming pool verließ und sich nur bräunen ließ, verpasste den weitläufigen Souk der Altstadt von *Muscat*, den an unterschiedlichsten Fischen reichen Fischmarkt in *Matrah*, die einmalig beeindruckende *Sultan Qaboos-Moschee* mit dem größten Teppich der Welt, dem mehrere Tonnen schweren, riesigen computer-gesteuerten Kronleuchter, dies Mammutprojekt, das in das Guinness Buch der Rekorde gehörte.

Eine weitere Überraschung war die auffallend große Sauberkeit der Automobile und Straßen. Es ist kein Witz: Wer mit einem ungewaschenen PKW erwischt wird, zahlt einige Rial. Im Oman herrscht weitgehend von oben verordnete Sauberkeit, die nichts mit Eigenverantwortung zu tun hat. Ständig werden die Strände gereinigt, was in Südländern überhaupt nicht selbstverständlich ist.

Das Land war unter Sultan Said bin Taimur von der Außenwelt völlig abgeschottet und litt unter drückender Armut und inneren Zwistigkeiten. Sogar Reisen zwischen den einzelnen Landesteilen waren nicht erlaubt. Der Sultan weigerte sich, die Öleinnahmen zur Verbesserung der Lebenslage seines Volkes zu verwenden, als diese in den 1960er Jahren zu fließen begannen. Als der Sohn des Sultans nach seiner Ausbildung in England heimkehrte, übernahm er bei einem unblutigen Staatsstreich 1970 die Macht. Sofort beteiligte er das Volk am aufkommenden Reichtum und führte das Land innerhalb von 25 Jahren aus dem Mittelalter in die Moderne. Darum ist er bei seinen Untertanen außerordentlich beliebt, zumal keine Steuern zu zahlen sind. Schulen und Straßen wurden gebaut, ebenso Hospitäler und Privatkliniken. Die ärztliche Versorgung der einheimischen Bevölkerung ist kostenlos, ebenso die verpflichtende Schulausbildung, für Beduinenjungen vormittags, für Beduinenmädchen nachmittags.

Aus ursprünglich circa zehn Kilometer geteerten Straßen entstand innerhalb weniger Jahre eine großzügige Infrastruktur. Zudem wurden Landwirtschaft und Industrie ausgebaut, sowie der Tourismus entwickelt. Trotz dieser Umwälzungen blieb und bleibt eine gewisse Tradition erhalten, zum Beispiel in der Kleidung, denn die meisten Männer tragen die *Dishdasha*, ein weißes, knöchellanges, stets blitzsauberes Gewand. Wer es als Europäer einmal getragen hat, weiß es als lockeres, nicht einengendes, praktisches Bekleidungsstück zu schätzen. Die Frauen tragen oft einen weiten schwarzen Umhang, die *Abaya,* und ein Kopftuch. Junge Frauen habe ich erlebt, die aus dunkel glühenden Augen einen Blick auf dich riskieren und dabei kurz lächeln, andere wieder wenden sich ab und wollen nicht fotografiert werden. Im Sultanat ist keine Verschleierung Vorschrift. Viele der auffallend schönen, großen, schlanken jungen Frauen schminken sich, tragen westliche Kleidung, studieren, fahren Autos, sind in gehobenen Stellungen, wie Dr. Rajiha bint Abdulamir bin Ali, die Ministerin für Tourismus. Hier ist eine beachtliche Zeitenwende eingetreten.

Auf dem Land begegnet man bei Beduinen-Frauen einer auffallend bunten Bekleidung, einem reichen Kopfschmuck und mit Silberreifen geschmückte Handgelenke. Ihre malerischen Batiktücher wirkungsvoll um die Schultern zu schlagen, verstehen sie allemal. Hier vor allem atmet noch die Seele des alten Orients, aber auch in den Souks, den arabischen überdachten Einkaufsstraßen. Du wirst empfangen von einer geradezu farbfreudigen, sinnenbetörenden Wirklichkeit. Nicht nur der Wohlgeruch der vielen Gewürze strömt dir entgegen, auch der Weihrauch verbreitet großzügig seine betäubenden Düfte. Männer machen Geschäfte, darunter siehst du bärtige Patriarchen, würdige Gestalten, das Gesicht gezeichnet vom hohen Alter. Hier und in den Cafés begreifst du, dass diese Menschen etwas haben, das uns längst verloren ging, nämlich Zeit, viel Zeit. Und in dieser Zeitlosigkeit wird die Wasserpfeife geraucht, in deren Bauch es heimelig blubbert und gluckst. Zugegeben, selbst einen leidenschaftlichen Nichtraucher wie mich hat der entströmende Duft nicht gestört, im Gegenteil. So lässt man den Tag vergehen, zwischendurch streicht man sich mit den Handflächen über Gesicht und Bart und genießt das Lüftchen, das vom Meeresstrand einen kühlenden Gruß schickt. Vielleicht denkt der Omani dann an die Sure *Al-Nur* aus dem Koran: „Siehst du nicht, wie Allah die Wolken sachte fortbewegt, sie dann zusammenzieht und zu einem Haufen türmt?“ Und da kann durchaus ein Sturm über den Golf von Oman ziehen, vom Indischen Ozean herkommend. Der türmt die Wellen auf, sodass nächsten tags das Wasser grünlich aussieht von den Algen, die von weit her einströmen. Bald aber ist das Wasser wieder blau, am blausten aber ist der Himmel, und wieder senkt sich Stille auf jene

Welt. Es ist, als ob die Erde selbst ein stummes Gebet zum Himmel sendet und nicht nur der Omani, wenn der Muezzin vom Minarett den Azaan singt, also zum Gebet auffordert.
In jeweils 10 Minuten Entfernung soll eine Moschee für den Gläubigen erreichbar sein. Entsprechend viele Moscheen hat ein Ort. Für viele, längst nicht für alle, wird der Rhythmus des Daseins ganz und gar vom Dienst am Höchsten geprägt, wo nach einer Waschung im Vorhof, der *wudha*, die Moschee barfuß betreten wird. Die rituelle Waschung ist eine Handlung zur Erzielung der rituellen Reinheit, denn es heißt: *„O ihr, die ihr glaubt, wenn ihr euch zum Gebet hinstellt, so wascht vorher euer Gesicht und eure Hände bis zu den Ellbogen und streicht euch über den Kopf, und eure Füße bis zu den Knöcheln ...“* Zur Vorbreitung auf das Ritualgebet nimmt sich der Muslim innerlich vor, die rituelle Waschung zur Zufriedenheit Gottes durchzuführen. In der Moschee findet der Gläubige die *Mihrab*, die nach Mekka ausgerichtete Gebetsnische. Aus 114 Suren des Koran wird der betende Muslim eine auswählen. Koran – das bedeutet *„das oft zu Lesende“*. Vielleicht liest er jene sehr lange, die sich *AL-NAHL* nennt. Dort heiß es in der 81. Sure: *„Allah ist es, der euch euere Häuser zu Stätten der Ruhe gegeben hat ...“* Diese Häuser sind den Blicken Fremder entzogen. Wie überall in arabischen Ländern verbirgt sich das Privatleben hinter dicken Mauern. Und den Eingang dieser Häuser schmücken meist kunstvoll geschnitzte Holztore oder Metalltüren. Jedoch in den Dörfern der Wadis werden mehr und mehr die Lehmbauten verlassen, die verrotten, wenn der Regen sein zerstörerisches Werk beginnt. Ebenso fallen die zahlreichen Forts in sich zusammen. Einige bedeutende sind res-

tauriert, oft von fern sichtbar als bemerkenswerte Blickfänge, wie auch die Dattelhaine in den Oasen, die oft nicht mehr gepflegt werden. Die Jugend will hier nicht arbeiten, überlässt dergleichen bengalischen Wanderarbeitern, und sucht selbst das Heil in Städten.
Es sind nicht die einzigen negativen Zeichen. Für weitere haben wir Europäer offenbar ein anderes Empfinden, einen anderen Blick. Dank des Öls gibt es eine schier grenzenlose Verschwendung an Energie, kostet Benzin doch nur einige Cents. Swimmingpools werden bis zu 30° aufgeheizt, Straßen kilometerweit beleuchtet. Wasserknappheit wird ignoriert durch riesige Besprengungsanlagen, denn Entsalzungsanlagen sorgen für Ressourcen.

Niedrigere Arbeiten lässt der Omani von Ausländern ausführen. Im Baugewerbe sind Bengali und Inder tätig, im Hotelgewerbe die Filipini. So ist die Gesellschaft gespalten. Es existieren, bei genauem Hinsehen, mehrere Parallelgesellschaften. Eine Chancengleichheit gibt es nicht, denn Ausländer sind nur für die Dauer von Arbeitsverträgen im Land. Die Avantgarde der Neureichen lebt hinter Mauern von Traumbauten interessanter, einfallsreicher Architektur. *„Den Turban, der besser schmückt als alle Kaiserkronen"* (Goethe) sieht man in Cafés, wo beim Genuss der Wasserpfeife Geschäfte gemacht werden, vielleicht ein Zeichen der Festschreibung eines gesellschaftlichen Stillstandes. Solidarität, ein Gemeinschaftsgefühl, kann man bei den immer lächelnden Filipinis im Hotelgewerbe beobachten. Zum gemeinschaftlichen Fußballspiel trifft sich die Jugend Omans an den kilometerlangen Sandstränden des Landes. Fußballspiel ist ein hochgeschätzter Nationalsport. Wie aber wird für die schnell wachsende Zahl Jugendlicher die Agenda Zukunft aussehen?

Goethes *West-Östlicher Divan* ist noch in vielem eine Wirklichkeit, jedoch wie lange?

Nord und West und Süd zersplittern,
Throne bersten, Reiche zittern,
Flüchte du, im reinen Osten
Patriarchenluft zu kosten,
Unter Lieben, Trinken, Singen
Soll dich Chisers Quell verjüngen.

Will mich unter Hirten mischen,
An Oasen mich erfrischen,
Wenn mit Karawanen wandle,
Schal, Kaffee und Moschus handle;
Jeden Pfad will ich betreten
Von der Wüste zu den Städten.

Von Erlebnissen in der Wüste ließe sich sehr vieles sagen. Das Reich des Schweigens zeigte uns in der Morgensonne Dünen, wie erstarrte Meereswogen anmutend. Diese Schattenbildung verschwindet jedoch, wenn die Sonne im Zenit steht und der nie ruhende Wind unaufhaltsam den Treibsand zu neuen Ausformungen zwingt und das Beduinenleben erschwert. So wird bald jenes Dasein nur noch Erinnerung sein. Die Wüste übt eine den Menschen verwandelnde Macht aus. Sie greift tiefer in die menschliche Seele und in das Dasein ein als jede andere Landschaft. Eines Tages werden Beduinen nicht mehr von vergoldeten Dünenfirsten auf die Welt herabblicken.

Sehnsucht nach der Wassermühle

Trotz ereignisreicher Auslandsreisen, Uraufführungen und Kompositionspreisen blieb die Sehnsucht nach der *Wassermühle*. Wer kennt nicht Sehnsucht, dieses innige Verlangen nach einer Person oder Sache, die man liebt oder begehrt? Da macht sich das schmerzhafte Gefühl breit, den ersehnten Gegenstand nicht erreichen zu können. „Sehnsucht" bezieht sich bei Plato auf etwas „anderswo Seiendes und Abwesendes". Und das ist bei mir – sehr wahrscheinlich für andere auch – nun einmal diese Wassermühle, die keine ist, dafür aber umso mehr Wasser aus vielerlei Brünnlein fließen lässt. Da muss ich mich jetzt nicht singend zurückträumen:

Wenn alle Brünnlein fließen,
So muss man trinken.
Wenn ich mein'n Schatz nicht rufen darf,
Tu ich ihm winken.

Nicht nötig, denn wir sind schon da, abgeholt, diesmal nicht als Selbstfahrer angekommen, und sitzen bereits am Frühstückstisch auf der Terasse im Freien, um uns, über uns Grünes mit zum Greifen nahen reifen Weintrauben. Und wie angenehm warm ist es hier Mitte September des Jahres 2010, wo doch in Norddeutschland längst Heizungen für Wärme sorgen. Diesmal bedient uns die noch üppiger gewordene Hatice, die – jetzt, nicht mehr assistierend, sondern in voller Verantwortung – Müsli, Rührei, Spiegelei oder gekochtes Ei, weich oder hart, Omelett, je nach

Wunsch, auch das hauseigene Brot serviert. Wir wissen, wo Tomaten, die man hier endlich wieder als solche bezeichnen kann, zu holen sind, dazu selbstverständlich Knoblauch, Gurken, Käse, Oliven, eingelegt in Öl, und was sonst noch Gaumen, Herz und Magen an gesunder Nahrung begehren. Tee, grün oder aus den Bergen oder nach sonstigem Wunsch, auch Kaffee mit oder ohne Milch und selbstverständlich das köstliche Gebirswasser. Nie hat mir jenes besser geschmeckt als hier, wo es unverdorben, unverfälscht frisch aus den Bergen kommt.
Hat sich etwas verändert? Freilich, neu ins Blickfeld geraten Aquarelle, und just zu dieser Zeit fällt ein Sonnenstrahl auf das Bild *Geschenk des Morgens*. Du musst es nicht glauben, trotzdem war es so, dass abends die letzten Sonnenstrahlen auf das *Geschenk der Nacht* fielen. Weitere Aquarelle, wie *Serenade*, *Lebensfreude* und *Aphrodite, die Göttin der Liebe, der Schönheit und der sinnlichen Begierde* nahmen wir als Arbeiten von Imke Helmers freudig zur Kenntnis. Dazu in der angereicherten wertvollen Hausbibliothek die Skulpturen-Bildbände von Gerhard Helmers und seine vergrößerte Sammlung von Bildern in Postkartengröße. Zu lesen ist da auch die spannende, authentisch ehrliche Biografie des Künstlers, der 1992 schrieb: *„Ein wirkliches Kunstwerk offenbart: Was hat dieser Mensch erlebt und erfahren, nicht: Was hat er gewollt oder gedacht."* Leider haben wir uns um eine Woche verfehlt, sind uns aber umso mehr einig über Peter Handkes Ausspruch: *„Die Kunst ist für die Existenz notwendig."*

Die Gastgeberin Brigitte wusste dies ebenfalls und hatte ein entsprechendes Angebot für acht Ehepaare: *Pinara*, als kulturhistorisches Sonderangebot. Hier bewegt sich, bereits von *Fethiye* aus, durch die Zeitläufte eine Flut von Kulturen. Pinara liegt dabei – was die Sache besonders interessant macht – abseits der Touristenströme, in stiller, abgeschiedener Berglandschaft über dem Westufer des antiken *Xanthos*, dem heutigen *Koca Cayi*. Der Weg dorthin geht über eine kurvenreiche Schotterstraße, zwischen kaum erreichbaren Gipfeln des Taurusgebirges, vorbei an gravitätischen Schluchten, über schwindelerregende Nadelkurven in einem bezaubernden, variationsreichen Zusammenspiel von Pinien, Lorbeer, Myrthe, der immergrünen Macchia und farblich sehr unterschiedlichen Felsformationen. Schließlich geht es nur noch zu Fuß weiter. Da musste ich mich bewähren. Ohne Teleskopstöcke und trittfeste Wanderschuhe hätte ich die steinernen Hindernisse und Geröllstrecken nicht bewältigt. Und an ganz schwierigen Stellen kam mir der junge Feriengast Andreas, den ich fortan *Herkules* nannte, zu Hilfe. Er, *der Schützling der Athene*, vor mir, zog mich hoch, wenn ich mich nicht weiterwagte, hinter mir seine Susanne, die ich von da an *Engel* nannte. Warum bediente ich mich nicht meiner Frau Elke als Schutzengel? Die wollte ich nicht zwischen den Klippen mit in den Abgrund reißen! Schließlich war Susanne eine junge, große und kräftige Frau, die sich zur Hilfestellung anbot. Wie war ich froh, den Aufstieg ohne Engelauffang geschafft zu haben!

Da wurden 450 m hoch Überreste der antiken Stadt *Pinara* sichtbar. Ins Blickfeld geriet zunächst überraschend das tiefer liegende Theater mit 27 Sitzreihen, nahezu halbkreisförmig in eine Hangmulde eingelagert. Die Kletterei ging weiter, wenn auch nicht gar so arg. Lohnend die Schufterei, denn an steilen Felswänden, auf halber Höhe oder nahe der Oberkante, waren Hunderte von Grabhöhlen in den 2.000 m hohen Bergkegel gemeißelt. Nur an hängenden Gerüsten und Strickleitern konnten solche Begräbnisstätten entstehen. Und warum so hoch? Offenbar war nach lykischen Vorstellungen das Jenseits als ein Lichtreich zwischen Göttern und Menschen gedacht, zwischen Himmel und Erde, in das die Seelen nach dem Absterben der Körper eingehen. Daneben gibt es aber auch freistehende Monumente wie Pfeilergräber und Sarkophage, die durch Typenvielfalt überraschen. Überreste von Säulen in Herzform und die Darstellung eines Phallus lassen die Fantasie an einen *Liebestempel* aufkommen. Und dann überraschend auch noch Mauerreste, die aus polygonen Elementen zusammengesetzt sind. Ich erinnere mich: Polygon (altgr.: *polýs* ‚viel' und *gonía* ‚Winkel') oder auch Vieleck ist ein Begriff aus der Geometrie und dabei insbesondere der Planimetrie. Ein Polygon entsteht, wenn man mindestens drei voneinander verschiedene Punkte in einer Zeichenebene durch Strecken miteinander verbindet, sodass durch den entstandenen Linienzug eine zusammenhängende Fläche (Figur) umschlossen wird.

Ich weiß nicht, ob Gerhard Helmers früher hier war oder an anderen kulturhistorischen Stätten, gleichwohl schrieb er 1993: „*Das Miterleben der Kulturmomente in anderen Völkern erhebt sie (die Kunst) und mich in ein größeres Menschsein.*" Man kann die Aussage im Angesicht der Nekrologe nur bestätigen. Hier stehst du Sinndeutungen des Lebens gegenüber. Hier wird auch erkennbar, dass die Menschen damals nicht in den Abgrund nihilistischer Verzweiflung fielen.

Beim durchaus nicht leichteren Abstieg, manchmal durch schier undurchdringliches Gestrüpp, buschige Sträucher wie Zistrose und Terpentin-Pistazie, blieb nicht Zeit, über das alte Weltbild nachzudenken. Glücklich wieder im Kleinbus gelandet, ging es weiter zum Mittagessen in die Kleinstadt *Sidyma*. Gegenüber der Moschee gab es am Rand eines Marktgewühls typisch türkische Gerichte: Auberginen mit Kräuterjoghurt oder Feta, eine Auberginenpfanne mit Hackfleisch und Schafskäse, Bohnen in Öl oder Börek mit Lauch, wobei Ayran oder Raki als Getränke nicht fehlen durften. Abschließendes Ziel war der an der inzwischen versumpften Mündung des historischen Flüsschens *Xanthos* gelegene circa 14 km lange und 400 m breite Sandstrand von *Patara* mit von Schilf bewachsenen Dünen und feinem hellem Sand. Das Meer fällt langsam ab, sodass man weit hinaus muss, um schwimmen zu können. Allerdings weht hier ständig ein überaus kräftiger Wind, fast schon ein Sturm. Entsprechend hoch sind die Wellen, entsprechend schwierig auch mein Ein- wie Ausstieg. Die von der Sonne ausgebrüteten Caretta-Schildkröten haben da keine Schwierigkeiten. Für sie ist der Brutplatz offenbar ideal, solange sich der Mensch an dieser Schutzzone nicht vergreift.

Am nächsten Tag erholten wir uns in der *Kidrak-Bucht*, unserem ruhigen Badestrand. Unter einer türkischen Kiefer, der Pinus brutia, konnte ich nachdenken über Erlebtes. Was Williges Jäger, der Leiter des Meditationszentrums St. Benedikt in Würzburg, in seinen Kontemplationen sagt, passt zu unseren Erlebnissen: *Gott inkarniert sich im Kosmos. Er und seine Inkarnationen sind unlösbar miteinander verbunden. Er ist nicht in seiner Inkarnation, sondern er manifestiert sich als Inkarnation. Er offenbart sich im Baum als Baum, im Tier als Tier, im Menschen als Mensch und im Engel als Engel. Es sind dies also nicht Wesen, neben denen es dann noch einen Gott gäbe, der gleichsam in sie hineinschlüpfte, sondern er ist jedes einzelne dieser Wesen – und ist es auch wieder nicht ...* Das hat aber auch schon Angelus Silesius festgestellt, dessen diesbezügliche Texte ich vor Jahren vertont hatte und die im NDR Hamburg zur Uraufführung kamen. Es zeigt sich hier wieder: *„Das Vergangene ist nicht tot, es ist nicht einmal vergangen.“*

Die „Beste aller Ehefrauen“ meinte, bevor ich zur nächsten Uraufführung und Preisverleihung gehe, müsse ich eine angemessene Frisur erhalten. Also fuhren wir mit dem Sammeltaxi Dolmus in die Kreisstadt Fethiye, mitten in das Treiben und Leben, wo gleich mehrere Friseurläden waren. Schon der erste hatte noch keine Kunden. Mit vielen Gesten, diesen kommunikativen Bewegungen der Arme, Hände und des Kopfes, lautsprachersetzend wie auch lautsprachbegleitend, wurden wir uns einig und der Meister legte sich ins Zeug, eine Stunde lang. Da passierten Dinge, die ich vorher nie erlebt hatte, auch nicht in Ägypten, nicht in Tunesien oder Portugal. Lediglich im Basar von Oman konnte der Friseur fast mithalten. Aber hier kam sogar Feuer ins Spiel. Ich dachte: *„Nur ruhig Blut bewahren, du wirst schon nicht zum Brandopfer.“* Jedes Härchen, das unpassend schien, wurde mit flinker Schere wegoperiert, auch an Augenbrauen, Ohren und Nase. Zum Schluss gab es nicht nur eine gründliche Kopfwäsche, auch Kopf-, Nacken- und Rückenmassage. Damit war der Lehrling beauftragt. Selbst Arme, Hände und Finger wurden durchgeknetet. Ich dachte, ein Knochenbrecher ist am Werk. Es blieb aber alles heil. Die Krönung war ein Rasierwasser und Parfüm. Ich stand auf, als hätte ich einen neuen Kopf. Der Spiegel bestätigte mir einen Bartschnitt, wie ich ihn beim Sultan von Oman beispielhaft gesehen hatte. Das Ganze war perfekt in Superlativen.

Beim Abendessen konnte ich den Gästen davon berichten und mich bewundern lassen. Da wollten auch andere wissen, welcher Friseur so gut arbeitet. Andreas, der Herkules hieß, fand zwar am nächsten Tag nicht selbigen Friseur, aber ein x-beliebig anderer war genauso gut. Und der Preis für eine solche Aktion wäre in Germany unverschämt gewesen, hier war er sehr moderat.

Mich wie neu geboren fühlend, konnte ich einem nächsten Ereignis freudig entgegensehen: einer Bootstour von Göcek aus. Für vier Paare standen auf einer Yacht Kabinen zur Verfügung, wir hielten uns aber weitgehend auf Deck auf, um die traumhaften Strände, die abwechslungsreiche Naturlandschaft und das klare, bis auf den Grund durchsichtbare Wasser zu bestaunen. In verschiedenen Buchten war ausreichend Zeit, in ruhigen, wellenlosen, warmen Gewässern zu schwimmen, sogar an Land zu gehen und auf unbewohnten Eilanden ein wenig Robinson Crusoe zu spielen. Ein Mittagessen der Schiffsköchin gehörte zu den zahlreichen Höhepunkten dieser Schiffsreise. Danach war jedem auf Deck nach einer Siesta, sonnengeschützt, versteht sich. Siesta, für Südländer eine Selbstverständlichkeit, für uns bedurfte es hier keiner verschämten Entschuldigung. Alle lagen bald schlafend, während die Yacht den Anker geworfen hatte und nur sanft, sehr sanft schaukelte.

Abends, wie immer, war die Wassermühlen-Chefin, wieder anders herausgeputzt, war Brigitte in ihrem Element, ging an jeden Tisch, begrüßte alle Gäste und erklärte das zu erwartende türkische Abendmenü, eine Speisefolge von mindestens fünf Gängen. *Es wird mit einem Salat beginnen, aus Tomaten und Gurken mit Salatblättern. Der nächste Gang wird eine türkische rote Linsensuppe sein, es folgen, sehr schmackhaft gefüllte Weinblätter à la Turca, als Hauptgericht diesmal türkisches Hähnchen in Gemüsepfanne und als Dessert ein Schokoladenpudding. Und wer will, kann von allem nachbestellen.* Ein allgemeines „ah" bestätigte dann die Vorfreude auf das zu Erwartende. Die Ankündigung anderer Rezepte lautete beispielsweise: *Türkischer Möhrensalat, türkische Bohnensuppe, türkische Kuttel- oder Kirchererbsensuppe, Zwiebel- oder grüne Erbsensuppe und noch unerschöpflich anderes an Suppen. Vor dem Hauptgericht zum Beispiel Linsenfrikadellen, Sigara Böregi – Schafskäse im Teigmantel.* Beispiele, die sich beliebig fortsetzen ließen. Auch für die Hauptgerichte und Desserts wusste Köchin Zehra (abgeleitet von Sara) gute Rezepte, wobei die Vegetarier nicht vergessen wurden. Wie immer bediente schnell und auf leisen Sohlen der freundliche Türke Sadetin, schenkte Rot- oder Weißwein verschiedenster Sorten ein, auch türkisches Bier. Zum Abschluss bestellten wir uns immer Espresso. Das abendliche Lesen im Bett fiel sehr verkürzt aus. Schon fielen die Augen zu. Die nächtliche Ruhe wurde nur selten durchbrochen, höchstens wenn anstelle des verstorbenen Rüden Gipsy die dreijährige Ronga Laute von sich gab, übrigens ein schöner, noch ungebändigter, lebhafter Hund.

Ich hatte mir angewöhnt, jeden Morgen vor dem Frühstück in den kleinen bergwassergespeisten Pool zu steigen. Ein Plädoyer für die Überwindung. Danach gab es kein Espenlaubzittern. Der Körper reagierte mit einem Wärmeschub.
An einem Freitag, dem Sonntag der Moslems, der jedoch kein Ruhetag ist, zog es uns noch einmal nach *Fethiye*. Lebendiges Treiben inmitten einer bunten Farbenpracht belebte das Stadtzentrum. Leider war die Altstadt zum großen Teil durch ein Erdbeben im Jahre 1957 zerstört worden. Jedoch Basar und Fischmarkt zeigen noch kulturelle Tradition. Die Überfülle an Angeboten lässt nicht vermuten, dass das Mittelmeer überfischt sein soll. Abseits vom Klimbim für Touristen wurde Elke in einem Zwischending von Basar und Konfektionsladen fündig. Spezielle Hosen, made in Nepal, konnte sie hier für uns beide sehr preiswert und von hoher Qualität erstehen. Im kleinen Landhotel dann allgemeine Bewunderung über Schnitt und Muster. Wer sich im Urlaub mal so richtig verwöhnen lassen möchte, ist im türkischen Hammam bestens aufgehoben. Die Anlage ist circa 400 Jahre alt und bietet Mann und Frau Entspannung mit Massage zum günstigen Preis. Leider kamen wir bei diesem Besuch nicht dazu.

Auf dem Rückweg zur Zentral-Bushaltestelle standen wir vor der großen Moschee in *Fethiye-Calis*. Als der Muezzin mit dem Ruf „Gott ist am größten“ – „Allahu akbar“ zum Gebet aufforderte, folgte kaum jemand. Verwunderlich, denn im Koran heißt es doch:

O Ihr, die ihr glaubt!
Wenn am Tage des Versammelns (Freitag),
zum Gebet gerufen wird,
dann eilt zum (gemeinsamen) Gedenken
an Allah und lasst den Handel ruhen.
Das ist besser für euch,
wenn ihr es nur wüsstet.
Und wenn das (Freitags-)Gebet beendet ist,
dann zerstreut euch
und bemüht euch wieder um Allahs Gaben.
Und gedenkt Allahs häufig,
damit ihr erfolgreich werdet.
(Koran 62/9)

Nah einer prophetischen Tradition sind Sklaven, Frauen, Kranke und Kinder von dem Gemeinschaftsgebet ausgenommen. Schulkinder, kleine wie große, in ihren Schuluniformen, kümmerten sich folglich nicht um den Ruf des Muezzins. Auffallend waren aber deren gesittetes Benehmen und deren saubere, gepflegte Schultracht. Jede Schule hat ihre eigene Uniform. In der Mittagspause frönen jedoch alle Jugendlichen der Unsitte, die auch bei uns herrscht, Fastfood zu kaufen. Frauen mit Kopftuch sahen wir nur sehr selten, verschleiert oder gar mit der Burka überhaupt nicht, also keinen Kreuzzug unter der Flagge des Kopftuchs und im Namen Allahs, den „verschleierten Verstand“. Es scheint so, als ob es hier keine Infragestellung der Gleichheit der Geschlechter gibt. Die Stadt macht einen durch und durch säkularisierten Eindruck, zeigt europäische Verhaltensnormen.

Nach Auskunft unserer Hotelchefin Brigitte ist es jedoch auf dem Land anders, da herrscht noch „das heilige Recht auf den Unterschied“, da gelten noch strenge Konventionen. Brigitte wusste zu berichten, dass sie ihre Köchin Zehra zur Selbstverwirklichung energisch ermuntern musste, zur Entfaltung der eigenen Persönlichkeit durch das Realisieren von Möglichkeiten, die ihr in der Wassermühle geboten wurden. Dabei sei die Köchin ein anderer Mensch geworden, wurde wach, aus sich selbst zu leben, über sich selbst zu bestimmen und zu sich selbst zu finden.

Am Ende unseres Türkenurlaubs frage ich: Werden weiter die Vorbehalte schwelen, die Türkei in die EU aufzunehmen? Quo vadis?

Bei völliger Dunkelheit um fünf Uhr früh mussten wir die Wassermühle verlassen. Gastgeberin Brigitte ließ es sich nicht nehmen, uns bei einem Kaffee zu verabschieden und uns – herzlich umarmend – noch ein Lunchpaket mitzugeben. Wetterleuchten begleitete unsere nächtliche Fahrt zum Flughafen *Dalaman*. In den Bergen war ein sehr weit entferntes Gewitter, dessen Blitze nur als helles Flackern am Horizont erschienen. Auch das kleinste Licht hat seine Atmosphäre, stellten wir wehmütig fest. Werden wir uns wiedersehen? Wir hoffen es ...

„Der Tod begleitet das Leben wie der Schatten das Licht"

Das sagt Rafik Schami. Aber wer denkt schon an diesen oft unsichtbaren Begleiter? Du denkst auch nicht ständig an eine entsprechende Mail. Und doch musst du plötzlich lesen: *„Andreas ist gegangen."*

Und Sophia Kefelas, unsere griechische Freundin, im Peloppenes lebend, ergänzte: *„Wir wussten seit zwei Jahren, dass unsere gemeinsame Zeit begrenzt war. Sein krankes Herz wurde schwächer, der Prostatakrebs wurde aggressiver, die fortschreitende Demenz war nicht aufzuhalten. Ich habe ihn gepflegt und um ihn getrauert und Abschied von ihm genommen, jeden Monat, jede Woche, jeden Tag. Anfang September wusste ich, dass er den Winter nicht überstehen würde. Der Verfall kam noch schneller. Ich habe inständig gehofft, dass er diesen Zustand nicht lange ertragen muss ... Am Nachmittag hat er mich ein letztes Mal klar angesehen und meine Hand gedrückt. Ich habe ihm ein letztes Mal gesagt, wie sehr ich ihn liebe. Dann hat er die Augen fest zugemacht und mit dem Leben abgeschlossen. Er wollte sterben. Um 1:20 Uhr hatte er es geschafft. Er hat seinen Kopf ja immer durchgesetzt ... Andreas' Kleidung für den Sarg hatte ich schon vor Wochen heimlich gekauft. Hier ist es üblich, dass der Tote neue schwarze Schuhe, ungetragene Unterwäsche, einen dunklen Anzug mit weißem Hemd trägt. Dass er dazu keine dunkle, sondern seine rote Krawatte tragen durfte, darauf habe ich bestanden. Auf meinen Wunsch hin wurde Andreas auf dem kleinen Friedhof am Meer bei Petrochori beerdigt. Wer diesen idyllischen Platz kennt, wird mein Glück darüber verstehen. Die Beerdigungsfeier war in der kleinen*

Kirche am Friedhof. Als Blumenschmuck habe ich weiße und rote Rosen gewählt. Die Totenmesse und die Bestattung waren so schlicht und liebevoll, dass ich getröstet in mein leeres Haus zurückkehren konnte.

Die Schilderung von Sophia trieb mir die Tränen ins Gesicht, ließ mich nochmal schamhaft an jene Situation denken, als ich meiner lieben toten Schwiegermutter nicht begegnen wollte. Verzeih es mir, liebe Anneliese. – Sophia, wie auch vorher Elke, wurde mir zum Vorbild, durchlebte bei ihrem Andreas den Tod in allen Aspekten, letztlich sogar als tiefe Ruhe und Befreiung.

Altenberg

Von seiner schönsten Seite zeigte sich der Altenberger Dom am 13. Oktober 2010 früh: Die durch das große Westfenster strahlende Morgensonne lieferte den vielfarbigen „Spot“ für Domorganist Rolf Müller und Landrat Rolf Menzel, als die beiden ihr Geburtstagspaket zum 30. Jahrestag der Dom-Orgel auspackten. Am Sonntag erklingen auf der Klais-Orgel – „neben dem Fenster das Highlight im Dom“ (Rolf Menzel) – drei brandneue Kompositionen, die dem kostbaren Instrument sozusagen auf den Leib geschneidert worden sind und es ins beste Licht rücken sollen.
Einen Komponistenwettbewerb hatte Müller im Rahmen der Regionale 2010 unter Schirmherrschaft des Landrats ausgelobt, und er konnte sich über 50 Teilnehmer aus Deutschland, Dänemark, Belgien, Schweden und Österreich freuen. Eine sechsköpfige Fachjury verteilte die Preisgelder, die von der Kulturstiftung der Kreissparkasse Köln bereitgestellt worden waren: Der mit 2.500 Euro dotierte erste Preis ging an den norddeutschen Professor Günter Berger, der zweite (1.500 Euro) an Franz Stanzl aus Bergheim, der dritte (500 Euro) an Franz Surges aus Eschweiler.
Erste Aufgabe der Komponisten war natürlich, das Potenzial des 1980 in Bonn gebauten und mehrfach nachgerüsteten Instruments zur Geltung zu bringen, sich aber auch mit der Geschichte der Abtei auseinanderzusetzen. Begeistert blätterte Müller in den akkuraten Partituren: „Hier sind zum Beispiel alle wichtigen Stationen des Dombaus in fünf Miniaturen thematisiert“, weist er auf die Notenfolge des dritten Siegers Franz Surges, die *Altenberger Notenblätter*

heißt. Der junge Bergheimer Franz Stanzl variiert das Kirchenlied *Ein feste Burg ist unser Gott*. Zahlreiche Zitate aus der Gregorianik sind hier wie auch in den Kompositionen von Günter Berger zu finden – die sind Garant für süffigen Klang und Gänsehaut-Effekte. Domorganist Müller freut sich darüber, dass die Kollegen vor allem die Spezialitäten der Orgel nicht vergessen haben: „Sogar unser Pedalregister Donner 64 kommt zum Einsatz", ruft er und greift sogleich in die Tasten. Die Abteilung „special effects" erzeugt ein täuschend echtes Grollen und lässt ein paar Touristen beunruhigt gen Himmel blicken. Die Trompeteria und auch das 2007 eingebaute Hochdruckregister der Tuba mirabilis, Müllers ganzer Stolz, sind ebenfalls mit von der Partie. „Und ganz viele Oberton- und Farbregister." Der Organist lässt die Röhren noch einmal gewaltig rauschen.
Seit 1980, als die Orgel eingeweiht worden war, gab es keinen Kompositionswettbewerb mehr. „Ein bisschen waren wir seitdem ein musikalisches Museum", gibt Müller zu. „Wir stehen ja in der Tradition des Ortes." Das sei gut so, und die Universalorgel sei ja auch in ihrem Element bei Bach oder den englischen Romantikern. Trotzdem findet Müller die zeitgenössische, oft atonale Harmonik spannend und herausfordernd. „Auch wenn die Klänge nicht immer im konventionellen Sinne schön sind." Ein Abenteuer für neugierige Ohren also, das dann am Sonntag, 17. Oktober 2010, 20 Uhr im Altenberger Dom, von meinem früheren Studenten Michel Voigt erfolgreich eingespielt, stattfand.
In einer (für die kirchenmusikalische Fachzeitschrift Musica Sacra gedachten) Rezension stand zu lesen:
Den Abschluss des Preisträgerkonzertes bildete die erstplazierte Komposition von Günter Berger mit dem außerge-

wöhnlichen Titel „Aus der Tiefe der Zeiten“ – Reflexionen zu „Regula Benedicti, 16“ und dem additionalen Zusatz „Die Horen in 8 Klangräumen“. Abgeleitet aus den täglichen Gebetszeiten des Judentums, nehmen diese Klangräume Bezug auf das christliche Stundengebet in der Aufteilung der benediktinischen Vorschriften und verleihen dem Werk die genuin äußere Struktur. Das gesamte motivische Gefüge dieser Komposition ist aber aus einem Hauptgedanken abzuleiten, der dem gregorianischen Melos entlehnt ist. Die Frühformen des einstimmigen lateinischen Gesanges der Liturgie der römischen Kirche haben unmittelbaren Einfluss auf die Vorformung des Reihentonmaterials vor allem unter dem Gesichtspunkt der Intervallproportion. Diese scheinbare Dichotomie von Gregorianik und seriellen Strukturen geben dieser Musik ein konkretes Gefüge, welches zwar aus prädeterminierten Konstituenten besteht, die aber in ihrer kompositorischen Synthese weit mehr bilden als nur ihre eigene Summe. Und so will „diese Musik ein Dialog zwischen Raum und Zeit, zwischen Klang und Farbe sein, an jenem ehrwürdigen Ort und einer solchen Orgel. Keine Frage, dass ich mich über die Rezension des Verfassers Otto Kalkhoff. M. A. freute.

So beflügelt und bereits mit drei neuen Kompositionswettbewerben beschäftigt, bereiteten wir uns auf eine besondere Reise vor, die durch den Wintereinbruch und extremen Schneefall einem dramatischen Beginn ausgesetzt war: Der Flug von Bremen nach Frankfurt war plötzlich gecancelt. In letzter Minute gelang uns der Umstieg in einen IC-Zug. In Frankfurt stand nach seiner Enteisung der Nonstop-Flug des Airbusses bevor, einem Riesenjet, der uns in sieben Stunden nach *Addis Abeba* brachte.

Äthiopien

Ein Land, fünfmal so groß wie die Bundesrepublik Deutschland, auf einigen Seiten beschreiben zu wollen, welche Anmaßung! Aus einem Land, das die Araber als *Habaschat*, als *Land des Völkergemischs* bezeichnen, Eindrücke wiederzugeben, wie stets nach früheren Reisen, ist nur begrenzt möglich, da die Fülle an Fauna und Flora, an landschaftlichen, kulturellen, folkloristischen und menschlichen Begegnungen so vielfältig, so intensiv und so weitgehend waren, dass ich ein Buch schreiben müsste und trotzdem die optischen, akustischen und vielen weiteren Eindrücke von vollgepressten zwei Wochen mehrerer tausend Kilometer Wegstrecken nicht wiedergeben könnte, fortbewegt teils mit Propellermaschinen, teils mit Vierradantrieb, teils durch Tuk-tuk, der dreirädrigen, wackligen, ungepolsterten äthiopischen Rikscha, darin tüchtig durchgeschüttelt, oder per pedes, aber nicht barfuß, wie meist die Äthiopier, die schon von den alten Griechen *aithiops* genannt wurden, *Menschen mit sonnenverbranntem Gesicht*.
Vielgereist, wie wir sind, hat Äthiopien bei unserer Querschnittsreise – denn mehr konnte es nicht sein – alles Bisherige übertroffen, könnte man sagen. Aber es wäre wohl etwas ungerecht gegenüber Kenia und Südafrika oder auch gegenüber Jordanien mit dem unvergesslichen Petra und Syrien mit den Märchen aus *tausend und einer Nacht*, Israel mit dem Toten Meer, dem Libanon mit seinen letzten Zedern, Marokko mit dem unvergleichlichen Marrakesch, von den Berbern als *das Land Gottes* bezeichnet, Tunesien mit seiner Sidi-Oqba-Moschee in Kairouan, oder gar Ägypten

mit den Pyramiden und den Kairoer nahezu 1.000 Moscheen und koptischen Klöstern, dem Sinai mit dem am Fuße des Mosesberges liegenden Katharinakloster, oder Pakistan mit dem Swat-Tal, dem jetzigen Rückzugsgebiet der Taliban, der Türkei mit Istanbuls Hagia Sophia, rund 500 Moscheen, an der Spitze die Syleiman-Moschee, das Sultanat Oman mit seiner Wüste, den Wadis und sauberem Meeresstrand, der Flussfahrt auf der Newa von Petersburg nach Moskau, Sri Lanka und Südwestindien mit den dortigen Ayurveda-Kuren, gestärkt erlebt, das alles bleibt unvergessen. In 40 Jahren hat sich an Reisewünschen und Erfüllungen viel angesammelt. Fast ganz Europa haben wir bereist, in den ersten Jahren oft als Orgel-Konzertreisen, viel umjubelt, da fehlen nur Bulgarien, Tschechien und Albanien als Reiseländer. Beinahe hätte ich das überseeische Nordamerika vergessen mit dem Death-Valley- und dem Yosemite-Nationalpark.

Trotz allem, Äthiopien bleibt etwas Besonderes im kulturellen Reichtum, der landschaftlichen Vielfalt, in seinen paradiesischen Gefilden, in seiner 3.000 Jahre zurückreichenden, bis heute tief verwurzelten Tradition ethnischer Gruppen, den geschichtsträchtigen Städten, den bedeutenden Klöstern und Kirchen. Äthiopien ist wahrhaftig ältestes Kulturland Afrikas. Einzigartige Landschaftstypen, vom Hochland und dem höchsten Gipfel von 4.500 m bis 120 m unter dem Meeresspiegel, über die Wüste und Savanne bis zum Regenwald, prägen das Antlitz des Landes. Wir lernten die Besonderheiten verschiedener ethnischer Stämme kennen mit ihrem vielfältigen, einfallsreichen Kopf- und Körperschmuck. Und wenn es nur das Gewand aus dem Getreidesack einer Hilfsorganisation war, fehlte nicht das silberne Brustkreuz, selbst bei Kindern, zusätzlich mit einer kleinen Schrift aus Leder versehen, mit der Bitte gegen den bösen Blick. Überall begegnet uns das Kreuz als Zeichen der Erlösung, formenreich gestaltet als Triumphkreuz, als Segenskreuz in der Hand der Priester oder als Prozessionskreuz inmitten der Bevölkerung.

Wir besuchten die geheimnisvollen Stätten der einstigen Königreiche Gondar, Axum und Lalibela. Dort ließ das äthiopische Christentum den Eindruck einer Nähe zum Urchristentum aufkommen. In der Substanz ist hier noch Christentum der ersten Jahrhunderte mit seiner Liturgie und seinen Sakramenten, mit seiner Hierachie, seinem Klerus und Mönchtum zu finden. Sicher ist manches zur Form erstarrt, deren Inhalt und Aussage nicht mehr begriffen werden. Das ist bei anderen Religionen nicht anders. Andererseits lässt sich nicht übersehen, dass äthiopische Christen von einer tiefen Gläubigkeit erfüllt sind. Die äthiopische Kirche steht in der Realität des täglichen Lebens.
Dass wir bewusst – dem hiesigen Rummel und der Verlogenheit flüchtend – die Weihnachtszeit als Reisezeit wählten, ist für manche nicht nachvollziebar. Haben jene Kopfschüttelnden noch nicht bemerkt, dass das Weihnachtsgedicht aus dem Jahre 1841 des oberschlesischen Dichters Joseph von Eichendorff zu einer Farce geworden ist? Man vergleiche mal das Original und meine Umformulierung direkt darunter

Markt und Straßen stehn verlassen,
Markt und Straßen, die Geschäfte,

Still erleuchtet jedes Haus,
Grell erleuchtet jedes Haus,
Sinnend geh ich durch die Gassen
Hektisch strömen Geldeskräfte,
Alles sieht so festlich aus.
Wo sieht es denn festlich aus?
An den Fenstern haben Frauen
Große Fenster haben Frauen
Buntes Spielzeug fromm geschmückt,
Oder Männer reich bestückt,
Tausend Kindlein stehn und schauen,
Nicht, damit die Kinder schauen,
Sind so wunderstill beglückt.
Nein, damit der Umsatz glückt!
Und ich wandre aus den Mauern
Und ich wandre aus den Mauern
Bis hinaus ins freie Feld,
Weit hinaus ins freie Feld,
Hehres Glänzen, heil'ges Schauern!
Denke traurig mit Bedauern,
Wie so weit und still die Welt!
Wie so arm doch unsre Welt!
Sterne hoch die Kreise schlingen,
Autogase Licht verschlingen,
Aus des Schnees Einsamkeit
Hektik, nirgends stille Zeit,
Steigt's wie wunderbares Singen –
Stumm für gnadenreiches Singen –
O du gnadenreiche Zeit!
Ja, dies alles euch noch bleibt!

Das äthiopisch-orthodoxe Christentum empfindet sich als eine *christliche Insel im heidnischen Meer*. Bereits seit dem 4. Jh. gehört Äthiopien zu den ältesten christlich geprägten Staaten der Erde. Das zeigt sich in den alten Bauten der erstaunenswerten Felsenkirchen und Felsenklöstern, die insgesamt alle nur äußerst mühsam zu erklimmen sind. Es zeigt sich außerdem vor allem in der Haltung der Pilger, in Ikonen und dem vielen getragenen Schmuck in Form von Kreuzen.

Zwei deutsche Kirchenlieder, die in den neuen katholischen Gesangbüchern (ganz bewusst) nicht mehr stehen, deren Substanz ich, der einstige Kirchenmusiker, früher als für die Liturgie unpassend ablehnte, wären hier nicht nur im übertragenen, sondern auch buchstäblich im wörtlichen Sinne erlebbar:

Hier liegt vor deiner Majestät im Staub die Christenschar,
Das Herz zu Dir, o Gott, erhöht, die Augen zum Altar.
Schenk uns, o Vater, deine Huld;
vergib uns unsre Sündenschuld!
O Gott, von deinem Angesicht,
verstoß uns arme Sünder nicht ...

Man muss in die Gesichter geschaut haben, die die touristische Umwelt vergessen, sich von jeglichem Fotografieren nicht ablenken lassen, sich voll Inbrunst auf den Boden werfen, das Kiryalayson – unserem Kyrie eleison entsprechend – Dutzende Male ausstoßen, sicher nicht als äußerlichen Lippendienst, sich ständig bekreuzigend dabei den Heiligtümern nähern.

Hier, in diesen Situationen, ist der vom Münchner Hofkammerrat Franz Seraph von Kohlbrenner 1777 entstandene obige Text, von Michael Haydn mehrfach vertont, nicht zu hinterfragen. Es ist, wie es ist.

Das von Franz Schubert vertonte (Mess-)Lied des Textdichters J. P. Neumann gibt ebenso die Haltung dortiger, buchstäblich im Staub liegender Beter am besten wieder:

Wohin soll ich mich wenden,
wenn Gram und Schmerz mich drücken?
Wem künd' ich mein Entzücken,
wenn freudig pocht mein Herz?
Zu dir, zu dir, o Vater,
komm ich in Freud' und Leiden,
du sendest ja die Freuden,
du heilest jeden Schmerz.

Ach, wenn ich dich nicht hätte,
was wär' mir Erd' und Himmel?
Ein Bannort jede Stätte
ich selbst in Zufalls Hand.
Du bist's, der meinen Wegen
ein sich'res Ziel verleihet,
und Erd' und Himmel weinet
zu süßem Heimatland.

Doch darf ich dir mich nahen,
mit mancher Schuld beladen?
Wer auf der Erde Pfaden
ist deinem Auge rein?

Mit kindlichem Vertrauen
eil' ich in Vaters Arme,
fleh' reuerfüllt: Erbarme,
erbarm', o Herr, dich mein!

Süß ist dein Wort erschollen:
Zu mir, ihr Kummervollen!
Zu mir! Ich will euch laben,
euch nehmen Angst und Not.
Heil mir! Ich bin erquicket!
Heil mir! Ich darf entzücket
mit Dank und Preis und Jubel
mich freu'n in meinem Gott.

Wir und unsere Mitreisenden standen in Bewunderung vor dieser tiefgläubigen Haltung der langen Pilgerzüge, die bei sengender Sonne die staubigen, steinigen Bergstraßen und endlosen, steilen Wege dem Ziel voll bepackt, oft nur in Lumpen gehüllt, entgegengingen.

Und so soll es, den Berichten nach, auch zum Epiphanie-Fest sein. Weihnachten ist für sie kein Fest zum Beschenken, erst recht keine Zeit sentimentaler Angelegenheit, symbolisiert vielmehr die Armseligkeit eines Kindes, für das nur eine Krippe da war. Epiphanie, das sogenannte „Dreikönigsfest" dagegen ist hier das eigentliche Weihnachten, eines der ganz großen Feste mit Tanz, Gesang und Musik. Die beliebtesten Instrumente sind dabei Masinko, Waschint und Krar. Die große Kebere, eine Trommel, darf auch nicht fehlen. Die Masinko ist eine einsaitige Violine ohne Griffbrett, die mit vier Fingern innerhalb einer Oktave bedient wird. Die Waschint ist eine Hirtenflöte aus Bambus mit einem größeren Tonreichtum. Die Krar ist eine entfernte Vorfahrin der Leier und des Banjo, hat vier Saiten und ebenfalls kein Griffbrett. Folglich können auf ihr nur eingestimmte Töne durch Zupfen oder Schlagen hervorgelockt werden. Diese Musik kennt keine Harmoniestruktur, dafür aber Verschnörkelungen, Verschleifungen im Vierteltonbereich, zuweilen sehr schnelle Pasagen in den einstimmigen Melodien. Bei einer Volkstanzvorführung konnten wir die mitreißende Musik, die frappierende Kleidung, den einfallsreichen Hals-, Arm- und Kopfschmuck und Tanzbewegungen von schier unglaublicher Beweglichkeit aller Körperteile, einschließlich Hüften und Bauch, erleben. Nun konnten wir erahnen, wie es bei ausgelassenen Feiern zugeht. Den religiösen Hochfesten geht eine Askese des regelmäßigen und langen Fastens voraus, die ihresgleichen in der Welt suchen soll.

Der Ramadan, das islamische Fasten, ist aus dieser Sicht kein echtes Fasten, sondern ein Abwarten bis zur Dunkelheit. Dann schlägt man sich voll. Soll das im Sinne des Propheten gewesen sein? Nicht umsonst sind die Äthiopier schlanke, hochgewachsene Menschen. Hier findest du keine fettleibigen. Die kulinarische Küche lädt auch nicht zur Fettleibigkeit ein, kann in ihrer Vielfalt hier nicht beschrieben werden. Auf jeden Fall fehlen nie Gewürze und Knoblauch. An Festen wird an Ärmste Fleisch verteilt. Darin stehen die Äthiopier den Moslems nicht nach.

Wir waren in das ferne Äthiopien als entschlossene Distanzsuchende gekommen. Zugegeben, eine Flucht vor dem allgemeinen Geschenkerausch, Flucht vor falschem Ritualgenuss und Ritualzumutungen. Wenn es so wäre, wie es 1837 von Wilhelm Hey in kindlicher Formulierung gedacht war und nicht nur wir es noch in heimatlich oberschlesischen Landen im Angesicht einer großen Hauskrippe praktizierten, gäbe es dann kein Ausweichen? Aus dem Kindheitsglauben herausgewachsen, öffnen sich Blickfelder, weiten sich religiöse Vorstellungen, Perspektiven, die nachfolgende Reimverse hinter sich lassen ...

Alle Jahre wieder kommt das Christuskind
auf die Erde nieder, wo wir Menschen sind.
Kehrt mit seinem Segen ein in jedes Haus,
geht auf allen Wegen mit uns ein und aus.
Steht auch mir zur Seite still und unerkannt,
dass es treu mich leite an der lieben Hand.
Sagt den Menschen allen, dass ein Vater ist,
dem sie wohlgefallen, der sie nicht vergisst.

Die hier skizzierte naiv praktizierte häusliche Ritualität steht im Gegensatz zu weihnachtlich vollen europäischen Kirchen, deren Besucher sich einmal im Jahr berieseln lassen, ansonsten das ganze Jahr über an keinem christlichen Festkanon von Gebet, Gesang und Lesung teilnehmen. Wie ganz anders Weihnachten in Äthiopien mit Ursprünglichkeit, Einfachheit und Tiefe, wo religiöse Haltung stets gegenwärtig ist.
Vorchristliche Jahre werden in der äthiosemitischen Sprache als *Ametä alem*, als *Jahre der Welt* bezeichnet und im nördlichen Zentraläthiopien verkürzt mit dem amharischen Symbol:

a. a.

Die Jahre nach Christi Geburt sind *Jahre der Gnade* = *Ametä mihirät* und tragen das Kürzel:

a. m.

Unsere Yoga-Lehrerin Hildegard schickte uns mit ihren Weihnachts- und Neujahrwünschen eine alte Hindulegende, die das „a. a.“ und das „a. m.“ auf andere Weise aufgreift. Der Legende nach missbrauchte die Menschheit das Göttliche im Menschen, eine Entsprechung ist die Geschichte der Vertreibung aus dem Paradies. Das Göttliche wurde seit dem verborgen, war selbst in den Tiefen des Meeres und entlegensten Winkeln der Erde nicht zu finden ... der Evangelist Lukas (17, 20-21) beendet die Suche mit der Antwort:

„Das Reich Gottes ist inwendig in euch“

In *Lalibela* wird die Antwort einerseits sichtbar durch die Haltung der Gläubigen, andererseits durch die monolithischen Kirchen des 12. Jahrhunderts. Sie wurden von König Lalibela, *dem von den Bienen Erwählten*, vor 800 Jahren nicht erbaut, sondern aus dem Felsgestein herausgebrochen. Der Legende nach haben Engel bei diesem Mammutunternehmen geholfen. Man reibt sich die Augen, wenn man davor steht, denn in ihren Ausmaßen und ihrer kunstvollen Ausgestaltung stehen die Bauten der zeitgleichen europäischen Romanik kaum nach, nur dass sie nicht in den Himmel ragen, sondern in den roten Sandstein gemeißelt sind. Über halsbrecherische Treppen, Brücken und durch Tunnel gelangt man oft nur mühsam zu den Kirchenportalen, und über labyrinthische Gänge, oft in gebückter Haltung, sind die meisten Kirchen erreichbar. Trotz der monolithischen Bauweise sind die Kirchen in Haupt- und Seitenschiffe gegliedert, haben fein ziselierte Fenster und Säulenreihen – alles wohlgemerkt aus einem einzigen Felsblock gehauen. Hunderte Priester und Mönche bevölkern diese geheimnisvolle halb-unterirdische Welt; sie hüten Reliquien von unschätzbarem Wert, zahlreiche reich verzierte Kreuze aus Gold und Silber sowie pergamentene alte Schriften. *Das weltliche Auge darf hier verrotten, jetzt ist es das andere, nach innen und oben gerichtete Auge, welches das Sehen übernimmt.* Hier erlebst du Niederwerfung und Lobpreisung, erfährst den *Glanz der tausendfachen Sonne*, lässt zurück das profane Alltagslicht. Kein Wunder, dass der Portugiese Francisco Alvarez, der als einer der ersten Europäer

Lalibela besuchte, berichtete: „... *wahrscheinlich wird mir dies niemand glauben ...*“

Wer den Ehrgeiz hat, in seinem Leben alle wichtigsten Stätten des Weltkulturerbes zu besuchen, muss Lalibela also gesehen haben.

Neue Blume

Aber ich greife weit voraus, muss zurück zur Landung in *Addis Abeba* nach dem Nonstop-Flug aus Europa. Der Name Addis Abeba ließ Märchenhaftes erahnen. Schließlich verrät es der übersetzte Name *Neue Blume*. Von den Höhen des *Entotobergs* mag die Hauptstadt Äthiopiens noch märchenhaft wirken, im morgendlichen Dunst, silhoulettenhaft verschleiert, aber wird sie zum Moloch mit tausend Gesichtern und ebenso vielen Farben, künstlich grellen Plastikfarben, Werbefarben und Leuchtreklamen. Häuser aus Lehm, daneben Hochbauten mit Glasfassaden, Wolkenkratzer und Blechhütten nebeneinander, beängstigend filigrane Baugerüste aus dünnen Holzstangen, nirgends vorher so halsbrecherisch gesehen, Menschen mit Waren, balancierend auf dem Kopf oder auf der Schulter, Tiere, ebenso bepackt, Autos mit schwarzen Wolken aus Auspuffrohren und hochgetürmt beladen, wie es bei uns nie erlaubt wäre, Tuktuk an Tuktuk, diese zweitaktigen äthiopischen Taxis, dicht an dicht, quer oder entgegengesetzt, ein Gewirr auf breiten Straßen oder engen Gassen. Jeden Moment sehe ich einen Zusammenstoß, ein Aufschrei von Elke oder mir, der Fahrer lächelt, der Zusammenstoß bleibt wunderlicherweise aus. Über allem strahlt hell die Sonne, erbarmungslos, da man sich fast immer höher als 2.000 Meter befindet. Sonnenschutz muss auf die Haut, Elke hat vorgesorgt. Ein Gedränge, ein Geschiebe! Und all das verdichtet sich noch auf dem Mercato-Markt, dem größten Freiluftmarktplatz Afrikas mit geschätzten 13.000 Menschen, die hier Arbeit finden, ein Markt, nach Produkttypen eingeteilt für Lebensmittel,

Haushaltswaren, Textilien, Elektronik-Artikel und allem Denkbarem und für uns Undenkbarem. Dies alles im Freien, nach einem Regenguss auf glitschigen und holprigen Wegen und Gassen, wo selbst unser einheimischer Reiseführer Diddi nicht sagen konnte, wo dieser Markt beginnt und aufhört. Produkte für den Alltagsgebrauch, gestapelt, mehrere Etagen hoch, kippen trotzdem nicht um, auch Produkte des regionalen Kunsthandwerks und Antiquitäten für Touristen. Alles ist kaufbar und verkaufbar, auch leere Plastikflaschen, lebende Hühner mit zusammengebundenen Beinen, alte Schrauben und Schlösser, frisch aufgemöbelte blecherne Töpfe, Gewürze und alles, was der Europäer nicht erwartet. Mein Teleskopstock, nach einem Inlandflug bei der Gepäckausgabe vermisst, bekommt hier Ersatz durch ein kunstvolles Edelholzstück. Diddi hatte recht, keine Bange, im Mercato-Markt ist alles zu haben. Heruntergehandelt auf die Hälfte des Preises. Auch mit Stock hätte ich aus dem Labyrinth nicht herausgefunden. Wehe dem, der ohne einheimische Hilfe hier entlangschlendert. Natürlich gibt es auch das andere Addis Abeba mit der *Krönungskirche St. Georg*, dem italienischen Stadtteil *Piazza*, dem Nationalmuseum mit den ältesten menschlichen Knochenfunden, alter und zeitgenössischer Kunst, und vielem mehr. Ich will aber nicht zum wandelnden Lexikon für Addis Abeba werden, dehalb höre ich an dieser Stelle auf mit vielen möglichen weiteren Bescheibungen.

unterwegs, fuhren wir durch Dörfer, wo Schulkinder in ihrer jeweiligen Schulkleidung, mit Heften unter dem Arm, zur Schule gingen oder von ihr kamen, fuhren an Universitäten vorbei, dort ein Gewimmel von Studentinnen und Studenten. Äthiopien hat sich offenbar zu einem lern- und wissbegieriegen Land entwickelt. Wir fuhren auf neuen Straßen, auch solchen, die mit gewaltigem Aufwand sich durch Felshindernisse fressen. Es ging vorbei an herrlichen Landschaften, vorbei an den Seen des Ostafrikanischen Grabenbruchs und in den *Abiata-Shala-Nationalpark*. An und auf den Seen *Abiata* und *Shala* beobachteten wir Dutzende Vogelarten wie zum Beispiel Flamingos und Pelikane. An den putzigen, etwa 50 cm großen Guereza-Affen hatten wir besonderen Spaß. Sie waren gar nicht scheu, sodass wir sie aus nächster Nähe in ihrer baumbewohnenden Lebensweise beobachten konnten. Diese Mantelaffenart ist auffallend schwarz-weiß gemustert. Die Grundfärbung ist schwarz, weiß sind die Umrahmung des Gesichtes, der U-förmige lange „Mantel“ an Schultern und Rücken, die Außenseiten der Hüften sowie die buschige Schwanzquaste. In einer der äthiopischen Hochebenen begegneten wir einer anderen Affenart, den Dscheladas-Affen. Da es hier kaum große Bäume gibt, schwingen sich die Dscheladas auch nicht wie andere Affen von Ast zu Ast, sondern leben auf der Erde in großen Gruppen. Am liebsten fressen sie Gras, Wurzeln und Knollen. Mit ihren wilden Mähnen sehen sie lustig aus. Die Haare der Männchen stehen zu allen Seiten ab. Fast könnte man glauben, sie tragen eine buschige Perücke. Leider

scheuten sie unsere Nähe, weil ihre Erfahrungen mit den Steine werfenden Dorfkindern sie misstrauisch gemacht hatten.
250 Kilometer südlich der Hauptstadt Addis Abeba, in der Nähe von *Shashemene*, besuchten wir ein Dorf der Rastafari-Bewegung, Bewohner, die ursprünglich aus Jamaika nach Äthiopien auswanderten, weil in der Heilslehre der Rastafaris Äthiopien als „gelobtes Land“ gilt. The Rastafarian Movement entstand 1930 aus dem Streik der Zuckerrohr-Schneider auf Jamaika. Aus einer Arbeiterbewegung, die für mehr Freiheit und bessere Bezahlung der Arbeiter kämpfte, wurde schnell eine religiöse Vereinigung. Die Rastafaris suchen ein Leben jenseits der gesellschaftlichen Machtstrukturen. Sie ernannten Haile Selassie I., der sich als 225. Nachfolger des Königs Salomon betrachtete, zum Oberhaupt aller Christen und nahmen die Emanzipationsbestrebungen Selassies in Verbindung mit seiner Position als Messias als Vorbild für eine Emanzipation der Nachfahren der Sklaven und der unterdrückten indigenen Bevölkerung Jamaikas.

In Awassa lernten wir das Projekt „Edget Baandnet Children Center“ kennen. Die Initiative fördert eine Grundschule, versorgt Aidswaisen mit Essen, Kleidung, Medizin und hat eine Rechtsberatung für Frauen eingerichtet. Elke hatte gleich eine Kinderschar um sich, zog mitgebrachte Luftballons aus der Tasche, machte vor, dass sie aufgeblasen werden müssen. Bald flogen sie durch die Luft, lösten Jubelrufe aus, bis auch der erste platzte. So schnell kann Glück ein Ende haben.

Von singenden Quellen

Über einen beschwerlichen, steinreichen Fußweg gingen wir der Einzigartigkeit eines Erlebnisses entgegen. Aus bis zu 50 m tiefen Löchern schöpfen Männer des Borena-Volkes mithilfe einer menschlichen Leiter Wasser und ermutigen sich dabei gegenseitig durch ihren rhythmischen Gesang, wahrlich ein Wunder vitaler Gestaltungskraft! Während die rechte Hand in einem Kübel das geschöpfte Wasser zum Empfänger nach oben wirft, ohne Rücksicht, ob dabei einiges vom Inhalt verloren geht, empfängt die linke im Wurf den leeren Kübel. Das geht offenbar fast wie in Trance, einem konzentrierten Bewusstseinszustand, bei dem man intensiv in enger Folge, wie in einer pausenlosen Kette, arbeitet. Das Angebot, sich einer Pumpe zu bedienen, soll von den singenden Wasserschöpfern abgelehnt worden sein. Sie fühlten sich der Tradition verpflichtet und verbunden. Hier werden Tonspuren gelegt, die das Leben offenbar nicht trist und freudlos erscheinen lassen.

Wir konnten uns von dem faszinierenden Vorgang und ostinaten Singsang kaum trennen, zumal in einer felsigen, baum- und strauchreichen Bucht, wo sich der Gesang an den steilen Felswänden brach, zu einem Orchesterklang anschwoll und wie ein Chorcluster stehen blieb. Uralte Gestaltungskraft und eine animierende, ja nachgerade fröhliche Wirkung lief wie in einem Film ab, zeigte dramatische Tendenzen, schien wie ein Dialog zwischen Landschaft und Menschen. Wie das akustische Ereignis, so war der optische Eindruck nicht minder faszinierend. Zwischen die Menschen drängten sich Kamele und fanden ihre eigenen Tränketröge in einem gesondert abgezirkelten Bereich.

Konsos König

Neunzig Kilometer südlich von *Arba Minch* und des *Chamosees*, inmitten grüner, fruchtbarer Berghänge, lebt das Volk der *Konso*, sesshafte Feldbauern. Sie leben in traditionellen Dorfstrukturen mit einer beeindruckenden Terassenkultur, deren steinerne Feldmauern, von Frauen gebaut, die Voraussetzung für eine landwirtschaftliche Nutzung sind, da so der Boden vor Erosion geschützt und die Speicherung von Regenwasser ermöglicht wird. Die Feldarbeit wird mit zweizackigen Hacken verrichtet, die Felder mit organischen Stoffen und Viehmist gedüngt, eine schwere Arbeit, die oft von Gruppen-Gesängen begleitet wird. Das Handwerk sowie die Landwirtschaft haben sich seit Generationen nicht verändert und sind traditionell tief verankert. An den Hängen wird Hirse und Teff angebaut, die lokale Getreideart, aus der Injera bereitet wird, das Nationalbrot Äthiopiens. Was man aus der sogenannten falschen Banane mit fransigen Blättern herstellen kann, zeigte eine Bäuerin. *„Sie sind unser täglich Brot“*, erklärte sie, die grüne, weiche Rinde von den Stämmen schälte. Die Fladen sind nahrhaft, weich wie Kuchen und schmecken süß-sauer.

Über die Stammesgrenzen hinaus sind die Konso für ihr handwerkliches Geschick und ihren Fleiß bekannt. Sie versorgen mit ihren Produkten die in der Umgebung lebenden Nomaden. Die Männer weben Stoffe und verarbeiten Metall und Holz, ihre Frauen gerben Leder und stellen Tongefäße her.

Die dicht bebauten Siedlungen der Konso liegen auf Hügeln und sind, ähnlich einer Festung, von massiven Steinwällen umgeben. Die Dörfer wachsen von innen nach außen, das heißt, wenn der Platz innerhalb eines Steinwalls nicht mehr ausreicht, wird eine neue Mauer um das erweiterte Dorf gezogen. 3 bis 4 Tore führen in ein Labyrinth von engen Gassen. Diese Bauweise und die vielen Papaya-, Guave- und Kohlbäume sorgen für angenehme Kühle. Jede Familie besitzt ein eigenes eingezäuntes Gelände mit 3 bis 5 Hütten, einer Kornkammer (Kosa), einem Kochplatz und einem Unterstand für Tiere. Die Konso praktizieren Polygamie, ein Mann hat bis zu 3 Frauen und zwischen 6 und 7 Kinder. Eine weitere Besonderheit im Dorf ist das Gemeinschaftshaus (Mora). Ein mehrstöckiges Haus mit offener Grundetage und Gästeboden, der heutzutage mehr als Treffpunkt denn als Wachposten für die Männer im heiratsfähigen Alter dient.

Bei diesem Volk von Holzexperten gibt es einen besonderen Totenkult. Bewundernswert sind ihre geschnitzten lebensgroßen hölzernen Grabfiguren, Totenstelen mit phallischem Stirnschmuck, die zur Erinnerung an Verstorbene geschnitzt und aufgestellt werden. Der Geist des Toten kann so in der hölzernen Skulptur (Waka) weiterleben, so der Glaube. Die Stele eines berühmten Kriegers wird oft von den Wakas seiner Frauen oder der getöteten Feinde umgeben. Ein phallusartiger Kopfschmuck weist auf die hohen kriegerischen Verdienste des Toten hin.

Eine unspektakuläre Audienz in einem durch und durch schlichten Domizil erlebten wir beim König der Konso, eigentlich einem Clanchef. Bereitwillig erklärte er die Lebenswelt, das soziale Umfeld und die Handwerkskunst seiner Untertanen. Er ist Schlichter bei Streitigkeiten und Problemen, ist also Dorfrichter. Der Sinn des Lebens für ihn liegt also nicht nur im Privaten, sondern in der „politischen" Mitwirkung, in der Steuerung der Gesellschaft im Ganzen. Europäische Königsvorstellungen ließen wir hinter uns, denn das Rad der Zivilisationsgeschichte ist hier zurückgedreht. Ich nehme an, dass dieser König trotzdem weiß, wie sich der Zustand der technisch bewegten Welt verändert hat. Vermutlich wird er sagen: Nicht alles, was heute auf fortschreitenden Linien geschieht, ist als Fortschritt zu begreifen. Wäre ein tieferes Gespräch möglich gewesen – da mangelte es an gegenseitigen Übersetzungsmöglichkeiten – hätten wir womöglich Shakespeares große Sentenz *Reifsein ist alles – ripeness is all* – zur Kenntnis nehmen müssen. Aber auch unausgesprochen konnten wir hier und andernorts spüren: „der Zeit Zeit lassen", ein Diktum, längst von Miguel des Cervantes und Pedro Calderón formuliert und von uns heutigen Europäern vernachlässigt. Spätestens hier konnten wir erfahren, dass das Existentielle in die Stille übergeht. Die Stille befreit von Zeit. Zeit verliert den Charakter von Messbarem. Sie nimmt den Herzen bleischwere Strukturen und Gebilde, die das Leben trist und freudlos machen.

Und schon gingen wir einem andersartigen Ereignis entgegen, das uns ins Gemüt kroch oder sagen wir besser „kalt den Rücken runterlief"! Diesmal waren es Flusspferde, deren aufgerissene Mäuler mit ihren Eckzähnen von beängstigenden 70 Zentimetern Länge im *Chamo-See* auf sich aufmerksam machten. Warum mögen die Eckzähne hauerartig entwickelt sein, wo doch diese schwerfälligen Tiere mit ihren fassförmigen Körpern und kurzen Gliedmaßen Pflanzenfresser sind? Furchterregend können sie ihre Kiefer bis zu 150° aufklappen, wohl nur zu Drohgebärden. Doch weitaus furchterregender ist da der Anblick von Krokodilen. Wir sichteten solche von 5 m Länge. Das Nilkrokodil (Crocodylus niloticus) ist eine Art der Krokodile (Crocodilia) aus der Familie der Echten Krokodile (Crocodylidae), das normalerweise 3 bis 4 m lang werden. Unser Boot blieb in respektvollem Abstand zu den unberechenbaren Fischfressern, denn die können urplötzlich in einer Geschwindigkeit lospreschen, wie es von den scheinbar trägen Körpern nicht erwartet wird. Die Fischer der Umgebung lieben überhaupt nicht diese Konkurrenz des Fischfangens.

Zwischendurch übernachteten wir in oft komfortablen Lodges, die meisten davon mit grandiosem Blick auf die Berge oder Täler oder in die Weite der Savanne. Manchmal waren es auch traditionell gebaute Rundhütten, die einen längeren Aufenthalt wünschenswert machten. Die Qualität der Lodges im Safarigebiet von Kenia oder gar der eingezäunten von Südafrika erreichten sie allerdings nie, vor allem nicht im sanitären Bereich und dem der Küche. Aber Gerechtigkeit soll walten. Ich erinnere: Noch keine hundert Jahre ist es her, da waren die Toiletten bei uns Plumpsklos außerhalb des Hauses, nicht nur bei den bäuerlichen Tanten und meinem Großvater im oberschlesischen Schurgast ...

Axum, die Hauptstadt des ehemaligen Axumitischen Königreiches,

unser nächstes Ziel, gilt noch heute als die heiligste Stadt der äthiopischen Christen, da sich hier angeblich die sagenumwobene Bundeslade mit den Tafeln der Zehn Gebote Gottes befinden soll. Das Heiligtum der Juden soll von Menelik, dem Sohn der Königin von Saba und König Saomons, heimlich gestohlen und von Jerusalem nach Äthiopien gebracht worden sein. Wie so vieles im religiösen Bereich, ist dies eine Sage. Im Laufe der Geschichte gab es immer wieder Berichte über vermeintliche Funde der Bundeslade, ein konkreter Gegenstand wurde nie präsentiert. Das angebliche Heiligtum wird in einer Axumer Kapelle verwahrt, in der jeweils ein Mönch sein Leben lang die Lade, die niemand sonst zu Gesicht bekommt, bewacht. Ein immer von seinem Vorgänger auf dem Totenbett ernannter Mönch übernimmt die Wache. Vor der Kapelle, an erhöhter Stelle, steht für jederman sichtbar in strahlend weiß-blauem Gewand ein Bläser, der in regelmäßigen Abständen signalhaft einen langgezogenen Ton auf dem Melekit ausstößt, einem äthiopischen Horn.

Ein solcher Signalton ist ein Ton, der nicht durch Mehrklang oder durch eine melodische Folge ablenken, sondern Menschen auf ein Ereignis hinweisen soll, eine bestimmte Nachricht zu signalisieren hat. Unterstützt wird der Hornton von tiefen Trommeln, paukenähnlichen Instrumenten, die einige Stufen tiefer von stehenden weißgewandeten großen, schlanken Männern mit langen Trommelstöcken bedient werden. Nach dieser Aktion folgt jeweils eine Pause. Was uns eine solche Pause zu bedeuten hat, weiß der Sinfoniker Bruckner zu beantworten: „*Wenn ich etwas besonderes zu sagen habe, muss vorher Stille herrschen.*" Nach der Stille, so wird jeder gute Komponist bestätigen, entsteht Neues. Ohne die Stille kann Neues nicht entstehen, denn ohne sie ist das, was jeweils geschieht, nur eine Fortsetzung des Alten. Stille ist ein viel komplexeres, weiterentwickeltes Hören als Klang. Dazu ist uns eine Geschichte über Bruckners Probenarbeit mit den Wiener Sinfonikern überliefert. Eines seiner großartigen Adagios sollte leiser gespielt werden, noch leiser und noch viel leiser. Schließlich war Bruckner zufrieden. Da musste er sich sagen lassen, dass die Streicher schon längst nicht mehr gespielt hätten. Sein inneres Ohr hatte diesen Adagiosatz fortgesetzt.

In eindrucksvoller Weise wird in Axum also jedesmal aufs Neue der besondere Ort markiert, wird hingewiesen auf die Bundeslade, offenbar verbunden mit der Aufforderung, hier in Ehrfurcht, Demut und Hingabe zu versinken. Unser Reiseführer hatte allerdings solch tiefsinnige Überlegungen nicht in seinem Repertoire.

Von einer einst glorreichen Zeit zeugen riesige monolithische Stelen, Wahrzeichen äthiopischer Kultur, bei denen man sich fragt, wie diese Kolosse zu diesem Platz transportiert werden konnten, nicht nur dies: Hier entstand das Panorama eines Stelenparks. Die größte Stele und einer der größten bearbeiteten Monolithen der Welt, der hier umgestürzt liegt, misst 33,50 m und wiegt 520 Tonnen. Sie ist auf allen vier Seiten bearbeitet. Die sogenannten Stockwerksstelen haben auf ihren Außenflächen „blinde" Türen und Fenster, in Etagen eingemeißelt. Sie versinnbildlichen einen stufenweisen Aufstieg bis zum obersten Abschlussbogen, dem „Himmel“, den Mond und Sterne verzieren. Es sind Sinnbilder des Aufstrebens vom Irdischen ins Himmlische. Die Baustil-Imitation geht ebenso wie die religiöse Idee auf die vorchristliche Zeit zurück, hatte doch das Axumreich ohne Glaubenskämpfe oder Zerstörung früherer Heiligtümer das Christentum angenommen. Etwas außerhalb der Stadt stehen die Ruinen des Palastes der geheimnisvollen Königin von Saba. Die Steinreste mögen für Archäologen und Paläontologen interessant sein, für mich war es in der Stadt die Kathedrale der Heiligen Maria von Zion. Neben der modernen Kathedrale stand die von Kaiser Fasilidas erbaute alte Kathedrale, wo wieder einmal den Frauen der Einlass verwehrt war. Leider sind hier nicht alle Menschen gleich. Männer sind immer gleicher.

wird man mit Rucksack und Wanderstab nicht, auch nicht mit Esel oder Kamel erleben. Selbst bei Vierradantrieb ist auf Pisten, steinigen Wegen und Schlaglöchern, auf Straßen wie Pockennarben, kurvenreichen Serpentinen und engen Windungen nur ein langsames Fortkommenm möglich. Da hilft nur ein inländisches Propellerflugzeug. Die sicheren Maschinen machen nicht nur enorme Entfernungen erträglich. Sie zeigen verkürzt unterschiedliche Landschaften, die gewaltigen Gebirgsmassive, die abgeernteten Felder und immer wieder die kleinen Kreise, die anzeigen, wo das Korn von der Spreu getrennt wurde. Vorher sind die Körner durch die Hufe der Rinder aus den Ähren gepresst worden. Die Tiere fühlen sich bei dieser Arbeit sichtlich wohl, denn hier gilt der biblische Grundsatz: *„Du sollst einem dreschenden Ochsen das Maul nicht zubinden!“* (Dtn 25,4) Nach dem Dreschen beginnt die schwere Arbeit der Menschen. Das Erntegut wird mit der Wurfschaufel stundenlang in den Wind geworfen, der die leichte Spreu fortträgt. Die schweren Körner fallen zu Boden und werden dann ausgesiebt.
Als Kind habe ich ein ähnliches Verfahren in Oberschlesien noch selbst erlebt, wo auf der Tenne in der Scheune mit Dreschflegeln die Körner von Strohhalmen getrennt wurden. Das geschah in einem bestimmten Rhythmus.

Legenden um den Tana-See

Das Ausmaß des *Tana-Sees*, dem großen See im Herzen des Äthiopischen Hochlands, wirkt aus der Vogelperspektive, als wär's das Überfliegen eines Meeres. Eindrucksvoll sind in diesem Lake die Klöster und Klosterkirchen, auf 37 Inseln verteilt. Durch ihre isolierte Lage boten sie seit jeher Schutz für die dort aufbewahrten Kirchenschätze und Handschriften. Die Entstehung dieser für das äthiopische Christentum sehr bedeutenden Orte reicht bis in das 14. Jahrhundert zurück.

Um den See ranken sich fantastische Legenden. So soll die *Heilige Familie* bei ihrer Flucht von Palästina nach Ägypten einhundert Tage lang auf einer der Inseln gerastet haben. Noch heute ist dort ein Halsband zu besichtigen, das die Jungfrau Maria zurückgelassen haben soll. Wer hier einige Wegedistanzen erlebt hat, weiß, dass die Legende eine der Sage verwandte literarische Gattung ist!

An einem Landesteg erwarteten uns Jugendliche, oft mit Schulenglisch: „*What is your name?*" An einer schier endlosen Ladenstraße, die zum Kloster führt, werden Produkte des lokalen Kunsthandwerks angeboten: Mini-Papyrusboote, einfallsreiches Spielzeug, fast aus Nichts hergestellt, blecherner „Silber"-schmuck, Messgefäße, Kreuze und nochmals Kreuze ohne Zahl sowie Perlensschmuck. Einen steinigen, sehr beschwerlichen Weg hatte ich zu überwinden, mit der stützenden Hilfe eines Studenten, der sich auf diese Weise etwas dazuverdiente, bis ich endlich das Ziel erreicht hatte: eine Klosterkirche mit Kloster, Sitz des Wissens, Quelle der Weisheit, Ort der Wohltat und der Nächstenliebe.

Ursprünglich war die orthodoxe Kirche eine Staatskirche, sämtlicher Grund und Boden gehörte ihr, der Kaiser war gleichzeitig Kirchenoberhaupt. In diesen Zeiten flossen Steuereinnahmen in die Klöster, die Finanzierung der uralten Bauwerke war gesichert. Im heutigen Äthiopien hat sich die Situation gewandelt. Grund und Boden gehören dem Staat, privaten oder kirchlichen Grundbesitz gibt es nicht. Mit der Trennung von Staat und Kirche verlor die geistliche Kaste ihre Steuereinnahmen. Ersatz kommt durch Touristen. Nach Empfang des Obulus öffnet ein Laienpriester, Dekan genannt, die Türen der Rundkirche, und jetzt können barfüßig die ikonenhaften Malereien, naiv anschauliche, leuchtend bunte Darstellungen aus dem Alten und dem Neuen Testament, betrachtet und fotografiert werden. Wer sich biblisch auskennt, wird seine helle Freude an den über- und untereinander gestalteten, in farbiger Sorglosigkeit, ohne Perspektive gemalten Bildern haben, ähnlich den Bildzyklen in unseren Kirchen bis hin zu Luthers Zeiten. Herausgehoben sind immer die Leidensgeschichte Christi und die Dreifaltigkeit als Gottheit in drei Personen, somit als drei gleichaltrige, langbärtige Männer, wie es das Dogma will. Das Mysterium der göttlichen Dreiheit wird so erklärt:

Wir glauben, dass der Vater, der Aussender,
in seiner Wesenheit Gott ist;
wir glauben, dass der Sohn, der Gesandte,
in seiner Wesenheit Gott ist;
wir glauben, dass der Geist, der Lebendigmacher,
in seiner Wesenheit Gott ist.
Drei Namen – ein Gott.

Für den in die Kirche Eintretenden wirken diese gemalten Gestalten wie geklonte Personen. Da Gott-Vater, Sohn und hl. Geist völlig gleich gedacht werden, darf der Sohn nicht jünger aussehen als der Vater. Die Gleichheit in der Form dreier Greise lässt mich an die asiatischen Götter denken, an den vielköpfigen Vishnu im Hinduismus und an den dreiäugigen Shiva, *den Glückverheißenden*, der im Shivaismus den Gläubigen als die wichtigste Manifestation des Höchsten gilt. Zusammen mit Shiva werden oft sein Reittier, Vahana, der Stier Nandi, seine Frau Parvati, seine Söhne Kartikeya beziehungsweise Murugan oder Ganesha abgebildet. Die Dreiheit Shiva/Parvati/Ganesha gilt als göttliche Familie. (!)
Wie sinnvoll das im zweiten Gebot ausgesprochene biblische Fremdgötterverbot war und ist, das zugleich im Bilderverbot konkretisiert wurde, beweisen die oben erwähnten missglückten Darstellungen der *Dreifaltigkeit*, die in jeder äthiopischen Kirche zu finden sind. Das Bilderverbot stellt den unsichtbaren Gott in seiner Transzendens gegen die im Bild greifbaren Götter.
Die alttestamentlichen Auslegungen (in Dtn 4,12-20) bekräftigen das Verbot, Gott weder als Mann noch Frau noch Tier noch Gestirn darzustellen, wie es in den kanaanäischen Fruchtbarkeitskulten und babylonischen Astralkulten üblich war und wie ich es an obigen Beispielen aufzählte. Auch die Lutherbibel (2. Moses 20, 1-17) formuliert es klar: *Du sollst dir kein Bildnis noch irgendein Gleichnis machen, weder von dem, was oben im Himmel, noch von dem, was unten auf Erden, noch von dem, was im Wasser unter der Erde ist.*
Diesbezüglich ist der Islam konsequent. Dem Koran ist zwar kein Bilderverbot zu entnehmen, gleichwohl ist es

eine Praxis, in Moscheen auf Bilder zu verzichten, sie jedoch mit dekorativen Koranzitaten kalligrafisch zu schmücken.
Die Äthiopier könnten auf Bilddarstellungen des dreieinigen Gottes verzichten, haben sie doch viele poetische Erklärungen für das Mysterium des dreieinen Gottes. Hier sei noch eine vorgestellt:

Mein Vater und ich und der Heilige Geist
Sind Tür und Tor und Wohnung.
Ich und mein Vater und der Heilige Geist
Sind Majestät und Gnade und Wohlwollen.
Ich und der Vater und der Heilige Geist
Sind Sonne und Licht und Glut.
Mein Vater und ich und der Heilige Geist
Sind Feuer und Flamme und Kohle!
Eine ist die Herrlichkeit, eine die Herrschaft, eine die Kraft, unteilbar!

Neben den bildlichen Darstellungen der Dreieinigkeit nimmt Maria eine bevorzugte Stellung ein, zuweilen gestaltet als bescheidenes, junges Mädchen, dann wieder als starke, reife Frau und Beschützerin der Menschen Äthiopiens. Farbe, überreich gebraucht, entwirklicht dabei die Erscheinung der Einzelfiguren. Um Marias Gestalt, der *Gottesgebärerin* und *königlichen Braut*, ranken sich viele Legenden, die in sogenannten Marienhymnen aufgezeichnet sind, wie die Legende *vom Wunderbaum* oder der *von den dankbaren Arabern*. In einem Fresko der Kirche *Maria vom Krokodil* auf der Halbinsel *Zeghie* im *Tana-See* wird eine anrührende Legende dargestellt: *Auf der Flucht vor Herodes geht Maria barfuß, wie die Äthiopierinnen, auf einem dornenreichen Schotterweg und hat sich den Fuß verletzt. Jakobus, Josefs Sohn aus erster Ehe, der Herrenbruder, versorgt liebevoll die schmerzenden Wunden Mariens.*

Ich versuchte gleichfalls, probeweise auf einem solchen Weg zu gehen. Mühsam kam ich kaum zwei Schritte voran. Die Äthioper müssen unter ihren Füßen wahrhaft eine strapazierfähige Lederhaut haben. Immer wieder sahen wir am Wegesrand die Barfüßigen, entweder mit Wasserkübeln oder mit Brennholz jeglicher Art bepackt. Es heißt, dass oft Wege bis zu 12 km zurückgelegt werden. Hinzu kommt noch der Staub von vorbeifahrenden Autos, der die Menschen in eine schier unsichtbare Wand hüllt, als wär's dichter Nebel.

Im 16./17. Jahrhundert brachten die Portugiesen „Vorbilder" der abendländischen Bilderwelt mit, so zum Beispiel *die Krönung der Gottesgebärerin zur Königin der Schöpfung.* Ebenso wurde bereits seit dem 4. Jh. Marias *Entschlafung und Heimholung* legendarisch ausgeschmückt und bildnerisch gestaltet: Der Sohn umfängt die weiß gekleidete und für den Himmel geborene Seele seiner Mutter. Allerdings ging die äthiopische Kirche in ihrem Marienkult und Marienenthusiasmus nie so weit wie die römisch-katholische mit ihrem skandalösen Dogma von der leiblichen Aufnahme Mariens in den Himmel, das Papst Pius XII. am 1. November 1950 verkündete und in *Munificentissimus Deus* definierte: *Maria, die Mutter Jesu, hat bereits zu Lebzeiten auf der Erde dem göttlichen Ideal-Bild des Menschen voll und ganz entsprochen, so dass sie beim Übergang ins ewige Leben keiner Läuterung mehr bedurfte.* Eigentlicher Inhalt des Dogmas ist jedoch, dass *Maria in Vorausnahme des künfti-*

gen Loses aller geretteten Seelen bereits vor dem Jüngsten Tag die Auferstehung des Fleisches feiern durfte; sie wurde also mit ihrer unsterblichen Seele und mit ihrem Leib aufgenommen. Daher kann es von ihr keine Knochenreliquien geben. (!)
Da ein Dogma die päpstliche Unfehlbarkeit mit dem Konzilsdekret Pastor aeternus 1870 feststellte und obendrein vom II. Vatikanum 1973 in der Konstitution Lumen gentium abermals bekräftigt wurde, ist dieses Dogma als Ärgernis für viele bedeutende Theologen und Gläubige – von vielen anderen Ärgernissen abgesehen – geblieben und zementiert. Auch mein verehrter Liturgikdozent Prof. Dr. Johannes Pinks in Berlin ließ damals seinen Unmut los.

Zurück zu den Bilderwelten für die einstmals leseunkundigen Menschen: St. Georg als Drachentöter fehlt in keiner Ikonen- oder Bilderfolge. Auffallend die dominierenden, großen Augen bei Aposteln, Heiligen und Engeln. Das Auge gilt als Symbol des göttlichen Lichts, das die Dämonen und Krankheiten vertreibt; es kann aber auch in ein Rankenwerk eingebunden oder als schützender Talisman auf Gegenständen abgebildet werden. Besonders eindrucksvoll schmücken gefiederte Engelsköpfe die Balkendecke der Klosterkirche *Debre Berhan* auf einem Hügel bei *Gondar*.
Die Köpfe von Dämonen und Bösen werden immer nur mit einem Auge in Seitenansicht gezeigt. Die Gesichter der Heiligen und Engel schauen dagegen den Betrachter mit beiden Augen an. Die Augen der Engel bewachen die Eingänge der Kirchen oder schauen hundertfältig von den Decken herab. Oft sind die Engel wie in abendländischen Barockkirchen auf Augen, Kopf und Flügel reduzierte Putten. Wäre

hier die Möglichkeit, sich in aller Ruhe in diese Bilderwelt zu versenken, ohne fotografierende Touristen drum herum und ohne Zeitdruck, dann wäre der Sog zur Stille spürbar. In der Stille wären wir dem göttlichen Geheimnis und Wesen des Seins näher. In der Stille würden wir erspüren, was uns allen gemeinsam ist, Christen und Moslems, Buddhisten, Hinduisten, Anhängern schamanischer Kulte: das Meer des ewigen Seins. In der Stille – und nur in ihr – können wir eine Ahnung gewinnen, ein Wissen vielleicht ...
Es gibt Kloster- und Kirchenbereiche, – nicht nur hier, sondern überall in der Welt – die für Frauen und weibliche Tiere (!) tabu sind. Derartige Tabus sind ganz sicher unhinterfragt, strikt, bedingungslos, sie zeugen von Engstirnigkeit, Kleinlichkeit, geistiger Unbeweglichkeit. Leider sind sie universell und ubiquitär.

Weltliche Genüsse

Äthiopien ist nicht nur das Heimatland des Kaffee arabica, es ist mit größter Wahrscheinlichkeit auch das Land, in dem die Zubereitung des Kaffees entwickelt wurde. Darauf ist man stolz in Äthiopien, und deshalb wäre es für die Äthiopierinnen und Äthiopier unangebracht, einfach von *Kaffee kochen* oder *Kaffee trinken* zu reden. In Äthiopien wird Kaffee zelebriert. Eingebettet in die Kaffeezeremonie genießen alle das Erbe des heimatlichen Hochlandes – oft mehrmals am Tag und zu allen denkbaren Anlässen. Ganz egal, ob am Morgen nach dem Aufstehen, ob nach einer üppigen oder einer kargen Mahlzeit, ob beim Besuch von Nachbarn oder Gästen, ohne Kaffeezeremonie ist dies alles nicht denkbar und wäre ein Akt gröbster Unhöflichkeit – gegenüber anderen und gegenüber sich selbst. Der aber vielleicht häufigste und wichtigste Anlass für eine Kaffeezeremonie ist gegeben, wenn eine Frau im wahrsten Sinne des Wortes „Mit-Streiterinnen" einlädt, um einen aktuellen Konflikt zu besprechen und ihn möglichst zu lösen. Die Kaffeezeremonie ist also in starkem Maße eine Frauensache – so stark wie der Kaffee, der den Frieden wieder herstellen soll. Die noch grünen Rohkaffeebohnen rösten die Frauen zu Hause über meist offenem Feuer in Metallpfannen. Dabei werden die Bohnen mit einem Metallstab so lange auf der heißen Blechunterlage hin und her bewegt, bis sie den richtigen Röstgrad erreicht haben. Ist der Röstvorgang abgeschlossen, werden die heißen Bohnen in einen kleinen Holzmörser geschüttet und mit einem steinernen oder metallenen Stößel zu Kaffeepulver zerstoßen. Gleichzeit kocht auf dem

Holzkohleofen Wasser in einer Jebanna. So heißen die äthiopischen Kaffeekannen: ein bauchiges Tongefäß mit Ausgusstülle und einer schmalen, halsförmig hochgezogenen Öffnung nach oben.
Sobald das Wasser kocht, wird das Kaffeepulver mit einem Löffel in die halsförmige Öffnung der Jebanna gegeben. Je nach Ansicht der betreffenden Frau kocht sie den Kaffee nun zwischen ein und drei Mal auf. Zum Rauch der Holzkohle und dem beim Rösten entstehenden Wasserdampf gesellt sich der Duft von Weihrauch, der die besondere Bedeutung der Zeremonie unterstreichen soll.

hat uns nun wieder. „*Äthiopien liegt in den Vorstellungen der Menschen weitaus ferner als Südafrika oder Indien. Düster und gefährlich, ein Land voller Räuber und wilder Menschen – die schön und stolz sind wie ihr Kaiser – aber unzugänglich, alles Fremde verachtend – also ein Land, in das zu reisen, sich jeder fürchtet.*“ So dachten unsere Bekannten. Unser angeblich riskantes und risikoreiches Unternehmen empfanden wir nie so, viel eher damals im Swattal von Pakistan, wo fast jeder Mann eine Kalaschnikow trug. Dass wir nach unserem Ayurveda-Aufenthalt in Südwestindien zum Jahresbeginn 2012 einen lebensgefährlichen Abschluss hinnehmen mussten, hielt ich in einem Gedicht fest, das ich bei der Festrunde anlässlich des 70. Geburtstag meiner Frau vortrug:

Nicht das Lied von Schillers Glocke,
Nein, das Lied „Elke, Günter und ein indisches Taxi“

Fest nun standen auf der Erden
Wir in Indien, sonnverbrannt!
Heute Nacht noch muss es werden!
Elke, Günter! Seid zur Hand.
Von der Stirne heiß
Rinnen muss der Schweiß,
Soll die Fahrt den Fahrer loben,
Doch der Segen kommt von oben.

Und im Taxi, das wir froh besteigen,
Geziemt sich wohl ein heitres Wort;
Denn wenn gute Reden uns begleiten
Geht die Fahrt recht munter fort.
So lasst uns mit Fleiß betrachten,
Was da auf dem Weg entspringt.

Ist der Fahrer zu verachten,
Der da scheinbar Fahrerflucht vollbringt?
Ist es doch, was Menschen zieret,
Dass er auch im Innern spüret,
Was er lenkt mit seiner Hand.
„Weiße Blasen seh ich springen,
Soviel Autos sind im Fluß!“
Das sagt Elke schweißdurchdrungen,
Stampft sehr skeptisch mit dem Fuß.

„Auch vom Schaume rein,
Muss die Mischung sein.“

So tret ich beruhigend ein.
Und so fahren wir halt weiter.
Doch es kommt bald noch viel heitrer!

Ja, der Gattenliebe zarte Sorgen
Wachen auf noch vor dem Morgen.
„*Halt!*“, sagt Elke zu dem Fahrer:
„*Kaltes Wasser ins verschlafene Gesicht,*
Das macht munter, ach, du rücksichtsloser Wicht!

Und aus seinen Augen brechen Tränen,
Biodroge Kat muss man erwähnen.
Taxi Fahrers Hirn ganz leer gebrannt,
schaun wir himmelwärts nun wie gebannt.
Taghell ist die Nacht gelichtet,
Und kein Abblendlicht gesichtet.

Durch der Autos lange Kette
Um die Wette
Fliegen Ritschkas, hoch im Bogen
Spritzen Quellen, Wasserwogen.
Rechts und links die dürren Bäume
Fliegen durch die leeren Räume!

Weicht der Mensch der Götterstärke,
ängstlich sieht er seine Werke
schon im Traume untergehn.
Ja, die Fahrt, welch böses Spiel.
Das, ja das war wirklich nun zu viel.

Der Wahn ist kurz, die Reu ist lang.
Die Zeit verrinnt, das macht uns krank.
Das Flugzeug wird nicht warten,
verfallen werden uns're Karten!
Doch wo die Strenge mit dem Zarten,
wo Starkes sich und Mildes paarten,
da gibt es einen guten Klang.

Der Fahrer kommt da frisch in Gang.
Doch mit den ew'gen Himmelsmächten
ist kein rechter Bund zu flechten.
Aus des Diesels dunstger Wolke, ohne Wahl,
zuckt gewaltig jetzt ein Strahl.

Hört ihr's wimmern schon beim Auspuff?
Geht's gleich gradwegs in des Grabes Gruft?

Doch des Morgens sanfte Röte
Lieblich malt uns jetzt ein Bild.
Ist das wirklich wahr und gilt?
Ja, des Lebens wechselvolles Spiel
erreicht auch uns mit Wohlgefühl!
Steht doch da mit breiten Schwingen,
Flugmotoren willig singen,
dem metallnen Rumpf geweiht,
für den Himmelsflug bereit.

Und das Riesending erhebt sich willig,
Ade, du Indien, gehab dich jetzt gar billig.

Wie nach jeder größeren Auslandsreise, haben wir ein Mehr, ein Zuwachs an Wissen erhalten, spirituelle Erfahrungen gesammelt und ein anderes Gegenwartsbewusstsein gewonnen. Es gilt nun, das Wahrgenommene, das Überwältigende und die Erfahrungen zu verinnerlichen und in der Konzeption von Endlichkeit – Unendlichkeit aufzulösen. Nach weit über zehntausend Kilometern müssen wir dankbar sein, alles unbeschadet überstanden zu haben.

PRESSESTADTNEUSS

Berger neuer Preisträger

Neuss (PN/Sev). Professor Günter Berger ist mit seinem Werk „Österliche Psalmkantate“ neuer Preisträger des Kirchenmusikalischen Kompositionswettbewerbs der Stadt Neuss. Die Jury unter Vorsitz von Dr. Thomas Daniel Schlee aus Wien votierte einstimmig für die Komposition. „Sie ist sehr komplex und reich an unvorhersehbarem musikalischem Material“, so die Juroren. Das mit 5.000 Euro prämierte Werk wird im kommenden Jahr während der Kirchenmusikwoche in der Christuskirche im Juni 2012 uraufgeführt.

Der 1929 in Oppeln, Oberschlesien (dem heutigen Opole in Polen), geborene Komponist Günter Berger wurde bereits im Jahr 1992 mit dem kirchenmusikalischen Kompositionspreis ausgezeichnet. Damals erhielt er den Preis für sein Werk „Passion nach Johannes für Soli und gemischte Chöre“. Diese Komposition wurde am 27. März 1992 anlässlich der 36. Kirchenmusikwoche unter der Leitung von Joachim Neugart uraufgeführt.

Das war eine Überraschung, denn eine Mitteilung war überfällig. Längst hatten wir Urlaubsziele und andere Aktivitäten verplant. Es gelang gerade noch, den Termin für die Uraufführung zu retten. Und da hatte ich folgende Einführung für die Zuhörer vorbereitet:

Sehr verehrtes Prämieren-Publikum!
Lassen Sie mich zu meinem österlichen Psalmenkonzert einige Gedanken ausführen.
Das soeben gehörte Stabat Mater von Giovanni Pergolesi und die zu erwartende österliche Psalmkantate sind Fundamente biblisch-christlicher Theologie. Die Einheit und den Zusammenhang von Theologia crucis und Theologia gloriae hat die Kantorin Ulges-Stein bei ihrer Programmgestaltung hergestellt.

Und darum müssen Sie, verehrtes Publikum, die Spannung zwischen Barock und Gegenwart aushalten, wenn sich Historie und gegenwärtiges Bewusstsein begegnen. Das Barockwerk, nachdem es erklang, muss sich nicht in seinem geschichtlichen Sosein verkapseln. Hörerfahrung muss nun übergehen in Hörerwartung. Um einem aufgeschlossenen Publikum verständlich gegenüberzutreten, möchte ich auf das künstlerisch-schöpferische Phänomen nicht so sehr analytisch eingehen, als vielmehr auf andere Aspekte verweisen.

Wer die Auferstehungsgeschichte in ihren Einzelheiten kennt, weiß, dass sie von den Evangelisten äußerst unterschiedlich verkündet wurde. Bei Matthäus gibt es ein Erdbeben, Wächter, die vor Angst zittern, einen Engel, leuchtend wie ein Blitz. Bei Evangelist Markus sind es drei Frauen, die das leere Grab sehen, und ein Jüngling im weißen Gewand, bei dessen Anblick sie erschrecken. Ähnliches berichtet Lukas. Der Bericht des Evangelisten Johannes ist am kürzesten. Keiner der Evangelisten berichtet von einer triumphalen Auferstehung. Es ist ein leeres Grab zu sehen, mysteriös die Leere. Musikalisch zeigt sich die Leere in einem lang verhaltenen Klarinettenklang, überschrieben mit mistico, und einer großen Fermate der im Pianissimo verharrenden Streicher. Mysteriös, von Mysterium kommend, meint einen geheim bleibenden Kern, einen Sachverhalt, welcher sich der eindeutigen Erklärbarkeit prinzipiell entzieht – nicht einfach eine nur schwer mittelbare oder zufällig verschwiegene Information.

Wichtig genug, um fünfmal als Kernsatz in einer sogenannten Antiphon zu erscheinen. Die Fünfzahl ist dabei nicht zufällig gewählt. Erinnert sei an die fünf Wundmale Christi, an fünf

Brote, mit denen Christus die Viertausend speiste, an die fünf klugen Jungfrauen im Matthäus-Evangelium, erinnert sei an die fünf Bücher Moses, deren Hauptinhalt die Gottesoffenbarung und der Bundesschluss auf dem Sinai sind. Schließlich ist die Zahl fünf nach Pythagoras das Pentagramm, gebildet aus fünf Dreiecken, die vollkommene Zahl des Mikrokosmos Mensch. Also fünf musikalische Abschnitte, für jeden leicht erkennbar durch Klopfzeichen und abschließenden Allelujagesang.

Aber was sollen die Klopfzeichen, mit denen das Werk beginnt? Wer klopft, wünscht Einlass. Wer hier klopft, will Teilhabe an dem Geschehen, einem Geschehen, das von Zweifeln begleitet wird, wie die Geschichte vom ungläubigen Thomas zeigt, wie die Geschichte der Emmausjünger bei Lukas belegt. „Warum lasst ihr in eurem Herzen solche Zweifel aufkommen? Seht meine Hände und meine Füße an: Ich bin es selbst. Fasst mich doch an und begreift." So spricht der Auferstandene, wie Lukas berichtet.

Das musikalische Geschehen folgt nicht einer räumlichen, zeitlichen oder gedanklich linearen Aufreihung der biblischen Geschehen. Denn das Werk ist nicht als Programmmusik geschrieben, gleichwohl enthält es bildhafte Aspekte, evoziert in einigen Passagen Vorstellungen, die als Erdbeben, als Zittern der verängstigten Wächter, als Eilen zum Grab oder als großes Staunen gedeutet werden können. Wer Musik so wahrnehmen will, sei daran keinesfalls gehindert, kann im instrumentalen, gesangsfreien Spannungsfeld seiner Fantasie Raum geben, denn Musik ist in ihrer Aussage vielschichtig, auch verschieden erlebbar, entsprechend reflektierbar.

Wie werden Sie, liebe Hörerinnen und Hörer, die Passage der Streicher aufnehmen, wo Mikrotonalität verlangt wird? Werden die einen sagen, die Streicher sollten ihre Instrumente stimmen, andere Hörer empört meinen, die Streicher müssten sauberer ihre Töne greifen?!
Der Komponist hat eine solche Passage absichtlich geschaffen. Es geht nicht darum, Hörer zu provozieren. Wer dem Gestaltungsdrang absoluter Musik nicht folgen kann, hat hier die Möglichkeit, die Musik programmatisch aufzufassen, nämlich in dem fragenden, offenen Streicherklang über Glaubenszweifel nachzudenken. Vielleicht ist mein Werk generell geeignet, Nachdenklichkeit und Betroffenheit über Jenseitsfragen auszulösen oder auch historisch-kritischer Bibelauslegung nachzugehen.
In dem Zusammenhang war für mich sehr interessant zu erfahren, wie Joseph Ratzinger, der jetzige Papst, in einem Aufsatz „Zur Lage von Glaube und Theologie heute" (1996 – in Glaube-Wahrheit-Toleranz. 4. Aufl. Freiburg 2005, 95-111, hier 108) Stellung bezieht: „Die historisch-kritische Methode der Exegese will das Vergangene als Vergangenes erkennen ... Und weiter heißt es dann: Deswegen vermittelt mir historisch-kritische Exegese die Bibel nicht ins Heute, in mein jetziges Leben hinein. Das ist ausgeschlossen. Sie entfernt sie im Gegenteil von mir und zeigt sie streng in der Vergangenheit angesiedelt."

Ich belasse es bei diesem Denkanstoß, obwohl es, zugegebenermaßen, jetzt interessant werden könnte. Aber dies ist eine Konzertveranstaltung, kein theologisches Seminar. Trotzdem, es geht in der Kirchenmusik um Gott, und das heißt per definitionem, dass wir es mit dem Unsichtbaren, Unbegreif-

baren, Unverfügbaren zu tun haben. Da ist nur eine Form des Verhaltens angemessen, herausgefordert, eine solche, wie sie in den von der Kantorin Ulges-Stein ausgesuchten Psalmversen, solistisch dargeboten, zur Aussage kommen.
Menschen singen zu Gott in Lobpreisungen ob seiner Macht und Größe. Aber auch die eigene Lebenssituation wird vor Gott zur Sprache gebracht. Auf dem Hintergrund des Christusereignisses erhalten die ausgewählten Psalmverse einen neuen Verständnishorizont, ohne dadurch aus ihrem Wurzelgrund gerissen zu werden. Mit Hans Küng könnte man ergänzend dazu sagen: „Glaubend traue ich diesem Gott alles, auch das Letzte, auch die Überwindung des Todes zu. Der Schöpfer, der aus dem Nichtsein ins Sein ruft, vermag auch aus dem Tod ins Leben zu rufen." (aus „Existiert Gott" S. 743, Piper)

Paradisi gloriae, das ist der Schlusstext beim Stabat Mater. Das ist aber auch die Schlussmusik der Psalmkantate, ein Hinführen in jenseitige Gefilde, die niemand kennt, in Paradisi gloriae. Wie unterschiedlich kann die Vorstellung von Paradisi gloriae musikalisch sein! In der Psalmkantate wird das Choralmotiv „Christ ist erstanden" vom Kontrabass über Violoncello, Bratsche, Klarinette, ritardierend über die 2. Violine bis in höchst erreichbare Töne der 1. Violine geführt und verschwindet gleichsam in Sphären.

Es ist die seltsame Mischung aus Oper und intensiver Frömmigkeit, die uns im Stabat mater Pergolesis begegnet und das Publikum begeistert. Bedenken wir aber, dass nach nahezu 4 Jahrhunderten einiges an Rhythmik, an Harmonik, an Mikrotonalität, an instrumentalen Gestaltungsmöglichkeiten, auch an Instrumentenbau hinzugekommen ist. Da gilt ein Ausspruch Theodor Fontanes: „Alles Alte, soweit es Anspruch darauf hat, sollen wir lieben, aber für das Neue sollen wir recht eigentlich leben." An diese Maxime halte ich mich. So zitierte ich mehrfach Alleluja-Melodien aus der Gregorianik, einer Blütezeit des Melodischen um 600, 700. Aber Musik, wie alles im Leben, entwickelt sich weiter. Musikern wird heut eine sehr virtuose Spieltechnik samt Artikulationsmöglichkeiten abverlangt. Für den Bereich der Klarinette zum Beispiel möchte ich dem Laienpublikum die geforderten Spielmöglichkeiten dieser Partitur aufzählen: Vibrato lento, Vibrato molto, Vibrato mit Zwerchfellakzenten, abgedeckter Griff, Resonanz in der Stirn, im Bauch, in der Brust, Ton und gleichzeitig Luftgeräusch, zartes Klappengeräusch, kräftiges, Doppelzunge aus kurzer Entfernung, tonloses Blasgeräusch, Luftgeräusch durch Einatmen, durch Ausatmen, etc. etc. Auch für den Vokalbereich gibt es eine Vielzahl von Gestaltungsanweisungen, wobei jedem Laien die Glissandi der Solistinnen auffallen werden.-

Unter dem Dirigat von Katja Ulges-Stein gab es eine erfolgreiche Uraufführung. Doch die katholische Fachpresse MUSICA SACRA verweigerte eine Würdigung und angemessene Berichterstattung. Nach 50 Jahren Mitarbeit als Essayist und Leser dieser Zeitschrift sah ich als angemessene Reaktion nur eine Kündigung. Und ich muss mich fragen, was derlei Preise bringen! Auch die Verlage winken ab, denn es fehlt an Absatz. 20 Jahre sind seit meinem ersten preisgekrönten Erfolg der Johannes-Passion vergangen. Die Preise zähle ich schon nicht mehr! Welche Bilanz ist zu verbuchen? Eine provinziale Anerkennung.

Unwiderstehlicher Ort der Anziehung

Einst werde ich liegen im Nirgend
bei einem Engel irgend
Paul Klee, Gedichte, Zürich 1960

Ein Traum wurde Wirklichkeit. Noch im gleichen Jahr, im Herbst 2012, besuchten wir die fantastischen Buchten und Ankerplätze im Archipel von *Göcek*, einem der schönsten Reviere der südwestlichen türkischen Küste. Fünf eng befreundete Paare, die bei Elkes großer Geburtstagfeier zu ihrem 70. nicht dabei sein konnten, waren eingeladen zu einer dreitägigen Bootstour. Ein Club der Vorauseilenden empfing uns Nachzügler am späten Abend mit Gesang, Blumen und viel Halihalo. Da kam eine frohe, gar schwärmerische Stimmung auf, die sich steigerte, als ein kulinarisches Angebot die schaukellose Fahrt einleitete. Da musste sich keiner über Bord neigen. Die orientalische Meeresgöttin Nammu verhielt sich so, als wäre sie zuständig für den ungarischen Plattensee. Da waren die Schleier der Unwissenheit, des Unglaubens oder Misstrauens verschwunden. Keiner mehr glaubte, dass das passieren könnte, was der Apostel Paulus, der dreimal Schiffbrüchige, erlebte. In kristallklarem Wasser, ruhigen und sicheren Buchten konnten wir gefahrlos baden und an vegetationsreiche Strände schwimmen. Eine oftmals geradezu fjordähnliche Küstenlandschaft zog an uns vorüber. Ich habe hier wieder eine große Affinität zum Meer erfahren, muss nicht erst in Meerestiefen abtauchen wie Jacques Cousteau. Nach drei Tagen Sonnen- und Wasserbad war der Aufenthalt in der *Wassermühle*, dem außergewöhnlichen Landhotel in *Faralya*, angesagt.

Und was fandet ihr besser? Oh, bitte nein, nicht diese Frage! Es wäre, als sollte ich Verdi mit Wagner vergleichen. Da nehme ich den Intendanten Nikolaus Bachler zu Hilfe: „*Sie strahlen als Zwillingssterne, ohne sich je zu berühren.*" So schön und erholsam das Baden in glasklaren Gewässern, so schmackhaft die abwechslungsreichen Menüs des Schiffskochs waren, so bezaubernd der Nachthimmel mit seinen Sternschnuppen vom Boot aus zu beobachten war, so fehlte mir etwas, das die Intendantin des Kunstfestes Weimar, Nike Wagner, so ausdrückte: „*In seiner Trieb- und Seelenlandschaft ist Wagner mir näher.*" Susanne und Ernst, Angelika und Phil, Agnes und Jim, Ingrid und Dieter, Elke und ich, jeder mit eigenem Naturell, individueller Disposition und trotzdem im Geichklang zwischenmenschlicher Kommunikation.

Und so kommen wir zum dritten Mal in die nicht vergessene Vertrautheit der *Wassermühle.* Mit jedem Schritt die Steinstufen auf- oder abwärts erfahre ich hier eine Verwandlung. Rechts und links, unter mir, über mir, überall eine Farbkomposition von vielfältigem Grün, geradezu eine dichte pastose Bildwand von dinghafter, atmender Präsenz. Diesmal benenne ich die Flora, weil mir dabei die charmante neue Assistentin Angelika, diese „rubenssche" imposante Statur, gut informiert helfen konnte. Wo soll ich anfangen, wenn mich das üppige Grün rundum umgibt? Ist es der Lorbeerbaum Avocado oder der Dickicht bildende Strauch, der auch zum Baum werden kann, die Kermes-Eiche mit ihren Stachelblättern? Ist es die als Strauch oder Baum wachsende Terpentin-Pistazie mit roten Beeren oder ist es der Mastix-Strauch, dessen Harz verarbeitet wird für die Ölmalerei? Ahorn und der sommergrüne, bis zu 10 m hohe

Feigenbaum ragen in die Höhe, selbst in der Sommerhitze. Segelartige Flügel hat hier die Weinrebe ausgebreitet, bietet nicht nur Schatten, sondern lässt buchstäblich die reifen, süßen Trauben in den geöffneten Mund fallen. Dem unterirdischen Wurzelstamm der Weinrebe entspringen die Fußwurzeln und die oberirdischen Teile der Pflanze winden sich hier lianengleich in nie geahnte Höhen, sogar armdick als altes Stammholz, in dem Katzen zuweilen ein Ruheplätzchen finden.

Steige ich morgens wie neu geboren aus dem bergwasserkalten Pool, stehe ich staunend vor dem Rot einer Calla, Geranie oder einem bunt bemaltem Hahn aus Kupfer, einigen Tongefäßen und antiken großen Holztafeln. Unübersehbar Efeu, an Bäumen und Felsbrocken hochkletternd. Fehlen Mauern oder ähnliche Klimmstützen, so überwuchert der Efeu flächendeckend den Boden. Und ich erfahre, dass er ein Höchstalter von 450 Jahren erreichen kann. Darum oft dicke Verästelungen. Ich komme vorbei an Oregano, an der Heilpflanze Thymian und der Gewürzpflanze Lorbeer. Und dann im Umfeld der Wassermühle die weiße Meerzwiebel mit ihrem reichblütigen, traubigen Blütenstand mit bis zu 40 Zentimetern Länge anspruchslos auf felsigem und sandigem Standort. Steige ich weiter, vorsichtig auf dem Geröll, ein kleines Stück auf dem lykischen Fernwanderweg *Likya Yolu*, der an der Wassermühle vorbeigeht, begegne ich der Mispel und dem Maulbeerbaum. Aus den Baumstämmen werden in der Türkei hochwertige Zupfinstrumente hergestellt.

Auch dem Stechwacholder begegne ich hier oben, ebenso an den steilen Abhängen dem duftenden, immergrünen, heilsamen Salbeistrauch. Stumm erblicke ich im Dunst der

Ferne das Meer, über mir wolken- und makellose Blautöne des Himmels, was Marc Chagall als ein Mysterium bezeichnete. Im Kontrast dazu seitlich felsige Anhöhen. Wie würde denn der Mitbegründer der Worpsweder Künstlerkolonie, Fritz Mackensen, oder Fritz Overbeck oder gar William Turner hier einen Himmel malen? Sie alle müssten die Leidenschaft und Dramatik ihrer Himmelslandschaften verlagern. Einen besseren Ersatz könnten sie nicht finden als in den Rissen und Falten der Felsen, diesen gewaltigen, hochragenden Naturgeweben aus Stein. Welchen Gedankenprozess könnten sie denn sonst entwickeln, um den Pinsel zu ergreifen? Eine Frage und gleich noch eine, an mich gerichtet! Ob ich nicht mein Klavier vermissen würde, mitnichten! Ich werde vielmehr an jene weit zurückliegenden Deutschstunden im Hallenser Gymnasium erinnert, bei der von Lessing die Geschichte des Priesters Laokoon und seiner Söhne – dieser antiken römischen Marmorskulptur – zu einer wichtigen Kunstfrage herangezogen wird. Der Betrachter kann dort die Spannung im Geschehen nachempfinden.
Lessing betont, die Poesie ordne Worte *„aufeinander folgend“*, wie man – so meine ich jedenfalls – in der Malerei ja auch ein Wolkengeschehen „aufeinander folgend“ empfinden kann. Für Lessing ist die Malerei durch Farben und Formen *„nebeneinander“* angeordnet. Und das träfe hier für die gewaltigen Felsmassen zu. Begegnen sich also hier oben Raum und Zeit so, dass Denkmuster durchbrochen werden? Erlebe ich hier in gewisser Weise die Relativitätstheorie? Spricht hier für mich aus Wagners Oper Parsifal: „Ich schreite kaum, doch wähn ich mich schon weit.“ Und Gurnemanz, sein Begleiter, antwortet: „Du siehst, mein Sohn, zum Raum wird hier die Zeit.“ Jedenfalls wird für

mich hier das Tagesbewusstsein zum Schweigen gebracht und die Distanz zwischen Himmel und Erde scheinbar aufgehoben.
Am Anfang dieses Kapitels hatte ich Paul Klee zitiert: „*Einst werde ich liegen im Nirgend bei einem Engel irgend.*“ Mir ist, als wäre solch ein Ort hier. Doch muss ich mich losreißen von dieser Vorstellung der Friedhofsstille, von den Dimensionen dieses Raums der Vergangenheit und der Zukunft.
In der Tat, hier habe ich das Gefühl, der Zeitlosigkeit zu begegnen. Es herrscht, wie der Philosoph F. W. J. Schelling sagt, eine vorgeschichtliche Zeit, eine *ihrer Natur nach unteilbare, absolut identische Zeit, die daher, welche Dauer man ihr zuschreibe, doch nur als Moment zu betrachten ist, d. h. als Zeit, in der das Ende wie der Anfang und der Anfang wie das Ende, eine Art von Ewigkeit, weil sie selbst nicht eine Folge von Zeiten, sondern nur Eine Zeit ist ...*

Vorsichtig, weil immer noch geröllrutschig, gehe ich talwärts. In der Nähe der Wassermühle rauschen die vielfach verzweigten Bächlein, werden hier teils festgehalten, teils zum Dorf Faralya mit seinen etwa 150 Einwohnern geleitet. Der Weg wird zunehmend staubig. Schon lange ist hier kein Regen gefallen. Aber rechts und links *leuchtet mir Silber entgegen, das mal ins Blaue, mal ins Grüne spielt, bronzefarben und beinah weiß auf gelbem, rosa, violettem oder orangem Boden, der bis zum stumpfroten Ocker geht.* Es sind Olivenbäume, die genau so Vincent van Gogh in einem Brief an seinen Bruder Theo beschrieb. Nicht nur die Farben faszinieren mich, es sind die mehrere hundert Jahre alten, krummen, knorrigen Bäume mit einer rissigen Borke und solche mit einer Wuchshöhe von 10 bis zu 20 Metern.

Schon Albrecht Dürer wusste: *Wahrhaftig steckt die Kunst in der Natur, wer sie heraus kann reißen, der hat sie.*
Kaum zu glauben, dass im Allgemeinen die Regel gilt: je krummer und knorriger, desto besser der Ertrag. Mag sein, aber die Ernte wird hier sehr erschwert, da die Bäume der wild wuchernden Natur überlassen wurden und keine Netze die reifen Früchte auffangen können. Trotzdem kann das kleine Landhotel Wassermühle dieses naturreine, kalt gepresste Olivenöl seinen Gästen anbieten. Übrigens: Die Olive begleitet die Anwohner des Mittelmeers schon seit Jahrtausenden. Früheste Schriften der Hebräer, Ägypter, Griechen und Römer erwähnen den Olivenbaum. Nicht zuletzt in der Bibel und im Koran wird der Ölbaum als heilig empfunden und werden seine wohlschmeckenden Olivenfrüchte gepriesen. Schließlich gilt der Ölzweig als ein Symbol des Friedens, schon in biblischen Zeiten. Eine von Noah aufgelassene Taube kehrte mit einem frischen Olivenzweig im Schnabel zur Arche zurück.
Ich überquere die Straße, auf der der Dolmusch, das praktische Sammeltaxi, hält und begebe mich in das Restaurant, das mir einen grandiosen Ausblick in die Schlucht *Kelebekler Vadisi* ermöglicht. *Schmetterlingstal* wird es genannt und gilt als Geheimtipp, allerdings schwierig zu erreichen für mich, den Dreiundachtzigjährigen, zu riskant, die Felswände hinabzusteigen. Ich genieße also die Bucht nur von oben, in einer osmanischen Sitzecke mit vielen Kissen. Mein Zeitgefühl wird hier nicht betrogen, denn am jenseitigen Felsen erscheinen zunächst lautlos Fahrzeuge wie von Geisterhand bedient, auch der Dolmusch, desgleichen am Himmel von der Thermik getriebene Gleitschirmflieger. Ich brauche nicht hart am Wind oder gegen den Wind zu se-

geln, muss mich nicht um die Sicherheit einer Steuerung kümmern, nicht um die Verbindung zu einer höheren oder tieferen Kraft.

Bei einem Glas Ayran, dem türkischen Joghurtgetränk, kann ich die Entspannung, die Gelöstheit, die Ruhe, das tiefe Beisichsein in mich saugen und talwärts blicken, in allerdings inzwischen verwilderte Gärten, denn Einkünfte werden heut nicht durch Gartenarbeit, sondern durch Tourismus erzielt. Im Tal stehen anspruchslosere Unterkünfte. Zwischen den Holzhütten behaupten sich Bananenstauden, Tomaten, Zitronenbäume, Granatäpfel und Orangen. An den riesigen Kakteenblüten tummeln sich Libellen. Die zu Tausenden im Juli und September auftauchenden Schmetterlinge namens Jersey-Tiger bekäme ich allerdings nur weiter unten zu sehen.

Der Muezzin erinnert mich daran, dass die Sonne ihren höchsten Stand erreicht hat. Sein Ruf zum Mittagsgebet, dem ögle, kommt aber nur unverständlich als Echo, als ein Hörereignis von Schallwellen an. Die reflektierenden Flächen der Felswände erzeugen undefinierbare Klangtrauben. Unter diesem musikalischen Ereignis stelle ich mich an den Straßenrand, um den nächsten Dolmusch nicht zu verpassen. *Dolmusch* heißt ja wörtlich übersetzt *soll voll sein.* Das ist auch der Wunsch des Fahrers, damit das Einkommen stimmt. Und so wird das Sammeltaxi so vollgestopft, bis die Tür kaum zugeht. Heut habe ich Glück, einen Sitzplatz zu finden. Ich strebe dem Felsenstrand *Aktas* zu, auf der halben Strecke gen *Kabak*. Wunschgemäß hält der Fahrer am talwärts gehenden Sandweg. Ein vierradgetriebenes Geländefahrzeug bringt mich arg durchgeschüttelt an den Strand. Da geht es „echt panikmäßig ab“, würde es im Jargon von Udo Lindenberg heißen. Aktas wird seinem Namen gerecht, denn die Übersetzung dafür heißt „weißer Stein“. Auf der Schräglage der hellen Steinplatten, diesem malerischen Felsplateau, gelangt man relativ leicht ins warme Meerwasser, dessen Wellen die Steine polieren und glitschig glätten.

Am nächsten Tag wird der historische Ort *Kadyanda*, etwa 18 km nord-östlich von *Fethiye*, besucht. Ercan ist dabei der sichere und lang bewährte Fahrer der Wassermühle, dessen Fahrzeug sich durch gerodete Waldflächen immer höher schraubt. Der anschließende Fußweg ist anfangs unbeschwerlich. Doch bei den Ruinen fängt die Kletterei an. Wir begegnen Resten einer Stadtmauer, Steingräbern, lykischen Inschriften, einem hellenistischen Theater, das die Römer gleichfalls benutzten, einem Bad, einer Laufbahn, der Agora, Ruinen eines Tempels zur Ehre einer unbekannten Gottheit und Resten von Wohnbauten. Dabei muss man sich mit viel Fantasie auf die Aussagen von Archäologen verlassen. Nicht alles ist für mich zugänglich, da mit einiger Akrobatik verbunden.

In dem talwärts liegenden Weindorf *Üzümlü* – ein in der Türkei öfter vorkommender Ortsname – hatten wir die Gelegenheit, die Webkunst der Weberin Yadiga zu bewundern. Zahlreiche Schals hat die Besuchergruppe hier erstanden. Und mit welcher Erfindungsgeschicklichkeit baute ihr Mann eine Spindel! Wir wurden Gäste eines einheimischen Essens, erklommen eine geländerlose Betontreppe, nahmen also eine Etage höher auf Kissen zu ebener Erde Platz. Das sonstige Mobiliar löst keine Emotionen aus. Wie auch in europäischen Arbeiterkreisen darf man keine Berührungsängste mit Kitsch haben. Aber die

Aussicht hier oben ist grandios. So schmeckt das Angebot aus großen Schüsseln umso mehr. Anstelle von Besteck gibt es einen Crêpes ähnlichen Pfannkuchen, Gözleme genannt, der zu einem Löffel für die Speisen geformt wird. Die buchstäbliche Gastfreundschaft zeigt sich bei solchen Einladungen aufs Neue. Es wird aufgetischt und nachgereicht. Schüssel folgt auf Schüssel. Die gesunde türkische Küche habe ich an anderer Stelle schon beschrieben. Selbstverständlich gehören auch Getränke dazu wie Kaffee und Raki, dieser traditionelle Anisschnaps, obwohl Mohammed den Moslems alkoholische Getränke verboten hatte. Schwarzer Tee und Bergtees, auch Ayran sind im reellen Angebot. Danach herzliche Verabschiedung mit Umarmungen.

Im warmen Fahrtwind erreichen wir die Wassermühle und können den Sonnenuntergang bewundern. Da werden wieder Fotoapparate eingerichtet und es beginnt ein Wetteifern mit den Sonnenuntergängen von Claude Monet und anderen Malkünstlern. Erleben wir Impressionismus oder bereits Expressionismus oder gar Surrealismus? Jeden Abend zeigt sich das Schauspiel in anderen Varianten. Immer anders steht die reine emotionsbeladene Farbe im Mittelpunkt. Sie erscheint oft unstrukturiert und großflächig, auch gedämpfte und gebrochene Farben gewinnen an Bedeutung. Die unterschiedlichen Spiegelungen der glutroten Sonne an der scheinbar glatten Meeresoberfläche sind ein besonderes Phänomen. Kein Augenblick gleicht dem anderen. Sonnenuntergänge sind Studien über das Vergehen, über die Zeit und die veränderte Wiederkehr des Gleichen. Die Natur kennt keine einheitlichen Farbgestaltungsregeln.

Danach, in der Dämmerung, begeistert uns wieder die Köchin, die beweist, dass sie ihren Meisterbrief verdient hat. An Vollholztischen aus Kastanien und Nussbaum nehmen wir auf der erweiterten Terrasse bei Candellight ein letztes Mal Platz. Und wo gibt es eine herzlichere Verabschiedung von einem Hotelaufenthalt? Liebevolle Umarmungen mit dem Personal, der Chefin und ihrer Assistentin. Auch der Streicheleinheiten erhaschende Hund fehlt dabei nicht.

Wieder in Dötlingen

Wer wie wir am Rande eines Dötlinger Naturschutzgebietes lebt, der erfährt den Umbruch nicht so abrupt, der ist wieder eingebettet in die Stille, kann den Wiesenzauber einer Hügellandschaft, den Duft einer Heuernte, Erlen mit ihren „Kätzchen" als Blütenstände, kann andersartige Sonnenuntergänge, kann ein stilles Moor und die natürliche Vergänglichkeit mit absterbenden Bäumen meditierend wahrnehmen, nimmt das Fahrrad und fährt durch die flache Landschaft.

Das Private findet also Orientierung im Kontemplativen, ist unpolitisch, protestlos, ohne Grenzerfahrung, ohne Lebensgefährlichkeit, sollte man meinen. Aber dann „begrüßt" mich auf den kleinen Straßen und Feldwegen der Tod: zu Brei zerquetschte Kröten und Frösche, platt gefahrene Blindschleichen. Schon nicht mehr sind es die Igel und ein immer geringer werdender Froschlaich im Moorgebiet. Das macht mich traurig. Zunehmend gibt es die Maisfelder, nicht für Nahrung, nein, für Biogas. Und dann die Hähnchen-Massenhaltung, diese Orte unzweifelhafter Tierquälerei. Das soll uns nicht wütend machen?
Und es wird mich auch wieder als Komponisten einholen. Was heißt das? Ich kann, wie auch andere in ihrer Kunst, nicht an den Erfahrungen gegenwärtigen Lebens vorbeigehen. Die kreativ ernsthaft arbeitende Klasse kann sich also nicht im traditionsbewussten bürgerlichen Milieu bewegen und Kunstpraktiken kultureller Vergangenheiten anwenden. In diesem Konflikt mit der unhistorisch füh-

lenden Masse stehe ich, wie auch andere Künstler. Da kommt ein Ohnmachtsgefühl auf ...

Tanz des Nichttänzers

Wieder einmal nahmen wir das vielseitige Berliner Kulturangebot wahr. Eines davon muss ich herausgreifen. Es war ein Theatertstück mit dem Titel *„Drei lustige Witwen und ein tanzender Rebbe" am* 09.10.2012 im Jüdischen Theater Berlin BIMAH. Keiner konnte uns sagen, wo dieses Theater zu finden sei. Nach langem Suchen fanden wir es in einem Hinterhof der Friedrichstraße, dritte Etage. Da sangen die Weiber temperamentvoll jiddisch, am Klavier begleitet:

Die ganze Welt is mehr nischt wie a Maissele –
Die ganze Welt is mehr nischt wie a Spiel.
Ein Ballade fîn zerissene Schich –
Ein Ballade wus endigt sech nischt.
Ein Ballade fîn Hînger în Noit –
Ein Ballade fîn a Schtickel Broit.
Die ganze Welt ist nicht mehr als ein Märchen –
Die ganze Welt ist nichts als ein Spiel.
Eine Ballade von zerissenen Schuhen –
Eine Ballade, die nie ein Ende hat.
Eine Ballade von Hunger und Not –
Eine Ballade von einem Stück Brot.

Selbst nach der Pause warteten wir immer noch auf einen tanzenden Rebbe. Als das lustige Stück dem Ende zuging, wurde mir klar, dass wohl der Rebbe nicht mehr zu erwarten war. Da kam eine der lustigen Witwen auf mich zu und forderte mich – ausgerechnet mich, den Nichttänzer –

zum Tanz auf. Ich folgte der Aufforderung, war kein Spielverderber, dachte nur: Wie soll das gut gehen! Und, o Wunder, mit allen dreien habe ich abwechselnd munter getanzt. Sagte doch eine, als ich etwas lockerer wurde: *„Sie gehen aber ran wie Blücher!"*
Selbst Elke war mit meinem Auftritt zufrieden. Und später in der S-Bahn sprachen mich noch Besucher auf meinen Tanz hin an. Wie habe ich mich bisher als Tänzer verkannt! Es muss jedoch gesagt werden: Ich gehörte nicht zu den Menschen, die beim Übergang zum Erwachsen-werden die Kunst der körperlichen Bewegung zu ryhthmischer Musik erlernten. Und das kam so: Meine Mutter hatte die Idee, mich zu einem solchen Unterricht anzumelden, allerdings mit einer sogenannten Gouvernante. Nun hatten aber alle Jünglinge beim Tanzunterricht ein frisches Mädchen als ihr Gegenüber, nur ich nicht. Den „Spaß" machte ich dreimal mit. Dann blieb ich weg. Fortan war ich ein Tanzmuffel, jedenfalls bei anspruchsvollen Tänzen. Ein Nichttänzer-Song trifft für mich zu. Da gibt es folgenden Refrain:

Ich ben ene Nichttänzer.
Han ne Knöddel en de Bein.
Ich ben ene Nichttänzer,
Flamingo met zwei dönne Bein.
Ich ben nit jän allein.

Epilog

Das allerdings stimmt. Ich war nie gern allein, wie meine Vergangenheit beweist und in der Gegenwart mit Elke, „der Besten aller Ehefrauen“, anhält, verstärkt durch die gemeinsame künstlerische Entwicklung, hoffentlich auch in der Zukunft. Aber reden wir nicht von Zukunft und eventuellen Zukunftsplänen. Es kommt immer alles anders ...

Jüngst fiel mir ein Artikel in die Hände, der mich sehr berührte. Es war ein Nachruf auf den Philosophen André Gorz und seine Frau. Da stand (Die Zeit, 27.09. 2007):

Am Ende wollte keiner von beiden den Tod des anderen überleben.
Einen Wunsch hatten die beiden:
„Oft haben wir uns gesagt, dass wir, sollten wir wundersamerweise ein zweites Leben haben,
es zusammen verbringen möchten.“

Das ist wahrlich eine Liebeserklärung. Und so wie mein Leben in den letzten Jahren mit Elke verlief, könnte ich eine solche Liebeserklärung auch abgeben. Aber über die Möglichkeit eines Selbstmords hatte weder der Philosoph mit seiner Frau noch ich mit Elke gesprochen.
Der Philosoph sagte:

„Wir denken beide nicht daran.
Wir leben im ewigen Augenblick,
die Gegenwart ist uns genug.“

Umso merkwürdiger war es dann, dass an der Tür der Nachbarn, vergleichbar höflich und rücksichtsvoll, ein Zettel klebte. Das war nun in der Tat kein Einkaufszettel, Merkzettel, Denkzettel, Handzettel, Notizzettel, Schmierzettel oder Spickzettel. Offenbar war es ein Klebezettel, auf dem stand: *Man möge die Polizei verständigen.* Sie markierten auf diese Weise, durchaus nicht grell, die undarstellbare Darstellung des Todes. Sie inszenierten diesen letzten Moment.

Selbstmord ist ein furchtbares Wort, ein Unwort, ein Wort, das ich nicht gelten lassen möchte, schon längst nicht bei solchen schöpferischen Individuen. Es war ihre durchdachte freie Entscheidung, die einen Anspruch hat, als Freitod benannt zu werden. Ich empfinde hier keine Verstörung bei diesem äußerst vitalen Ausdruck der Lebensverneinung. Es war ein Liebesakt. Man wollte zusammen sein über den Tod hinaus, allerdings mit der Ungewissheit eines Jenseits, zumal eines gemeinsamen Jenseits.

Unser Tod ist das einzige im Leben, das uns gewiss ist. Alle Menschen, die den Zustand eines erwachten Bewusstseins erlangt haben, die das Göttliche in sich realisiert haben, sagen uns durch ihre Worte, ihr Leben und ihren Tod, dass unsere Seele unsterblich ist, und dass es keinen Tod gibt, nur Veränderung. Aber für uns ist dieser Satz nur eine übernommene intellektuelle Überzeugung, keine authentische Erfahrung oder Einsicht, die uns dabei hilft, unserem Tod mit Akzeptanz oder gar mit Dankbarkeit entgegenzugehen.

Das größte Mysterium im Leben ist der Tod. Vom Moment der Geburt an gehen wir auf den Tod zu. Im Tod geschieht eine Zusammenfassung unseres ganzen Lebens. Wenn einer von uns stirbt, stirbt immer auch ein Teil des anderen, denn wir waren tief verbunden, durch Liebe ein Teil des eigenen Wesens geworden. Wenn uns Liebe und die Gewissheit des Todes umgeben, geschieht eine Tranformation, eine tiefe Veränderung. Wir werden nie wieder der Gleiche sein. Wenn wir uns wirklich geliebt haben, gibt uns der Tod den Schlüssel zu allem, was wesentlich ist. Ich oder du wirst ganz nahe dabei sein, den sterbenden Herzschlag spüren. Wenn der Atem kürzer wird, sollten wir die Erfahrung unsere eigene werden lassen, die Gefühle des Sterbenden mitfühlen.

Dieses Buch entstand mit freundlicher Unterstützung von

Dötlingen Stiftung
Gemeinde Dötlingen
Golf und Gartencafé Iserloy, Dötlingen
NORLE gemeinnützige GmbH, Dötlingen
Ralph Reck, Naturheilpraktiker, Oldenburg

sowie einigen noblen privaten Förderern.

Herzlichen Dank!